KB187312

인생의 모든 의미

인생의 모든 의미

삶의 의미에 대한 101가지 시선들

THE
MEANING OF LIFE

존 메설리 지음 | 전대호 옮김

P 필로소픽

생명의 포도주가 방울방울 흐르고
생명의 잎들이 하나씩 계속 떨어지네.
아, 우리가 아직 써버려도 되는 것을 최대한 활용하라,
우리도 흙 속으로 내려가기 전에 …

오, 지옥의 위협과 천당의 희망이여!
적어도 하나는 확실하니 ─ 이 삶은 날아간다.
하나는 확실하고 나머지는 거짓말들이다.
한번 핀 꽃은 영원히 죽는다.

달이 떠올라 다시 우리를 찾는구나 ─
앞으로 달은 몇 번이나 차고 이지러지려나
몇 번이나 우리를 찾으러 떠올라 이 변함없는 정원을
가로지르려나 ─ 헛되이 우리 중 한 명을 찾으러!

– 오마르 카이얌, 《루바이야트》

| 목차 |

5 자연주의: 주관적 의미 __ 191

들어가는 말: 삶의 문제

사형수 여러 명이 사슬에 묶여 있다고 상상해보라. 매일 몇 명이 다른 사형수들의 눈 앞에서 처형된다. 남은 자들은 그 광경에서 자신의 운명을 보면서 슬픔과 절망이 밴 눈길로 차례를 기다리며 서로를 바라본다. 이것이 인간의 처지를 말해주는 한 이미지다.

- 블레즈 파스칼

우리는 하나가 아니다. 철새들과 같은
본능이 없다. 부질없이, 또한 뒤늦게
우리는 우리 자신을 바람 위로 몰아가고
내려앉은 연못에서 환영받지 못한다.
우리는 개화와 시듦을 동시에 이해한다.

- 라이너 마리아 릴케

내가 무엇이고 왜 여기에 있는지 모른다면, 삶은 불가능하다.

- 레프 톨스토이

덧없이 짧은 내 삶이 앞뒤의 영원 속에 삼켜져 있음을 생각할 때, 내가 차지한 작은 공간, 심지어 내가 볼 수 있는 작은 공간을 내가 모르는 무한히 광활한 공간이 나를 모르는 채로 에워싸고 있음을 생각할 때, 나는 겁에 질리고, 내가 저기가 아니라 여기에 있다는 것에 경악한다. 저기가 아니라 여기일 이유, 다른 때가 아니라 지금일 이유가 없기 때문이다.

- 블레즈 파스칼

삶은 돌이켜볼 때만 이해할 수 있지만 내다보면서 살아야 한다.

- 쇠렌 키르케고르

앞에는 낭떠러지, 뒤, 바로 등 뒤에는 늑대들 ― 이것이 삶이다.

- 라틴어 속담

나뭇잎처럼 하찮은 인간들,
지금은 생명이 있어 따뜻하고 번성하며
대지가 주는 것을 먹지만,
언젠가는 시들고 죽어버리지.

– 호메로스

인간은 자신의 실존을, 풀어야 하며 벗어날 수 없는 문제로 삼는 유일한 동물이다.

– 에리히 프롬

모든 사람의 내면 깊숙한 곳에는 세상에서 외톨이가 될 가능성 … 이 거대한 집안의
무수한 사람들 사이에서 간과될 가능성에 대한 불안이 여전히 살아 있다. 개인은 자
신과 관계가 있는 주변의 많은 이들을 친족과 친구로 여김으로써 그 불안을 떼어놓
지만, 그 불안은 여전히 존재한다.

– 쇠렌 키르케고르

삶은 힘겹다. 신체적 고통, 정신적 번뇌, 전쟁, 증오, 불안, 실망, 그리고
죽음이 삶의 한 부분으로 따라다닌다. 삶의 문제들은 워낙 중요하기 때
문에, 사람들은 그것들을 경감하거나 피하기 위해 필사적으로 노력한
다. 그러나 인간이 살면서 겪는 고난의 깊이와 강도는 한낱 말로 표현할
수 없을 정도다. 당신이 이 글을 읽는 동안에도 사람들이 굶주리거나 감
옥에 갇히거나 고문당하거나 상상을 초월하는 고통을 겪고 있다는 점을
생각해보라. 우리의 감정적, 도덕적, 물리적, 지적 삶이 유전자와 환경
에 의해 제약된다는 점을 상기하라. 만족스럽지 않거나 천박한 일과 부
당한 속박, 상상하기 힘든 가난, 제한된 시간 때문에 우리의 잠재적 창
조력이 버려진다는 점을, 또한 우리가 사랑하는 사람들이 우리처럼 고
생하고 죽는다는 점을 생각해보라. 삶이 너무나 고통스러워 차라리 죽
음을 반기는 경우가 많았던 역사 속의 끔찍한 시대들을 돌아보라. 차라
리 무를 선호하는 사람이 많았다면, 그 시대의 삶은 과연 어떠했을까?

우나무노의 말마따나 "삶의 비극적 의미"가 존재한다. 이 개념은 지적으로 정직하며 감성적으로 예민한 개인을 따라다닌다. 때때로 삶은 고난을 무릅쓰고 살아낼 가치가 없는 것처럼 느껴진다.

당연한 말이지만, 위 단락은 인간의 삶이나 역사를 온전히 서술하지 않는다. 사랑, 우정, 명예, 지식, 놀이, 아름다움, 기쁨, 창조적인 작업, 그 밖에도 삶을 적어도 때로는 가치 있게 만들고 때로는 완벽한 행복으로 만드는 수많은 것들이 있다. 자식을 돌보는 부모, 가정을 꾸리는 사람들, 아름다움을 창조하는 예술가, 음악을 만드는 음악가, 지식을 축적하는 과학자, 의미를 추구하는 철학자, 놀이하는 아이들이 존재한다. 산, 바다, 나무, 하늘, 꽃이 있다. 예술, 과학, 문학, 음악이 있다. 렘브란트, 다윈, 셰익스피어, 베토벤이 있다. 때때로 삶은 말로 표현할 수 없을 만큼 좋게 느껴진다.

이제 우리가 운이 무척 좋아서, 그 많은 신체적, 정신적 질병 가운데 어느 것도 없이 태어났다고 상상해보자. 정치적 억압이나 기근, 전쟁도 없는 곳에서 태어났다고 해보자. 그렇다면 우리가 가장 먼저 당면하는 문제는 자신의 의식주를 마련하는 것이다. 어릴 때는 선택의 여지없이 타인들에게 의존하여 기본적인 욕구들을 충족시키지만, 나이가 들어감에 따라 자신의 힘으로 해나가도록 점점 더 압력을 받는다. 실제로 예나 지금이나 인간 노력은 대부분이 그 기본적 욕구들의 충족에 소모된다. 사회 구조가 우리의 욕구 충족에 상당한 정도로 도움이 될 수는 있겠지만, 어떤 사회도 우리의 기본적 욕구들을 완전히 채워주지 않으며, 많은 사회들은 윤택한 삶을 거의 불가능하게 만드는 장벽들을 설치한다. 흔히 우리는 자신의 잘못이 아닌 이유로 기본적인 욕구들을 충족하는 데 실패한다.

그러나 우리가 건강한 상태로 비교적 안정된 환경에서 태어났더라도, 또한 기본적 욕구들이 모두 충족되었다 하더라도, 우리는 여전히 어려움에 직면한다. 우리는 건강과 활력, 친구와 배우자, 쾌락과 행복을 추구한다. 우리의 욕망에는 한이 없는 듯하다. 게다가 이 욕망들을 충족시킨다 하더라도, 우리는 여전히 절박한 철학적 질문들에 봉착한다. 정말로 있는 것은 무엇일까? 우리는 무엇을 알 수 있을까? 우리는 무엇을 해야 할까? 우리는 무엇을 희망할 수 있을까? 그리고 가장 중요한 질문이 남았다. 이토록 많은 고난과 죽음을 포함한 세계에서 삶의 의미는 무엇일까? 이것은 인간 삶의 중심에 위치한 철학적 질문이다. 우리는 행운아일 수도 있겠지만 결국 고통을 겪고 소멸한다. 그러니 이 모든 것에 무슨 의미가 있느냐는 질문이 절로 나온다. 우리의 모든 희망, 계획, 열망, 사랑이 결국 사라진다면, 그 모든 것이 어떤 의미를 가질까? 우리의 질문은 단지 학술적인 논제로 머물지 않는다. 이 질문은 인간 실존의 핵심을 꿰뚫는다.

우리의 탐구 과제가 이토록 중대하다는 점을 감안하여, 삶의 의미를 묻는 질문을 철저히 탐구해보기로 하자. 이 질문에 대하여 깊이 숙고한 사람들의 사상을 꼼꼼히 살피면서 우리 자신의 사상이 차츰 형성되도록 할 것이다. 그 과정에서 우리는 진실이 어디로 향하든지 그 뒤를 좇을 것이며, 절대 키르케고르가 다음 인용문에서 언급한 학생들처럼 속임수를 쓰지 않을 것이다. "많은 사람들이 마치 학생처럼 삶에 관한 결론들에 도달한다. 그들은 스스로 답을 찾아내지 않고 책에서 답을 베껴 와서 선생을 속인다." 우리는 답을 스스로 알아내기를 원한다. 그래서 그 답이 우리 자신의 것이기를 바란다. 어떤 답들이 나올지 불확실하므로, 우리는 라이너 마리아 릴케의 다음과 같은 말이 옳기를 바랄 수밖에 없다.

"지금 당신의 질문들을 살아내라. 그러면 먼 훗날 언젠가 어쩌면 알지도 못하는 사이에 당신의 삶은 당신의 답들에 진입할 것이다." 우리가 속임수를 쓰지 않는다면, 또 질문에 대한 사랑이 적어도 잠정적인 답으로 이어진다면, 우리는 프랜시스 베이컨처럼 자랑스럽게 주장할 수 있을 것이다. "이로써 나는 말하자면 지적인 세계의 작은 모형 하나를 나의 발견 능력이 닿는 한도까지 참되고 성실하게 제시했다."

2012년 5월, 워싱턴 주 시애틀에서

1
삶의 의미를 묻는 질문을 이해하기

죽느냐, 사느냐, 그것이 문제다.
날뛰는 운명의 돌덩이와 화살을
마음속으로 받아내는 것이 더 고귀할까,
아니면 환란의 바다에 맞서 무기를 들고
저항함으로써 환란을 끝내는 것이 더 고귀할까?

- 윌리엄 셰익스피어

우리는 꿈의 재료다.
우리의 작은 삶을
잠이 에워싸고 있다.

- 윌리엄 셰익스피어

평생 동안 나는 내 정신을 한계점까지, 삐걱거리는 소리가 나기 시작할 때까지 확장하려고
발버둥쳤다. 삶과 죽음에 새로운 의미를 부여하고 인류를 위로할 만한 위대한 사상을 창조
하기 위해서였다.

- 니코스 카잔차키스

질문의 중요성

알베르 카뮈가 쓴 에세이 《시지프 신화》는 다음과 같은 인상적인 대목으로 시작한다. "정말로 심각한 철학적 문제는 단 하나, 자살뿐이다. 삶을 살 가치가 있는지 여부를 판단하는 것은 철학의 근본 물음에 답하는 것과 같다."[1] 카를 야스퍼스는 이렇게 썼다. "존재의 가치와 의미에 대한 질문은 어떤 질문과도 유사하지 않다. 그 질문과 대면할 때까지 사람은 진정으로 진지해지지 않는 듯하다."[2] 빅토르 프랑클은 이렇게 말했다. "인간의 의미 추구는 삶의 일차적인 동기"이며 "삶의 의미에 대한 관심은 인간이라는 사태의 가장 참된 표현이다."[3] 이 시대의 철학자 로버트 솔로몬은 삶의 의미에 대한 질문을 "철학의 궁극적 질문"으로 꼽는다.[4] 서양 전통의 주요 철학자들은 인생의 목표나 궁극적 목적에 대해서 많은 이야기를 해왔지만, 적어도 20세기까지 삶의 의미에 대한 질문을 특별히 제기하지 않았으며, 많은 이들은 그 질문을 아예 기피했다.

서양세계가 삶의 의미에 대한 질문에 이처럼 무관심했던 것은 주로 기독교적 세계관의 지배 때문이었다. 5세기부터 18세기까지의 긴 세월 동안, 삶의 의미에 대한 질문은 특별히 문제시되지 않았다. 왜냐하면 답이 명확했기 때문이다. 대충 이야기하자면, 이승에서는 신을 알고 사랑하고 섬기고 천국에서는 신과 함께 영원히 존재하는 것이 삶의 의미라는 것이었다. 이 견해에 따르면, 세상의 모든 고난은 사후에 보상될 것이었다. 그리하여 우리가 신과 하나가 될 때, 우리는 세상의 모든 슬픔에 가치가 있었음을 알 수 있을 터였다. 그러나 다음 세기들에 이 세계관의 영향력이 감소하면서, 삶의 의미에 대한 질문은 더 절박해졌다. 19세기가 시작된 이후 등장한 니체, 쇼펜하우어 등의 사상가들이 그 절박함을 대변한다. 20세기에 그 질문은 새로운 긴급성을 획득했고, 서양 철학자들은 그 주제에 관한 글을 점점 더 많이 써왔다. 따라서 이 책은 쇼펜하우어만 예외로 삼고 오로지 20세기와 21세기의 사상가들에 관심을 집중할 것이다.

나의 개인적인 견해로는 삶의 의미에 대한 질문이 철학에서 가장 중요한 질문이며 어쩌면 분야를 막론하고 가장 중요한 질문이다. 이것은 우리가 오로지 그 질문만 생각해야 한다는 뜻이 아니다. 또 그 질문을 생각하지 않으면, 고귀한 일을 할 수 없다거나 행복하게 살 수 없다는 뜻도 아니다. 오히려 최악의 경우에는 그 질문을 너무 많이 생각한 탓에 강박적인 분석 습관이 생겨 결국 정신병에 걸릴 수도 있다. "성찰하면서 살지 않는 삶은 살 가치가 없다"라고 소크라테스는 주장했지만, 지나치게 성찰하면서 사는 삶도 틀림없이 살 가치가 없을 것이다. 간단히 말해서, 삶에 대하여 생각하면서 너무 많은 시간을 보내기에는 삶이 너무 짧을 수도 있다(아리스토텔레스는 "우선 살고, 그다음에 철학하라"라는 말을 남겼다). 삶의 모든 분야에서 많은 이들이 의미에 대해서 숙고하지 않고도 행복한 삶을 살아왔고, 의미에 대해 숙고했더라도 그 질문에 답을 얻지 않고도 좋은 삶을 살아왔다. 철학자는 철학적 숙고의 중요성을 과장하지 말아야 한다.

하지만 이렇게 중요한 질문은 숙고를 요구한다. 삶의 의미를 묻는 질문에 잠정적인 답이 없다면, 어떤 행동도, 심지어 살아갈 이유조차도 궁극적으로 정당화할 수 없을 듯하다. 약간 다르게 표현해보자. 당신이 삶의 의미를 모른다면, 당신은 대체 왜 사는가? 당신이 행동해야 하는 이유를 모른다면, 당신은 왜 행동하는가? 살아갈 의지나 자기보존 본능이 있기 때문에 산다고 대답할 수도 있을 것이다. 하지만 이 대답은 당신이 삶을 **이어가는** 이유를 설명할 뿐, 삶을 **이어가야 할** 이유를 정당화하지는 않는다. 물론 당신은 이런 질문들을 숙고하지 않아도 삶을 이어갈 수 있으며, 많은 이들은 환경의 강제에 떠밀려 생존을 위해 노력하느라 철학적 성찰에 쓸 시간이 거의 없다. 그러나 충분한 여가시간을 가진 사람들, 기초적인 욕구들을 충족시킨 사람들은 자신의 삶의 의미를 생각하고, 나아가 일반적인 삶의 의미를 생각해야 마땅하지 않을까? 만일 그렇다면, 의미에 대한 질문을 숙고하는 것은 확실히 가치 있는 일이다. 일단, 그러하다고 전제하기로 하자.

삶이란 무엇일까?

"삶의 의미는 무엇일까?"라는 질문에서 '삶'이라는 단어가 가리키는 것은 무엇일까? 여러 가지 해석이 가능할 것이다.

1. 상상할 수 있는 가장 작은 것들의 의미는 무엇일까?
2. 나 개인의 삶의 의미는 무엇일까? 나의 목적은 무엇일까?
3. 모든 인간, 온 인류의 삶의 의미는 무엇일까?
4. 모든 생명, 살아있는 모든 것의 의미는 무엇일까?
5. 존재하는 모든 것, 온 우주의 의미는 무엇일까?
6. 존재하거나 존재할 수 있는 모든 것의 의미는 무엇일까?

　요컨대 삶의 의미를 물을 때 우리가 염두에 두는 것은 작고 특수한 무언가일 수도 있고, 크고 보편적인 무언가일 수도 있으며, 이것들 사이의 무언가일 수도 있다. 우리가 궁금해하는 것은 우리를 구성하는 아원자 입자들의 의미일 수도 있다. 혹은 우리를 한 부분으로 포함한 거대한 우주의 의미, 우리 우주와 교차할지도 모르는 무한히 많은 우주들의 의미일 수도 있다. 그러나 이런 사안들은 대다수 사람들의 주요 관심사와 거의 관련이 없다. 삶의 의미를 물을 때 사람들이 알고자 하는 것은 그들 개인의 삶의 의미거나 온 우주의 의미다. 그리고 이 물음들은 서로 연결되어 있다. 우리 개인의 삶에 대한 질문들—"왜 내가 여기에 있을까?" "나의 목적은 무엇일까?" "나는 왜 삶을 이어가야 할까?"—은 우주에 관한 질문들—"왜 우주가 존재할까?" "우주는 어떤 목적을 가질까?" "만물의 의미는 무엇일까?"—과 관련이 있다. 우리의 질문을 온전히 이해하기 위해서 이 연관성을 이해할 필요가 있다.

　여러 설명이 가능할 것이다. 우선, 개인의 삶은 유의미한 우주의 일부로서 유의미할 수 있을 것이다. 혹은 개인의 삶은 우주가 무의미함에도 불구하고 유의미할 수 있을 것이다. 반대로 개인의 삶은 우주가 유의미함에도 불구하고 무의미할 수도 있을 것이다. 혹은 개인의 삶과 우주가 모두 무의미할 수도 있을 것이다. 중요한 것은 개인의 삶의 의미 혹은 의미 없음과 우주의 의미 혹은 의미 없음 사이에 연관성이 있다는 점이다. 그러므로 우리의 질문이 경우에 따라 완벽하게 명확하지 않더라도, **대다수 사람이 삶의 의미를 물을 때 묻는 것은 존재하는 모든 것의 맥락 안에서 그 사람 개인의 삶의 의미라고 우리는 전제할 것이다.**

의미란 무엇일까?

그다음으로, '의미'란 무슨 뜻일까? 단어의 뜻을 이해하는 간단한 방법 하나는 유의어들을 생각해보는 것이다. '의미'의 유의어를 대라면, 중요성, 요점, 의의, 값어치, 가치, 목적 등을 댈 수 있을 것이다. 이런 유의어들은 그다지 엄밀하지 않게 사용되는데, 우리가 개념을 파악하는 방식도 대체로 그와 마찬가지다. 그렇다면, '의미'라는 단어의 의미를 정의하는 작업은 철학적 논의에 쓰이는 다른 단어들을 정의하는 작업보다 더 까다로울 것이 없다. 유의어들을 염두에 두고 말하면, 삶의 의미에 대한 질문은, 존재하는 모든 것의 맥락 안에서 나 개인의 삶의 중요성, 요점, 의의, 값어치, 가치, 목적을 묻는다.

그러나 우리는 단지 유의어들에 기대는 수준을 넘어서, 의미라는 단어가 이 맥락 안에서 올바로 사용되고 있는 것인지 따져봐야 한다. 만일 의미라는 단어를 삶에 적용하는 것이 올바르지 않다면, 우리의 질문은 이해할 수 없거나 무의미할 것이다. 실제로, 언뜻 유의미해 보이지만 실은 무의미한 질문들이 있다. 예컨대 "위는 얼마나 높을까?", "가장 큰 수는 무엇일까?", "빨간색은 얼마나 무거울까?"가 그런 질문이다. 삶의 의미를 묻는 질문도 이런 유형의 질문일지도 모른다. 의미라는 단어를 삶에 적용하는 것은 무게라는 단어를 색깔에 적용하는 것만큼이나 터무니없을지도 모른다.

일부 철학자들은 바로 그렇다고 주장한다. 단어나 기호는 무언가를 가리키기 때문에 의미를 가지는데, 삶은 단지 삶 자신을 가리킬 뿐이라고 그들은 지적한다. 예컨대 고양이라는 단어는 고양이를 의미하고 신호등의 빨간불은 멈춤을 의미한다. 왜냐하면 그것들이 고양이와 멈춤 신호를 가리키기 때문이다. 그것들은 일차적으로 언어 관습이나 기호체계, 그리고 발화자의 의도에 기초해서 의미를 획득한다. 그렇다면 삶은 정확히 무엇을 가리킬까? 이런 식으로 무언가를 가리키는 것 같지는 않다. 따라서 삶은 이런 식의 의미를 가지지 않는다고 그들은 주장한다.

그러나 의미라는 단어는 다른 방식으로도 사용된다. 예컨대 우리는 '연기는 불을 의미한다', '이러이러한 반점들은 홍역을 의미한다', '누군가를 주먹질하는 것은 당신이 그에게 화가 났음을 의미한다'라고 말한다. 이런 경우에 **의미**라는 단어는 우리의 결론 도출이나 인과 추론을 가리킨다. 우리는 연기, 반점, 주먹질을 보고 불, 홍역, 분노를 추론한다. 요컨대—**오로지** 인간적 관습에 기초하여 의미를 얻는— 단어 및 기호와 달리 인과관계는 인간적 관습이나 의도에 의존하지 않는 의미를 가진다고 할 수 있다(단어와 기호는 비자연적 의미를 가지는 반면에 인과 추론은 자연적 의미를 가진다는 폴 그라이스의 말을 받아들일 수도 있을 것이다).

주먹질의 예는 특히 의미심장하다. 왜냐하면 삶은 주먹질과 마찬가지로 활동이기 때문이다. 만일 주먹으로 코를 때리는 것이 의미를 가진다면—때리는 사람이 화가 났음을 의미한다면—한 사람의 삶이라는 활동은 그가 지식, 자기 향상, 권력, 부, 육체적 쾌락, 인류의 처지를 개선하는 것 등에 가치를 둔다는 것을 의미할 수 있다. 활동—주먹질이나 개인의 삶—을 볼 때 우리는 우리가 보고, 듣고, 느끼고 생각한 바로부터 그 활동의 의미를 추론하려 한다. 따라서 다른 활동들에 의미라는 단어를 적용하는 것이 적절한 것과 마찬가지로 삶에 적용하는 것도 적절하다. **당신의 삶은 활동이며, 당신이 무언가가 가치 있다고 평가하거나 믿는다는 것(혹은 그렇게 하지 않는다는 것)을 의미한다.** 우리는 한 삶을 관찰하면서 그 의미를 알아내려고 시도할 수 있다. 적어도 그 삶의 당사자에게 그 삶이 갖는 의미를 말이다.

질문 전체의 의미는 무엇일까?

이제 더 큰 질문을 던져보자. 지식이나 부나 쾌락에 가치를 둔다는 것은 무슨 의미일까? 당신의 삶은 당신이 그것들에 가치를 둔다는 것, 그것들이 당신에게 유의미하다는 것을 보여줄 수도 있겠지만, 보편적인 관점에서 당신의 삶의 가치 혹은 의미는 무엇일까? 삶의 당사자에게뿐 아니라 영원의 관점에서 한 삶의 의미는 무엇일까? 이것은 우리가 삶의 의미를 물을 때 염두에 두는 또 다른 측면이다. 우리는 내면에서 볼 때뿐 아니라 외부에서 볼 때 우리의 삶이 어떤 의미를 가지는지 알고 싶어 한다.

하지만 이 측면을 보충하더라도, 우리 질문의 의미가 온전히 포착되지는 않는다. 이제껏 우리는 삶이 우리에게 어떤 의미인지 알려주는 증표로서 우리의 활동을 강조했다. 그러나 우리는 우리가 무엇을 하는가와 우주가 무엇을 하는가—활동들—뿐 아니라 우리와 우주가 무엇을 할 수 없는가에도 관심이 있다. 우리는 여러모로 무능하다. 행성들의 위치를 변화시킬 수 없고, 엔트로피 증가 법칙을 바꿀 수 없다. 우리는 태어날 때의 초기 조건, 우리에게 가해지는 물리적 힘들, 우리를 형성하고 제약하는 우주의 역사를 통제할 수 없다. 게다가 우주는 우리에게 무관심한 듯하다. 우주는 우리의 기도에 응답하지 않으며 소행성이나 노화로부터 우리를 보호하지도 않는다. 실제로 이 사실은 현대인에게 큰 불안을 안겨준다. 우주가 우리에게 어쩌면 적대적이거나 최소한 무관심하다는 사실 말이다. 우주는 우리의 사정에 아랑곳하지 않는 듯한데, 우리는 우주의 처분에 내맡겨져 있다.

우주의 힘들 앞에서 우리는 여러모로 무능하고, 우주는 우리의 사정에 무관심한 듯하므로, 우리가 활동과 계획을 통해 우리 삶에 부여하는 의미는 삶에 의미를 제공하기에 불충분할 수도 있다. 우리는 위대한 책을 쓰거나 사랑에 빠지고 싶은데, 우리 자신의 잘못이 아닌 이유로 우리의 삶이 너무 일찍 끝나서 어느 쪽도 성취하지 못할 수도 있다. 다시 말해 우리의 활동과 상관없이 우리의 한계와 우주의 무관심 때문에 삶이 무의미해질 수도 있다. 그렇다면 삶의 의미를 물을 때 우리가 알고자 하는 것은 모든 활동과 비활동의 의미, 모든 실현되는 사건과 그렇지 않은 사건의 의미, 한마디로 모든 것의 의미다. 그러므로 우리의 질문, 어쩌면 우리가 던질 수 있는 가장 큰 질문일 법한 그 질문을 다음과 같이 명시할 수 있다. **현실적이거나 가능하거나 생각해볼 수 있는 모든 것들을 총체적으로 아우른 맥락 안에서 우리 개인의 삶은 무슨 의미일까?**

이렇게 명시해놓고 보면, 이 질문이 어마어마하게 크며 신의 전지성(全知性)에 못 미치는 인간으로서는 대답할 수 없을 가망이 높음을 알게 된다. 그렇다면 질문을 조금 변형할 필요가 있을 것도 같다. 그러나 이렇게 명시한 상태에서도, 단지 큰 질문이라는 이유로 무의미한 질문이라고 단정할 수는 없다. 그렇게 단정하는 철학은 어딘가 잘못되었다고 보아야 한다.

우리의 질문에 대답할 수 있을까?

우리의 질문이 —'왜?'라는 물음의 궁극이라고 할 만큼—워낙 거대하고 난해한 듯하기 때문에, 과연 우리가 그 질문에 대답할 수 있을까라는 의문이 절로 든다. 나는 대답할 수 있다고 생각한다. 단, 그 질문에 대답한다는 것이 무슨 의미인지 명확히 할 필요가 있다. 우리는 수학적이거나 과학적인 정확성을 기대할 수 없다. 기대가 너무 높고 대답이 정확하기를 기대하면, 우리는 실망할 수밖에 없다.[5] 하지만 그렇다고 해서 삶의 의미에 대해서 아무엇도 알 수 없다고 결론지을 필요는 없다. 무언가를 확실하게 또는 대단히 정확하게 알 수 없다는 사실에서 그것을 전혀 알 수 없다는 결론이 나오는 것은 아니다.

물론 극단적인 인식론적 회의주의자는 바로 그렇게—우리는 아무것도 알 수 없다고—주장하지만, 그 결론의 필연성을 입증하는 확실한 철학적 논증은 존재하지 않는다. 그런 논증이 부재하므로, 이성적인 탐구가 우리의 대답 추구에 유용하리라고 전제하자. 이성은 우리 자신과 세계를 이해하기 위한 강력한 도구로 그 효과가 입증되었고, 삶의 의미에 대한 탐구에서 이성이 유용하지 않으리라고 생각할 선험적인 이유는 없다. 대답의 정확성이 제한적일 수밖에 없다는 단서를 명심하고서, 이제부터 우리의 질문에 어떤 대답들을 제시할 수 있을지 살펴보자.

가능한 대답들을 분류함

삶의 의미를 묻는 질문에 대한 대답들은 세 가지 범주로 분류된다.

1. 부정적(허무주의적) 대답: 삶은 무의미하다.
   a. 긍정: 삶이 무의미해서 좋다.
   b. 용인: 삶이 무의미해서 좋지 않다.
2. 불가지론적(회의주의적) 대답: 삶이 유의미한지 여부를 우리는 모른다.

    a. 삶의 의미를 묻는 질문은 이해할 수 없다.

    b. 그 질문은 이해할 수 있지만, 그 질문에 대답할 수 있는지 우리는 모른다.

  3. 긍정적 대답: 삶은 유의미하다.

    a. 초자연적(유신론적) 대답: 초월적인 신들에게서 유래한 의미

    b. 자연적(무신론적) 대답: 자연 세계에서 창조된/알아낸 의미

      i. 의미는 객관적이다: 개인들이 의미를 발견하거나 알아낸다.

      ii. 의미는 주관적이다: 개인들이 의미를 창조하거나 발명한다.

이 대답들을 아래 그림처럼 하나의 연속선을 기준으로 삼고 살펴보자.

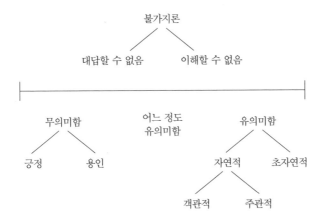

우선 불가지론이 연속선의 위쪽에 배치된 것을 주목할 필요가 있다. 불가지론은 메타-관점이기 때문에 그렇게 배치한 것이다. 불가지론자는 연속선의 양극단 사이 중간에 위치하지 않는다. 그는 삶이 반

쯤 유의미하고 반쯤 무의미하다고 생각하지 않는다. 오히려 삶의 의미를 묻는 질문에 대답할 수 없다고 주장한다. 그 이유는 그 질문이 무의미하기 때문이거나, 질문은 유의미하지만 대답할 수 없기 때문이거나, 대답할 수 있더라도 그 대답이 옳은지 알 길이 없기 때문이다.

또 하나 유의할 점은 이 분류가 유일하거나 완전하지 않으며 다만 온갖 가능한 관점들을 분류할 때 참조할 만한 지침일 뿐이라는 점이다. 따라서 많은 철학자들의 관점은 이 분류에 정확히 맞아떨어지지 않는다. 예컨대 불가지론자는 삶의 의미에 대한 질문은 기본적으로 이해할 수 없다는 입장을 취하면서도 몇 가지 긍정적인 이야기를 할 수 있다고 주장하거나, 그 질문이 거의 대답 불가능하지만 완전히 그렇지는 않다고 주장할 수도 있다. 또 자연주의자는 대개 의미의 객관적 성분과 주관적 성분이 둘 다 존재한다는 입장을 취한다.

특히 이 마지막 구분, 곧 객관적 자연주의와 주관적 자연주의의 구분은 까다롭다. 철학자가 개인에 의존하는 주관적 가치를 의미의 원천으로 강조하면, 우리는 그 철학자를 주관적 자연주의자로 분류한다. 반면에 철학자가 사람들에 의존하지 않는 객관적 가치를 의미의 원천으로 강조하면, 우리는 그를 객관적 자연주의자로 분류한다. 그러나 많은 사상가들은 우리가 의미를 창조한다는 말도 옳고, 객관적으로 좋은 대상들에서 의미를 발견한다는 말도 옳다고 주장함으로써 이 구분의 경계선을 흐릿하게 만들 것이다. 양자의 주요 차이는 다음과 같다. 내가 객관주의자(객관적 자연주의자)라고 부르는 철학자는 객관적 가치의 관념을 옹호하는 경향이 있는 반면, 주관주의자는 그렇지 않다. 아무튼 삶의 의미를 묻는 질문의 대답들을 분류하면 특정한 견해들을 더 큰 맥락 안에 넣는 데 도움이 된다. 물론 다양한 견해들의 특징을 보려면 그 견해들 자체를 살펴보아야 하지만 말이다.

삶의 의미에 대한 대답들과
기타 철학적 입장들

우선 삶의 의미를 묻는 질문의 대답들과 기타 철학적 입장들이 어떻게 연결되는지 살펴보면, 개별 대답을 이해하는 데 도움이 될 성싶다. 그 연결은 아래와 같다.

▸ **부정적 대답**: 이 대답은 형이상학적, 인식론적, 도덕적 허무주의와 연결된다. 궁극적으로 중요한 것은 아무것도 없다―실재도, 지식도, 노력도 중요하지 않다―고 수상하는 사람은 삶의 의미에 관한 허무주의를 채택할 개연성이 높다. 이 입장을 세분하면, 삶의 무의미성을 긍정적으로 단언하는 입장과 삶의 무의미성을 마지못해 용인하는 입장으로 나눌 수 있다.

▸ **불가지론적 대답**: 이 대답은 형이상학적, 인식론적, 도덕적 회의주의와 연결된다. 우리가 형이상학, 인식론, 윤리학에 관한 질문을 제기하거나 대답할 능력이 있는지 의심하는 사람은 삶의 의미에 관한 질문을 제기하거나 대답할 능력도 의심하기 십상이다.

▸ **긍정적 유신론적 대답**: 이 대답은 형이상학적, 인식론적, 도덕적 초자연주의와 연결된다. 형이상학적, 인식론적, 도덕적 진실의 초자연적 토대가 존재한다고 주장하는 사람은 아마도 의미의 초자연적 토대를 신봉할 것이다.

▶ **긍정적 무신론적 대답**: 이 대답은 형이상학적, 인식론적, 도덕적 자연주의와 연결된다. 형이상학, 인식론, 윤리학에 자연적 진실만 존재한다고 믿는 사람은 확실히 의미에 관한 자연주의적 입장을 신봉할 것이다. 이 입장을 세분하면, 가치와 의미가 자연 세계에서 발견된다는 견해를 앞세우는 객관적 자연주의와, 각자가 나름의 가치와 의미를 창조하며 그렇지 않다면 우주는 무의미하다는 견해를 앞세우는 주관적 자연주의로 나뉜다.

각각의 대답과 각각의 형이상학적, 인식론적, 윤리학적 입장이 서로 연결되는 이유를 따로 설명할 필요는 없을 것이다. 쉽게 알 수 있듯이, "의미는 객관적일까, 주관적일까?"라는 질문은 "실재는 객관적일까, 주관적일까?" 혹은 "진리는 객관적일까, 주관적일까?" 혹은 "가치는 객관적일까, 주관적일까?"라는 질문과 유사하다. 또 "무엇이 유의미할까?"라는 질문은 "무엇이 실재할까?" 혹은 "무엇이 진리일까?" 혹은 "무엇이 좋을까?"라는 질문과 유사하다. 요컨대 우리는 의미를 묻는 질문의 대답들과 근본적인 철학적 질문의 대답들 사이에서 확연한 관련성을 발견한다.

이런 관련성은 삶의 의미에 관한 질문에 대답하려면 먼저 철학의 다른 근본 질문들에 대답해야 함을 시사한다. 형이상학이나 인식론, 또는 윤리학에서 어떤 견해가 옳은지 모른다면, 삶의 의미에 대한 여러 견해 가운데 무엇이 최선인지 어떻게 알 수 있겠는가? 따라서 다양한 대답들—허무주의, 회의주의, 초자연주의, 자연주의—가운데 하나를 선택하려 할 때 우리는 그것들이 삶에 대한 다양한 철학이나 세계관의 한 부분이라는 문제에 직면한다. 삶의 의미에 대한 우리의 견해가 세계관의 귀결이라면, 우리의 질문은 이렇게 바뀐다. 다양한 세계관들 가운데 하나를 어떻게 선택할 것인가? 이로써 우리는 완전히 새로운 국면에 도달한 셈이다. 삶의 의미를 묻는 질문의 대답은 우리의 세계관 선택, 곧 형이상학적, 인식론적, 윤리학적 시스템 선택에 달려 있다. 그렇다면 우리는 삶의 의미에 대한 질문을 제쳐두고 우리의 의미관을 떠받칠 철학적 세계관들을 탐구할 수도 있을 것이다. 그리하여 이를테면 윤리적 객관주의나 상대주의 가운데 어느 쪽이 이성적으로 더 정당한지 판단하면, 삶의 의미에 대한 우리의 견해는 그 판단에서 자연스럽게 귀결될 것이다.

그러나 우리는 이 결론을 너무 성급하게 내려서는 안 된다. 설령 우리가 세계관을 가졌더라도, 우리의 의미관이 그 세계관에서 귀결되는 것인지는 불확실하다. 게다가 앞뒤가 거꾸로일 수도 있다. 어쩌면 우리의 의미관이 먼저이고, 거기에서 우리의 세계관이 귀결될지도 모른다. 아닌 게 아니라, 의미를 묻는 질문에 먼저 대답하기도 어렵겠지만, 다른 중요한 철학적 질문들에 대답하기도 마찬가지로 어렵다. 우리의 질문은 철학자들이 대단한 노력으로 매달리는 다른 질문들보다 더 어렵지 않을 수도 있다. 다른 난해한 철학적 질문들을 탐구하는 일이 가치 있다면, 우리의 질문을 탐구하는 일도 마찬가지다. 더구나 의미를 묻는 질문을 분석하면, 무엇이 실재하는지, 우리가 무엇을 알 수 있는지, 우리가 무엇에 가치를 두어야 하는지에 관한 중요한 교훈을 얻을 가능성이 있다. 그러므로 우리의 과제를 뒤로 미룰 선험적 이유는 존재하지 않는다.

삶의 객관적 의미와
주관적 의미

삶의 의미에 대한 질문을 더 잘 이해하기 위하여, 객관적 의미와 주관적 의미 사이에 성립할 수 있는 관계들을 따져보자. 네 가지 관계가 가능하다. 1) 객관적 의미도 없고, 주관적 의미도 없다. 2) 객관적 의미도 있고, 주관적 의미도 있다. 3) 객관적 의미는 있고, 주관적 의미는 없다. 4) 주관적 의미는 있고, 객관적 의미는 없다. 모든 허무주의자는 1)번 견해를 채택한다. 모든 유신론자와 일부 무신론자는 2)번 견해를 채택하며 추가로 3)번 견해 (즉, 개인들의 믿음이나 행동이 객관적 의미에 부합하지 않는다는 견해)를 채택할 수도 있다. 나머지 무신론자는 4)번 견해를 채택한다. 불가지론자는 이 견해들 중에 어느 것이 옳은지, 혹은 이 견해들이 과연 유의미한지 모른다.

요컨대 의미가 전적으로 주관적이라는 견해는 오직 한 부류, 곧 주관적 무신론자들만의 입장이고, 우리가 거론한 나머지 모든 분류는 삶이 객관적으로 어떠하다고 주장한다(물론 주관주의자들은 의미는 주관적이라고 **객관적으로** 주장한다고 할 수도 있겠지만). 허무주의자는 삶이 객관적으로 무의미하다고 주장하고, 불가지론자는 삶이 객관적으로 그 의미를 대답할 수 없거나 이해할 수 없는 것이라고 주장하며, 유신론자와 일부 무신론자는 삶이 객관적으로 유의미하거나 적어도 유의미할 수 있다고 주장한다. 주관주의자는 삶이 객관적으로 무의미할지라도 주관적으로 유의미할 수 있다고 믿는다는 점에서 허무주의자와 다르다.

우리의 마음가짐이나 성격이
대답을 결정할까?

의미의 주관성을 강조하다 보면, 마음가짐이
나 감정이 우리의 의미관에 최소한 철학적 숙고에 못지않게 큰 영향
을 미친다는 생각을 하게 된다. 또 마음가짐 자체가 삶의 의미에 대
한 우리의 견해의 한 부분이라는 생각도 든다. 예컨대 불가지론자는
삶의 의미에 대한 자신의 회의에 낙관적으로 반응할 수도 있고 비관
적으로 반응할 수도 있다. 허무주의자는 무의미 앞에서 아이러니, 공
포, 반항, 후회, 안타까움, 슬픔, 단념, 긍정으로 반응할 수 있을 것이
다. 초자연주의자는 신들이 삶에 의미를 부여한다고 믿으면서도 이
에 분개하면서 신들이 인간의 삶이 아니라 자신들의 일에 더 많은
관심을 기울이기를 바랄 수 있을 것이다. 또 무신론자는 의미가 철
저히 주관적이라고 믿으면서 이제 외적인 제약에서 해방되었다고 느
끼며 환호할 수도 있을 것이다. 당신의 성격은 삶의 의미에 대한 견
해에, 당신의 철학적 입장이나 세계관에 못지않게 큰 영향을 미칠
개연성이 높다. 개인의 마음가짐이 어떤 객관적 변화를 일으킨다는
뜻은 아니다. 단지, 주관적인 마음가짐이 개인의 의미관에서 중요한
한 요소라는 뜻이다. 때로는 워낙 중요한 요소여서 마음가짐을 삶의
의미에 대한 철학적 입장과 구분할 수 없을 수도 있다.

어쩌면 감정적 반응이나 태도가 모든 이성적 분석을 뛰어넘어 깊은
만족부터 절망까지의 온갖 결과를 일으킬 수도 있을 것이다. 이 경우
에 우리의 분석은 중립적이기 어렵고, 오히려 깊은 감정, 선입견, 욕
망, 정서에 철저히 물들 것이다. 몇몇 철학자가 주장한 대로, 우리의

철학은 우리의 성격을 반영할 뿐이고, 모든 철학은 자서전에 불과할지도 모른다. 어쨌든 우리의 이성과 감정을 분리하는 것은 불가능할 성싶다. 실제로 최신 연구는 감정이 우리의 추론에서 중요한 구실을 한다는 점을 시사한다.[6] 예컨대 우리는 달리 생각하면 견딜 수 없기 때문에 삶이 유의미하다고 생각할 수도 있다. 혹은 실존주의적 지식인들의 호응을 받으리라는 기대 때문에, 삶은 무의미하다고 생각할 수도 있다. 우리가 어떤 생각을 품고 있을 때 그 이유를 뇌라서 완전히 알 수 있겠는가.

그러나 추상적 추론과 감정적 반응이 별개이며 철학적 논제에 적용하면 다른 결과를 산출한다는 것을 보여주는 몇 가지 증거가 있다. 예컨대 "전차 문제"를 생각해보라. 통제 불능의 전차가 선로를 따라 달려오며 분기점에 접근한다. 갈라진 한쪽 선로에는 한 사람이 묶여있고, 다른 쪽 선로에는 다섯 사람이 묶여 있다. 그냥 놔두면, 전차가 다섯 사람을 치어 죽일 것이다. 만일 당신이 선로 조종간을 조작한다면, 전차의 진행 방향이 바뀌어 한 사람이 죽게 된다. 혹은 당신이 곁에 있는 한 사람을 선로 위로 떠밀어 전차에 치이게 하면, 전차가 멈춰 나머지 사람들을 모두 구할 수 있다. 당신은 어떻게 하겠는가? 과반수의 사람들은 선로 조종간을 조작하여 한 사람을 죽이는 것이 곁에 있는 한 사람을 선로 위로 떠미는 것보다 더 바람직하다고 판단한다. 어차피 한 사람을 죽이는 결과는 똑같은데도 말이다. 이런 반응에 대한—어느 정도 과학적으로 뒷받침된—전형적인 설명은, 조종간 조작은 비교적 중립적인 행동이어서 인지적 반응을 일으키는 반면, 사람을 떠미는 행동은 더 큰 감정적 반응을 일으킨다는 것이다.[7]

어떻게 우리의 뇌가 이성적 요소와 감정적 요소를 융합하여 철학적 판단을 내리는지—이런 융합 모형이 뇌의 작동을 옳게 서술한다고 전제하더라도—우리는 모른다(과학은 이 과정을 아직 완전히 밝혀내지 못했다). 뇌가 이 요소들을 어떻게 평가하는지 우리는 모른다. 추상적 추론은 의미에 관한 특정한 결론에 도달하는데, 강한 감정적 반응이 그 결론에 저항하는 것일 수도 있을 것이다. 혹은 이성과 감정의 이중성을 갖춘 뇌가 비교와 평가를 거쳐 결론에 도달하는 것일 수도 있다. 우리는 어느 쪽도 확신할 수 없다. 평가 과정에서 이성, 감정, 태도의 역할에 관한 이 같은 불확실성을 감안할 때, 우리는 선입견이나 오류의 가능성을 염두에 두고 자신의 철학적 결론에 대해서 회의적인 태도를 취해야 마땅하다. 그러나 이것은 마음가짐이나 감정이 중요하지 않다는 뜻이 아니다. 그것들을 무시하는 것은 합리적인 태도이기 어렵다. 결론적으로 우리가 정말로 진실을 알고자 한다면, 모든 잠정적인 결론을 끊임없이 재평가해야 한다. 비록 재평가가 성공을 보장하지 않는다 하더라도 말이다. 우리는 오류 가능주의자로 머물러야 한다.

우리는 병들었거나 퇴폐했거나 불행하기 때문에 삶의 의미를 묻는 것일까?

하지만 이제껏 우리가 해온 이야기와 반대로, 다음과 같은 프로이트의 주장이 옳을지도 모른다. "누군가가 삶의 의미를 묻는 순간, 그는 병든 것이다."[8] 상황이 순조로울 때보다 열악할 때 삶의 의미에 대한 질문이 더 많이 제기된다는 것은 의심의 여지가 없다. 그러나 그 질문은 언제든지 발생할 수 있다. 그 질문이 항상 발생한다면 어떻게 될까? 어떤 사람이 그 질문을 강박적으로 제기하면서 자신의 삶의 기쁨을 망친다면, 우리는 그를 어떻게 평가해야 할까? 그런 사람은 의학적 관점에서 강박장애 환자일 수 있겠지만, 그렇게 중요한 질문을 강박적으로 고민하는 것이 반드시 정신 건강에 해롭거나 정신병의 징후인 것은 아니다. 오히려 정기적으로 골프나 피아노 연주를 즐기듯이 그 질문을 항상 생각하는 것을 즐길 수도 있다. 심리적 질환과 삶의 의미에 대한 질문 사이의 연관성은 더 연구할 필요가 있지만, 우리는 프로이트가 틀렸다고 전제할 것이다. 즉, 단지 그 질문을 제기하는 것이 당신이 정신적으로 병들었다는 증거는 아니다. 우리가 아는 한, 심오한 질문의 제기는 정신적 건강의 증거요, 빅토르 프랑클이 주장했듯이 인간성의 가장 참된 표현이다.

또한 부유한 나라의 사람들이 그 질문을 제기할 여유 시간이 더 많다는 것도 사실이다. 많은 사람들은 생존하기에 급급한데, 세상에서 가장 형편이 좋은 이들이 그 질문을 제기한다면, 그 질문은 무언가 퇴폐적인 구석이 있는 것이 아닐까? 배부른 이들이 삶의 가치에 대해 숙고한다는 것은 말하자면 겉멋에 불과하지 않을까? 삶의 의미를 묻는 **사람들**이 퇴폐적이거나 겉멋이 들었을 개연성은 충분히 있다. 그러나 그렇다고 해서 그 질문이 무가치하거나 하찮은 것은 아니다. 부자들은 어쩌면 자신이 누리는 행운에 대해서 더 많은 고마움을 느껴야 마땅하겠지만, 그렇다고 그들이 삶의 의미를 묻는 것을 부적절한 행동으로 볼 수는 없다. 알다시피, 부자들의 숙고에서도 좋은 결과가 나올 수 있으니까 말이다. 철학적 숙고의 결과로 부자들이 기부를 더 많이 하게 될 수도 있다. 실제로 생각은 흔히 행동으로 이어진다. 병이나 자기 탐닉 같은 심리 상태가 의미 탐구의 동기일 수도 있겠지만, 우리는 우리의 동기가 진지하다고 단언하며 탐구 결과가 유익하리라고 예상한다. 이론적 숙고에서 나온 참된 결론이 모두에게 보탬이 되는 경우가 많이 있다. 우리의 의미 탐구에서도 그런 결론이 나오기를 바라자.

마지막으로 심리적 태도와 관련해서 행복을 간단히 언급할 필요가 있을 듯하다. 우리는 행복한 상황에서도 여전히 삶의 의미에 대한 의문을 품을까? 만일 그렇지 않다면, 이것은 행복이 삶의 의미임을 말해주는 것일까? 행복할 때 우리는 삶의 의미에 대해서 덜 생각할 개연성이 높지만, 의미에 대한 질문은 그럴 때도 발생할 수 있다. 예컨대 우리는 행복이 영원히 지속하지 않으리라는 생각에 불안해질 수도 있다. 우리가 언급할 많은 사상가들이 의미와 행복의 관계를 논할 테지만, 우리는 우선 몇 가지를 이야기할 수 있다. 첫째, 행복이 삶의 의미일 수도 있다. 행복하고 잘 산다면, 그 이상 어떤 의미를 바라겠는가? 아리스토텔레스는 이런 식으로 생각했다. 물론 그가 행복한 삶과 의미 있는 삶의 외연이 동일하다고 생각했는지는 불분명하지만 말이다. 그러나 대다수의 철학자들은 행복과 의미가 통상적으로 둘 다 좋은 것으로 여겨지지만 서로 같지는 않다고 생각한다.[9] 이제부터 그 이유를 설명하겠다.

행복하지만 의미 없는 삶을 상상하기는 쉬운 듯하다. 판타지 영화에 등장하는 행복 기계에 연결된 사람이나 매일 어린이를 고문하는 사람도 행복할 수 있다. 그러나 아마도 우리는 그런 사람의 삶이 유의미하다고 평가하기를 꺼릴 것이다. 반대로 매우 유의미하지만 불행한 삶도 있을 수 있다. 이를테면 자신의 의무나 어떤 이타적 행동에 몰두하는 삶이 그러하다. 행복이 의미와 같지 않다면, 어쩌면 도덕적 삶이 곧 의미 있는 삶일지도 모른다. 그러나 이것 역시 진실이 아닌 듯하다. 삶은 도덕과 무관하게, 이를테면 창작에 몰두할 때나 심지어 사소한 유희를 즐길 때에도 유의미할 수 있기 때문이다. 행복이나 도덕성이 의미를 증가시킬 가능성은 당연히 있다. 삶이 행복하거나 도덕적이라면 그렇지 않을 때보다 더 의미 있을 것이다. 그러나 이것은 행복이나 도덕과 의미가 동일함을 뜻하지 않는다. 일반적으로 의미는 좋은 것이면서 또한 다른 무엇으로도 대체할 수 없다고 여겨진다.

지금까지의 논의를 정리해보자. 우리의 질문은 중요하고, 유의미하고, 다른 철학적 질문들과 마찬가지로 어쩌면 대답 가능하며, 반드시 정신병이나 퇴폐나 불행의 징후인 것은 아니며, 행복이나 도덕성에 대한 질문과 자명하게 같은 것은 아니다. 그러므로 우리의 질문에 대한 탐구를 포기할 이유는 없다. 그 질문에 답하려면 세계에 관한 합리적 추론들이 필요하므로, 이제 몇 가지 추가 질문을 던지기로 하자. 1) 우리 자신에 관한 어떤 사실들이 우리의 탐구와 관련이 있을까? 2) 기본적으로 왜 사실이 의미와 관련이 있을까? 3) 우주에 관한 어떤 사실들이 우리의 탐구와 관련이 있을까? 우리는 이 질문들 각각을 차례로 고찰할 것이다.

우리가 죽는다는 사실

우리에 관한 어떤 사실들이 우리의 탐구와 관

련이 있을까? 자명한 대답은 우리에 관한 모든 사실이 우리의 탐구와 최소한 어느 정도 관련이 있다는 것이다. 그러나 그중 한 가지 사실에 초점을 맞출 것이다. 삶의 의미에 관한 모든 대화에서 죽음보다 더 많이 거론되는 것은 없다. 많은 이들로 하여금 삶의 의미에 관한 의문을 품게 하는 것은 무엇보다도 우리가 죽는다는 사실이다. 톨스토이의 작품 속 이반 일리치가 임종을 앞두고 병상에 누워 자기 삶의 무의미성을 곱씹는 것은 놀라운 일이 아니다. 삶의 의미를 다룬 전 세계의 문학 작품들에서 죽음이 매우 중요하게 등장하는 것도 마찬가지다. 제임스 볼드윈의 작품에 나오는 다음과 같은 인상적인 대목을 보라.

삶은 비극적이다. 그것은 그저 지구가 돌고 해가 어김없이 뜨고 지다가, 우리 각자에게 어느 날 마지막 해가, 최후의 해가 질 것이기 때문이다. 어쩌면 우리의 문제, 인간 문제의 모든 뿌리는, 죽음이라는 사실, 즉 우리가 소유한 유일한 사실을 부정하기 위해서, 삶의 모든 아름다움을 희생시키리라는 것, 우리 자신을 토템, 금기, 십자가, 피를 바치는 제사, 첨탑, 이슬람 사원, 인종, 군대, 깃발, 국가 안에 가두리라는 것이다.[10]

죽음은 삶의 의미와 모종의 관련이 있다. 철학과 거리가 먼 사람들조차도 소멸이나 망각에 대한 생각 앞에서는 무덤덤할 수 없다. 다음 장들에서 우리는 여러 사상가들을 다루면서 죽음의 어떤 측면이 삶의 의미를 위태롭게 하고 또 어떤 측면이 그렇지 않은지 구분할 것이다. 지금은 일단 몇 가지를 이야기할 수 있다.

첫째, 죽음에 대한 견해는 다양하다.

1. 죽음은 삶을 무의미하게 만든다.
2. 죽음은 삶의 의미를 감소시킨다.
3. 죽음은 삶의 의미를 증가시킨다.
4. 죽음은 삶을 유의미하게 만든다.

삶이 좋다는 이유로 죽음을 나쁜 것으로 여길 수도 있을 것이다. 또 비참하고 고통스러운 실존의 종말로서 죽음을 환영할 수도 있을 것이다. 죽음은 지금껏 늘 불가피했지만, 과학이 언젠가 죽음을 극복할 거라는 생각이 점점 더 뿌리를 내려왔다. 나노기술, 유전공학, 인공지능, 로봇공학 같은 미래의 기술들이 어떤 식으로든 힘을 합쳐 죽음을 몰아내리라는 생각 말이다.

어떤 이들은 기술적 불멸의 가능성이 인간의 삶을 무의미하게 만든다고 생각하는 반면, 죽음이 극복되어야만 삶이 온전한 의미를 얻을 수 있다고 생각하는 이들도 있다. 그러나 어떤 입장을 선택하든지, 삶의 의미와 관련해서 죽음을 생각하지 않을 길은 없다. 우리의 분석에서 삶과 의미와 죽음은 한데 얽혀 있다. 설령 우리의 팔이 세 개고 손가락이 여섯 개라 하더라도, 삶의 의미에 대한 우리의 분석은 크게 달라지지 않을 것이다. 그러나 만약에 우리가 죽지 않는다면, 우리의 분석은 근본적으로 달라질 것이다. 소멸에 대한 우리의 염려가 완전히 사라진다면, 삶의 의미를 위태롭게 만드는 듯 보이는 것들의 상당 부분이 사라질 것이다. 삶의 의미라는 논제를 이해하려면 반드시 죽음에 대해서 생각해야 한다.

사실과 의미

두 번째 질문으로 눈을 돌리자. **왜 사실이 의미와 관련이 있을까?** 내가 보기에 사실과 의미의 관계는 아직 제대로 연구되지 않았다. 앞서 말한 대로 우리는 우주에 관한 관찰 결과들과 우리의 삶을 통해 그 삶의 의미를 추론해볼 것이다. 당연히 이런 추론은 (우리가 사실로 여기는 것과 거기에서 도출한 결론은 항상 잠정적임을 유념하면서) 최선으로 밝혀낸 우리 자신과 세계에 관한 사실들에 의존한다. 이는 누가 봐도 명백하다. 그럼에도 현대 철학자들은, 특히 가치에 관해서는, 사실에 기초하여 철학적 결론을 도출하기를 꺼려왔다. 20세기 초부터 철학자들은 그렇게 결론을 도출하는 것은 '자연주의적 오류'라고 지적하기 시작했다. 자연주의적 오류란 어떠함에서 어떠해야 마땅함을 추론하는 오류를 뜻한다. 예컨대 **인간은 천성적으로 공격적**이라는 것이 사실일 수도 있다. 그러나 이 사실에서 인간이 공격적이어야 **마땅한가**에 관한 결론은 나오지 않는다. 어쩌면 우리가 천성을 따라야 마땅할지도 모른다. 혹은 우리가 천성을 극복하려 애써야 마땅할지도 모른다. 요컨대 자연주의적 오류를 지적하는 것이 타당하다고 전제하면, 우리는 사실에서 가치를 도출할 수 없다.

사실에서 가치를 간단히 도출할 수 없다는 것은 일반적으로 인정받는 바지만, 사실은 가치와 유관한 듯하다. 우리가 인간이라는 사실에서 우리가 무엇을 해야 하는가를 정확히 도출할 수는 없을지라도, 그 사실을 기초로 우리는 이러이러한 것들이 우리에게 좋음을 추론할 수 있다. 이를테면 우리가 의식주, 건강, 지식, 우정을 추구해야 한다는 결론을 도출할 수 있다. 또 우리는 우리에게 나빠서 추구하지 말아야 할 것들이 있다고 생각한다. 예컨대 고통, 굶주림, 무지, 외로움이 그렇다. 우리가 천사라면, 음식이 필요 없을 것이다. 우리가 바위라면, 친구가 필요 없을 것이다. 이처럼 우리에 관한 일부 사실들은 무엇이 우리에게 가치 있는지를 적어도 어느 정도는 결정한다. 우리의 뇌를 감싼 두개골이 총탄에 관통된다는 사실 그 자체는 타인에 대한 총질이 비도덕적이라고 말해주지 않지만—사실에서 가치가 필연적으로 도출되지는 않지만—만일 그 사실이 달라져서 총탄이 두개골에 맞으면 우리가 쾌감을 느낀다면, 두개골을 겨냥한 사격에 대한 도덕적 금지는 사라질 것이다. 이 예에서 보듯이 우리의 본성에 관한 사실들은 우리에게 좋은 것이 무엇인지를 완벽하게 알려주지는 않지만 확실히 그것에 대해서 **무언가** 말해준다.

이번에는 의미를 생각해보자. 모든 유형의 사실은 의미와 관련이 있다. 과학이 삶의 의미에 대한 질문에 미친 영향에서 이를 뚜렷하게 확인할 수 있다. 사실들이 달라진—신이 아니라 자연선택이 우리를 설계했음을 우리가 확신하게 된—여파로, 삶의 의미에 대한 우리의 신념이 흔들렸다. 그 새로운 사실들은 의미와 유관하다고 여겨졌다. 만일 외계인이 우리를 식용으로 사육한다는 것이 사실이라면, 이 사실이 우리 삶의 의미에 대하여 함축하는 바는, 외계인이 우리와 함께 무한한 행복을 누리기 위해 우리를 만들었다는 사실이 함축하는 바와 전혀 다를 것이다. 중요한 것은 이 두 사실 중에 어느 것이 정말로 사실이냐 하는 문제가 아니다. 사실이 우리의 가치 평가에 영향을 미치는 것과 마찬가지로 의미 평가에도 영향을 미친다는 점을 지적하는 것이 핵심이다. 내가 천사냐, 변형된 원숭이냐, 컴퓨터 시뮬레이션 속에서 사는 존재냐는 내가 무엇을 가치 있게 평가하느냐 하는 것이나 내 삶이 의미가 있느냐 하는 질문과 중요한 관련이 있다. 이것은 거의 자명한 이야기다. 결론적으로 우리가 자신과 우주에 관한 사실들을 알지 못한다면, 삶의 의미에 관한 깊이 있는 토론은 불가능하다.

과학적 사실과 의미

이제 셋째 질문을 살펴볼 차례다. **우주에 관한 어떤 사실들이 우리의 탐구와 관련이 있을까?** 대답은 모든 사실, 현대 과학이 아는 모든 사실들이 의미 탐구와 최소한 어느 정도 관련이 있다는 것이다. 왜 그럴까? 방금 우리는 사실이 의미와 관련이 있다고 주장했다. 하지만 왜 특히 과학적 사실들이 의미와 중요한 관련이 있을까? 이 장의 첫 절에서 언급했듯이, 서양에서 기독교 세계관의 영향력 쇠퇴는 삶의 의미에 대한 질문이 새로운 중요성을 획득하게 돕는 촉매 구실을 했다. 그럼 그 쇠퇴를 촉진한 것은 무엇이었을까? 물론 다양한 요인들이 있겠지만, 두드러진 것 하나는 근대과학의 등장이었다. 태양 중심 우주관의 등장으로 인류는 우주의 물리적 중심에서 쫓겨났고, 진화론의 등장으로 생물 창조의 중심에서도 밀려났다. 진화론은 기존에 삶의 의미를 지탱해온 토대의 큰 부분을 허물었다. 특히, 창조와 실재의 설계에서 인간이 중심을 차지한다는 생각을 무너뜨렸다. 현대 과학은 상상을 초월할 정도로 방대하고 압도적인 증거를 토대로 근본적으로 다른 세계관을 제시한다. 그 증거는 끊임없이 증가하면서 우주론, 생물학 등의 통찰을 심화한다. 과학을 모르는 사람은 현실적인 세계관을 구성할 가망이 없다.

따라서 삶의 의미를 탐구하기 위해서 우리는 현대 과학이 아는 사실들을 고려해야 한다. 현대 과학을 모르면, 일관된 세계관을 가질 수 없다. 왜냐하면 **오늘날 세계에서 과학은 유일하게 인지적 권위를 가졌기 때문이다.** 물론 과학이 아직 발견하지 못한 것이 무한히 많다는 것은 엄연한 사실이다. 과학이 그 본성상 다룰 수 없는 사실들이 있을 수도 있다. 과학적 방법 외에도, 실재에서 사실들을 알아낼 다른 수단들이 있을 수도 있다. 게다가 과학은 독단적이지 않다. 과학 이론은 아무리 잘 입증되었더라도 늘 잠정적이다. 즉, 새로운 증거에 비춰 변경될 가능성이 열려 있다. 그럼에도 우리는 과학이 확립한 사실들이 우리 탐구의 출발점이어야 한다고 주장한다. 공들여 얻은 경험적 증거를 이론적 사색으로 대신할 수는 없기 때문이다. 과학은 어마어마하게 많은 지식으로 이루어졌다. 그 지식은 과학이 낳은 놀라운 기술들에 의해 매일 입증된다. 간단히 말해서 우리는 우리 자신과 세계에 대해서 우리가 가진 최고의 지식—현대 과학이 제공한 지식—을 출발점으로 삼아야 한다.[11]

그러나 과학 지식은 방대하다. 그 방대한 지식 중에 어떤 부분이 우리의 탐구와 가장 밀접한 관련이 있을까? 문제는 우리의 탐구와 가장 관련이 깊은 과학 분야들—인류학, 심리학, 사회학, 역사학—이 과학에서 엄밀성이 가장 낮은 분야들이라는 점이다. 반대로 우리의 질문과 가장 관련이 적은 분야들—수학, 물리학, 화학—은 가장 엄밀하다. 한편으로 우리는 $E=MC^2$이나 물이 H_2O라는 것을 더없이 확실하게 알지만, 이런 사실들은 우리의 탐구에 별로 쓸모가 없다. 다른 한편으로 우리는 행복해지는 방법, 의미를 발견하는 방법, 우리가 결정을 내리는 방식 등을 확실히 모른다. 이것들은 우리의 연구와 밀접한 관련이 있는데도 말이다. 우리의 논의와 가장 관련이 깊은 것은 윤리학, 철학, 신학과 여러 인간 과학들human sciences인 듯하다. 하지만 이렇게 말해놓고 보니, 우리는 출발점으로 되돌아와서 다양한 세계관들과 철학들 중에서 무엇을 선택할지 고민하는 셈이다. 우리의 의미 탐구에 도움이 될 만한 과학은 엄밀하면서 또한 우리의 질문과 유관해야 한다. 따라서 이렇게 물어보자. 과학, 특히 자연과학의 분야들 가운데 엄밀하면서 또한 우리의 탐구와 유관한 것이 있을까?

나는 우주론과 생물학이 그런 분야라고 생각한다. 이 두 분야는 엄밀할뿐더러 삶의 의미에 대해서 중요한 이야기를 해준다. 우주의 현재 상태와 기원 및 운명을 다루는 과학이라는 넓은 의미의 우주론은 당연히 우리의 탐구와 관련이 있다. 생물학도 매우 중요하다. 이 과학 분야는 인간의 본성이 무엇인지 이야기해준다. 우주의 기원, 진화, 운명이 우리의 탐구에서 가지는 특별한 중요성을 감안하여, 우리는 이 주제들에 대해서 과학이 말해주는 바에 초점을 맞추기로 하자. 그러면 우리의 탐구에서 과학 지식이 얼마나 중요한지 알게 될 것이다. 이 주제들에 대해서 우리가 아는 바와 모르는 바는 우리의 탐구에서 매우 중요하다.

우주의
기원, 진화, 운명

　　　　　　우리 우주는 약 137억 3000만 년 전에 시작되었다(인류가 이 사실을 이렇게 정확하게 알아냈다는 사실은 그 자체로 과학의 힘을 보여주는 증거다. 곰곰이 생각해보면 이것은 정말로 놀라운 발견이다. 그리고 우리는 이 사실을 아는 최초의 세대다). 그전에 무슨 일이 있었는지에 대한 우주론의 입장은 매우 사변적이지만, 다음 예들을 비롯해서 서로 경쟁하는 여러 이론이 있다. 1) 우주가 무에서 발생했고, 빅뱅이 공간과 시간을 창조했다. 따라서 빅뱅 **이전에는** 공간도 없고 시간도 없었다. 2) 끈이론에서 말하는 것처럼 우주는 막들(브레인들)의 운동이나 충돌의 결과로 발생했다. 3) 우주는 끝없는 자족적 순환을 겪는다. 일부 모형들에서 우주는 팽창하다가 수축하고 다시 팽창한다. 4) 앞선 우주의 죽음이 현재 우주의 시초였다. 마지막 세 가지 제안은 모두 빅뱅이 더 크고 오래된 우주, 이른바 '다중우주'의 역사에서 한 부분이며 따라서 말 그대로 시초는 아니라고 주장한다.

　이 예들을 비롯한 경쟁 이론들의 세부 내용은 우리 탐구의 범위를 벗어나지만, 어떤 이론도 (또한 미래에 나올 법한 어떤 변형된 이론도) 초자연적인 신의 자리를 남겨두거나 의미에 대해서 언급하지 않는다는 점을 지적하는 것으로 충분하다. 우주는 정말 신비롭지만, 우주에 대한 설명에서 신은 아무 역할도 하지 않는 것으로 보인다.[12] 뿐만 아니라 적어도 과학을 아는 사람들 사이에서는 과학적 우주 발생론이 기존의 종교적 우주 발생론들을 보편적으로 대체해왔다. 우주 발생론의 이 두 유형 사이의 주요 차이는 첫째, 과학적 설명은 탄탄한 근거와 증거에 의해 뒷받침된다는 점, 둘째, 종교적 창조 신화들과 달리 과학적 설명에는 의미가 들어설 자리가 딱히 없다는 점이다. 그러므로 아주 많은 사람들이 과학적 세계관에 위협을 느끼는 것은 놀라운 일이 아니다. 과학적 우주 발생론들 가운데 어느 하나가 참인지 여부를 우리는 확실히 모르지만, 충격은 이미 가해졌다. 우주의 기원에 대한 현재 지식은 기존에 우리가 확신하던 의미를 위태롭게 한다.

우주의 미래에 관한 논의도 매우 사변적이다. 현재의 증거에 기초할 때 개연성이 가장 높은 시나리오들은 다음과 같다. 1) 우주가 팽창을 멈추고 다시 수축하여 종말을 맞는다(대수축big crunch). 2) 우주가 무한정 팽창하여 열과 에너지를 모두 소진하고 종말을 맞는다(대동결 big freeze). 3) 우주가 결국 산산이 찢어진다(대파열big rip). 4) 우주가 팽창하다가 수축하고 다시 빅뱅을 맞아 팽창하기를 반복한다(큰 되튐 big bounce). 5) 무한히 많은 우주들, 곧 **다중우주**가 존재하므로, 우주는 영원히 존속한다(이 시나리오에는 다른 버전들도 있다). 말할 필요도 없겠지만, 이 시나리오들 중 어디에서도 신이나 의미는 등장하지 않는다. 우주의 기원을 논할 때와 마찬가지로, 중요한 점은 우주의 운명에 관한—우리 조상들은 상상도 못한—새로운 시나리오들이 존재하며, 그것들이 우리 마음에 썩 내키지 않는다는 것이다. 이 시나리오들을 알기만 해도, 삶의 의미에 대한 우리의 확신은 흔들린다.

그러나 우주의 기원과 운명을 다루는 과학은 매우 사변적이라는 사실을 인정해야 한다. 위에 언급한 이론들은 폐기될 가능성이 있다. 그러나 나는 과학이 언젠가 이 커다란 비밀들을 밝혀낼 거라는 쪽에 도박을 걸겠다. 과학 지식의 진보는 불가피하며, "틈새의 신god of the gaps"을 설정하는 것이 유용할 가망은 낮기 때문이다.[13] 아무튼, 다중

우주론과 같은 입장들이 적어도 보편적인 죽음을 배척할 근거를 제공한다는 점은 좋은 소식이다. 만일 보편적인 죽음이 확실한 운명이라면, 의미를 부정하는 입장이 압도적인 힘을 얻을 테지만, 그것이 확실한 운명이 아니므로 우리는 의미를 향한 창을 열어둘 수 있다. 나쁜 소식은 어떤 과학적 이론도 객관적 의미에 딱히 우호적이지 않은 듯하다는 것이다. 공정한 관점에서 보면, 아마 우리는 매우 사변적인 이 과학 분야들에 대해서 충분히 알지 못하기 때문에 의미에 관해서 확실한 결론을 내릴 수 없을 것이다. 우리가 말할 수 있는 것은 다만 우주의 기원과 운명에 관한 과학적 이론들이 기존에 사람들이 이 주제들과 관련해서 품었던 확신을 위태롭게 만든다는 것까지다.

우주의 시초와 종말 사이에 우주의 진화가 있다. 그 시초에서 종말까지의 시간이 까마득히 길다는 점을 생각하면, 만물이 진화해야 한다는 점, 즉 시간이 흐름에 따라 변화해야 한다는 것을 쉽게 이해할 수 있다. 137억 3000만 년 전부터 지금까지 우주는 파란만장한 진화를 겪었으며, 우리는 그 진화의 개요를 매우 상세하게 안다. 우리의 탐구에 중요한 사항은 이것이다. 우주의 역사에서 믿기 어려울 정도로 나중에 등장한 인간은 유전적 돌연변이와 환경의 선택을 통해 만들어졌다. **이 사실은 합리적 의심의 여지가 없다. 다른 이야기를 하는 사람은 과학 문맹이거나 거짓말쟁이다.**[14] 20세기의 가장 저명한 진화생물학자로 널리 인정받으며 때로는 20세기의 다윈으로 불리는 에른스트 마이어는 이를 다음과 같이 표현했다. "현대의 저자에게 진화 그 자체는 더는 이론이 아니다. 지구가 태양 주위를 돈다는 것과 다를 바 없이 진화는 사실이다." 그리고 이렇게 덧붙였다. "인간의 미래, 인구 폭발, 생존 투쟁, 인간과 우주의 목적, 자연에서 인간의 자리에 관한 모든 현대적 논의는 다윈에게 의존한다."

간단히 말해서 진화를 모르면서 우리 자신에 대해서 무언가 이해할 길은 전혀 없다. 진화를 모르면 우리의 몸도, 행동도, 믿음도 이해할 수 없다. 생물학이 인간의 처지에 대한 이해에서 결정적으로 중요한 이유가 여기에 있다. 생물학은 인간의 본성에 대한 연구를 잠정적으로 엄밀하게 해주는 과학이다.[15] 물론 진화에 대한 지식이 삶의 의미에 관한 모든 의문을 풀어준다는 뜻은 아니다. 그러나 **진화 과정에 대한 고찰은 인간의 삶의 의미에 관한 진지한 논의에서 반드시 필요하다.**

인간의 삶과 본성에 대해서 진화생물학이 이야기해주는 바를 이 책의 한정된 범위 안에서 모두 다루는 것은 불가능하다. 다만, 진화라는 패러다임이 다윈 이래의 다양한 사상가들에 의해 차츰 확장되어 우리 몸뿐 아니라 정신과 행동에도 적용되게 되었다는 점을 지적하는 것으로 만족하자. 진화 패러다임을 몸에 적용하는 것을 넘어 정신에 적용하려면, 심신 문제와 진화론적 인식론을 건드리지 않을 수 없다. 더 나아가 그 패러다임을 행동에 적용하려면, 사실-가치 문제와 진화론적 윤리학을 건드리게 된다. 어쩌면 우리는 이 책에서 진화 모형을 삶의 의미에도 적용할 수 있음을 발견하게 될지도 모른다. **생물 종들이 진화하고 궁극적으로 우주가 진화하는 것처럼 의미도 진화할 가능성이 있다.**

그렇다면 우리의 의미 이해에서 진화의 중요성은 생물학적 차원을 넘어 문화적 차원에까지 이른다. 어쩌면 문화적 진화의 결과로 도래할 미래가 그 자체로 삶의 목적일 수도 있다. 우리가 온 곳보다 우리가 나아갈 곳이 의미의 출처로 더 적합할지도 모른다. 우리가 과거에서 현재로 이행해온 과정 그 자체가 의미의 드러남일 수도 있을까? 우리는 나중에 이 생각을 더 자세히 살펴볼 것이다.

보편적 죽음과 무의미

　　　　　　　우주의 기원, 진화, 종말에 관한 가능한 시나리오들은 얼핏 보면 인간에게 우호적이지 않다는 점을 눈여겨보라. 냉정하게 사실들을 보면, 객관적 의미가 들어설 자리는 없는 듯하다. 만물이 목적 없이 출발하여 설계나 궁극적 종착점 없이 진행해왔다면, 의미가 들어설 자리가 있겠는가? 보편적 죽음(우주의 죽음)은 우리 자신의 죽음을 확장한 최종 결과다. 우리는 작품이나 자식을 남기는 것에서 의미를 찾음으로써 자신의 죽음과 화해할 수 있을지도 모르지만, 만일 모든 것이 결국 죽는다면, 결국 아무것도 존재하지 않게 된다면, 만물은 대체 어떤 의미를 가질 수 있을까? 이런 이유 때문에, 보편적 죽음을 피할 길이 있을 가능성, 만물이 어떤 식으로든 불멸할 가능성은 우리를 무척 고양시킨다. 보편적 죽음을 피할 가망이 없다면, 의미가 존재할 여지는 아예 없을지도 모른다.

이 생각들을 이해하기 위해 사고실험을 해보자. 과거에 혹은 현재 한 우주가 존재하고, 거기에서 생물들이 살고 일하고 사랑하고 고통받고 죽는다고 상상해보자. 그런데 갑자기 그 우주가 아무런 흔적 없이 완벽하게 소멸한다고 해보자. 우리는 그 지각되지 않으며 존재하지 않는 우주가 거기에 살던 개체들에게는 중요하고 유의미했다고 말할 수 있지만, 그 세계가 우리에게도 중요할까? 보편적 관점에서 볼 때 그 세계는 어떤 중요성이나 의미를 가질까? 아무 흔적 없이 영영 사라진 것과 한 번도 존재한 적이 없는 것 사이에 무슨 실질적 차이가 있을까?

물론 우리는 과거 세계가 우리 세계에 최소한의 영향을 미쳤다고 반론할 수 있을 것이다. 그러나 그런 작은 영향이 그 세계에 보편적 의미를 부여해줄 수 있는지 의문이다. 또한 현재의 모든 실재가 미래에 사라진다면, 우리의 처지도 마찬가지다. 우리가 존재했다는 것은 중요하지 않게 될 것이다. 그러므로 우리는 우주의 운명이 삶의 의미를 위해서 결정적으로 중요함을 다시 확인하게 된다. 우리가 논할 여러 사상가들은 이 문제를 거론하고 다양한 우회로를 제시한다. 그러나 한 가지 분명히 해둘 것이 있다. 우주에 관한 지식은 우리 삶의 의미에 관한 토론과 관련이 있다. 그 지식은 과학에서 나오며, 특히 우주의 죽음에 관한 다양한 시나리오들을 볼 때, 과학적 우주관은 딱히 긍정적이지 않다. 과학적 이해는 삶의 의미가 최소한 문제적이라는 입장에 힘을 실어준다.

결론

우리의 질문이 중요하고 유의미하며 대답될 수 있음을 확언하는 것으로 이 첫 장을 마무리하자. 우리는 우리의 태도와 기타 주관적 요소들이 우리의 결론에서 큰 역할을 한다는 점을 잘 알지만, 그 질문을 던지는 사람이 반드시 병들었거나 불행하다는 견해는 배척한다. 더 나아가 우리는 자신의 죽음 및 자연과 만물의 진화가 의미 탐구에서 결정적으로 중요하다는 결론을 내린다. 현대 과학이 우주에 관해서 도달한 지식은 궁극의 의미에 딱히 우호적이지 않다. 그럼에도, 우리의 질문과 가능한 대답들이 거대하고 복잡함에도 불구하고, 우리가 발전시켜 나간 생각이 우리의 주제에 빛을 비출 수 있기를 희망한다. 자, 이제부터 부지런히 나아가보자.

2
초자연주의: 종교적 대답들

니체는 나에게 모든 낙관론을 불신하라고 가르쳤다. 나는 그 남자의 여자 같은 마음이 끊임없이 위로를 바라는 것을 알았다. 그 엄청나게 기민한 소피스트의 정신이 항상 위로의 욕구에 종사할 준비가 되어 있음을 알았다. 인간의 욕망을 충족시키겠다고 약속하는 모든 종교는 겁쟁이의 도피처요, 참된 남자에게 어울리지 않는다고 느끼기 시작했다 … 그러므로 우리는 가장 희망이 없는 세계관들을 선택해야 마땅하다. 이때 만일 우연하게도 우리가 우리를 속이는 것이고 희망이 실제로 존재한다면, 그것은 그만큼 더 좋은 일이다. 아무튼 이런 식으로 인간의 영혼은 굴욕당하지 않을 것이다. 신도 악마도 인간의 영혼이 대마초 사용자처럼 중독되었고 순박함과 겁을 재료로 삼아 ─ 심연을 덮으려고 ─ 상상의 낙원을 꾸며냈다고 조롱할 수 없을 것이다. 희망과 가장 많이 결별한 신앙은 내가 보기에 어쩌면 가장 참된 것 같지는 않았지만 확실히 가장 용감한 것이었다. 나는 형이상학적 희망을 미끼로 간주했다. 진정한 남자라면 그 미끼를 고개 숙여 갈아먹지 않으리라. 나는 가장 어려운 것이라면 무엇이든 원했다. 바꿔 말해 가장 가치 있는 사람, 넋두리하지 않는 사람, 탄원하지 않는 사람, 애걸하지 않는 사람이기를 원했다.

─ 니코스 카잔차키스

나는 개인적으로 모든 알려진 종교들에 반대하며 모든 유형의 종교적 믿음이 근절되기를 바란다. 종교는 … 주로 공포에 기초를 둔다 … 신비로운 것에 대한 공포, 실패에 대한 공포, 죽음에 대한 공포. 공포는 잔인함을 낳으며, 따라서 잔인함과 종교가 잘 어울려온 것은 놀라운 일이 아니다. 나의 종교관은 루크레티우스의 종교관과 같다. 나는 종교를 공포가 낳은 병이자 인류에게 이루 말할 수 없는 비참함을 안겨주는 원천으로 여긴다.

-버트런드 러셀

이상적인 목적을 위하여 장애물들을 무릅쓰고 개인적 손해의 위험에도 불구하고 그 활동의 보편적이며 영구적인 가치를 확신하기 때문에 하는 모든 활동은 종교적인 성질을 띤다. 많은 개인, 연구자, 예술가, 박애가, 시민, 가장 보잘것없는 남자와 여자는 교만도 뽐냄도 없이 자신과 자신의 처지를 그런 식으로 통일하는 일을 성취해냈다. 그들의 정신과 영감을 점점 더 많은 사람들에게 보급할 필요가 있다. 만일 내가 종교에 대해서 가혹하게 들리는 말을 했다면, 그것은 종교가 이상들을 독점하고 이상들을 북돋울 유일한 초자연적 수단들도 독점한다는 주장이 자연적 경험에 내재하는 뚜렷이 종교적인 가치들의 실현을 방해한다고 확신하기 때문이다.

-존 듀이

삶을 가치 있게 느끼기 위해 종교가 필요하다는 믿음은 내가 보기에 오류다 … 교회나 공식적인 신학이나 기타 어떤 종교적 측면과도 완전히 분리된 채 성장했지만 신의 명령으로서가 아니라 사회적 이익에 관한 사안으로서 윤리를 터득한 젊은이를 나는 여럿 안다. 내가 보기에 그들은 모든 문제를 주께, 또는 주의 지역 대리인인 성직자에게 아뢰도록 훈련받은 어떤 이들 못지않게 아주 행복하고 목적으로 충만하며 삶에 대한 열정으로 가득하다.

-싱클레어 루이스

신이 세계를 창조했다면, 나는 그 신일 리 없다. 내가 그 신이라면, 세계의 비참함에 내 가슴이 박살났을 테니까 말이다.

-아르투르 쇼펜하우어

종교적 대답들

삶의 의미를 물을 때 돌아오는 간단명료하고 감정적으로 호소력이 있는 한 가지 대답은 종교적 대답이다. 물론 종교가 다양하므로 그 대답들도 다양하지만, 일반적으로 그것들은 신이나 신들에게 호소함으로써 악, 고통, 죽음, 의미 같은 삶의 주요 문제들을 해결하려 한다. 일반적으로 종교들은 고난이 유의미하며 보상받을 것이라고, 정의를 향한 우리의 욕구가 충족될 것이라고, 사후의 삶을 통해, 또는 윤회의 수레바퀴에서 탈출함으로써, 또는 기타 초자연적 시나리오를 통해 죽음이 극복될 것이라고 주장한다.

우선 분명히 해야 할 점이 있다. 한정된 범위 안에서 온갖 다양한 종교적 표현들과 경험들을 모두 다루는 것은 불가능하다. 오늘날 전 세계의 기독교 교파만 따져도 약 3만 8,000개에 달한다.[1]

다른 종교들도 이렇게 다양할 것이 틀림없다. 게다가 교파들 간 차이도 매우 커서 같은 종교의 교파들이라는 것을 알아채기 어려울 정도다. 성서를 글자 그대로 해석하기를 거부한 성 아우구스티누스나 성 토마스 아퀴나스의 미묘한 신학은 오늘날의 성서 원리주의와 얼마나 공통점이 있을까? 샹카라Shankara의 철저한 비이원론적 베단타 철학과 평범한 힌두교도의 신앙은 얼마나 유사할까? 두 질문 모두에서 정답은 그리 유사하지 않다는 것이다. 게다가 한 교파 내에서도 개인들이 자신의 종교를 다양하게 이해한다는 점까지 고려하면, 종교적 믿음의 유형이 얼마나 많은지는 종교를 믿는 사람이 얼마나 많은지에 달렸다는 말도 과언이 아닌 듯하다. 따라서 삶의 의미에 대한 종교의 대답들을 모두 다루는 것을 불가능하다.

게다가 다른 질문들도 제기된다. 종교란 무엇일까? 불교는 종교일까? 기독교는 종교일까? 과학은 종교적 충동에서 동기를 얻을까? 모든 진리 탐구는 결국 종교적일까? 19세기의 가장 중요한 기독교 신학자로 꼽을 만한 쇠렌 키르케고르는 기독교도로 자처하고 교회에 다니고 기독교 교리에 귀의한 사람이라 해도 그 사람은 기독교도가 아닐 수 있다고 생각했다. 그럼 무엇이 당신을 기독교도, 무슬림, 힌두교도로 만들까? 확실한 대답은 없다. 주어진 여건을 — 종교가 다양하고 다면적이며 정의하기 어렵다는 사실을 — 감안할 때, 당연히 종교들은 위 질문에도 다양한 방식으로 대답할 것이다. 그러므로 우리는 우리의 질문에 대한 종교적 대답의 몇 가지 예를 살펴보고, 그 예들을 통해 종교적 접근법을 이해해보도록 하자.

레프 톨스토이 :
의미의 위기와 신앙의 도약

레프 톨스토이Leo Tolstoy(1828 - 1910)는 가장 위대한 소설가의 반열에 든다고 널리 인정받는 러시아 작가다. 그의 걸작 《전쟁과 평화》와 《안나 카레니나》는 역사를 통틀어 최고의 사실주의 소설로 꼽힌다. 그는 예수의 가르침에 대한 문학적 해석으로도 명성을 얻었다. 특히 산상 설교에 대한 해석이 유명했으며, 나중에 톨스토이는 평화주의자 겸 기독교적 무정부주의자가 되었다. 그의 비폭력 저항 사상은 마하트마 간디와 마틴 루서 킹에게 영향을 미쳤다. 죽음이 임박했을 때 그는 마침내 재산과 특권을 내던지고 떠돌이 고행자가 되었으며 그 직후에 한 기차역에서 사망했다. 아래 내용은 그가 1882년에 완성하여 1884년에 처음 출판한 《고백A Confession》을 요약한 것이다. 톨스토이는 삶의 의미에 대한 질문을 현대적인 방식으로 제기한 최초의 사상가들 중 하나다.

톨스토이는 돈을 벌고, 가족을 부양하고, 삶의 의미에 관한 질문을 잊기 위해 글을 썼다고 말한다. 그러나 나중에 삶과 죽음의 의미에 관한 질문에 사로잡혔을 때, 그는 문학 창작을 시간 낭비로 여기게 되었다. 의미에 대한 질문에 답이 없는 한, 그는 아무것도 할 수 없었다. 명성과 재산과 가족이 있음에도 불구하고 그는 자살하고 싶었다. 자신이 태어난 것은 누군가의 멍청한 장난이었다고 그는 말했다. "조만간 병과 죽음이 올 것이었다 … 나의 모든 일은 … 조만간 잊힐 것이고, 나 자신도 존재하지 않을 터였다. 그렇다면 내가 이 모든 것에 신경을 써야 할 이유가 무엇인가."[2] 톨스토이가 보기에 삶은 한 동양 우화에서 묘사하는 그대로였다. 사람이 절벽 중간에서 나뭇가지를 붙들고 매달려 있다. 절벽 아래에는 용이 있고, 위에는 괴물이 있으며, 생쥐들이 그가 매달린 나뭇가지들을 갉아먹는다. 탈출할 길은 없으며, 우리의 불가피한 죽음이 삶의 쾌락들 ─ 나뭇가지에 묻어있는 꿀 ─ 을 망쳐버린다. 모든 것이 이 진실로 귀착한다. "진실은 죽음이다."[3] 죽음과 삶의 무의미를 인정하는 것은 삶의 기쁨을 망친다.

과학이 지식을 주기는 하지만, 이 유형의 지식은 위로가 되지 않는다. 위로가 될 만한 유형의 지식, 곧 삶의 의미에 관한 지식은 존재하지 않는다. 결국 아무것도 이해할 수 없다는 깨달음만 남는다. 톨스토이의 주장에 따르면, 무의미감은 소박한 사람보다 지식인에게 더 자주 찾아온다. 그래서 지식인은 노동자 계급을 바라보면서 답을 구한다. 삶의 의미에 대한 질문을 제기하고 스스로 답하는 사람들을 바라본다. 그리고 그들이 쾌락에서 의미를 끌어내지 않음을 알아챈다. 그들은 쾌락을 거의 누리지 못하지만 자살은 큰 죄악이라고 생각한다. 삶의 의미는 어떤 합리적 이성적 지식에서가 아니라 "비합리적 지식에서" 발견되는 듯하다. "이 비합리적 지식은 신앙이다."[4] 톨스토이는 자신이 이성과 신앙 중에 하나를 선택해야 한다고 말한다. 이성을 선택하면 의미는 존재하지 않는다는 결론이 나오고, 신앙을 선택하는 것은 이성을 배제하는 것을 뜻한다. 결론적으로 만일 이성이 의미란 존재하지 않는다는 결론에 이른다면, 합리성은 실은 비합리적이다. 거꾸로 비합리성이 의미에 이른다면, 비합리성은 실은 합리적이다 (단, 우리가 원하는 것이 진실이 아니라 의미라는 전제하에서).

톨스토이는 합리적, 과학적 지식이 사실만을 제공한다고 주장한다. 과학적 지식은 유한한 것을 유한한 것과 관련시킬 뿐, 유한한 삶을 무한한 것과 관련시키지 않는다. 따라서 "신앙이 제공하는 답이 아무리 비합리적이고 기괴하더라도, 그 답은 유한한 것과 무한한 것 사이의 관계를 이야기한다는 장점이 있다. 그 관계가 없으면, 답은 있을 수 없다."[5] 오직 비합리적 요소들 ─ 기독교의 중심 교리들 ─ 을 받아들여야만 삶의 의미에 대한 질문의 답을 발견할 수 있다. 따라서 우리는 신앙을 가져야 한다. 하지만 어떤 신앙을 가져야 할까? 톨스토이가 보기에 "신앙이란 인생의 의미에 대한 지식이다 … 신앙이란 삶의 힘이다. 사람이 산다면, 그는 무언가를 믿는 것이다."[6] 그리고 톨스토이는 이 신앙을 부유하거나 지식이 많은 사람들이 아니라 가난하고 배운 것 없는 사람들에게서 발견했다. 소박한 사람들이 소박한 삶에 부여한 의미 … 그것이 톨스토이가 수용한 의미였다. 의미는 소박한 삶과 종교적 신앙에서 발견된다.

요약 삶의 의미에 대한 질문은 매우 중요하지만, 우리의 합리적 과학은 그 질문에 답할 수 없다. 따라서 우리는 비합리적 해법을 채택해야 한다. 소박한 사람의 비합리적 신앙을 받아들여야 한다. 역설적이게도 이 비합리적 신앙은 살아갈 길을 열어준다는 점에서 합리적이다.

앤서니 플루 : 톨스토이와 삶의 의미

앤서니 재러드 뉴턴 플루Antony Garrard Newton Flew(1923 - 2010)는 영국 철학자다. 분석 및 증거주의 학파에 속했던 그는 종교철학 연구로 유명했으며 노골적인 무신론자였다. 플루는 옥스퍼드, 아버딘, 킬, 리딩 대학과 토론토의 요크 대학에서 가르쳤다. 1963년에 발표한 에세이 〈톨스토이와 삶의 의미〉에서 플루는 톨스토이의 논증을 아래처럼 재구성한다.

1. 만일 모든 것이 죽음으로 끝난다면, 삶은 무의미하다.
2. 모든 것은 죽음으로 끝난다.
3. 따라서 삶은 무의미하다.
4. 만일 삶이 무의미하다면, 충족시켜야 합당한 욕망은 존재하지 않는다.
5. 따라서 충족시켜야 합당한 욕망은 존재하지 않는다.

플루는 죽음이라는 사실에서 반드시 삶의 무의미성이 귀결된다는 점을 부정한다. 또한 어떤 것이 중요성을 가지려면 영원히 존속해야 한다는 것도 부정한다. 심지어 우리 삶의 유한성이 삶에 의미를 부여한다고 정반대로 주장할 수도 있다. 플루는 고난과 죽음이라는 사실을 톨스토이가 거기에서 끌어내는 가치평가적 결론 — '삶은 목적도 의미도 없다' — 과 구별한다. 톨스토이가 반드시 이 결론을 내려야 했던 것은 아니다. 또한 톨스토이는 그 자신이 모르는 것을 소박한 사람들이 안다고 생각했다. 왜냐하면 그들은 그처럼 고난에 처해있지 않았기 때문이다. 하지만 이것도 필연적인 결론은 아니었다. 소박한 사람들이 절망에 시달리지 않는다는 사실이 그들이 삶의 의미에 대한 지식을 가졌음을 뜻하지는 않는다. 어쩌면 그들은 단지 톨스토이와 다른 방식으로 삶에 반응하는 것일 수도 있다. 게다가 소작농들이 톨스토이처럼 삶을 고민하지 않는다는 사실은 그들이 가진 믿음들이 옳으냐에 대해서 아무 이야기도 해주지 않는다.

그러나 톨스토이가 어떤 교리를 설파하는 것이 아니라 한 가지 삶의 방식을 권하는 것이라고 해석한다면, 이 반론들은 톨스토이에게 흠집을 내지 못한다. 톨스토이는 신비적인 진실의 발견과 무관한 삶의 방식 하나를 가르쳤다. 그가 옹호한 것은 오히려 윤리학과 심리학으로 환원할 수 있는 종교였다. 그는 자신의 처지에 대한 해법을, 질문에 대한 대답의 형태로가 아니라 자신의 증상을 다스리는 종교적 치료법의 형태로 발견했으며, 그 치료법은 인지적 내용을 담고 있지 않았다. 톨스토이는 신앙에서 대답을 찾은 것이다.

요약 톨스토이는 의미에 대한 문제의 해법을 신앙에서 발견했다.

데이비드 스웬슨 : 신은 바탕에 깔린 통일성

데이비드 스웬슨David Swenson(1876-1940)은 키르케고르의 제자이며 1920년대와 1930년대에 미네소타 대학에서 가르쳤다. 그는 1949년에 출판된 논문 〈인생의 존엄The Dignity of Human Life〉에서, 인간은 다른 동물들처럼 현재에만 사는 것이 아니라 과거와 미래에도 산다고 주장했다. 과거와 미래에 대한 이 같은 관심이야말로 인간의 뚜렷한 특징이며 인간을 영원과 연결한다.

현재에 살 준비를 위하여 젊은이는 삶에 기여하는 훈련을 받을 필요가 있다. 자신과 타인들에게 이로운 전문적인 솜씨를 배울 필요가 있다. 그러나 그 밖에 다른 것도 필요하다. 그것은 "삶을 대하는 관점"[7]이다. 이것은 공식적인 교육을 통해 얻는 것이 아니라 자기에 대한 앎과 주관적 신념의 산물이다. "삶을 대하는 관점은 삶이 던지는 질문에 개인이 내놓는 대답이다."[8] 개인의 삶에 의미, 가치, 존엄을 부여하는 것은 본질적으로 이 같은 인생관이다.

스웬슨에 따르면, 모든 개인은 행복을 욕망한다. 그 욕망이 워낙 강해서, 불행한 사람들은 "[자신의] 인간성을 깨닫지 못할" 정도다.[9] 그런데 생각하는 존재에게 행복은 현재의 순간적 쾌락을 누리는 것이 아니라 그보다 훨씬 더 심오한 무언가다. 완전한 행복은 삶에 "의미감, 이유, 가치"가 스며들 것을 요구한다.[10] 그러므로 삶을 대하는 관점은 다음 질문에 대답해야 한다. "참되고 영속적인 좋음이기도 한 행복은 무엇인가?"[11] 아리스토텔레스는 대다수 사람들이 욕망하는 정말로 좋은 것들을 소유하는 것이라고 믿었다. 이를테면 창조적 작품, 좋은 음식, 친구, 음악, 미적 향유, 부, 자유 등을 말이다.

그러나 스웬슨은 이 생각에 여러 문제가 있다고 지적한다. 첫째, 이 생각을 채택하면 우리는 너무 많은 욕망을 품은 나머지 다양한 충동에 의해 분열될 테고 단일한 목적에 헌신하는 데서 나오는 평화를 발견하지 못한다. 둘째, 우리는 욕망들의 포로가 될 것이며, 그 욕망들은 우리가 통제할 수 없는 외부 세계에 의존할 것이다. 따라서 욕망을 충족시키지 못할 경우, 우리는 절망에 빠질 가능성이 있다. 셋째, 대부분의 욕망이 추구하는 대상은 본래적인 가치가 없다. 건강과 아름다움 같은 것들은 상대적이다. 돈과 권력 같은 것들은 사용할 줄 아는 사람에게만 좋다.

아리스토텔레스의 생각을 거부하는 마지막 이유는 그 좋은 대상들을 향한 경주에서 일부 사람들은 나머지 대다수에게 없는 재능이나 여건을 부여받은 덕분에 저만치 앞서간다는 것이다. 이 불평등은 역지사지의 능력을 가진 모든 인간에게 큰 문제로 다가와야 마땅하다고 스웬슨은 믿는다. 자신은 타인들이 가질 수 없는 행복을 누릴 수 없다고 그는 주장한다. 삶에 의미를 부여하는 무언가는 배타적이지 않아야 한다. 그 무언가는 모두가 얻을 수 있는 것이어야 한다. 삶의 바탕에 깔린 절대적인 무언가여야 하며 그것을 추구하는 모든 사람이 발견할 수 있어야 한다. "이 발견의 가능성은 … 삶의 근본적 의미, 삶의 존엄과 가치의 원천이다."[12] 참된 행복은 이 발견에서 나온다.

이런 생각들은 스웬슨을 윤리학으로, 그리고 "인간 안에 영속하는"[13] 의무로 이끌었다. 윤리적 성찰에서 우리는 개인의 무한한 가치를 발견한다. 바꿔 말해, 인간 안에서 영원을 발견한다. 그러나 인간은 자기 자신의 의미를 창조할 수 없다. 왜냐하면 그 의미는 신들에게서 유래하기 때문이다. 그러나 인간은 신들의 의지 앞에 무릎을 꿇음으로써 의미를 발견할 수 있다. 스웬슨은 이 메시지가 호응을 얻기 어려우리라는 것을 안다. 특히 젊은이들에게는 쇠귀에 경 읽기이기 십상일 것이다. 젊은이들은 이상주의적이고 돈키호테 같다. 반면에 원숙한 성인은 현실주의적이고 사려가 깊다. 그러나 모든 사람은 우리가 똑같이 인간임을 인정해야 한다. 이것은 우리 삶에 존엄과 의미를 부여하는 도덕적 깨달음이다.

요약 삶에서 의미와 행복을 발견하기 위하여 삶을 대하는 관점이 필요하다. 스웬슨은 의미와 행복이 좋은 것들을 획득하는 것에 있다는 생각을 거부한다. 주된 이유는 이 생각이 사람들을 특정한 조건에 의존하게 만들기 때문이다. 오히려 삶의 의미는 삶의 바탕에 깔려 있는, 모두가 획득할 수 있는 무언가여야 한다. 이 바탕에 깔린 통일성은 신이며, 사람은 신 안에서 의미와 행복을 발견할 수 있다.

루이스 포즈먼 :
종교가 삶에 의미를 준다

　　　　　　루이스 포즈먼Louis Pojman(1935-2005)은 미국 철학자이자 성직자였다. 옥스퍼드 대학 철학박사학위와 유니언신학교Union Seminary 철학박사학위를 받은 그는 대단히 생산적인 저자로서 수많은 철학 교과서와 공동 저서를 썼다. 그의 글은 미국의 많은 대학들에서 교재로 쓰인다.

　　2002년에 출판된 에세이 〈종교가 삶에 의미를 준다〉에서 포즈먼은 고전적인 유신론이 참이라는 전제하에서 이렇게 주장했다.

> 1. "우주의 기원과 존속을 만족스럽게 설명할 수 있다." [14] 더 나아가 만일 유신론이 참이라면, 우주는 우리를 배려하며, 악의 문제는 해결되고, 우주는 창조자가 부여한 의미로 가득 차 있다. 반대로 자연주의적 견해에서는 시종일관 가치와 의미가 없다. 이 절망에서 또 다른 절망이 나온다.
> 2. "유신론은 우주가 선으로 가득 차 있으며 선이 악을 이길 것이라고 주장한다." [15] 선과 악의 싸움, 정의와 부정의의 싸움에서 우리는 도움을 받을 수 있다. 이 사실은 우리에게 그 싸움을 치를 자신감을 준다. 우리는 결국 선이 이기리라는 것을 안다. 반대로 무의미한 우주에서는 어느 쪽이 이기든 마찬가지다.
> 3. "신은 우리를 사랑하고 돌본다." [16] 이 사랑에 대한 감사로 우리는 도덕적으로 살 동기를 얻는다. 반대로 세속주의는 이 우주적 사랑을 인정하지 않으며 도덕적 성자를 배출하지 않는다. "세속적

인 관점에서 보면, 도덕은 어리석음일뿐더러 삶에 적대적이다. 왜냐하면 도덕은 비인간적이고 냉랭한 세계에서 우리가 가진 유일한 것, 곧 우리의 작은 자아를 버리기 때문이다."[17]

4. "유신론자는 '왜 도덕적이어야 하는가?'라는 물음에 대답할 수 있다."[18] 신이 당신을 사랑하고 정의가 보장되므로, 당신은 마땅히 받아야 할 것을 받게 될 것이다. 따라서 당신은 도덕적일 이유가 있다. 선한 행동은 당신 자신에게 이득이 된다. 반대로 무신론자는 이 질문에 대답하기 어렵다. 왜냐하면 이기주의의 유혹이 워낙 크기 때문이다.

5. "정의가 우주를 지배한다."[19] 도덕적 공로는 있고, 도덕적 행운은 없다. 당신은 마땅히 받아야 할 판결을 받을 것이다.

6. "모든 개인은 동등한 가치를 가진다."[20] 왜냐하면 인간은 신의 형상으로 창조되었기 때문이다. 반대로 세속주의에서는 이 믿음을 정당화할 수 없다. 왜냐하면 신을 전제하지 않으면, 개인들은 명백히 동등하게 창조되지 않았기 때문이다. 그렇다면 우월한 자가 열등한 자를 지배하지 말아야 할 이유가 무엇이겠는가?

7. "은총과 용서 — 모두에게 행복한 결말."[21] 우리는 신의 권능으로 용서받을 수 있다.

8. "사후의 삶이 존재한다."[22] 우리 모두는 가장 행복한 상태에서 영원히 살 것이다.

이 주장들이 옳다면, 또 우리가 유신론적 세계에서도 무신론적 세계에서와 다를 바 없이 자유롭다면, "유신론자의 세계가 신이 존재하지 않는 세계보다 우리에게 훨씬 더 좋고 만족스럽다는 것은 명백한 듯하다."[23] 물론 포즈먼도 인정하듯이, 문제는 유신론이 참인지 여부를 우리가 모른다는 점이다. 그러나 유신론이 거의 확실히 거짓이라고 생각하지 않는다면, 유신론이 참인 양 사는 것이 더 낫다는 것이 포즈먼의 대응이다. 왜냐하면 유신론이 다른 대안들보다 더 우월하기 때문이라는 것이다. "신이 있다는 쪽에 도박을 거는 것이 좋다. 종교는 삶에 목적을 주고 도덕에 토대를 준다. 이것은 간단히 묵살하기에는 너무나 소중하다. 종교는 더 나은 문명을 건설하는 데 쓸 만한 유산이다. 종교를 무시하는 것은 우리 자신을 위험에 빠뜨리는 짓이다."[24]

요약 유신론은 여러모로 무신론보다 우월하다. 특히 삶에 의미를 제공하는 능력에서 그러하다. 따라서 유신론은 거짓이라고 사실상 확신하는 사람이 아니라면, 유신론이 참인 양 사는 것이 더 낫다. 신이 있다는 쪽에 도박을 거는 것이 개인에게 유리하다.

라인홀드 니버 : 자아와 궁극적 의미의 추구

칼 폴 라인홀드 니버Karl Paul Reinhold Niebuhr (1892-1971)는 미국 신학자이자 공공 및 정치 분야의 조언자였다. 냉전 시대 미국 지식인의 전형이었으며 당대의 가장 유명한 신학자 중 하나로 꼽혔다. 그의 견해는 종교적 보수주의자들과 자유주의자들을 모두 당혹스럽게 만들었다.

《자아와 자아의 궁극적 의미 추구》(1955)에서 니버는 종교적 성향이 "자아의 합리적 능력들을 뛰어넘는 자아의 자유"에서 나온다고 주장한다. 이 자유는 삶의 의미를 묻는 질문의 특정한 대답들을 거부하며 한낱 인과관계를 고찰하는 것을 넘어서 존재의 중심에 놓인 창조적 신비를 주목한다. 궁극적 신비의 심장을 꿰뚫으려는 우리의 노력은 세 가지 기본적 반응으로 이어진다.

첫째 반응은 자아를 가장 중요한 것으로, 궁극의 신비이자 의미의 원천으로 설정하는 것이다. 이때 자아는 개인적 자아일 수도 있고 집단적 자아일 수도 있다. 니버는 이것이 자아를 지나치게 격상하거나 집단적 자아로 환원함으로써 지나치게 격하하는 우상숭배라고 주장한다. 둘째 반응은 올더스 헉슬리가 "영원의 철학The Perennial Philosophy"[26]이라고 부른 것이다. 여기에서 삶의 의미와 궁극의 신비는 자아와 만물 사이의 심층적 통일성에서 발견된다. 그러나 이 접근법도 생물의 유한성에 의해 제약된다.

셋째 반응은 의미와 신비를 인격신에서 발견한다. 니버는 신의 인격이라는 개념에 문제가 있다는 점을 인정하면서도, 알고 보면 인격의 개념 일반이 그러하다고 지적한다. 신은 인간을 호되게 심판한다. 그럴 때 신은 너무 오만한 듯하다. 하지만 심판의 가혹함은 신의 자비로 완화된다. 자아와 궁극적 실재의 분리를 인정하는 이 셋째 대안만이 신앙을 불가결하게 만든다. 대조적으로 첫째 반응은 허망하고 ― 우리는 우리 자신의 의미를 창조할 수 없다 ― 둘째 반응은 허세다. 스스로 자신을 성찰하면, 우리가 궁극의 실재와 동일하지 않음이 드러난다. 그러므로 셋째 대안이 최선이다. 뭐니 뭐니 해도, 이 입장은 자연주의나 신비주의처럼 자아를 없애버리지 않기 때문이다.

결국 우리는 "우리가 이해할 수 없는 힘과 사랑"[27]의 신비에 대한 신앙을 가져야 한다. "자연의 일관성과 이성의 일관성을 분석함으로써 이 신앙 혹은 희망을 '합리화'할 길은 없음"[28]을 니버는 인정한다. 그러나 그런 힘이 존재하며 결국 우리를 만족시키리라는 믿음을 실용주의적으로 정당화할 수는 있다. 왜냐하면 "그 믿음은 인간적 자아의 궁극적 질문들에 답하기 때문이다."[29] 우리는 이 신앙을 가지는 쪽으로 우리 자신을 내던져야 한다.

요약 자아와 자비로운 신이 구별됨을 인정하는 종교적 반응이 삶의 의미를 묻는 질문에 대한 가장 만족스러운 반응이다.

필립 퀸 :
기독교에 따른 삶의 의미

필립 퀸Philip L. Quinn(1940-2004)은 피츠버그 대학에서 철학박사학위를 받은 철학자이자 신학자였다. 브라운 대학 교수였으며 1985년에 노터데임 대학의 존 오브라이언 철학 교수로 임명되었다.

1997년에 발표한 글 〈기독교에 따른 삶의 의미〉에서 퀸은 삶의 의미에 대한 질문 자체가 무의미하다는 주장을 반박했다. 그는 삶이 가질 만한 두 가지 유형의 의미를 정의할 수 있다고 주장한다. 1) **가치론적 의미**axiological meaning, AM: 만일 인생이 긍정적이며 본래적인 가치가 있고 삶의 당사자에게 전반적으로 소중하다면, 인생은 가치론적 의미가 있다. 2) **목적론적 의미**teleological meaning, TM: 다음 문장들이 모두 참이라면, 인생은 목적론적 의미가 있다. a) 인생은 자명하지 않으며 주관적인 목적들을 포함한다. b) 그 목적들은 긍정적 가치를 가진다. c) 그 목적들을 이루기 위한 행동이 열심히 이루어진다. 어떤 삶은 가치론적 의미는 있으나 목적론적 의미는 없을 수도 있다. 거꾸로 목적론적 의미는 있고 가치론적 의미는 없는 경우도 있을 수 있고, 어떤 의미도 없는 삶이 있는가 하면, 완전한 의미complete meaning, CM를 가진 삶, 곧 AM과 TM을 모두 가진 삶도 있다.

퀸은 개인이나 인류의 삶을 이야기로 풀어내면서 그 삶에 완전한 의미가 있음을 보여줄 수 있다고 지적한다. 기독교인에게 예수의 삶 이야기는 그런 의미를 보여준다. 퀸은 예수를 모방한 삶이 안고 있는 몇 가지 문제를 살펴본다. 예컨대 그런 삶은 목적론적 의미는 보장하지만 가치론적 의미는 보장하지 않을 수 있다. 이런 문제의식에 이끌려 그는 완전한 의미를 위한 추가 요소를 도입한다. "신체적 죽음으로부터의 생존"[30]은 … 긍정적이고 완전한 의미의 보장을 위해 필요한 듯하다 … "인류 전체의 삶에 관한 이야기로 눈을 돌리면, 기독교인들은 구원의 역사를 이야기하며, 그 이야기는 신의 목적들을 알려준다. 그리고 우리는 우리 자신을 그 목적들에 맞춤으로써 의미를 발견할 수 있다. 그럼 신의 목적들에 자신을 맞추지 않는 사람들은 어떻게 될까? 저주를 받을까, 아니면 신이 그들을 구원할까? 퀸은 이 질문을 열어놓는다.

이어서 퀸은 객관적인 관점에서 볼 때 우리의 삶은 거의 중요성이 없다는 토머스 네이글의 주장을 언급한다. 기독교의 세계사 이야기는 이 주장을 배척한다. 그러나 신의 관점에서 볼 때 중요한 것들이 인간 말고도 있음을 인류는 기억할 필요가 있다. 더 나아가 기독교도는 자신의 이야기에서 도출한 의미에 대해서 겸허한 태도를 취해야 한다. 왜냐하면 수많은 이야기들이 존재하고 그에 대한 수많은 해석들이 존재하기 때문이다. 다른 종교들도 삶의 의미에 대해서 합당한 진술을 할 수 있다는 점은 따로 말할 필요도 없다. 요컨대 기독교도는 설령 기독교적 이야기들이 최선의 통찰을 제공한다고 생각하더라도 자신이 삶의 완전한 의미를 안다고 주장할 때 겸손해야 한다. "기독교가 삶의 의미를 보장하더라도, 기독교도들이 자신들의 이야기가 삶의 의미에 대한 다른 모든 통찰의 원천과는 다른 우월한 것으로 여기는 오만한 경향을 띨 만큼 보장해서는 안 된다."[31]

요약 인생은 다음 조건들이 충족될 때, 또한 그럴 때만 완전한 의미를 가진다. 1) 인생은 긍정적이고 본래적인 가치가 있으며 삶의 당사자에게 전반적으로 소중하다. 2) 인생은 하찮지 않고 주관적이고 소중하며 당사자가 이루려 애쓰는 목적들을 포함한다. 3) 우리는 불멸의 영혼을 가졌다. 기독교도의 관점에서 세계는 완전한 의미를 지녔다. 비록 우리는 어째서 그런지 확실히 알 수 없지만 말이다.

존 코팅엄 : 초자연적인 의미

존 코팅엄John Cottingham은 런던에서 태어났으며 옥스퍼드 대학에서 박사학위를 받았다. 현재 레딩 대학의 명예철학교수이며 옥스퍼드 대학 세인트존스 칼리지의 명예 펠로다. 오늘날 그는 신이 없으면 삶은 무의미하다는 견해를 옹호하는 가장 중요한 인물들 중 하나로 꼽는다.

최근의 저서 《삶의 의미에 관하여》에서 코팅엄은 초자연적인 의미의 개념을 변호한다. 그는 도덕이 삶의 의미를 위해 필수적이라고 주장하면서도, 도덕으로 충분하지는 않다고 지적한다. 의미 있는 삶으로 평가받으려면 다른 무언가가 필요하다는 것이다. 코팅엄은 도덕적인 삶이 의미 있는 삶으로 여겨지기에 충분하지 않다고 생각하는 이유를 두 가지로 제시한다.

첫째, 코팅엄의 주장에 따르면, 우리의 노력이 유의미하려면 반드시 성공적이어야 한다. 그런데 — 추측하건대 정의로운 사후세계를 예비함으로써 — 우리의 노력이 정말로 성공적이도록 만들 수 있는 존재는 전통적인 유신론의 신뿐이다. 둘째, 코팅엄은 도덕이 영원하고 절대적인 도덕 법칙들을 공표하는 신에 근거를 두어야만 우리의 삶이 진정한 의미를 가질 수 있다고 주장한다. 이 두 가지 주장은 의미에 대한 자연주의적 설명을 옹호하는 사람들에게 반론하는 구실을 한다. 우리의 도덕적 목표는 이 세계에서 흔히 좌절된다. 그러므로 우리의 행동에 온전한 의미를 부여하려면 또 다른 세계가 필요하다. 간단히 말해서 도덕은 신을 객관적 토대로 삼아야 한다. 그래야만 도덕이 정말로 중요해질 수 있다.

그러나 코팅엄의 관심은 신과 영혼의 존재가 의미 부여에 필수적이라는 것에 국한되지 않는다. 그는 신과 영혼의 존재에 대한 **믿음**이 우리의 도덕적 프로젝트 참여를 북돋기 위해서도 필수적이라고 주장한다. 바꿔 말해 영원한 정의와 영원한 삶에 대한 약속이 우리의 도덕성을 고취한다는 것이다. 요컨대 코팅엄은 신이나 영혼이 없으면 삶이 유의미할 수 없다는 주장과 신과 영혼의 존재에 대한 믿음이 도덕적 행동의 동기를 제공한다는 주장을 동시에 하는 셈이다. 그런데 충분한 증거가 없는 상황에서 신과 영혼에 대한 믿음을 어떻게 유지할까? 이 대목에서 종교적 삶이 언급된다. 종교적 삶은 도덕적 행동을 북돋우고, 종교적 믿음은 삶에 의미를 제공한다. 코팅엄의 말을 들어보자.

… 인간적 조건의 연약함 때문에, 우리는 선을 향하겠다는 합리적 결심 외에 더 많은 것이 필요하다. 우리는 선의 궁극적 회복력에 대한 신앙을 버팀대로 삼을 필요가 있다. 희망의 빛 속에서 살 필요가 있다. 그런 신앙과 희망은 — 이것들 모두를 일으키는 사랑과 마찬가지로 — 충분히 명확한 지식의 범위 안에 확립되어 있지 않지만, 영성을 훈련함으로써 얻을 수 있다고 믿을 이유가 충분히 있다. 삶에서 확실히 보장된 것은 없다. 그러나 우리의 경로가 — 선한 영적 경로들이 그러하듯이 — 옳은 행동, 자기 발견, 타인 존중과 통합적으로 연결되어 있다면, 우리가 잃을 것은 거의 없다. 또 종교의 주장들이 참이라면, 우리는 모든 것을 얻을 수 있다. 삶이 유의미한 것처럼 행동하는 가운데 우리는 정말 고맙게도 삶이 유의미함을 발견하게 될 것이다.[32]

요약 신이 없다면 객관적 도덕 원리들은 존재하지 않을 것이며, 이 원리들이 없다면 삶은 무의미하다. 더 나아가 신이 없으면 우리는 도덕적 목표를 성취할 수 없을 것이며, 그 성취가 없다면 삶은 무의미하다. 마지막으로, 신에 대한 믿음이 없으면 우리의 도덕성은 충분히 고쳐지지 않을 것이며, 따라서 우리는 의미를 발견하지 못할 것이다.

윌리엄 레인 크레이그 :
신과 불멸이 없다면, 삶은 부조리하다

윌리엄 레인 크레이그William Lane Craig(1949-)는 주로 종교철학 저술로 명성을 얻은 미국 복음주의 기독교 옹호자다. 그는 진화론, 무신론, 형이상학적 자연주의, 논리실증주의, 포스트모더니즘, 도덕적 상대주의, 가톨릭, 모르몬교, 이슬람교, 동성애, 비근본주의 기독교 신학을 비판한다. 그는 "디스커버리 인스티튜트 Discovery Institute"의 연구원인데, 이 비영리 공공정책 연구소의 목표는 미국의 공공 고등학교 과학 수업에서 과학이론들과 더불어 창조론을 가르치도록 강제하는 것이다. 크레이그는 현재 탈보트 신학교와 복음주의 기독교 대학인 바이올라 대학의 철학 연구교수로 재직 중이다.

크레이그는 〈신 없는 삶의 부조리성〉[33]에서 신이 없으면 삶은 부조리하다고 주장한다. 그 근본 이유는, 신이 없으면 개인과 우주 전체가 제대로 된 해답 없이 종말에 도달하리라는 것이다. 그렇다면 우리의 운명을 벗어날 가망은 없을 테고, 삶은 중요성, 가치, 목적을 결여할 것이다.

불멸이 없다면 궁극적 의미는 없다고 크레이그는 주장한다. 만일 모든 것이 죽는다면, 그 전에 우주나 인류, 혹은 어떤 개인이 존재했는지는 중요하지 않기 때문이라는 것이다. 하지만 불멸이 의미의 충분조건은 아니다. 왜냐하면 끝없는 삶도 무의미할 수 있기 때문이다. 완전한 의미를 위해서는 신이 필요하다. 신이 없다면, 우리는 베케트, 사르트르, 카뮈의 견해, 곧 삶이 무의미함을 받아들여야 한다. 또한 신이 없다면, 객관적 도덕은 사라지고 도덕적 상대주의가 지배하게 된다.

크레이그의 주장에 따르면, 만일 우리가 정말로 우주가 소멸을 향해 줄달음친다고 생각한다면, 신 없이는 어떤 희망이나 목적도 없음을 깨달아야 한다. 신이 없다면 죽음과 절망이 있을 뿐이다. 이처럼 무신론의 귀결들은 참으로 강력하다. 무신론적 반응의 기본 문제는 무신론을 품고는 행복하게 살 수 없다는 것이다. 무신론자는 일관성을 유지하여 삶이 무의미함을 인정하든지, 아니면 일관성을 버리고 신이 없어도 의미가 있을 수 있다고 여기든지, 둘 중 하나를 선택해야 한다.

이 모든 것을 고려한 끝에 크레이그는 무신론자로 산다는 것은 실질적으로 불가능하다는 결론을 내린다. 신이 없다면 삶은 객관적으로 무의미하다. 그래서 무신론자들은 삶이 주관적인 의미를 가진다고 말함으로써 삶의 유의미성을 가장한다. 신이 없으면, 도덕이 없고 모든 것이 허용 가능하다. 그래서 무신론자들은 객관적 윤리에 어떤 다른 근거가 있다고 주장한다. 신이 없다면, 정의가 지배하고 악인이 벌을 받고 의인이 상을 받게 될 불멸의 세계는 없다. 신이 없다면, 삶은 목적이 없다. 그래서 무신론자들은 삶의 목적을 꾸며낸다.

무신론적 관점에서 귀결되는 절망은 기독교적 세계관과 현격한 대조를 이룬다. 이 세계관에서는 신이 존재하고, 우리는 불멸하며 신과 동행할 수 있다. 이처럼 기독교는 의미와 가치와 목적이 있는 삶을 위한 조건들을 충족시킨다. 따라서 우리는 행복하게 살 수 있다.

> **요약** 기독교의 신이 없다면 삶은 부조리하다. 그러나 그 신이 존재하고 우리가 불멸한다면 삶은 유의미하다.

토머스 모리스 :
파스칼과 삶의 의미

톰 모리스Tom Morris(1952-)는 노터데임 대

학 철학교수를 지냈으며 모리스 인간가치연구소Morris Institute of Human Values를 설립했다. 1992년에 출판한 저서 《파스칼의 질문Making Sense of It All: Pascal and the Meaning of Life》은 삶의 의미를 묻는 질문에 대한 기독교적 대답을 블레즈 파스칼(1623-1662)의 철학에 기대어 옹호한다.[34]

모리스는 톨스토이의 논증을 요약하는 것으로 운을 뗀다. 모리스는 톨스토이의 논증이 우디 앨런의 영화에 나오는 많은 인물들도 주워섬긴다고 지적한다. 1) 내 삶을 포함해서 세상의 모든 것은 끝날 것이다. 따라서 2) 내 삶의 모든 중요한 결과들도 종말을 맞을 것이다. 그러므로 3) 내 삶과 그 밖에 모든 것은 무의미하다. 곧이어 모리스는 이렇게 유한성과 무의미성을 연결한 것에 의문을 표한다. 불멸한다고 해서 의미에 대한 질문이 무의미해지는 것은 아니다. 불멸하는 삶에 대해서도 우리는 여전히 의미를 물을 수 있으니까 말이다. 따라서 유한성과 의미가 필연적으로 연결되어 있다는 결론은 나오지 않는다.

그렇다면 죽음과 의미 사이의 관계를 이해하려 할 때 우리는 죽음의 부재가 의미의 존재를 함축한다고 전제할 필요가 없다. 이 관계를 더 잘 이해하기 위하여 모리스는 의미에 관한 일반 명제인 이른바 "부여 명제endowment thesis"를 제시한다. 부여 명제란 다음과 같다. "목적을 품은 행위자나 행위자 집단이 의미나 중요성을 부여할 때, 또한 오직 그럴 때만 대상은 의미를 가진다."[35] 한 예로 인간의 언어를 보자. 단어들은 내재적이거나 본질적인 의미를 가지지 않는다. 단어 '물'은 'aqua'('물'을 뜻하는 이탈리아어 — 옮긴이)나 'wasser'(같은 뜻의 독일어 — 옮긴이)와 마찬가지로 액체 H_2O를 의미할 내재적인 이유가 없다. 오히려 단어들은 언어 관습에 의해 의미를 부여받는다. 외적인 방식으로 의미를 얻는 것이다. 이처럼 의미는 파생적이며 결코 본래적이지 않다.

이 대목에서 많은 철학자들은 삶이 주관적 의미를 가진다고 결론 내린다(이를 '주관적 부여 명제'라고 할 수 있을 것이다). 우리가 가치를 두고 즐기는 활동들로부터 삶의 의미가 파생한다고 말이다. 모리스는 이 논증이 자살을 방지할 수 있음은 인정하지만 그 밖에는 거의 효과가 없다고 주장한다. 의미가 철저히 주관적일 경우에 발생하는 한 문제는 우리가 이를테면 강박적인 우표 수집이나 세계 최고의 아동 학대자가 되는 것에서도 의미를 찾을 수 있다는 점이다. 하지만 우리가 삶의 중심에 놓는 목표와 목적이 무엇인지가 중요하지 않을까? 어떤 활동을 삶의 중심에 놓느냐가 중요하지 않을까? 이 두 질문의 답은 확실히 '중요하다'이다. 그러나 주관적 의미론은 '중요하지 않다'라고 대답하는 듯하다.

부여 명제의 또 다른 문제점은 우리가 대상에 의미를 부여하려면 대상을 통제할 수 있어야 한다는 것이다. 모리스는 이를 '통제 명제 control thesis'라고 부른다. "우리는 대상에 대하여 필수적인 통제권을 가졌을 때만 대상에 의미를 부여할 수 있다."[36] 문제는 의미와 관련해서 가장 중요한 사항들, 예컨대 탄생, 생명, 고통, 죽음을 우리가 거의 혹은 전혀 통제할 수 없다는 점이다. 이것들을 최소한 상당한 정도로 통제할 수 없다면, 우리는 삶을 유의미하게 만들 수 없다.

그리하여 모리스는 이렇게 결론 내린다. 만일 의미가 부여되는 것이라면, 객관적인 의미는 존재하지 않거나, 목적을 품은 어떤 행위자나 힘, 또는 계획이 우리의 삶에 의미를 부여한다. 그런데 주관적 부여는 문제가 있고 부여 명제는 타당하다면, 유일한 대안은 객관적 부여다. 바로 이런 이유로 톨스토이는 신앙으로 회귀했고 우디 앨런의 영화에 나오는 많은 인물들은 신을 거론한다고 모리스는 말한다. 의미가 객관적으로 부여된다면, 죽음은 의미를 없애지 못한다. 오히려 죽음은 우리가 우리의 삶을 궁극적으로 통제할 수 없음을 보여주는 한 증거다. 따라서 의미에 관한 물음들은 어떤 궁극의 객관적 실재에 대한 탐구로 이어진다.

책의 나머지 부분에서 모리스는 회의주의를 반박하고 신의 은폐성 hiddenness을 설명하며 파스칼의 도박Pascal's wager을 변호하고, 회의주의에 맞선 기독교 신앙을 옹호한다. 결국 모리스의 분석은 은총의 개념, 곧 우리가 신의 호의를 공짜로 받았다는 것에 귀의한다. "오직 신의 은총에 의해서만 신앙과 이성과 삶의 의미가 최종적으로 융합하여 서로를 완성할 수 있다."**37** 이성과 신앙의 관계에 대해서 할 수 있는 최고의 말은 어쩌면 파스칼의 이 문장일 것이다. "가슴은 이성이 전혀 모르는 나름의 이유들을 가지고 있다."

요약 의미는 부여되어야 한다. 그러나 우리는 우리의 삶과 죽음을 통제할 수 없기 때문에 우리의 삶에 의미를 부여할 수 없다. 그러므로 삶의 의미는 외적이며 목적을 품은 신과 같은 행위자에 의해 부여되어야 한다.

윌리엄 제임스 :
우리가 신앙을 지녔다면 삶은 가치가 있다

윌리엄 제임스William James(1842 – 1910)는 의학을 배웠고 심리학을 개척했으며 미국 철학사에서 가장 중요한 인물 중 하나로 꼽힌다. 소설가 헨리 제임스의 형인 그는 랄프 왈도 에머슨, 찰스 샌더스 퍼스, 버트런드 러셀, 조시아 로이스, 에른스트 마흐, 존 듀이, 마크 트웨인, 앙리 베르그손, 지그문트 프로이트를 비롯한 많은 지식인들의 친구이기도 했다. 그는 학자로서 활동한 기간 전부를 하버드 대학에서 보냈다. 아래 내용은 제임스가 1895년에 하버드 기독교청년회YMCA에서 한 〈삶을 살 가치가 있을까?〉라는 강연의 요약이다.

제임스는 강연의 서두에서 일부 사람들은 기질적인 낙관론으로 악의 존재를 부정함으로써 이 질문에 답한다고 말한다. 예컨대 시인 월트 휘트먼과 철학자 루소가 그런 사람이다. 이들에게 호흡이나 보행, 수면은 그 자체로 기쁨 혹은 행복이다. 제임스에 따르면, 이 입장의 문제점은 그런 기쁜 감정이 영속적이지 않으며 그런 감정을 느끼는 성격이 보편적이지 않다는 점이다. 만약에 보편적이었다면, 삶을 살 가치가 있느냐는 물음이 애당초 발생하지 않았을 것이다. 오히려 우리 대다수는 기쁨과 슬픔, 황홀과 절망을 오간다. 따라서 우리 대다수는 삶을 살 가치가 없다는 생각을 때때로 품는다. 어떤 쾌락에 젖어 있다가 갑자기 죽음, 질병, 고통에 직면한 사람이라면 거의 누구나 삶에 대한 자신의 순수한 긍정적 태도가 신속하게 퇴조하는 것을 발견할 것이다.

자살은 기질적으로 낙관론자가 아닌 사람도 있음을 보여준다. 또한 철학적 숙고 후에 우울함을 느끼는 사람은 훨씬 더 많다. 사물의 궁극적 본성에 관한 숙고가 절망을 낳는다면, 어떻게 그 절망을 극복할 수 있을까? 제임스는 자신의 대답을 일찌감치 내놓는다. "당장 말하거니와, 내가 마지막으로 의지하는 것은 무슨 난해한 성찰이 아니라 종교적 신앙이다."[38] 왜냐하면 비관론은 충족되지 않은 종교적 욕구에서 비롯되기 때문이다. 한편으로 자연의 사실들과 다른 한편으로 그 사실들의 배후에 어떤 좋음이 있다고 믿으려는 우리의 욕망 사이에서 발생하는 모순의 반성적 파악이 비관론의 주요 원천이다. 무엇이든 잘 믿는 순박한 사람들에게서는 그런 반성적 비관론이 표면화하지 않지만, 더 과학적인 정신을 가진 사람들에게는 이 명백한 부조화를 해결할 길이 두 가지밖에 없다. 1) 실재에 대한 종교적 또는 시적 독해를 버리고 자연의 사실들을 날것 그대로 받아들인다. 2) 실재에 대한 종교적 독해와 과학의 준엄한 사실들을 조화시키기 위해 새로운 믿음을 채택하거나 새로운 사실을 발견한다.

그런데 어떤 새로운 종교적 믿음이 이 화해를 촉진할 수 있을까? 제임스의 주장에 따르면, 종교적 초자연주의의 본질은 자연적 질서를 한 부분으로 포함한 더 큰 실재가 우리의 세속적 삶에 의미를 부여하고 세계의 수수께끼들을 설명해준다는 것이다. 우리의 의미 탐구에 도움이 될 만한 믿음은 바로 이런 유형이다. 이제 제임스는 맛보기 삼아 자신의 결론을 제시한다. "우리는 물리적 질서가 부분적 질서에 불과하다고 믿을 권리가 있다. 그 질서를 우리가 보지 못했으나 믿음에 의지하여 상정하는 영적인 질서로 보충할 권리가 있다."[39]

이 접근법이 신비주의적이라거나 비과학적이라고 지적하는 이들에게 제임스는 과학과 과학적 태도를 취하는 사람들은 오만하게 굴지 말아야 한다고 받아친다. 과학은 실재하는 것을 어렴풋이 보여주지만, 우리의 거대한 무지와 비교할 때 과학의 지식은 미미하다. 불가지론자는 이를 인정할 테지만, 자신의 무지를 근거로 삼아 미지의 것들에 대해서 적극적인 진술을 시도하지 말고, 증거가 불충분한 사안에 대해서는 확답을 유보하라고 조언할 것이다. 제임스는 이런 중립적 입장이 추상적으로는 가능하지만 실질적으로는 유지될 수 없다고 말한다. 초자연적인 것에 대한 믿음을 자제하면, 초자연적인 것이 실재하지 않는 것처럼 행동하기 마련이다. 종교가 진리인 양 행동하지 않는다는 것은 종교가 진리가 아닌 양 행동한다는 것과 사실상 같다. 과학은 가시적인 세계가 주지 못하는 것을 우리에게 주는 비가시적인 세계의 존재를 부정할 권리가 없다. 과학은 존재하는 것을 말할 수 있을 뿐, 존재하지 않는 것에 대해서는 말할 수 없다. 그리고 증거에 비례하는 정도로 확답하라는 불가지론의 조언은 실용적인 효과가 없다. 과학적 태도를 취하느냐, 아니면 불가지론을 채택하느냐는 한낱 취향의 문제다.

비가시적인 영적 세계를 믿음으로써 얻는 혜택은 실용적이다. 만일 우리가 그 위안을 사람들에게서 빼앗는다면, 그 결과로 치명적인 절망에 빠질 수도 있다. 그런 믿음은 희망에 불과하다는 반론과 관련해서 제임스는 우리가 실재에 대해서 아는 바가 얼마나 적은지 상기시킨다. 그런 믿음이 확고한 실재가 아니라 가능성에 토대를 둔다는 것은 맞지만, 인간의 삶과 행동은 늘 불확실성을 동반한다. 산에서 탈출하는 유일한 길이 도약이라면, 당신은 당신 자신을 믿고 도약해야 한다. 너무 오래 머뭇거리면, 그 결과는 확실한 죽음이다. 비록 우리가 확실히 아는 것은 많지 않지만, 최선은 실용적인 것, 곧 우리가 사는 데 도움이 되는 것을 믿는 것이다.

제임스는 삶을 살 가치가 있느냐는 물음도 이와 유사한 사안이라고 본다. 당신은 비관론을 채택하고 심지어 자살할 수도 있다. 당신은 무언가를 믿음으로써 그것이 당신에게 참이 되도록 만들 수도 있다. 그러나 반대로 당신이 이 세계 너머에 어떤 좋음이 있다는 견해를 고수한다면 어떻게 될까? 더 나아가 당신의 주체성이 우울에 굴복하지 않고, 당신이 삶에서 기쁨을 발견한다고 해보자. 그렇다면 당신은 삶을 살 가치가 있게 만든 것이 아닐까? 그렇다, 우리는 낙관론으로 우리의 삶을 살 가치가 있게 만들 수 있다. 요컨대 이 세계의 가치에 대한 우리의 믿음은 비가시적인 세계, 종교적 혹은 영적 세계에 대한 우리의 신앙에 기초를 둔다. 용기란 한낱 가능성에 삶을 거는 것을 의미하고, 신앙인은 그 가능성을 믿는다. 제임스는 다음과 같은 권고로 강연을 마무리한다.

> 그러므로 내가 여러분에게 드리는 마지막 말은 이것이다. 삶을 두려워하지 말라. 삶을 살 가치가 있다는 사실을 믿어라. 그러면 당신의 믿음이 그 사실을 창조하는 데 기여할 것이다. 심판의 날이 올 때까지는 당신이 옳다는 '과학적 증명'이 불분명할 수도 있을 것이다. 그러나 지금 신념에 찬 투사들, 혹은 그들을 그때 거기에서 대변할 존재들은 여기에서 계속하기를 거절하는 심약한 이들에게, 이를테면 헨리 4세가 큰 승리를 거둔 후 뒤늦게 나타난 크리용에게 건넨 인사말을 할지도 모른다. "목매달아 죽게, 용감한 크리용! 우리는 아르크에서 싸웠고, 자네는 거기에 없었네."[40]

요약 삶이 유의미하기 위하여 우리는 낙관적일 필요가 있으며 비가시적인 영적 세계에 대한 신앙을 가질 필요가 있다.

휴스턴 스미스 :
일반적인 종교적 관점에서 본 의미

휴스턴 스미스Huston Smith(1919-)는 세계 최고 수준의 비교종교학자로 세인트루이스 소재 워싱턴 대학, 매사추세츠 공대, 시라큐스 대학, 버클리 소재 캘리포니아 대학에서 교수로 있었다. 그가 1958년에 출판한 저서《세계의 종교들》은 해당 분야의 베스트셀러다.

논문 〈세계의 종교들에서 삶의 의미〉(2000)에서 스미스는 일반적인 종교적 관점이 의미 문제에 어떤 대답을 내놓는가라는 질문을 탐구한다. 그는 다음과 같은 진술로 서두를 연다. "삶이 유의미하다는 것은 종교의 기본 주장이며, 이 주장은 주관적인 방식과 객관적인 방식으로 해설할 수 있다. 두 방식의 차이는 우리의 관점에서 삶의 의미에 주안점을 두느냐, 혹은 만물의 총체적 맥락 안에서 삶의 의미를 규정하려 하느냐에서 비롯된다."[41] 인간의 삶은 신의 무한성을 표현하기 때문에 객관적으로 유의미하다. 바꿔 말해, 우리가 없다면 신은 신이 아닐 것이다.

이 수수께끼 같은 언명을 설명하기 위해서 스미스는 우리가 거대한 존재 사슬의 일부라고 말한다. 그 사슬은 천상의 세계부터 아래로 물리적 세계까지 이어져 있다. 이 두 세계의 구분은 세계 종교들의 핵심 요소다. 우리는 기술적 장치들(현미경, 망원경)로 보완한 감각을 통해 물리적 세계와 만나고, 우리의 직관, 사고, 감정을 통해 천상의 세계와 만난다. 또 우리의 인간적 특징들을 출발점으로 삼고 그것들을 충분히 고양하고 확장하여 신들과 만난다. 이러한 인간의 전형은 현실의 인간들보다 더 실재적이며 궁극적으로 초개인적이요 형언 불가능하다. 신의 관점에서 본 우리의 목적은, 신의 무한성을 구현할 수 있는 피조물인 우리를 포함함으로써 신의 무한성이 완성되는 것이다. 신을 신으로 만드는 것보다 더 의미 있는 일이 있겠는가? 이런 대답이 너무 심오하다면, 명상하거나 신을 섬김으로써 의미를 경험할 수 있다.

이어서 스미스는 종교의 기본 주장이 참인지 여부를 묻지만, 이 질문에 확정적으로 대답할 길은 없다고 인정한다. 삶과 세계는 우리에게 불명확하게 다가온다. 따라서 우리는 확실한 토대에 발을 딛고 삶의 의미를 단언할 수 없다. 그러나 종교들의 기본 주장에 힘을 실어줄 근거가 있다. 즉, 삶의 전형적인 현상은 해결을 바라는 문제로서 나타나며, 그 해결은 인간적 노력과 타인들의 도움을 필요로 한다. 이 사실은 종교의 주요 개념들인 수난, 희망, 노력, 은총과 잘 어울린다. 요컨대 종교적 관점이 옳음을 증명할 수는 없지만, 종교의 관점은 삶의 현상들을 썩 잘 서술한다. 종교는 우리의 실재 경험에 내장된 듯한 실재의 범주들을 보여준다.

요약 종교는 삶에 의미가 있다고 주장하며, 이 주장이 옳다고 생각할 이유가 충분히 있다.

존 히크:
종교와 우주적 낙관론

존 히크John Hick(1922-2012)는 종교적 다
원주의의 세계적 권위자이자 옹호자다. 흔히 20세기의 가장 중요한
종교철학자로 거론되는 그는 케임브리지 대학, 버밍엄 대학, 프린스
턴 대학, 코넬 대학, 클레어몬트 대학원에서 가르쳤으며 25권이 넘
는 책을 썼다.

그는 〈삶의 종교적 의미〉(2000)에서 종교적 의미가 우주의 본성과
우주 안에서 우리의 지위에 대한 질문과 관련이 있을 뿐만 아니라 우
주가 우리에게 궁극적으로 적대적인가, 우호적인가, 혹은 무관심한가
라는 질문과도 관련이 있다고 주장한다. 그의 가설에 따르면, 세계의
대규모 종교들은 우주적 낙관론을 특징으로 가진다. "다시 말해, 삶의
의미는 우리로 하여금 고통과 슬픔에 젖은 삶의 가장 어두운 시기에
도 궁극적인 신뢰와 자신감을 가질 수 있게 해준다."[42]

우주적 낙관론은 우리의 현 상태가 더 나은 상태로 바뀔 수 있으며,
예컨대 열반의 무한한 법열 속에서 삶의 의미가 발견된다는 것을 의
미한다. 다른 대규모 종교들도 마찬가지다. 기독교의 복음은 다름 아
니라 좋은 소식이다(영원한 형벌의 개념은 우주적 낙관론을 위태롭게 만들
지만, 히크는 그 개념이 성서의 교리가 아니라고 본다). 유대교의 낙관론
은 신과 신이 선택한 인민 사이의 특별한 관계에서 비롯된다. 이슬람
교는 우주가 우호적이며 우리의 삶이 낙원에서 완성될 것이라고 단언
한다. 힌두교는 우리가 해방을 향해 나아간다고 가르친다. 우주적 낙
관론은 다양한 종교들이 삶의 의미에 대한 물음에 대답할 수 있게 해

준다. 히크는 이런 결론을 내린다.

우리의 관점에서 우리 인생의 의미는 우리가 우주의 본성이 무엇이라고 믿느냐에 달려 있다. 대규모 세계 종교들은 우주의 운행이 인간적 관점에서 볼 때 좋다고 가르친다. 왜냐하면 우주의 궁극적 원리 … 혹은 지배자가 우호적이기 때문이라는 것이다 … 이것은 기본적으로 아주 단순하고 심지어 … 뻔한 의견이다. 하지만 그렇다고 해서 반드시 나쁜 것은 아니다.[43]

요약 세계의 종교들은 우주적 낙관론을 옹호하며, 그 낙관론의 특징은 우주가 우호적이며 따라서 유의미하다는 믿음이다.

종교적 주장들은 참일까?

종교적 믿음은 거짓일 수도 있다. 이것이 지금까지 살펴본 대답들이 지닌 주요 문제점이다. 신들은 허구일 수도 있다. 따지고 보면, 신, 사후의 삶, 기타 초자연적 현상에 대한, 대다수의 철학자들이 동의할 만큼 확실한 증거는 없다. 오히려 가용한 증거의 많은 부분은 정반대를 시사한다. 신들과 사후의 삶은 비가시적이고, 기적은 의심스럽다. 만일 신들도 없고 천국도 없다면, 삶의 의미가 이승에서 신들을 알고 사랑하고 섬기며 천국에서 신들과 영원히 함께하는 것이라는 상상은 우리에게 도움이 되지 않는다. 물론 우리는 신들이나 사후의 삶의 증거가 존재하는 세계를 상상할 수 있을 것이다. 하늘이 평소에 우리에게 말을 걸고, 신들이 기도에 응답하고, 죽은 사람들이 자주 나타나 사후의 삶에 대해서 말해주는, 그런 세계를 말이다. 그러나 우리는 그런 세계에서 살지 않는다. 객관적 증거는 이 모든 것을 반박하는 듯하다. 사람들이 신들에게 기도하더라도, 이 세계에서는 효과가 없다. 하늘과 죽은 사람들은 침묵한다. **종교적 믿음은 단지 희망일 뿐인지도 모른다.**

그러나 어떤 종교적 이야기 혹은 믿음이라도 참일 수 있다. 신이 무함마드에게 쿠란을 불러주고 산 위에서 모세에게 십계명을 내렸을 수도 있다. 옛날 사람들은 죽었다가 되살아나고, 물 위를 걷고, 날개 달린 말들에 이끌려 천국으로 올라가고 가브리엘 천사와 함께 예루살렘 상공을 날아갔을지도 모른다. 천사가 고대 언어로 불러준 신성한 글을 새긴 금판들이 나중에 뉴욕에서 발굴되어, 마법의 돌들이 들어 있는 모자 속에 얼굴을 파묻은 한 남자에 의해 번역될 수도 있을 것이다. 이 모든 이야기들 중 어떤 것이라도 참일 수 있고, 그러면 그 이야기에서 삶의 의미에 대한 설명을 도출할 수 있을 것이다. 그러나 이런 이야기들은 허구일 가능성이 높아 보인다.

이런 이야기들을 글자 그대로가 아니라 비유나 신화로 이해해야 한다는 입장을 취하면, 지성의 관점에서 그 이야기들이 더 흡족하게 느껴질 수도 있을 것이다. 종교적 이야기와 믿음을 그런 식으로 해석하면, 종교를 변호하기가 더 수월해진다. 왜냐하면 글자 그대로 받아들인 종교는 흔히 과학과 역사의 지식과 충돌하기 때문이다. 예컨대 우리는 현대 과학과 조화를 이루는 신학들을 개발할 수 있을 것이다. 신이 지휘하는 진화를 삶의 의미로 보는 피에르 테야르 드 샤르댕의 관점이 그런 신학의 한 예다. 그러나 이런 시도들은 신, 영혼, 사후의 삶

등에 관한 의심스러운 철학적 주장들에 얽매여 있다는 점에서 여전히 문제적이다. 이처럼 종교적 믿음들은 만일 참이라면 삶의 의미에 대한 질문을 해결해줄 수 있겠지만 만일 참이 아니라면 아무 소용이 없는 듯하다.

우리는 종교적 주장들이 참인 양 살아야 할까?

설령 종교적 주장들이 거짓이더라도, 우리는 그 주장들이 참인 양 살아야 마땅하다고 대꾸하는 사람들도 있을 법하다. 생각해보라. 위안이 되고 참일 가능성도 있는 이야기를 믿어서 해가 될 것은 없지 않은가? 이 주장은 일리가 있을 수 있다. 삶은 힘겹다. 당신이 자신의 믿음을 타인에게 강요하지 않는 한에서, 그 믿음에서 얻을 수 있는 위안을 포기할 이유는 없을 것이다. 그러나 이런 생각 — 종교적 믿음은 기본적으로 유순하고 이롭다는 생각 — 에 대해서 많은 반론들이 제기되었다. 그 반론들은 종교재판, 종교전쟁, 인신공양, 그 밖에 기록된 역사 전체에서 등장하는 종교적 야만의 사례들을 거론하지 않는다. 또 많은 종교제도들의 반민주적, 반진보적, 여성혐오적, 권위주의적, 중세적 성격이나 종교적 믿음에서 흔히 귀결되는 개인적 죄책감, 부끄러움, 공포를 주목하지도 않는다.

무릇 종교적 믿음은 단적으로 해로울 수 있다. 종교적 믿음과 사회적 역기능의 다양한 지표들 사이에 강한 상관관계가 성립한다. 그 지표들은 살인 건수, 수감자 비율, 영아살해 건수, 성병 유병률, 10대청소년의 낙태와 출산 건수, 부패, 소득 불평등 등이다.[44] 인과관계가 확인되지는 않았지만, 2009년에 유엔이 발표한 가장 살기 좋은 20개국의 목록을 보면, 세계에서 가장 덜 종교적인 국가들이 가장 살기 좋음을 알 수 있다.[45] 목록에 든 다른 국가들에 비해 종교적 믿음이 강하다고 할 만한 나라는 13위에 오른 미국이 유일하다. 뿐만 아니라 비교적 종교적 믿음이 약한 나라들이 비교적 높은 순위에 오른 것이 사실상 보편적인 현상이다. 반면에 종교적 믿음이 강한 나라는 대개 비교적 낮은 순위에 올랐다. 실제로 이 상관관계는 충격적이기까지 하다.[46] 물론 상관관계와 인과관계는 다르지만, 종교적 믿음이 이롭다고 주장하는 사람들은 이런 조사 결과 앞에서 진지하게 고민해야 할 것이다. 종교적 믿음이 사람들의 삶을 개선한다는 것을 의심할 이유가 충분히 있다. 거꾸로 종교적 믿음이 사람들의 삶을 더 나빠지게 만든다고 믿을 강력한 이유도 몇 가지 존재한다.

거듭 말하지만, 우리의 논의는 어떤 특정한 종교가 거짓임을 보여주지 않는다. 그러나 아무리 줄여 말해도, 종교적 믿음이 인류에게 이로운지, 우리가 종교적 이야기들이 참인 양 살면 더 행복한지는 논쟁해볼 만한 사안이다. 심지어 종교적 믿음은 인간이 품을 수 있는 **가장** 해로운 유형의 믿음이라는 주장도 일리가 있다. 4세기에 로마제국이 쇠퇴하면서 기독교가 득세했고, 그 결과로 로마인이 물려받은 그리스 과학이 찬밥 신세가 되었음을 상기하라. 그리스인의 과학적 성취가 중세 내내 발전의 토대로 구실했다면, 오늘날의 세계는 지금보다 상상할 수 없을 정도로 더 진보했을지도 모른다. 약 30년 전에 칼 세이건은 이렇게 지적했다.

과거에 단호하게 다신론적인 한 사회에서 자연법칙들과 유사한 것이 얼핏 감지되었다. 그 사회에서 일부 학자들은 일종의 무신론을 만지작거렸다. 이 같은 소크라테스 이전 철학자들의 접근법은 기원전 4세기경부터 플라톤, 아리스토텔레스, 그리고 기독교 신학자들에 의해 억압되었다. 역사적 인과관계가 다르게 얽혔더라면 — 물질의 본성, 여러 세계의 존재, 공간과 시간의 광활함에 대한 원자론자들의 빛나는 추측들이 소중히 여겨지고 발전의 토대가 되었더라면, 아르키메데스의 혁신적 기술이 교육되고 모방되었더라면, 인류가 탐구하고 이해해야 하는 불변의 자연법칙이라는 개념이 널리 퍼졌더라면 — 지금 우리의 세계가 어떤 모습이었을지 궁금하다.[47]

과학이 중세 1000년 동안 계속 발전했다면, 지금 우리는 더 오랫동안 더 윤택하게 살았을 것이라고 생각할 만하다. 어쩌면 과학이 죽음을 벌써 완전히 정복했을지도 모른다. 우리가 지금 불멸의 존재가 아닌 것은 종교의 득세 때문이라고 생각할 만하다. 이런 추측이 사변에 불과함을 — 심지어 공상으로 느껴질 수도 있음을 — 인정하더라도, 종교의 득세가 중세 내내 과학 발전의 주요 저해 요인이었다는 것은 틀림없는 사실이다. 어쩌면 지금도 종교는 과학의 발전을 방해하는 듯하다.

핵심은 종교적 믿음이 무해하지 않다는 것이다. 종교의 폐해는 과거 중세보다 지금 더 적을지도 모른다. 그러나 이것은 종교의 폐해가 과거에 그만큼 극심했다는 증거일 수도 있다. 만일 종교가 과거의 힘을 다시 회복한다면, 종교의 폐해가 다시 파멸적으로 심해지더라도 우리는 놀라지 말아야 할 것이다(중세를 잘 아는 사람은 과거로의 복귀를 바라지 않는다). 우리 모두는 종교적 믿음이 아주 많은 사람들에게 제공하는 위로의 대가를 톡톡히 치러왔고 지금도 그러할 가능성이 있다.

요컨대 종교적 믿음은 문제적이며, 종교가 참인 양 사는 것은 어리석은 선택일 수 있다. 그러므로 종교적 믿음을 의미의 근거로 삼는 것은 분별 있는 선택이 아닌 듯하다. 어떤 종교적 이야기라도 — 특히 비교적 정교한 이야기들은 — 참일 수 있는 것은 맞지만, **삶의 의미를 묻는 질문에 대한 종교적 대답들은 의심스럽다.** 왜냐하면 종교의 진리성과 유용성이 의심스럽기 때문이다. 우리가 의미의 안정적 토대를 마련해야 한다면, 의심스러운 주장들을 출발점으로 삼는 것은 문제적인 선택이다.

동양 종교들은 어떨까?

지금까지 우리는 서양의 전형적인 종교관을 전제로 삼았고, 우리의 비판은 주로 고전적인 서양 유신론을 겨냥했다. 그런데 우리의 비판이 동양 종교들에도 타당할까? 이 질문을 상세히 탐구할 시간은 없지만, 이것만큼은 말할 수 있다. 우리의 반론들 중에서 일부는 동양 종교들에 타당하지 않을지 몰라도 다수는 타당하다.

예컨대 힌두교에서 삶의 의미는 카르마karma(업業), 삼사라samsara(윤회輪回), 목샤moksha(해탈解脫)의 개념과 관련이 있는데, 이것들은 모두 형이상학적으로 의심스러운 개념이다. 인과, 탄생과 환생의 순환, 해방에 관한 도덕법칙이 존재하지 않을 수도 있다. 비이원론적 베

단타 철학에서, 아트만atman(개인의 영혼 — 옮긴이)이 브라만Brahman
(우주적인 힘 — 옮긴이)이라는 생각은 결정적인 중요성을 갖지만, 이
것 역시 형이상학적으로 문제적이다. 게다가 힌두교의 일부 종파들은
대놓고 일신론적이므로 앞서 언급한 비판들에 직면한다. 자이나교에
도 환생, 영혼, 업과 같은 형이상학적으로 의심스러운 개념들이 수두
룩하다. 자이나교에 따르면 삶의 의미는 신체의 욕망들을 극복하고
천상의 기쁨과 자아실현을 이루는 것에 있다. 그러나 자이나교도가
모든 욕망을 제거한 후에 얻는 것은 어쩌면 깨달음이 아니라 굶주림
과 죽음일 것이다. 여기에서도 종교적 믿음 및 실천과 삶의 의미 사이
의 관련성은 불확실하다.

불교는 더 나은 편이다. 왜냐하면 불교는 종교인 것에 못지않게 삶
의 철학이고 따라서 힌두교나 자이나교보다 덜 형이상학적이기 때문
이다. 좋은 삶을 위한 지침들을 제공하는 한에서 불교는 박수를 받아
야 마땅하다. 그러나 불교에서 말하는 삶의 의미는 윤회의 수레바퀴
에서 벗어나는 것과 열반의 상태에 의존하는데, 둘 다 논란이 있는 개
념이다. 또한 불교는 삶에 대해서 부정적인 태도를 취한다. 불교의 목
표는 존재의 순환을 벗어나는 것이다. 또 불교가 설득력을 가지려면,
우리가 여러 번 다시 태어날 필요가 있다. 실재는 하나라는 도교의 생
각과 의미는 일상경험에서 발견된다는 유교의 주장도 둘 다 문제적이
다. 결론적으로 서양 종교들과 마찬가지로 동양 종교들은 의심스러운
개념들을 삶의 의미의 토대로 삼는다. 이 점에서 동양 종교들은 서양
종교들에 못지않게 문제적이다.

종교가 참이라면,
삶은 유의미할까?

그러나 우리가 살펴볼 여러 저자들은 또 다른 더 기초적인 주장을 통해 삶의 의미와 종교의 진리성 사이의 연결을 끊는다. 그 주장은 **종교의 진리성이 삶의 의미를 묻는 질문과 무관하다는 것이다.** 바꿔 말해, 설령 어떤 종교가 참이더라도, 그것은 우리의 의미 탐구와 상관없는 일이다. 종교가 삶에 의미를 부여하는 방식을 정확히 진술해보면 ─ 이것은 놀랄 만큼 어려운 과제다 ─ 이 사실을 알 수 있다.

많이 숙고하지 않아도 문제를 알아챌 수 있다. 예컨대 누군가가 말하기를, 당신이 신적인 존재가 짠 계획의 일부라는 것이 당신의 의미라고 한다면, 당신은 이렇게 합리적으로 물을 수 있을 것이다. 내가 타자가 짠 계획의 일부라는 것이 어떻게 내 삶에 의미를 주는가? 내가 나의 부모나 고용주나 국가가 짠 계획의 일부라는 것에서 내 삶의 의미가 반드시 도출되는 것은 아니다. 이에 상대방이 대꾸하기를, 신은 마치 샘이 물을 뿜어내듯 의미를 뿜어내는 존재라고 한다면, 당신은 이렇게 합리적으로 물을 수 있을 것이다. 신이 어떻게 의미를 뿜어내는가? 내가 나 자신의 의미의 원천일 수 없다면, 어떻게 타자가 그 원천일 수 있는가? 혹은 누군가가 말하기를, 신의 사랑이 당신의 삶에 의미를 준다고 하면, 당신은 왜 내 주변 사람들의 사랑은 내 삶에 의미를 줄 수 없느냐고 합리적으로 물을 수 있을 것이다. 혹은 누군가가 말하기를, 당신이 영원히 살 것이기 때문에 당신의 삶은 의미가 있다고 하면, 당신은 어떻게 무한히 긴 시간이 삶을 의미 있게 만드느냐고 합리적으로 물을 수 있을 것이다. 요점은 신들이 삶에 의미를 주는 것이 불가능하다는 것이 아니라 신들이 어떻게 그럴 수 있는지가 불명확하다는 것이다. 신들은 삶의 의미와 무관할 수도 있다. 만일 실제로 무관하다면, 이 반론들은 삶의 의미에 대한 종교적 대답들을 완전히 무너뜨린다. 설령 우리가 신들의 존재를 확신하게 되더라도, 삶이 유의미한가라는 질문은 여전히 우리의 수수께끼로 남을 것이다.

이에 대응하여, 종교적 믿음은 우리에게 우호적인 우주의 목적 또는 종착점이 우리 삶의 의미라고 가르침으로써 삶에 의미를 제공한다는 주장이 제기될 만하다. 실제로 대다수 사람들이 종교와 삶의 의미를 연관 지을 때 염두에 두는 것은 다른 무엇보다도 이런 종말론 — 세계 또는 인류의 종말을 다루는 신학의 한 분야 — 일 것이다. 예컨대 종교인은 아래와 같은 논증을 구성할 수 있을 것이다.

1. 천국이 존재한다면, 삶은 전적으로 유의미하다.
2. 천국이 존재한다.
3. 따라서 삶은 전적으로 유의미하다.

이 논증의 문제점은 순환성이다. 이 논증은 증명하려는 바를 전제한다. 이 논증을 간단히 줄이면, 삶은 유의미하기 때문에 유의미하다는 것으로 환원된다. 이 논증이 설득력을 가지려면, 전제 2가 참임을 확실히 보증할 필요가 있다. 그러나 그런 보증은 없다. 게다가 방금 설명했듯이, 전제 1이 참이라는 것도 불분명하다. 대안으로, 이런 논증을 구성해볼 수도 있을 것이다.

1. (단일한?) 신이 존재한다면, 삶은 전적으로 유의미하다.

2. 신이 존재한다.

3. 따라서 삶은 전적으로 유의미하다.

이것은 타당한 연역적 논증이지만, 이번에도 두 전제가 모두 불확실하다. 게다가 논증의 순환성도 문제다. 이 논증을 요약하면, 삶을 완전히 유의미하게 만드는 무언가가 존재하므로 삶은 완전히 유의미하다는 것이다. 결론적으로, 언급한 두 논증과 기타 유사한 논증들은 우리를 종교에 대한 논의의 출발점으로 다시 데려간다. 설령 종교가 참이더라도, 종교가 의미를 제공하지 못할 가능성은 열려 있다. 더구나 만일 종교가 참이 아니라면, 종교는 의미의 토대가 될 수 **없다**.

종교적 전제를 채택하지 않는 이유

이런 이유 때문에 우리는 비가시적이며 숨어 있으며 초자연적인 존재들에 호소하지 않으면서 의미 탐구를 수행할 것이다. 이것은 종교적 대답을 가지지 않은 사람들에게는 자연스러운 접근법이다. 그러나 종교적 믿음을 가진 사람도 중립적인 접근법을 취해야 할 이유들이 있다. 삶의 유의미성을 뒷받침하는 증거와 근거를 중립적인 접근법으로 발견한다면, 그 발견은 신앙인과 비신앙인 모두에게 설득력을 발휘할 것이다. 신앙인은 그 발견에 언제든지 신을 추가할 수 있다. 그럼으로써 삶이 더 유의미해진다고 생각한다면 말이다. 혹은 그 발견에도 불구하고 여전히 신이 없으면 삶은 무의미하다고 느끼는 신앙인이라면, 언제든지 신에게 의지하여 의미를 구제할 수 있다. 요점은 이것이다. **우리는 더 보편적인 설득력을 지닌 결론들에 도달하기 위하여, 신, 영혼, 사후의 삶에 관한, 철학적으로 더 문제적인 전제들을 배제하고 최소의 전제들만을 출발점으로 삼고자 한다.**

이를 더 잘 이해하기 위해서 삶의 의미를 신 없이 탐구하는 우리의 작업을 도덕의 무신론적 합리적 토대를 추구하는 작업에 빗대보자. 의미와 마찬가지로 도덕이 완전히 신들에 의존한다는 주장도 있을 수 있다. 이 주장이 옳다면, 초자연적 토대가 없는 도덕 따위는 있을 수 없을 것이다. 그러나 대다수의 철학자와 신학자는 이 견해를 배척해왔다. 대신에 그들은 옳음과 그름이 어떤 의미에서 신들로부터 독립적이라고 주장한다. 신들은 옳은 것을 그르게 만들거나 그른 것을 옳게 만들 수 없다. 이 접근법의 장점은 — 예컨대 자연법칙에 관한 이론에서와 마찬가지로 — 모든 합리적 존재들이 단지 합리적 존재라는 자격만으로 도덕에 접근할 수 있게 해준다는 것이다. 다시 말해, 도덕의 토대를 이해할 길을 모든 사람에게 열어준다.

만일 도덕이 정말로 무신론적 토대를 가졌다면 — 이를테면 이성, 공감, 진화, 또는 사회계약이 도덕의 토대라면 — 의미도 그와 유사하게 무신론적 토대를 가지지 않았을까, 라고 생각해볼 수 있다. 실제로 그렇다면, 신들의 존재는 의미에 어떤 영향도 미치지 않을 것이다. 신들이 유의미한 상황을 무의미하게 만들 수도 없고 무의미한 상황을 유의미하게 만들 수도 없을 테니까 말이다. 의미는 신의 존재 여부와 상관없이 존재하거나 존재하지 않을 테고, 모든 개인은 자신의 이성적, 감정적, 또는 미학적 능력으로 의미를 탐구할 수 있을 것이다.

이성이 도덕적이며 그 도덕은 철학적으로 문제가 있는 전제들 — 이를테면 신의 존재 — 에 의존하지 않음을 받아들이는 것이 우리 모두에게 이로운 것과 마찬가지로, 사람들이 특별한 형이상학적 주장들에 기대지 않고도 삶의 가치를 믿는다면, 우리 모두에게 이로울 것이다. 물론 우리의 탐구에서 의미의 부재가 드러날 위험도 있다. 그렇게 된다면, 인류는 심각한 문제들에 직면하게 될지도 모른다.

하지만 이 귀결은 전혀 확실하지 않다. 오히려 삶의 의미를 안다고 확신하는 사람들이 세상에 온갖 폐해를 끼치는 것을 생각해보라. 우리가 아는 한에서 말하면, 무의미성의 발견은 사람들을 의미의 창조로 이끌 수도 있고 어쩌면 아무 귀결도 가져오지 않을 수도 있다. 사람들은 삶의 의미를 확실히 모르는 채로 그냥 예전처럼 살아갈지도 모른다. 우리가 도달할 결론들에서 어떤 귀결이 나올지 알 수 없으므로, 논란을 일으키는 철학적 전제들을 최소한으로 줄이고 진리가 우리를 자유롭게 하기를 바라면서 진리를 향해 나아가보자.

3
불가지론: 질문이 무의미하거나
대답 불가능하다

나는 불가지론자다. 많은 무지한 사람들이 확실히 안다고 여기는 바를 아는 것처럼 굴지 않는다.

- 클래런스 대로

보다시피 … 나는 의심과 불확실성과 무지와 함께 살 수 있다. 틀릴 수도 있는 대답들을 가지는 것보다 모르는 채로 사는 편이 훨씬 더 흥미롭다고 생각한다. 나는 다양한 사안들에 대해서 근사적인 대답들과 가능한 믿음들과 다양한 정도의 의심을 가졌지만, 어떤 것도 절대적으로 확신하지 않으며, 많은 것들에 대해서는 전혀 모른다. 예컨대 왜 우리가 여기에 있느냐는 질문이 과연 유의미한지에 대해서 전혀 모른다. 내가 이 질문의 답을 꼭 알아야 하는 것은 아니다. 나는 내가 모른다는 것, 어떤 목적도 없는 수수께끼 같은 우주 안에서 헤맨다는 것에 화들짝 겁먹지 않는다. 내가 아는 한, 진실은 내가 그렇게 헤맨다는 것이다. 나는 두렵지 않다.

- 리처드 파인만

철학직 문제들이 난해한 것은 그것들이 신성하거나 환원 불가능하거나 무의미하거나 흔해 빠진 과학이어서가 아니라 호모 사피엔스의 정신이 그것들을 풀 장치를 갖추지 않았기 때문이다. 우리는 천사가 아니라 유기체이며, 우리의 정신은 진리와 연결된 파이프라인이 아니라 기관organ이다. 자연선택에 의해 우리의 정신은 우리의 조상들에게 목숨이 걸린 사안이었던 문제들을 풀도록 진화한 것이지, 진위를 따지거나 우리가 던질 수 있는 임의의 질문에 답하도록 진화한 것이 아니다.

- 스티븐 핑커

의심이 있는 곳에 자유가 있다.

- 라틴어 속담

정말로 진리를 추구하고자 한다면, 인생에서 반드시 최소한 한 번은 모든 것을 가능한 한도까지 의심해봐야 한다.

- 르네 데카르트

철학의 첫걸음은 의심하는 법, 특히 자신의 소중한 믿음들, 교리들, 공리들을 의심하는 법을 배우는 것이다.

- 윌 듀런트

의심은 유쾌한 상태는 아니다. 하지만 확실성은 이치에 맞지 않는다.

- 볼테르

사람들은 기꺼이 믿으려는 태도에 비례해서가 아니라 기꺼이 의심하려는 태도에 비례해서 문명화된다.

- 헨리 루이스 멩켄

처음부터 선언해두는데, 우리는 우리가 거론할 대상이 온전히 우리의 진술대로라는 적극적인 단언을 결코 하지 않는다. 우리는 단지 대상 각각이 그 순간에 우리에게 어떤 인상을 주는가를 정확하게 보고할 따름이다.

- 섹스투스 엠피리쿠스

모든 사안에서, 이기심, 열정, 선입견, 희한한 것에 대한 사랑이 짙게 배어있지 않은 증언을 신뢰하라. 이런 것들이 개입되어 있다면, 검증 대상이 개연성을 반박하는 정도에 정확히 비례하는 만큼의 확증 증거를 요구하라.

- 토머스 헨리 헉슬리

내가 틀릴 수도 있기 때문에, 나는 나의 믿음을 위해서 죽을 생각이 전혀 없다.

- 버트런드 러셀

불가지론

불가지론이란 어떤 주장의 진위를 모르거나 알 수 없다는 입장이다. 또한 특정한 질문들에 답하는 것에 대한 기본적인 회의주의를 가리키기도 한다. 불가지론은 종교적 믿음에 적용되는 것이 일반적이지만 우리의 논의에서는 삶의 의미에 적용된다. 우리가 불가지론자로 꼽는 저자들은 삶의 의미에 대한 질문이 무의미하다고 믿거나 그 질문의 답을 — 설령 존재하더라도 — 알 수 없다고 믿는다.

1장에서 우리는 의미라는 용어를 올바로 적용하려면 단어와 기호에만 적용해야 한다는 주장을 반박했다. 우리는 의미라는 용어가 인간의 삶과 같은 활동에도 적용됨을 지적했다. 그러나 삶의 의미를 묻는 질문의 유의미성을 부정하는 더 강력한 반론이 있다. 즉, 이 질문은 대답하기가 불가능하기 때문에 무의미하다는 것이다. 적어도 이 반론의 옹호자들은 대답이 있을 수 없는 질문은 무의미하다고 말한다.

우리가 모르는 대답이 있을 수도 있다는 것이 그들의 취지가 아님을 주목하자. 오히려 우리의 질문이 제시할 수 없는 대답을 요구한다는 것, 따라서 그 질문은 원천적으로 무의미하다는 것이다. 이 반론을 이해하기 위해서 우리는 이를 옹호한 20세기의 비범한 철학자 세 명을 살펴보려 한다. 폴 에드워즈, 에이어, 카이 닐슨이다.

폴 에드워즈 :
질문의 무의미성

　　　　　　폴 에드워즈Paul Edwards(1923-2004)는 오스트리아 출신 미국 도덕철학자이며 1967년에 출판된《맥밀런 철학백과사전Macmillan's Encyclopedia of Philosophy》의 책임편집자다. 500명이 넘는 저자가 참여하여 거의 1500항목에 대한 설명을 8권으로 편찬한 이 백과사전은 20세기 철학의 기념비적 업적들 중 하나로 꼽힌다.

　이 백과사전의 '왜Why'라는 항목에 대한 설명에서 에드워즈는 삶의 의미를 묻는 질문이 유의미한지 여부를 논한다.[1] 그는 왜라는 단어의 사용에 관한 두 가지 논제를 제시하는 것으로 운을 뗀다. 1) '왜' 질문은 '어떻게' 질문과 대비되며, 일반적으로 과학은 오직 '어떻게' 질문만 다룬다고 여겨진다. 2) "애당초 왜 무언가가 존재하는가?" 또는 "왜 아무것도 없지 않고 무언가가 존재하는가?"와 같은 궁극적 혹은 우주적 '왜' 질문들이 있다.

　첫째 논제와 관련해서, 일부 사상가들은 '왜'와 '어떻게'가 종교적 또는 형이상학적 이유에서 대비된다고 주장한다. 과학은 '어떻게' 질문에 답하지만, '왜' 질문은 오직 종교나 형이상학만 답한다는 것이다. 반면에 흄처럼 형이상학에 적대적인 다른 저자들은 과학도, 종교도, 형이상학도 '왜' 질문에 답할 수 없다고 주장한다. 양쪽 집단은 과학이 답할 수 없지만 유의미한 '왜' 질문들이 있다는 것에 동의한다. 하지만 첫째 집단은 종교나 형이상학이 그런 질문에 답할 수 있다고 주장하는 반면, 둘째 집단은 그럴 수 없다고 주장한다는 점에서 의견이 엇갈린다. 이에 에드워즈는 몇 가지 점을 지적한다. 첫째, '왜' 질문과 '어떻게' 질문은 때때로 같은 유형이다. 예컨대 A가 B를 유발하지만, 우리가 그 유발의 메커니즘을 모르는 경우에 그러하다. 이런 경우에, 특정 약물이 '왜' 효과가 있느냐는 물음과 '어떻게' 효과가 있느냐는 물음, 또는 '왜' 일부 흡연자는 폐암에 걸리는데 다른 흡연자는 그렇지 않느냐는 물음과 '어떻게' 그런 차이가 생기느냐는 물음은 대체로 같은 뜻이다. 이 예들에서 과학은 '왜'와 '어떻게' 모두를 부족함 없이 다룬다.

하지만 '어떻게'와 '왜'가 서로 다른 유형의 질문들인 경우도 있다. 이를테면 인간의 의도적 활동을 논할 때 그러하다. 우리가 은행을 어떻게 털었느냐는 왜 털었느냐와 전혀 다르다. 그러나 경험적 방법으로는 양쪽 질문 모두에 답할 수 없다는 것은 거짓이다. 오히려 은행 강도는 자신이 왜 은행을 털었는지 아마 알 것이다. 물론 그가 자신의 목적에 대해서 거짓말을 하거나 자기 자신조차 속일 수 있겠지만, 그래도 이때 '왜' 질문의 답은 경험적 방법으로 얻을 수 있다. 예컨대 우리는 은행 강도의 친구들에게 묻거나 그를 진료한 정신분석가에게 조언을 구하여 그가 '왜' 은행을 털었는지 알아낼 수 있을 것이다.

'어떻게how'와 '왜why'가 다른 경우를 하나 더 주목하기 위해서, "얼마나 차갑나요?How cold is it?"라거나 "그의 통증이 어떻습니까How is his pain?"라는 식으로 어떤 상태를 물을 때와, "왜 차갑나요?"라거나 "그의 통증이 왜 있습니까?"라는 식으로 그 상태의 원인을 물을 때를 비교해보자. 앞의 질문과 뒤의 질문은 확실히 유형이 다르다. 에드워즈는 '왜' 질문이 항상 인간이나 초자연적 존재가 품은 목적을 묻는 것은 아니라고 지적한다. "왜 뉴욕의 겨울은 로스앤젤레스의 겨울보다 더 추울까?"라는 질문은 이 날씨 현상의 배후에 어떤 의도적 계획이 있음을 반드시 전제하는 것은 아니다. 오히려 둘러보면 우리는 많은 경우에 형이상학에 의지하지 않고 '왜'와 '어떻게' 모두에 대답한다.

에드워즈의 이야기를 요약해보자. '어떻게'와 '왜'는 흔히 똑같은 질문으로 쓰인다. 하지만 인간의 의도적 활동을 다룰 때는 서로 다르다. '어떻게'는 수단을, '왜'는 목적을 묻는다. 아울러 '어떻게' 질문은 상태를 묻는 반면, '왜' 질문은 상태의 원인을 묻는 경우가 많다. 원리적으로 우리는 종교나 형이상학에 의지하지 않고 이 모든 질문에 대답할 수 있는 듯하다.

앞서 언급한 두 번째 논제, 곧 우주적인 '왜' 질문을 논할 때, 에드워즈는 이른바 '신학적인 왜the theological why'를 우선 다룬다. '신학적인 왜' 질문에 대한 신학적인 대답은, 의미를 묻는 질문에 신이 대답한다고 주장한다. 이 주장의 주요 난점은 우리가 신과 같은 육체 없는 정신에 대해서 어떤 합리적인 이야기를 할 수 있느냐 하는 것이다. 또 이런 믿음들의 정당화와 연결된 다른 모든 난점들도 불거진다. 에드워즈는 특히 신학적 대답이 진정한 대답일 수 있는가를 문제 삼으면서 여러 철학자들을 거론한다. "쇼펜하우어는 그런 식으로 원인들의 연쇄에서 최종 안식처에 도달하려 애쓰는 모든 노력이 인과 원리를 마치 목적지에 도달하고 나면 떠나보내는 '택시'처럼 취급한다고 지적했다. 버트런드 러셀은 그런 저자들이 불명확하고 부적절한 설명의 개념을 채택한다고 반발한다. 무언가를 설명하기 위해서 어떤 '자족적인' 항목을 — 그것이 무엇이든 간에 — 도입할 필요는 전혀 없다 … 네이글은 가정된 절대적 존재의 근거들을 탐구하는 것은 완벽하게 합법적이라고 주장한다."[2] 요컨대 신학적 대답은 우리의 질문에 완전히 답하지 않는 편의적인 답변으로 보인다. 오히려 그 대답은 추가적인 '왜' 질문들을 봉쇄함으로써 탐구에 종지부를 찍는다.

에드워즈는 신학적인 왜 질문 — 신들이 존재하고 신들이 궁극적인 설명을 제공하는가? — 을 이른바 '초궁극의 왜super-ultimate why'와 구별한다. '초궁극의 왜'는 신학적 대답이 불충분하다고 여기는 사람이 제기하는 질문이다. 그 대답은 "대체 왜 신들이 존재할까?"나 "애당초 왜 무언가가 존재할까?", 또는 "존재하는 모든 것은 왜 존재할까?"와 같은 질문들에 대답해주지 않는다. 단지 왜 질문들에 자의적으로 종지부를 찍을 뿐이다. 신학적 대답은 질문을 궁극의 종착점까지 밀어붙이기 전에 멈춘다. 왜 질문들을 계속 던지는 것은 강박적인 행동이라고 반론할 수도 있겠지만, 생각이 깊은 사람들의 대다수는 "왜 만물이, 또는 아무튼 무언가가 존재할까?"라는 질문을 실제로 던진다. 이는 이 질문이 숙고적인 사람들에게는 기초적임을 시사한다. 물론 우리는 이 궁극적 수수께끼에 대답할 수 없을지도 모른다. 존재는 신비로운 수수께끼라는 것이 우리가 할 수 있는 말의 전부이고, 존재에 대한 궁극적 설명은 영원히 우리의 능력 바깥의 일로 남을지도 모른다.

에드워즈에 따르면, 일부 철학자들은 궁극의 왜 질문을 진지하게 받아들이지만, 많은 철학자들은 그 질문이 무의미하다고 주장한다.

원리적으로 대답이 불가능한 질문은 무의미하다는 것이 그 이유다. 실제로 많은 철학자들은 이 초궁극의 왜 질문이 원리적으로 대답이 불가능하다고 주장한다. 이 견해를 비판하는 사람들은 그 질문이 다른 모든 질문과 근본적으로 다르다는 점에는 동의하지만 무의미하다는 점에는 동의하지 않는다. 평범한 질문들은 원리적으로 대답 가능해야만 유의미하지만, 궁극의 질문은 그렇지 않다고 그들은 응수한다. 그러나 만일 어떤 질문이 정말로 대답 불가능하다면, 또 모든 가능한 대답들이 **원천적으로** 배제되었다면, 그 질문은 정의상 무의미한 질문이 맞지 않을까?

"만물이 왜 존재할까?"라는 질문이 무의미하다는 결론에 이르는 또 하나의 길은, 우리가 평소에 "왜 x일까?"라고 물을 때 x가 아닌 무언가를 대답으로 상정한다는 점을 돌이켜보는 것이다. 그런데 "왜 만물이 존재할까?"라는 질문의 경우에는, 만물의 존재를 설명해줄 무언가를 만물 바깥에서 발견하는 것이 불가능하다. 요컨대 유의미한 왜 질문은 만물의 집합에 속한 무언가에 관한 질문이다. 만일 우리의 왜 질문이 만물에 관한 것이라면, 그 질문은 논리적으로 대답이 불가능하기 때문에 무의미하다.

요약 '어떻게' 질문과 '왜' 질문은 때때로 유사하지만, 다른 질문일 때도 있다. 신학적 왜 질문들은 유의미하다. 그러나 그 질문들에 대한 신학적 대답들이 참이라는 뜻은 아니다. 더 나아가 신학적 대답들은 초궁극의 왜 질문에 대답해주지 않는다. 초궁극의 왜 질문은 무의미하다. 왜냐하면 만물 바깥에서 만물을 설명해주는 무언가는 있을 수 없기 때문이다.

에이어 : 무의미한 질문과
주관적인 가치

에이어A. J. Ayer(1910-1989)는 1946년부터 1959년까지 런던 유니버시티 칼리지의 심리철학 및 논리학 전공 그로트 교수Grote Professor를 지내고 같은 해에 옥스퍼드 대학의 논리학 전공 위컴Wykeham 교수가 되었다. 그는 20세기의 가장 중요한 철학자들 중 하나로 꼽힌다. 어쩌면 에이어는 검증 원리, 곧 진술과 질문의 답은 분석적이거나 경험적인 방법으로 진위 여부를 가릴 수 있을 때만 유의미하다는 생각을 옹호한 인물로 가장 잘 알려져 있을 것이다.

1947년에 발표한 논문 〈철학의 주장들The Claims of Philosophy〉에서 에이어는 이렇게 묻는다. 우리의 존재는 목적이 있을까? 에이어에 따르면, 목적이 있다 함은 주어진 상황에서 "자신이 바람직하다고 여기는 미래의 특정 상황을 일으키려고"[3] 의도한다는 뜻이다(예컨대 법학 대학원에 가면 법률가가 될 수 있고 그것이 바람직하다고 보기 때문에 법학 대학원에 가려고 의도한다면, 목적이 있는 것이다). 따라서 사건들은 바람직한 목표를 얼마나 달성하느냐에 따라서 의미가 있거나 없다. 하지만 "삶 전체"의 의미나 목적은 어떨까? 위의 논의를 보면, 삶 전체의 의미는 모든 사건들이 향하는 목표에 있을 법하다. 그러나 에이어는 이 생각에 반발하면서 이렇게 지적한다. 1) 모든 사건들이 향하는 하나의 목표가 있다고 생각할 근거가 없다. 2) 그런 목표가 있다 하더라도, 그 목표는 (우리의 존재가 어떤 목표를 향해 나아가고 있다고) 우리의 존재를 설명할 뿐이지 (우리의 존재가 그 목표를 향해 나아가야 한다고) 정당화하지 않으므로 우리의 탐구에 도움이 되지 않는다. 게다가 그 목표는 우리가 선택한 것이 아닐 터이다. 우리 입장에서 그 목표는 자의적이다. 즉, 이유나 정당화가 없다. 따라서 우리가 역학적 설명(목표는 우주의 파괴다)을 받느냐, 목적론적 설명(목표는 신과의 합일이다)을 받느냐는 우리에게 중요하지 않다. 어느 쪽이든 우리는 사태가 어**떠한가**를 설명할 뿐이지, 사태가 **왜** 그러한가를 정당화하지 못한다. 우리가 삶의 의미를 물을 때 알고자 하는 것은 사태가 왜 그러한가에 대한 정당화인데 말이다. 우리는 이 궁극의 왜 질문에 답이 있는지 알고 싶다.

이 대목에서 어떤 이들은 만물이 향하는 목표는 어떤 우월한 존재가 품은 목적이며 우리의 목적이나 의미는 그 우월한 존재가 품은 목적에 참여하는 것이라고 대답할지도 모른다. 에이어는 이 대답을 비판한다. 1) 우월한 존재가 있다고 생각할 근거가 없다. 2) 설령 우월한 존재가 있다 하더라도, 그의 목적은 우리의 목적이 아닐 터이므로, 그의 존재는 우리의 의미 탐구에 도움이 되지 않는다. 게다가 우월한 존재가 우리를 위한 목적을 가졌다 하더라도, 우리가 그 목적을 어떻게 알 수 있겠는가? 어떤 이들은 그 목적이 일부 사람들에게 신비롭게 계시된다고 주장할지도 모르지만, 그 사람들은 그 계시가 정당하다는 것을 어떻게 알 수 있을까? 한 술 더 떠서, 우월한 존재가 우리를 위한 계획을 가졌고 우리가 그 계획을 알 수 있다고 하더라도, 여전히 불충분하다. 무슨 말이냐면, 그 계획은 절대적이거나 — 모든 사건이 그 계획의 일부이거나 — 그렇지 않을 텐데, 만일 절대적이라면, 우리는 결과를 조금도 바꿀 수 없을 것이다. 따라서 그 계획에 참여하기로 결심하는 것은 무의미하다. 왜냐하면 우월한 존재의 목표 달성 과정에서 우리는 필연적으로 우리의 역할을 완수할 것이기 때문이다.

반대로 그 계획이 절대적이지 않고 결과가 우리의 선택에 따라 바뀔 수 있다면, 우리는 그 계획에 참여할지 여부를 판단해야 한다. "그러나 이는 우리 행동의 의미가 결국 우리 자신의 가치 판단에 달려있음을 의미한다. 따라서 신적인 존재는 불필요해진다."[4]

이처럼 신적인 존재를 동원하더라도 사태의 이유를 설명할 수는 없다. 단지 원래의 왜 질문을 다른 층위의 왜 질문으로 바꾸는 것에 불과하다. 요컨대 신적인 존재들이 있고 우리의 목적을 그들이 우리를 위해 설정한 목적에서 발견해야 한다고 하더라도, 다음과 같은 질문들은 여전히 대답되지 않는다. 왜 그들은 우리를 위해 이 목적들을 설정했을까? 왜 우리는 그들의 계획에 맞게 행동하기로 선택해야 할까? 또 이 질문들의 답이 나오더라도, 우리는 그 답과 관련해서 다시 왜 질문을 제기할 수 있다. 설명의 수준을 아무리 심화하더라도, 우리는 사태가 어떠한가를 설명할 뿐이지, 사태가 왜 그러한가를 설명하지 못한다. 그러므로 궁극의 왜 질문 — 왜 애당초 무언가가 있는가? — 은 대답 불가능하다. "왜냐하면 이 질문은 우리의 삶에 이유가 있을 수 있음을 전제하는데, 이 전제는 어떤 의미에서 한낱 사실에 대한 설명보다 더 심오하다."[5] 에이어의 취지는 삶이 무의미하다는 것이 아니다. 오히려 삶의 의미를 묻는 질문에 대답하는 것이 논리적으로 불가능하다는 것이다. 왜냐하면 임의의 왜 질문에 대한 답은 또 다른 왜 질문을 불러오기 때문이다. 그리하여 에이어는 삶의 의미에 관한 왜 질문이 사실적으로 무의미하다고 결론짓는다.

그러나 삶은 의미를 가질 수 있다. 우리가 추구하기로 선택한 목표들을 통해서 삶에 부여하기로 결정한 의미와 목적을 삶은 가질 수 있다. 그리고 대다수 사람들은 평생 동안 다양한 목표들을 추구하므로,

삶의 의미를 하나로 요약할 수는 없는 듯하다. 하지만 많은 이들은 최선의 목표나 목적을 추구하므로, 삶의 의미에 대한 질문은 다음 질문과 밀접한 관련이 있거나 혹은 사실상 같기까지 하다. 우리는 어떻게 살아야 할까? 그러나 이 질문에 객관적으로 답할 수는 없다. 가치에 관한 질문은 주관적이기 때문이다. 결국 각 개인이 무엇이 자신에게 가치 있는지 선택해야 한다. 자신이 어떤 목적이나 목표를 추구할지 선택해야 한다. 자기 삶의 의미를 스스로 창조해야 한다.

요약 모든 삶에 적용되는 목적이나 최종 목표가 존재한다고 생각할 근거는 없다. 또 설령 그런 목적이나 목표가 존재하더라도, 이를테면 신이 품은 목적을 완수하는 것이 모든 삶의 목적이라 하더라도, 신의 목적은 우리의 목적이 아닐 터이므로, 이것은 우리의 탐구와 무관한 이야기다. 신의 계획과 관련해서 우리는 그 계획에 참여할 수밖에 없든지 ― 이 경우에 우리의 행동은 중요하지 않을 것이다 ― 아니면 참여 여부를 선택해야 한다. 후자는 삶의 의미가 우리 자신의 선택과 가치관에 달려있음을 뜻한다. 게다가 전자와 후자는 모두 신의 계획의 목적 혹은 의미는 무엇일까라는 질문을 불러온다. 또 이 질문의 대답은 또 다른 왜 질문들을 무한정 불러오기 마련이다. 요컨대 궁극의 왜 질문에 대답하는 것은 논리적으로 불가능하다. 결론적으로 삶의 의미를 묻는 질문은 '우리는 어떻게 살아야 할까?'라는 질문으로 환원된다.

카이 닐슨:
무의미한 질문과 가치 있는 삶

카이 닐슨Kai Nielsen(1926-)은 캐나다 캘거리 대학의 명예철학교수다. 캐나다로 이주하기 전에는 오랫동안 뉴욕 대학(NYU)에서 가르쳤으며, 30권이 넘는 책과 400편이 넘는 논문을 쓴 생산적인 저자이기도 하다.

1964년에 발표한 논문 〈언어철학과 삶의 의미〉에서 닐슨은, 삶의 목적은 모든 활동들이 향하는 목표라는 에이어의 생각에 동의하는 것으로 운을 뗀다. 에이어가 지적했듯이, 이 대답의 문제는 단지 존재만을 설명한다는 점이다. 우리는 그 이상을 바라는데 말이다. 우리는 그 목표가 외부에서 지정한 것이 아니라 우리가 선택한 것이기를 바란다. 간단히 말해서 삶의 의미가 무엇이냐고 물을 때 우리는 사태가 어떠한가에 대한 설명을 원하지 않는다. 우리는 사태가 왜 그러한가에 대한 정당화를 원한다. 세계에 관한 사실들을 아무리 완벽하게 설명하더라도, 그 설명이 어떻게 살고 죽어야 하는가를 말해주지 않는다면, 우리는 삶의 의미에 대해서 아무것도 알 수 없다.

닐슨은 당신 자신에 관한 온갖 사실들을 알아내는 작업을 예로 든다. 이 작업을 마치고 당신이 예전과 다름없이 살기로 결정한다면, 당신이 틀렸다고 정당하게 말할 수 있는 사람이 누가 있겠는가? 아무도 그럴 수 없다. 왜냐하면 당신이 알아낸 모든 사실들은 어떻게 살아야 하는가에 관한 가치 판단들과 무관하기 때문이다.

이제 추가로 신을 도입한다고 해보자. 설령 신들이 존재하고, 신들이 우리를 위한 목적들을 설정했고, 우리가 그 목적들을 안다고 가정하더라도, 우리 삶의 의미는 여전히 도출되지 않는다. 왜 그럴까? 왜냐하면 우리는 신들이 설정한 계획에 참여할지 여부를 선택해야 하기 때문이다. 만일 우리가 신들의 계획에 반드시 참여해야 한다면, 그 계획이 추구하는 목적들은 우리의 목적이 아니라 신의 목적일 것이다. 우리가 아니라 신이 그 목적들을 선택했으니까 말이다. 반대로 우리가 신의 목적에 반드시 참여해야 하는 것은 아니라면, 우리는 신의 계획이 가치 있는지 여부를 판단해야 하고, 그 계획에 참여할지 여부를 판단해야 한다. 요컨대 "삶의 의미는 무엇일까?"라고 물을 때 우리는 신의 피조물로서 우리의 목적이 무엇이냐고 묻는 것이 아니다. 우리가 알고 싶은 것은, 우리가 무엇을 위해 창조되었는지, 우리가 과연 가치 있는 목적을 위해 창조되었는지가 아니다. 우리는 우리의 삶에 무언가 목적이 내재하는지 알고 싶다. 왜 우리가 저렇게 살지 않고 이렇게 살아야 하는지 알고 싶다. 또한 우리에 관한 계획을 설정한 신들의 존재 여부, 또는 자연이 우리 안에 내장한 목표들의 존재 여부는 우리에게 어떻게 살고 죽어야 하는가에 대해서 말해주지 않는다. 삶의 의미에 대해서 아무것도 말해주지 않는다. 오직 우리만이 우리 자신을 위하여 삶의 의미를 결정할 수 있다.

여기까지는 닐슨의 견해와 에이어의 분석이 일치한다. 그러나 어떻게 살아야 할지를 이성적으로 추론할 수 없으며 가치 판단은 주관적이라고 결론짓는 에이어와 달리, 닐슨은 우리가 도덕에 관하여 이성적으로 추론할 수 있고 실제로 추론하고 있다고 주장한다. 실제로 우리는 사람은 x를 해야 마땅하다거나 x가 좋다고 말하면서 그 이유를 댄다. 하지만 더 중요한 것은 이것이다. 닐슨은 우리가 삶의 의미를 물을 때 정말로 요구하는 것은 무엇을 하거나 추구하거나 소중히 여겨야 마땅한가에 관한 질문의 답에 국한되지 않는다고 지적한다. 삶의 의미를 물을 때 우리는 "우리의 행동이 과연 중요할까?"라고 묻는 것이다. "무엇이든 간에 중요한 것이 있을까?"라고 묻는 것이다. 이런 질문에 우리는 어떻게 대답할까? 만일 내가 사랑, 대화, 하이킹이 나에게 가치 있다고, 이것들이 나에게 중요하다고 대답한다면, 나는 질문에 제대로 대답한 것이 아닌 듯하다. 우리는 이것들이 정말로 가치 있는지, 이것들이 어떤 궁극적인 의미에서 정말 중요한지 알고 싶다.

하지만 어떤 것이 **정말로** 가치 있느냐는 질문은 과연 유의미할까? 이 질문이 유의미하려면, 우리의 주관적 선호에 의존하지 않는 가치 기준이 필요하다. 예컨대 삶이 모든 인류의 고통을 제거하느냐가 가치 있는 삶의 기준이라고 해보자. 그렇다면 삶은 가치 없다고 정당하게 말할 수도 있을 것이다. 왜냐하면 한 개인의 행동이 모든 인류의 고통을 제거한다는 목표를 달성할 가능성은 낮을 테니까 말이다. 이런 가치 기준은 비현실적이다. 이와 대조적으로 닐슨은 성취해야 마땅한 것들만 가치 있는 것이 아니라 성취**할 수 있는** 것들도 가치 있다고 주장한다. 목표 — 모든 인류의 고통 제거 — 가 달성 불가능하면, 우리는 절망할 수밖에 없다. 높이뛰기에서 바를 너무 높이 올린 것과 같은 상황이다. 우리는 목적을 예컨대 "인류의 고통의 총합을 감소시키는 데 기여하기"[6]로 정함으로써 바를 더 현실적인 높이에 설치해야 한다. 이 현실적인 목표는 의미 발견에 더 큰 도움이 된다. 흔히 의미에 관한 질문은 우리가 더 많은 것을 성취할 수 없다는 사실에서 절망을 느낄 때 발생한다. 이 경우에 우리는 모든 고통을 아마도 이해는 할 수 있겠지만 제거할 수 있을 개연성은 훨씬 더 낮다. 그러나 우리는 그 고통에 맞서 싸우는 것에서 의미를 발견할 수 있다. 한마디로 닐슨은 우리 자신의 활동에 가치를 두는 태도를 권장한다.

그렇다면 어떤 활동들이 가치 있을까? 당신이 미술이나 낚시를 좋아한다면, 미술관 관람이나 낚시 여행은 가치 있다. 이런 활동들이 덧없다는 말은 그것들의 의미에 흠집을 내지 못한다. 오히려 그 의미를 가중시킬 수도 있다. 왜냐하면 그 활동들을 영원히 한다면 지루할 테니까 말이다. 무언가가 가치 있는 이유에 대해서 더 일반적인 대답을 원한다면, 사람들의 선호, 욕망, 관심이 그들이 특정한 활동을 가치 있게 여기는 **원인**이라고 대답할 수 있을 것이다. 구체적으로 특정한 일이 가치 있는 **이유**는 그 일 자체에 달려 있다. 따라서 삶의 의미를 묻는 질문은 결국 가치 있는 목표들에 관한 질문으로 환원된다. 우리는 우리가 욕망하는 것, 찬성하는 것, 존경하는 것을 가치 있게 여긴다. 이 대답이 불만족스러울 수도 있겠지만, 우리가 할 수 있는 것은 의미와 가치에 관한 질문들이 이성적으로 대답 가능함을 보이는 것까지가 전부다. 그 질문들에 일반적으로 대답하는 것은 가능하다. 우리가 무언가에 가치를 둔다면, 그것은 우리에게 가치가 있다.

그러나 삶의 의미를 묻는 질문에 대해서 특정한 개인의 가치관에 의존하지 않는 객관적 대답을 원하는 사람들은 어떻게 해야 할까? 닐슨은 그런 객관적 대답은 불가능하다고 주장한다. 다른 모든 것에 의미를 부여하면서 그 자체는 인간의 가치관에 의존하지 않는 그런 것은 논리적으로 있을 수 없다. 이 주장을 이해하는 한 방법은 "파란색은 얼마나 뜨거울까?"나 "무엇이 우주를 떠받치고 있을까?" 같은 질문들을 생각해보는 것이다. 이 질문들은 문법에 맞지만 이치에 맞지 않는다. 마찬가지로, 우리는 왜 특정한 활동이 가치 있는지 대답할 수 있지만 왜 삶 전체가 가치 있느냐는 질문은 비합리적이다. 만일 당신이 주관적 가치들에 관한 대답을 들은 후에도 계속 삶의 의미를 묻는다면, 당신은 결코 만족하지 못할 것이다. 어쩌면 심리적인 문제가 있을지도 모른다. 단지 자신의 불안이나 의심을 표출하는 것일 가능성이 있다.

요약 왜 어떤 것이 객관적으로 가치 있느냐라는 질문에 우리는 대답할 수 없다.

삶의 의미를 묻는 질문은 무엇이 가치 있느냐는 물음 그 이상이다. 이 질문은 가치 있는 것, 또는 중요한 것이 과연 존재할까라고 묻는다. 변화를 일으키려는 우리의 노력은 효과가 미미하므로, 아무것도 중요하지 않다고 대답할 수도 있을 것이다. 그러나 우리는 우리가 할 수 있는 미미한 일에서 의미를 발견해야 한다. 요컨대 삶의 의미는 우리가 가치 있다고 여기는 주관적 목표들로 환원된다.

존 위즈덤 :
유의미하지만 거의 대답 불가능한 질문

궁극의 왜 질문이 무의미하다는 것에 모든 철학자들이 동의하는 것은 아니다. 중요한 예로 존 위즈덤John Wisdom (1904-1993)이 있다. 그는 경력의 대부분을 케임브리지 대학 트리니티 칼리지에서 보냈고 케임브리지 대학의 철학 교수가 되었다.

1965년에 발표한 논문 〈삶의 질문들의 의미〉에서 위즈덤은 왜 일부 사람들은 삶의 의미를 묻는 질문이 무의미하다고 생각하는지를 묻는다. 그에 대해 그가 내놓는 대답은, 왜 질문에 대한 대답이 다른 왜 질문들을 끝없이 불러오기 때문이라는 것이다(예컨대 무엇이 우주를 떠받칠까라는 질문에 거대한 거북이라고 대답하면, 무엇이 그 거북을 떠받칠까라고 다시 질문할 수 있다. 이 질문의 답이 '초대형 거북'이라면, 우리는 무엇이 그 초대형 거북을 떠받칠까라고 물을 수 있다. 이 물음의 대답이 '초거대 거북'이라면, 쉽게 알 수 있듯이 똑같은 유형의 질문들이 계속 이어져 문제가 영원히 풀리지 않을 것이다). 무엇이 만물을 떠받칠까라는 질문은 부조리하고 불합리하다. 정의상 만물의 바깥에서 만물을 떠받치는 무언가는 있을 수 없다. 간단히 말해서 궁극의 왜 질문에 대해서는 대답이 있을 수 없다.

삶의 의미를 묻는 질문이 대답 불가능한 것은 어쩌면 그 질문이 특수한 사안이 아니라 만물의 이유를 묻기 때문일 것이다. 특정한 사물을 다른 특정한 사물이 떠받친다는 것에서 만물을 특정한 사물이 떠받친다는 결론을 끌어낼 수는 없다. 마찬가지로 우리는 특정한 사태가 의미 있다고 말할 수 있지만, 이것이 만물이 의미 있다고 말할 수 있음을 뜻하지는 않는다. 어쩌면 삶의 의미를 묻는 질문도 이와 유사할 것이다. 내가 특정한 사태가 유의미하다고 생각하는 이유를 말하면, 당신은 항상 다른 사태를 가리키면서 "저 사태는 왜 유의미할까?"라고 물을 수 있다. 요컨대 삶의 의미를 묻는 질문은 가장 큰 자연수가 무엇이냐는 질문이나 만물을 떠받치는 것이 무엇이냐는 질문과 유사할 가능성이 있다. 이 모든 질문들은 만물 바깥의 무언가를 탐색하는데, 만물 바깥에는 아무것도 없다. 이와 유사하게, 모든 작은 내부 의미들의 바깥에 큰 의미가 있을 수는 없다(이 주장은 에드워즈, 에이어, 닐슨의 주장과 본질적으로 같다).

이처럼 삶의 의미에 대한 질문은 만물의 의미에 대한 질문인 셈이다. 만물이 아닌 어떤 것은 있을 수 없다. 그러나 만물의 의미가 무엇이냐는 질문은 부조리하지 **않다**. 이것은 영화가 시작하고 한참 뒤에 영화관에 들어와 잠깐 관람하다가 끝나기 전에 나간 관객이 영화의 의미를 묻는 것과 유사하다. 그 관객은 자신이 못 본 앞부분과 뒷부분을 알고 싶어 한다. 영화를 이해하기 위해서다. 우리는 우리가 경험한 의미의 바깥으로 나가서 전체를 보고 싶어 한다. 하지만 우리는 영화를 다 보고 나서도 여전히 그 의미를 모를 수도 있다. 이 경우라면, 우리는 이렇게 물을 것이다. 그 모든 것이 무슨 의미였을까? 이것은 부조리한 **질문**이 아니다. 우리의 질문은 연극 혹은 영화가 비극이냐, 희극이냐, 소극笑劇이냐는 것일 수 있다. 이것은 난해한 질문이지만 무의미하지는 않다. 영원의 관점에서 나는 이렇게 합리적으로 물을 수 있다. 이 모든 것은 무슨 의미일까?

물론 우리는 영화 혹은 삶의 작은 부분만 보았다. 우리는 더 과거에 일어난 일과 앞으로 일어날 일에 대해서 많이 알지 못한다. 그럼에도 우리는 전체의 의미를 알고 싶어 한다. 위즈덤의 표현을 빌리면, 우리는 "시간의 드라마에서 질서를"[7] 발견하려 한다. 우리는 대답을 모르지만, 질문은 합리적이다. 또 우리는 더 많이 배움으로써 대답에 접근할 수 있을 것이다. 만일 대답이 존재한다면, 그 대답은 삶이라는 복합적인 전체의 외부가 아니라 내부에 있을 것이다.

요약 만물의 의미를 묻는 질문은 유의미하다. 정의상 만물의 바깥에서 만물에 의미를 주는 무언가는 있을 수 없다. 만물의 바깥에는 아무것도 없기 때문이다. 그러나 우리는 여전히 "만물은 무슨 의미일까?"라고 유의미하게 물을 수 있다. 이 질문은 대답 불가능할 수도 있다. 그러나 만일 대답이 존재한다면, 그 대답은 삶의 내부에서 나올 것이다.

헵번 :
대답 불가능한 질문과 가치 있는 기획들

로널드 헵번R. W. Hepburn(1927-2008)은 스코틀랜드 애버딘에서 성장했으며 에든버러 대학의 윤리철학 교수를 지냈다. 1965년에 발표한 에세이 〈삶의 의미에 대한 질문들〉에서 헵번은 전통적으로 삶의 의미에 대한 질문은 형이상학적, 신학적, 또한/또는 도덕적 주장들과 연결되는 경향이 있다고 지적한다. 이를테면 신들이 계획을 세웠다는 주장, 우주가 목표를 가졌다는 주장, 정의가 지배한다는 주장, 죽음을 극복해야 한다는 주장 등과 말이다. 그렇다면 분석적 혹은 자연주의적 철학자들은 무엇을 해야 할까? 그들은 대개 이렇게 주장한다. a) 우리는 삶의 의미에 대해서 합리적으로 말할 수 없다. 또는 b) 우리는 삶의 의미에 대한 질문을 유의미하게 만들기 위해서 전통적인 것과는 전혀 다른 방식으로 의미에 대하여 이야기해야 한다. 헵번은 후자를 선택한다.

헵번은 유의미한 삶은 목적에 부합한다고, 혹은 가치 있는 목표들을 추구한다고 주장한다. 이는 의미란 발견되는 것이 아니라 창조된다는 것을 함축한다. 우리는 가치 판단을 내려야 한다. 그리고 이 함의는 우주적 경향이나 질서가 있는지 여부와 상관없이 참이다. 뿐만 아니라 신들이 존재한다는 주장은 사실에 관한 주장에 불과하므로 무엇을 가치 있게 여겨야 마땅한지에 대해서 아무것도 말해주지 않는다. 요컨대 종교의 진위에서 삶의 의미에 관한 귀결을 끌어낼 수 없다.

질문을 "삶의 의미는 무엇일까"에서 "삶의 목적은 무엇일까"로 바꾸면, 우리는 두 가지 문제에 직면한다. 첫째, 삶의 목적이라는 개념은 단일한 목적을 전제하는 반면, 한 인간의 삶에는 다양한 목적이 있다. 둘째, 삶의 목적을 묻는 질문은 우리가 한낱 피조물이나 도구, 또는 수단이라고 암시한다. 더 나아가 이 논의는 도덕적 자율과 양립할 수 없기 때문에 문제적이다. 삶의 목적을 묻고 대답하는 관점에서 보면 우리는 단지 사용 대상이니까 말이다. 따라서 두 가지 이유에서, 삶의 의미에 대한 질문을 형이상학적 신학적 주장들과 떼어놓을 필요가 있다. 첫째, 그런 주장들은 사실에 관한 것이지 가치에 관한 것이 아니다. 둘째, 만일 삶이 신의 피조물로서의 역할에 의해 의미를 가진다면, 도덕적 자율은 부정된다.

추가로 두 가지 이유에서 삶의 의미와 형이상학을 분리해야 한다. 첫째, 죽음이 끝이라면 삶은 무의미하다는 익숙한 주장을 숙고해보면, 형이상학이 우리의 질문과 무관함을 알 수 있다. 유한성과 무가치, 또는 무한성과 가치는 자명하게 연결되지 않는다. 곧 져버릴 꽃도 가치가 있으며, 무의미한 영원은 터무니없는 개념이 아니다. 요컨대 죽음에 대한 형이상학적 근심은 삶의 의미에 대한 질문과 곧장 연결되지 않는다. 둘째, 삶의 의미를 추구하는 일은 흔히 어떤 은밀한 형이상학적 혹은 신학적 지식을 추구하는 일로 여겨진다. 톨스토이는 소작농은 일반적으로 지식인만큼 우울하지 않은 한에서 그런 지식을 지녔다고 생각했다. 이에 대응하여 앤서니 플루는, 정신이 단순한 사람이 톨스토이에게 없는 어떤 지식을 소유했기 때문에 그런 것이 아니라 톨스토이에게 없는 어떤 마음의 평화를 소유했기 때문에 그런 것이라고 지적했다.[8] 헵번은 우리 질문의 답이 형이상학적인 게 아니라 심리적이거나 윤리적임을 시사하는 이 지적에 동의한다. 이 모든 논의들은 삶의 의미가 형이상학적 또는 신학적 주장들과 연결되어 있다는 생각을 반박한다.

더 나아가 톨스토이나 존 스튜어트 밀이 겪은 의미의 위기를 살펴보면, 가치 있는 기획의 추구만으로는 삶의 의미를 얻기에 충분하지 않음을 알게 된다. 우리는 우리의 기획들이 가치 있다고 여기면서도 여전히 그것들이 우리의 삶에 의미를 주는지 의심할 수 있다. 헵번에 따르면, 의미를 발견한다는 것은 단지 우리의 기획들을 정당화하는 것 — 이를테면 '우리는 자식들을 먹여 살리기 위해 일한다.'라고 — 이 아니라 우리의 기획에서 에너지와 만족을 얻는다는 것을 뜻한다. 유의미한 삶은 이 요소들을 융합한다고 헵번은 주장한다. 즉, 유의미한 삶은 (도덕적으로) 가치 있으면서 우리를 만족시키는 기획들을 추구한다. 가치 있는 기획들이 우리 자신에게 매혹적이거나 흥미롭기를 바라는 것은 이기적인 생각이 아니다. 실제로 우리는 흔히 도덕적으로 무가치하거나 당사자에게 매혹적이지 않은 삶을 덜 유의미하게 평가한다.

이제까지의 숙고는 헵번을 다음과 같은 결론으로 이끈다. "의미 추구는 … 주의집중과 상상력의 훈련을 포함한 고차원적인 활동이다."[9] 그럼 톨스토이가 주목한 소작농들은 어떻게 된 것일까? 헵번은 그들이 어떻게 살아야 할지를 **어렴풋**이 감지했다고 주장한다. 그들은 우울에 대처하는 기술에 통달했던 것이 아니라 — 우울하지 않았다 — 톨스토이나 밀이 가졌음직한 생각을 가져본 적이 없었던 것이다. 아기가 우는 법을 아는 것처럼 그들은 **사는 법**을 알았다. 그러나 우리가 삶의 의미를 대답이 필요한 문제로 여긴다면, 이런 어렴풋한 의미 감지는 불충분하다. 우리는 어떻게 살 것인가라는 질문에 소작농들이 내놓는 대답보다 더 **강한** 대답을 요구한다. 삶의 고난들과 이를 극복할 수단들이 얽힌 문제적인 맥락에 대한 대답을 말이다.

결국 다음과 같은 흥미로운 질문이 제기된다. "당사자가 자기 삶이 유의미한지 여부를 모르는 상태에서 그의 삶이 유의미하거나 무의미할 수 있을까?"[10] 한편으로 헵번은 삶의 당사자가 자기 삶의 의미를 모르더라도 그의 삶은 유의미할 수 있다고 주장한다. 예컨대 그가 사회에 가치 있는 공헌을 했음을 그 자신은 모를 수도 있다. 다른 한편으로 당사자가 몰랐던 그의 삶의 의미를 나중에 평전 저자가 발견한다는 것은 이상한 말이다. "반성 없이 행복하거나 불행한" 사람들에 대해서는 "그들은 삶의 의미를 발견한 것도 아니고 발견하지 못한 것도 아니라고 말하는 것이 가장 자연스러울 것이다."[11] 톨스토이가 주목한 소작농들은 반성 없이 사는 사람들이었다. 그들은 삶을 문제시한 적이 한 번도 없기 때문에 삶의 의미를 발견하지 못했다. 반면에 만일 톨스토이가 그들의 마음의 평화를 성취한다면, 그는 삶의 의미를 발견한 것이라고 할 수 있다. 왜냐하면 그는 삶의 문제적 요소들을 알기 때문이다. 요컨대 삶의 고난에 시달린 적이 없는 사람들은 문제를 해결했다고 할 수 없다.

의미와 죽음은 조화시키기가 특히 어렵다. 톨스토이를 비롯한 일부 사람들은 불멸이 없으면 의미도 없다고 믿는다. 다른 사람들은 죽음이나 불멸이 의미와 무관하다고 주장한다. 헵번의 주장에 따르면, 삶의 유한성과 의미가 양립할 수 있는 것은 사실이지만, 그래도 죽음이 의미를 훼손한다는 생각은 고민거리일 수 있다. 더 일반적으로 우리는 우리가 살면서 쏟아붓는 노력에 비해서 얻는 효과가 너무 적다는 것에 상심할 수도 있다(예이츠는 이 생각을 이렇게 표현했다. "내가 읽은 모든 책, 들은 현명한 말들, 부모에게 끼친 걱정을 생각하면 … 나의 삶은 결코 일어나지 않는 일을 위한 준비라는 생각이 든다"[12]).

헵번은 삶에서 실망은 두 가지 형태일 수 있다고 말한다. 당신의 삶을 외부에서 바라보는 관찰자는 당신이 약속을 지키지 못한 것에 실망할 것이다. 헵번의 비유를 빌리면, 관찰자는 교향곡을 기대했는데 서곡만 듣고 실망할 것이다. 또는 내적인 관점에서 당신은 스스로 원하는 음악을 작곡하지 못한 자신에게 실망할 수도 있을 것이다. 철학자들은 때때로 당신이 실망하지 말아야 한다고 주장한다. 당신이 불멸의 존재가 아니더라도, 위대한 교향곡을 작곡하지 못하더라도, 당신이 지은 짧은 곡은 가치가 있다. 능력 부족에 대해서 고민하지 않는 편이 더 낫다. 삶을 즐기고 작은 성취들을 즐기는 편이 더 낫다. 그러나 죽음으로 이어지는 끝없는 고통은 어떨까? 이런 고통은 삶을 허망하고 무의미하게 만들지 않을까? 의미의 가능성을 허용하는 삶이 있는가 하면, 그렇지 않은 삶도 있다고 헵번은 주장한다.

그는 또한 자연주의자와 유신론자 사이의 근본적인 차이를 인정한다. 자연주의자는 삶이 유의미할 수 있다는 주관적 인간중심적 관점과 삶이 유의미하기 어렵다는 객관적 **영원의** 관점 사이에서 항상 긴장을 발견한다. 유신론자는 인생의 의미와 영원한 의미 사이에서 조화를 발견한다. 그 조화가 없다면 삶의 의미란 있을 수 없다고 유신론자는 주장한다.

논의 내내 헵번은 기독교 유신론이 삶의 의미를 묻는 질문에 만족스럽게 대답한다는 입장이었다. 그러나 이제 그는 이 입장을 흔드는 두 가지 반론을 제시한다. 1) 어떤 사후의 삶도 이 세계에서의 고통을 보상해줄 수 없다. 음악에 빗대면, 서곡이 나쁘면, 그다음에 나오는 어떤 음악도 그 나쁨을 벌충할 수 없다. 2) 신의 계획이 삶에 의미를 준다는 생각은 도덕적 자율과 상충하는 한에서 도덕적으로 배척할 만하다.

헵번은 두 번째 반론이 특히 강력하다고 여긴다. 만일 타자성과 신의 권능을 강조하면, 인간의 도덕적 판단은 신의 목적과 비교할 때 사소할 것이다. 그러나 신에 대한 숭배가 반드시 도덕적 자율의 포기를 함축하는 것은 아니다. 신에 대한 숭배는 신의 도덕적 완벽성과 아름다움에 대한 믿음과 그 완벽성을 최대한 내면화하려는 능동적 노력으로 이어질 수도 있다. 요컨대 신에 대한 숭배가 반드시 도덕적 자율의 폐기를 의미하는 것은 아니다. 또 당신이 신의 의지라고 믿는 바에 맞게 행동하는 것이 반드시 당신의 도덕적 자율에 어긋나는 것도 아니다. 신의 의지를 거스르는 것보다 따르는 것이 어떤 좋음을 성취하는 더 좋은 길이라고 믿는 이유를 댈 수 있다면, 그것으로 충분하다. 물론 이 모든 것에서 신들의 존재가 증명되는 것은 아니다. 신들이 마땅히 숭배할 만한 속성들을 가졌다는 것, 그 속성들이 내적으로 일관되거나 세계와 조화를 이룬다는 것, 무한한 신들이 유한한 속성들을 가졌다는 것, 우리가 신들의 의지를 알 수 있다는 것도 증명되지 않는다. 따라서 유신론적 의미론은 유신론 자체의 난점들을 고스란히 문제로 떠안을 수밖에 없다.

반면에 자연주의적 철학자들은 유신론적 의미의 원천인 불멸을 다른 것으로 대체하려 애쓴다. 종교적 형이상학을 배척하면서 그들은 자기네가 받아들이는 믿음들 안에서만 의미를 발견하려 노력한다. 따라서 자연주의자들은 삶이 포괄적인 의미나 발견 가능한 의미, 또는 가능한 의미를 가지지 않았을 수도 있다는 불길한 전망에 노출된다. 헵번은 우리가 더 제한된 의미 개념을 고려해야 한다는 — 주관적 목적들과 더 나은 삶의 방식들이 있을 수 있다는 — 결론을 내린다.

요약 헵번은 신학적 형이상학적 실재들이 삶의 의미를 묻는 질문의 대답에 거의 도움이 되지 않는다고 주장한다. 대신에 우리는 가치가 있으며 스스로 느끼기에 만족스럽고 흥미로운 기획들에 초점을 맞춰야 한다. 아마 우리는 삶의 의미에 대한 질문에 포괄적이고 외적인 관점에서 대답할 수는 없을 것이다. 그러나 가능한 한 잘 살려고 노력할 수 있다.

지금까지의 논의를
종합함

에드워즈, 에이어, 닐슨은 모두 **궁극의 왜 질**
문이 대답 불가능하다고 주장했다. 에드워즈는 그것으로 마무리하는
반면, 에이어와 닐슨은 기꺼이 한 걸음 더 나아가 우리가 어떻게 살아
야 할까라고 물었다. 에이어는 이 같은 더 실천적인 질문에 오직 주관
적으로만 대답할 수 있다고 주장한 반면, 닐슨은 도덕적 사안들에 대
해서 객관적으로 추론하는 우리의 능력을 더 낙관적으로 평가했다.
위즈덤은 궁극의 왜 질문이 유의미하고 이해 가능하지만 아마도 대답
불가능하다고 주장했다. 헵번은 그 질문이 유의미하고 대답 불가능하
다는 것에 동의하면서, 왜 종교와 형이상학으로 그 질문에 대답할 수
없는지 신중하게 해명한다. 앞선 저자들과 마찬가지로 헵번 역시 의
미는 우리의 주관적 목적에서 가장 잘 발견된다고 덧붙인다.

로버트 노직 :
어떻게 무언가가 의미를 발산할 수 있을까?

로버트 노직Robert Nozick(1938-2002)은 미
국 정치철학자이자 하버드 대학 교수였다. 그는 저서 《무정부, 국가,
유토피아Anarchy, State, and Utopia》(1974)로 가장 유명하다. 이 책은 존
롤스의 《정의론》(1971)에 대한 자유지상주의자의 대응이다. 1981년
에 출판한 저서 《철학적 설명Philosophical Explanations》의 6장에서 노
직은 삶의 의미에 대한 질문을 거론한다.

"우리의 삶이 어떤 의미를 가졌는가, 또는 가질 수 있는가라는 질문은 우리에게 더할 나위 없이 중요하다."[13] 그러나 우리는 그 질문에 대해 농담하면서 우리의 관심을 숨기려 한다. 이 질문을 던질 때 우리가 추구하는 것은 무엇일까? 기본적으로 우리는 의미를 성취하려면 어떻게 살아야 하는지 알고 싶어 한다. 우리는 지금처럼 계속 교외에서 살 수도 있고, 거처를 동굴로 옮겨 매일 명상할 수도 있고, 다른 여러 가능성들을 선택할 수도 있을 것이다. 그러나 무한히 많은 선택지들 가운데 가장 유의미한 삶은 어떤 것인지를 어떻게 알 수 있을까? "이 질문에 만족스럽게 대답할 수 있는 공식이 있을까?"[14]

이를테면 이런 공식들을 생각해볼 수 있을 것이다. 신과의 합일을 추구하라. 생산적으로 살아라. 의미를 찾아내라. 사랑을 발견하라. 노직은 이 공식들 중 어느 것도 만족스럽지 않다고 느낀다. 그럼 우리는 어떤 비밀스러운 주문이나 교리를 추구해야 할까? 어떤 도인이 그 비밀의 공식을 안다고 가정해보자. 그가 우리에게 그 공식을 알려줄까? 당신은 그 공식을 이해할 수 있을까? 어쩌면 그는 단지 당신이 숙고하도록 우스꽝스러운 대답을 내놓을지도 모른다. 질문자가 추구하는 진리를 전달하는 것은 어쩌면 언어가 아니라 도인의 물리적 현존일 것이다. 오랫동안 도인과 함께 있음으로써 당신은 삶의 의미를 이해하게 될지도 모른다. 설령 그 의미가 언어적 공식을 초월한다고 하더라도 말이다. 그러나 노직은 이 모든 것을 의심한다.

그럼 삶의 의미가 신의 의지나 설계, 또는 계획과 연결되어 있다는 생각은 어떨까? 이 경우에 삶의 의미는 신들이 우리에게 맡긴 역할을 완수하는 것이다. 우리가 어떤 계획과 연결된 목적을 위해 설계되고 창조되었다면, 그것이 우리의 의미다. 우리의 목적은 그 계획을 완성하는 것이다. 다양한 신학적 견해에서 당신의 목적은 신과 합일하거나 신과 함께 영원한 행복을 누리는 것일 수 있다.

이제 신들이 존재하고, 신들이 어떤 목적을 위해 우리를 창조했고, 우리가 그 목적을 알 수 있다고 가정해보자. 질문은 이것이다. 앞의 가정들이 모두 참임을 안다고 하더라도, 어떻게 그것들이 우리의 삶에 의미를 제공할까? 예컨대 신의 계획에서 우리의 역할이 하찮다고 해보자. 이를테면 식물을 위해 이산화탄소를 공급하는 것이 우리의 역할이라고 말이다. 그러면 우리는 만족할까? 아니다. 아마 당신은 당신의 역할이 더 중요할 필요가 있다고 생각할 것이다. 아무 역할이나 용납되는 것은 아니다. 특히 하찮은 역할은 용납되지 않는다.

더 나아가 우리는 우리의 역할이 "긍정적이고, 심지어 자랑스럽기를"[15] 바란다. 우주의 외계인들에게 우리가 아무리 맛있는 먹을거리라 하더라도, 그들의 식량이 되는 것이 우리의 역할이기를 바라지 않는다. 대신에 우리의 역할이 지능이나 도덕성과 같은 우리 자신의 중요한 측면들에 집중하는 것이기를 바란다. 하지만 우리의 역할이 지능과 도덕성을 발휘하여 외계인들을 돕는 것이라고 하더라도, 그 도움이 무의미하다면, 우리의 역할은 우리의 삶에 의미를 제공하지 못할 것이다. 우리는 이 모든 것이 유의미하기를 바란다.

노직은 우리가 신의 계획에 참여하거나 완수할 수 있는 방식이 두 가지라고 주장한다. 1) 특정한 방식으로 행동함으로써 그렇게 할 수 있다. 2) 어떻게 활동하든지 상관없이 그렇게 할 수 있다. 첫째 가능성과 관련해서 우리는 왜 우리가 그 계획을 완수해야 할까라고 물을 수 있다. 또 양쪽 가능성 모두와 관련해서, 그 계획에 참여하는 것이 어떻게 우리의 삶에 의미를 주는가라고 물을 수 있다. 신의 관점에서는 우리가 신의 계획을 수행하는 것이 좋겠지만, 어떻게 그것이 **우리**에게도 좋을까? 따지고 보면 우리는 어떤 더 큰 좋음을 위해 희생될 수도 있지 않은가? 설령 신의 계획을 완수하는 것이 우리에게 좋다 하더라도, 그것이 **우리의** 삶에 어떻게 의미를 줄까? 우리는 이를테면 이웃을 돕는 것이 좋다고 생각하면서도 삶이 유의미한지 의심할 수 있을 것이다. 요컨대 거듭되는 질문이지만, 어떻게 신의 목적이 우리의 삶에 의미를 줄까? 단지 타자의 계획에서 한 역할을 하거나 한 목적을 완수하는 것은 **당신의** 삶에 의미를 주지 못한다. 만일 의미를 준다면, 당신의 부모가 당신에 대해서 품은 목적만으로도 당신의 삶은 충분히 유의미할 것이다. 요컨대 목적이 있다는 것에서 더 나아가, 그 목적이 유의미해야 한다. 어떻게 신의 목적이 삶의 의미를 보장할까? 노직은 어떻게 그럴 수 있는지 이해할 길이 없다.

따라서 당신에게는 이런 선택지들이 있다. 1) 삶의 무의미성을 받아들인다. 그리고 삶을 이어가든지, 아니면 종결한다. 2) 삶의 의미를 찾아낸다. 3) 삶의 의미를 창조한다. 노직에 따르면, 1)은 설득력이 제한적이고, 2)는 불가능하다. 따라서 우리에게 남은 선택지는 3)뿐이다. 당신은 어떤 더 큰 목적에 자신을 맞춤으로써 의미를 창조할 수 있지만, 그런 목적이 존재하지 않는다고 생각한다면, 당신이 본래적으로 가치 있다고 여기는 창조적 활동에서 의미를 추구할 수 있다. 그런 창조적 작업에 몰두하면, 무의미성에 대한 걱정이 증발해버릴 수도 있을 것이다. 그러나 머지않아 당신이 그 창조적 활동은 과연 유의미할까라고 물을 때, 의미에 관한 걱정은 다시 고개를 들 것이다. 내 능력의 발휘조차도 결국 무의미할 수 있을까? (이 질문은 책을 쓰는 저자의 등골을 서늘하게 한다.)

이번에는 나의 창조, 이를테면 삶의 의미에 관한 책을 쓰는 일이 나의 더 큰 계획, 즉 나의 발견을 타인들과 공유한다거나 내 자식들에게 무언가 남겨준다는 계획에 적합하다고 가정해보자. 그러면 나의 창조 활동은 의미가 있을까? 노직은 이 해결책이 유효할지에 대해서 회의적이다. 왜냐하면 이 논증은 순환적이기 때문이다. 무슨 말이냐면, 나의 창조 활동은 나의 더 큰 계획 덕분에 유의미하고, 그 계획은 나의 창조 활동 덕분에 유의미하다는 식이다. 게다가 그 더 큰 계획은 과연 무엇인가? 그 계획은 삶에 의미를 부여하기 위해 선택되었을 뿐이다. 그 계획이 무엇인지, 또는 무엇이어야 하는지는 이야기되지 않았다.

결국 노직은 어떻게 우리 삶의 의미가 신의 목적과 연결되는가라는 질문으로 회귀한다. 우리의 삶이 의미를 가지는 것이 중요하다면, 어쩌면 신의 삶은 우리의 삶에 의미를 제공함으로써 유의미해지고 우리의 삶은 신의 계획에 적합함으로써 유의미해지는 것일지도 모른다. 이렇게 우리와 신이 함께 의미를 발견할 수 있다면, 두 사람이 이와 유사한 방식으로 의미를 발견할 수도 있지 않을까? 만일 그럴 수 있다면, 의미를 위해서 신은 필요하지 않다. 신의 계획을 알면 삶의 의미를 안다는 말도 도움이 되지 않는다. 우선 많은 종교들은 신의 계획을 아는 것이 불가능하다고 말한다. 또한 설령 그 계획을 안다 하더라도, 그 계획이 유의미하다는 보장은 없다. 신이 세계를 창조했다고 하더라도, 창조의 목적이 유의미하다는 보장은 없다. 이는 미래의 과학자들이 창조한 동물의 삶이 유의미하다는 보장이 없는 것과 마찬가지다. 신을 직접 체험하면 의미에 관한 모든 의심이 풀릴지도 모른다. 하지만 신이 어떻게 의미를 정당화할 수 있을까? 어떻게 우리가 의미를 발견할 수 있을까? 의미에 관한 모든 질문들이 어떻게 종결될 수 있을까? "자신의 본성에 의미를 포함한 무언가가, 마치 빛을 발산하듯이 의미를 발산하는 무언가가 대체 어떻게 있을 수 있을까?"[16]

요약 신의 목적은 삶의 의미를 보장하지 않는다. 무의미성을 받아들이거나 의미를 발견하려 애쓰는 대신에 의미를 창조하라고 노직은 조언한다. 하지만 이 조언도 우리의 삶에 진정한 의미를 주기에는 부족할 가능성이 있다. 결국 문제는 이것이다. 도대체 무언가가 의미를 발산할 수 있을까? 노직의 대답은 회의적이다.

윌리엄 조스케 : 유의미한 질문과 무의미한 삶

윌리엄 조스케W. D. Joske(1928-)는 오스트레일리아 태즈메이니아 대학의 명예교수다. 1974년에 발표한 논문 〈철학과 삶의 의미〉에서 그는 흔히 일반인들은 철학자가 삶의 의미와 기타 관련 질문들을 깊이 숙고하는 줄 안다고 말한다. 그래서 그들은 철학을 두려워한다. 철학이 그들을 삶이 무의미하다는 결론으로 이끈다고 생각하기 때문이다. 이에 대한 직업 철학자들의 전형적인 반응은 그 두려움이 근거가 없다는 것이다. "철학은 삶이 유의미하다는 것도 무의미하다는 것도 증명할 수 없다."[17]고 설명하면서 말이다. 그러나 조스케는 이 견해는 오류이며 우리는 철학을 두려워해야 한다고 주장한다. 삶의 의미에 대한 논의는 아무튼 당혹스러운 구석이 있을 수 있다는 것이다.

조스케는 삶의 의미를 묻는 질문이 모호한(의미가 불명확한) 동시에 다의적(의미가 여럿)이라고 주장한다. 질문자가 묻는 것은 1) 모든 삶의 의미 2) 인간의 삶의 의미 3) 개인의 삶의 의미일 수 있다. 조스케는 2)만 다룬다. 그러나 호모 사피엔스의 역사의 의미를 탐구하는 대신에, "전형적인 인간의 삶의 양식은 의미를 부여받을 수 있을까?"[18]라는 질문을 탐구한다. 또한 한 활동을 중요하거나 유의미하게 만드는 것은 무엇일까? 유의미한 활동이란 중요성을 가진 활동이며, 그 중요성은 내재적이거나 — 그 활동 자체에서 유래하거나 — 파생적일 — 그 활동이 향하는 목표에서 유래할 — 수 있다. 개인들은 자신의 활동이 양쪽 유형의 중요성을 모두 가지기를 바란다.[19]

그러나 설령 인류에게 객관적 목표가 있다 하더라도, 우리가 그 목표를 우리 자신의 목표로 삼아야만, 그 목표가 우리에게 유의미할 것이다. 따라서 삶의 의미는 중립적인 세계에서 찾을 것이 아니라 개인들에 의해 부여되거나 창조되어야 한다. 의미를 객관적 사실들에서 찾으려는 사람들은 방향을 잘못 잡은 것이다. 세계는 우리에게 관심이 없다. 세계는 유의미하지도 않고 무의미하지도 않다. 다만 존재할 뿐이다. 그러나 조스케는 이 해결책을 손쉽고 불만족스럽다며 거부한다. 삶의 의미를 묻는 질문은, 의미를 창조하라는 단순한 권고로는 충분히 해결할 수 없는 심오하고 진실한 질문이라는 것이다.

더 나아가 조스케는 "삶이 가치 있는 목표에 기여하지 못한다는 것 이외의 다른 이유들 때문에 삶이 무의미할 수도 있다. 따라서 삶의 의미를 발견하지 못하는 것은 단순히 당사자가 충분히 노력하지 않아서가 아니라 세계의 본성에서 비롯된 일일 수도 있다."[20]라고 주장한다. 바꿔 말해, 낙관론자들의 견해와 정반대로 세계는 본래부터 또한 심층적으로 무의미할지도 모른다. 삶은 활동과 유사할지 몰라도, 삶의 의미에 대해서는 여러 이유에서 의문을 품을 수 있다. 조스케는 무의미성의 네 가지 요소를 열거한다. 그것들은 가치 없음, 요점 없음, 하찮음, 부질없음이다. 활동이 1) 가치가 없다는 것은 단순하고 지루한 노동에서처럼 본래적인 보람이 없다는 뜻이며 2) 요점이 없다는 것은 목표가 없다는 뜻이고 3) 하찮다는 것은 목표가 중요하지 않다는 뜻이며 4) 부질없다는 것은 목표를 성취할 수 없다는 뜻이다. 가치 없거나 요점 없거나, 하찮거나, 부질없는 활동은 무의미하다. 이런 결여가 전혀 없는 한 극단의 경우, 즉 활동이 본래적으로 가치 있고 하찮지 않은 목표가 있고 부질없지 않을 경우, 활동은 완전히 유의미하다. 반대쪽 극단으로 이 네 요소가 모두 없다면, 활동은 완전히 무가치하거나 무의미하다. 양 극단 사이의 활동은 부분적으로 가치가 있다. 우리 대다수는 모든 것이 부질없을지도 모른다는 생각을 결코 떨쳐낼 수 없다고 조스케는 말한다. 그런 생각을 하지 않는 극소수는 행운아다.

이제 조스케는 삶이 부질없다는 결론이 우리의 통상적인 견해들에서 도출됨을 보여주는 작업에 착수한다. 설명을 위해서 그는 "전형적인 인간의 삶의 양식"이라는 개념을 명료화한다. 사람들과 문화들은 매우 다양하지만, 인류는 합리적 숙고와 생물학적 기질들을 비롯한 몇몇 특징을 공유한다. 따라서 활동들을 평가하듯이 전형적인 인간의 삶의 양식을 평가할 수 있지 않을까 하고 조스케는 생각한다. 양자 사이의 가장 큰 차이점은 후자인 인간의 핵심적 본성이 주어진 것인 반면, 활동은 우리가 선택한다는 점이다. 하지만 조스케는 양자 사이에 충분히 많은 유사성이 있어서 우리가 활동을 평가하는 기준들로 삶의 양식도 평가할 수 있다고 본다. 요점 없음, 부질없음, 하찮음, 가치 없음에 관한 판단들을 삶에도 적용할 수 있다는 것이다. 흔히 채택되는 세계관들 중에서 삶이 무의미하다는 결론을 내포하는 세계관이 있을까? 조스케는 그렇다고 생각한다.

▸ **사례 1.** 벌거벗은 유인원: 가장 고귀하다고 여겨지는 우리의 노력들 중 다수는 생물학으로 환원 가능하다. 우리가 스스로 선택한다고 생각하는 바의 많은 부분은 우리의 진화 역사에 의해 결정된 것이다.

▸ **사례 2.** 도덕적 주관주의: 세계 앞에서 우리의 도덕적 선택들 중 다수는 부질없다. 객관적 도덕적 실재가 없으므로, 우리의 많은 활동은 부질없다.

▸ **사례 3.** 궁극적 우연: 자연법칙들조차도 이유가 없으며 궁극적으로 우연이다. 우리가 자연법칙이라고 부르는 것들이 성립할 이유가 없다. 실재는 합리적이지 않다.

▸ **사례 4.** 무신론: 신들은 객관적 도덕의 기반으로 여겨져 왔다. 조스케는 플라톤의 유명한 질문(신들이 명령하는 바이기 때문에 옳은가, 아니면 옳은 것이기 때문에 신들이 명령하는가?)을 돌이켜볼 때, 신들과 도덕을 충분히 연결하기는 불가능하다고 반발한다.

게다가 신들의 목적은, 그것이 우리 자신의 목적이 되지 않는다면, 우리의 삶에 의미를 제공하지 못할 성싶다. 또 많은 이들은 오직 신의 계획에서만 의미를 발견할 수 있다는 생각이 굴종적이라고 느낀다. 인간을 어떤 타자의 장난감처럼 취급하는 생각이라는 것이다. 그럼에도 많은 이들은 여전히 신들이 없다면 삶은 무의미하다고 느낀다. 그 이유는 부분적으로 사람들이 그런 생각을 주입받았기 때문이다. 그러나 조스케는 비신앙은 또 다른 층위의 부조리로 이어진다고 인정한다. 종교적 믿음은 삶이 부질없음을 부정하는 반면, 비신앙인들은 그런 보증을 받지 못한다.

결국 요점은 철학이 삶의 의미를 묻는 질문 앞에서 중립적이지 않음을 보여주는 것이다. 또한 부질없는 활동 — 이를테면 구덩이를 판 다음에 다시 메우기 — 과 실제로 사람들이 삶의 한 부분으로 하는 행동이 유사함을 보여주는 것이다. 그런 부질없는 짓의 예로 이런 것들이 있다. 생물학에서 기원한 행동을 고귀한 것으로 여기기, 궁극적으로 중요하지 않은 대의를 위해 목숨을 바치기, 실은 비합리적인 세상에서 세상이 합리적인 양 행동하기, 신들이 존재하지 않거나 의미를 제공하지 않는데 신들이 의미를 제공한다고 믿기.

그래서 어떻게 하라는 말일까? 첫째, 우리는 삶의 의미를 의문시하는 철학적 견해들을 배척하지 말아야 하지만, 그 견해들을 도출한 추론이 건전하지 않을 수도 있으므로 그것들에 대해서 의문을 품을 수 있다고 조스케는 말한다. 둘째 "인생이 부질없다고 해서 너무 심각한 비관론이 정당화되는 것은 아니다. 온전히 유의미하지는 않더라도 가치 있는 활동이 있을 수 있다 … "[21] 설령 삶이 부질없더라도 — 우리의 궁극적 목표들이 성취되지 않더라도 — 우리는 그 목표들을 소중히 여기고 우리 스스로 그것들에 의미를 부여할 수 있다. 하지만 이것으로는 충분하지 않다고 조스케는 생각한다. 만일 우리가 진정으로 만족할 수 없다면, 만일 우리의 궁극적 목표들이 진정으로 성취될 수 없다면, 삶은 섬뜩해진다. "설령 삶을 즐긴다 하더라도 철학자는 자신이 추구해야 하는 목표들이 영원히 성취 불가능한 세계에 분개할 자격이 있다."[22]

요약 삶의 의미를 묻는 질문은 유의미하며 또한 위험하다. 생물학, 도덕적 주관주의, 우연적 비합리적 무신론적 형이상학과 결부된 견해들 때문에, 삶이 무의미할 수도 있다는 견해를 떨쳐내기는 어렵다. 우리는 삶을 소중히 여기려고 노력할 수 있다. 그러나 결국 부질없고 무의미할지도 모르는 삶에 우리가 불만을 품는 것은 정당하다.

오스왈드 핸플링 :
해롭지 않은 자기기만

오스왈드 핸플링Oswald Hanfling(1927-2005)은 베를린에서 태어났지만, 1938년 수정의 밤Krsitallnacht에 부모의 사업장이 파괴되는 일을 겪은 후 영국으로 보내져 양부모의 손에 성장했다. 그는 14세에 학교를 떠나 25년 동안 사업가로 일하다가 그런 생활에 싫증을 느껴 학교로 돌아왔고 결국 1971년에 철학박사학위를 받았다. 핸플링은 1970년에 영국 개방대학Open University의 강사로 임용되어 1993년에 교수로 은퇴할 때까지 그곳에서 가르쳤다.

핸플링이 쓴 책《의미 추구》(1987)는 심오한 듯한 우리의 질문이 대답을 허용하지 않을 가능성을 지적하는 것으로 시작된다. 삶이나 잔디나 대양의 의미가 무엇이냐고 물을 때 우리가 추구하는 대답이 어떤 유형인지가 불분명하다는 것이다. 삶의 목적이 무엇이냐는 질문도 유사한 어려움을 초래한다.

이런 문제에도 불구하고 핸플링은 삶의 의미와 목적에 관한 생각들이 여러 익숙한 방식으로 발생한다고 인정한다. 우울한 사람들은 때때로 자신의 삶이 무의미하다고 말한다. 반면에 자신의 삶이 의미로 충만하다고 말하는 사람들도 있다. 양쪽 경우에 우리는 그들이 무슨 뜻으로 그런 말을 하는지 명확하게 안다. 누가 자신의 삶이 무의미하다고 말한다면, 그는 자신의 삶에 무언가 문제가 있다고, 삶이 불만스럽다고, 어딘가 결함이 있다고 말하는 것이다. 더 나아가 사람들은 삶 전체의 의미에 대해서도 고민한다.

핸플링은 책의 첫 부분에서 삶이 무의미하다는 생각을 부추기는 삶의 측면들을 다룬다. 목적, 고통, 죽음과 연관된 일반적인 어려움들을 말이다. 그는 삶이 무의미하다는 결정적인 논증을 발견하지 못하지만 무의미성에 대한 염려가 근거 없음을 보여주지도 못한다. 책의 둘째 부분은 삶의 가치와, 자아실현을 통한 의미 발견의 가능성을 다룬다. 삶이 가치 있다거나 특정한 가치들이 자명하다는 주장에 대해서 그는 회의적이다. 뿐만 아니라 자아실현을 옹호하는 논증들 중 어느 것도 확실하지 않으며, 좋은 삶을 위한 보편적인 처방은 없다. 사르트르를 비롯한 실존주의자들이 주장하듯이, 우리의 본성을 실현하고자 할 때 부딪히는 문제는 우리의 본성이 무엇인지, 심지어 단일하게 존재하는지 여부를 우리가 모른다는 점이다.

한 가지 가능한 해결책은 직업, 사회적 역할, 또는 그 밖에 전통적 규범들에 몰두함으로써 이 모든 질문들을 마음에서 떨쳐내는 것이다. 그러나 근본적인 질문들이 다시 일어나 우리의 무비판적 전통 수용에 반발함으로써 이 평화를 깨뜨릴 가능성은 열려 있다. 이에 대응하여 질문들을 계속 배척하면서 전통을 더 단단히 고수할 수도 있을 것이다. 그 질문들을 마음에서 떨쳐내는 것은 자기기만일까? 웨이터가 웨이터의 역할을 하는 것은 자기기만일까? 자신이 맡은 역할에 몰입하는 배우는 어떨까? 우리가 웨이터나 배우, 철학 교수의 역할을 하는 편이 더 낫다고 핸플링은 주장한다. 그런 역할 놀이는 설령 자기기만 이더라도 해롭지 않은 자기기만이다.

그리하여 핸플링은 합리성, 사회성, 지성, 미적 감수성, 도덕성의 발휘와 마찬가지로 놀이도 자아실현을 가져올 수 있다는 생각에 이른 다. 핸플링이 말하고자 하는 것은 진지함과 반대되는 태도, 활동하면 서 자신을 자유롭게 표현하는 것이다(나중에 보겠지만, 슐리크도 이와 유사한 주장을 한다). 우리는 진지하게 여겨지는 사안들을 장난치듯이 다룸으로써 놀이를 한다. 핸플링의 결론은 아래와 같다.

> 놀이하고, 놀이에서 의미를 발견하고, 놀이의 정신을 모든 유형의 활동에 투사하는 인간의 성향은 실존주의자들의 고뇌와 삶의 궁극적 의미의 결여를 다스리는 치료약, 또는 삶을 위한 처방이다. 자연적이 거나 초자연적인 원천에서 그런 처방을 얻을 수 없다 하더라도 … 우 리는 놀이의 정신을 통하여, 역할 놀이에서 충족감을 느끼거나 우리의 행동을 일종의 놀이로 여김으로써 우리 스스로 처방을 마련할 수 있 다. 이것은 일종의 자기기만이지만 비합리적이거나 도덕적으로 그릇 되지 않다. 오히려 이 자기기만은 인간, 즉 **호모 루덴스**(놀이하는 인간 을 뜻함 — 옮긴이)의 몇몇 속성들을 이용하여 삶을 더 만족스럽게 만 드는 활동이다.[23]

요약 삶의 의미를 묻는 질문은 무의미하고 보편적인 대답이 없을지도 모른다. 그 러나 우리가 스스로를 해롭지 않게 속이면서 삶에 의미가 있는 것처럼 역할 놀이 를 한다면, 우리의 삶은 더 나아질 것이다.

루트비히 비트겐슈타인 : 무의미한 질문, 또는 말할 수 없는 대답?

오스트리아 철학자 루트비히 요제프 요한 비트겐슈타인Ludwig Josef Johann Wittgenstein(1889-1951)은 1939년부터 1947년까지 케임브리지 대학에서 철학 교수로 일했다. 그는 버트런드 러셀과 함께 연구하기 위해 1911년에 처음으로 케임브리지로 갔다. 러셀은 그를 "내가 아는 전통적인 천재의 개념에 가장 완벽하게 맞는 사례. 열정적이고, 심오하고, 강렬하며, 고압적인 인물"이라고 묘사했다. 비트겐슈타인은 20세기의 주요 철학 사조로 꼽히는 논리실증주의와 일상언어철학에 영감을 주었으며 일반적으로 20세기의 가장 중요한 철학자들 중 하나로 평가된다.

그가 20세기 철학의 거장이라는 점을 감안할 때, 우리의 질문에 대한 그의 회의를 언급하지 않는다는 것은 부주의한 행동일 터이다. 다만, 그의 입장들은 정확히 규정하기가 어렵기로 악명 높다는 점, 또한 지면의 한계로 우리가 그의 심오한 사상을 제대로 다룰 수 없다는 점을 미리 밝혀둔다. 삶의 의미를 묻는 질문에 대한 비트겐슈타인의 생각을 아주 간결하게 알아보기 위해서 그의 《논리철학논고》를 마무리하는 인상적인 대목을 곱씹어보자.

대답을 표현할 수 없다면, 질문도 표현할 수 없다. **수수께끼**는 존재하지 않는다. 일단 질문을 제기할 수 있다면, 질문에 대답할 수도 있다. 만일 회의주의가 대답할 수 없는 질문에 대해서 의심한다면, 그런 회의주의는 반박 불가능하지 **않고** 오히려 명백히 무의미하다. 왜냐하면 질문이 존재할 때만 의심이 존재할 수 있기 때문이다. 질문은 대답이 존재할 때만 존재하며, 대답은 무언가를 **말할 수 있을 때만** 존재한다. 설령 모든 가능한 과학적 질문들이 대답되더라도 삶의 문제들은 여전히 전혀 건드려지지 않은 채로 남아있을 것이라고 우리는 느낀다. 물론 그때는 질문이 남아있지 않을 테고, 바로 이것이 대답이다. 삶의 문제의 해답은 그 문제의 사라짐에서 보인다. (오랜 의심 끝에 삶의 의미를 명확히 깨달은 사람들이 그 의미가 무엇인지 말할 수 없는 이유는 바로 이것이 아닐까?) 표현 불가능한 것이 정말로 존재한다. 그것은 스스로 자신을 **드러낸다**. 그것은 신비다 … 말할 수 없는 것에 대해서는 침묵해야 한다.[24]

이 유명한 대목이 가진 문제 하나는 최소한 두 가지 해석이 가능하다는 점이다. 한 해석에서는 삶의 의미를 묻는 **질문**이 무의미하다. 따라서 그 질문은 답이 없다. 그 질문에 관한 고민은 우리가 그 질문을 잊고 살기 시작할 때 끝나지만, 이것은 답을 배우는 것과 다르다. 무의미한 질문은 답이 없다. 또 다른 해석에서는 그 질문에 답이 있지만 우리는 그 답이 무엇인지 말할 수 없다. 첫 번째 해석을 선택한다면, 우리는 삶의 의미에 대한 질문을 가지고 고민할 필요가 없다. 알아야 할 것이 존재하지 않으니까 말이다. 둘째 해석을 취하면, 말할 수 없는 진리가 존재한다는 것에서 우리는 어느 정도 위안을 얻는다.

문제는 두 해석이 대립한다는 점이다. 질문이 무의미하다는 주장과 말할 수 없는 답이 있다는 주장을 어떻게 조화시킬 수 있을까? (한 가지 방법은, 질문이 사라진 다음에야 말할 수 없는 답이 자신을 드러낸다고 말하는 것일 수 있겠다.) 비트겐슈타인의 수수께끼 같은 언급을 어떻게 해석하든 간에, 우리는 이렇게 말할 수 있다. 만일 그 질문이 무의미하다면, 그 질문에 답하려는 노력은 시간 낭비다. 그리고 만일 그 답을 말할 수 없다면, 그 답을 말하려는 노력은 시간 낭비다. 어느 쪽이든 간에, 우리가 말할 것은 없다. 따라서 우리는 아마도 비트겐슈타인의 조언을 따라 그냥 "침묵"해야 할 것 같다(곧 드러나겠지만, 우리는 이 조언을 따르지 않을 것이다).

불가지론에 대한 논평

에드워즈, 에이어, 닐슨은 삶의 의미를 묻는 질문의 대답에 회의를 품을 가장 기초적인 이유를 제시한다. 그들에 따르면, 만물의 바깥에서 삶에 의미를 줄 무언가가 있을 수 없는 한에서, 그 질문은 논리적으로 답이 있을 수 없다. 이에 대응하여 우리는 두 개의 질문을 제기한다. 1) 우리는 궁극의 왜 질문에 대답할 수 없다고 확신해야 할까? 2) 우리는 그 질문에 대답할 필요가 있다고 확신해야 할까? 나는 두 질문의 답이 모두 '아니다'라고 본다.

첫째 질문을 보자. 위에 언급한 저자들의 결론을 거부하는 첫째 이유는, 그 질문이 무의미한지 여부, 대답 가능한지 여부를 우리가 모른다는 것이다. 나는 우리의 정신적 능력이 그 궁극의 질문을 거뜬히 다룰 수 있는지에 대해서 회의적이다. 왜냐하면 우리의 정신은 그 질문에 대답하기 위해 진화하지 않았기 때문이다. 대답할 수 없는 질문은 무의미하다는 위 저자들의 지적은 아마도 옳을 것이다. 그러나 삶의 의미를 묻는 질문이 대답 불가능하다는 것을 어떻게 알 수 있을까? 모든 가능한 대답들을 사전에 배제할 수는 없다. 심지어 우리는 모든 가능한 대답들을 알 수조차 없다. 따라서 우리는 궁극의 왜 질문의 대답에 대해서 어떤 결론도 내리지 말아야 한다. 바꿔 말해 우리는 회의주의에 대해서 회의를 품어야 한다.

궁극의 왜 질문이 무의미하다는 견해를 배척하는 둘째 이유는 위즈덤의 에세이에 들어 있다. 그 질문이 유의미할뿐더러 어쩌면 대답 가능하다는 위즈덤의 논증은 강력하다. 나는 그가 옳다고 본다. 즉, 그 질문이 유의미하다고 생각한다. 그 질문은 설령 대답할 수 없더라도 비교적 단순명료하다. 만물이 무슨 의미냐는 질문은 전혀 엉뚱하지 않다. 다만, 이 질문의 답은 만물의 외부에서 나올 수는 없고 내부에서 나와야 한다.

삶의 의미를 묻는 질문이 무의미하다는 주장을 배척하는 셋째 이유는 우리의 직관과 관련이 있다. 이런 식의 호소는 철학적으로 문제가 있지만, 만일 그렇게 보편적인 질문이 허망한 것으로 밝혀진다면, 이는 매우 기이하고 불합리한 일일 것이다. 물론 허무주의자들은 바로 그렇게 허망하다는 결론을 내리겠지만, 궁극의 왜 질문이 무의미하다는 주장의 반직관성은 그 주장에 작게나마 흠집을 낸다. 언급한 이유들을 종합해서 고려할 때, 우리는 우리의 질문이 무의미하다고 결론지을 근거를 충분히 확보하지 못했다.

이제 우리의 둘째 질문 ― 우리는 궁극의 왜 질문에 대답할 필요가 있을까? ― 을 살펴보자. 우리의 큰 질문을 더 작은 질문들로 나눌 수 있다는 에이어의 주장은 유익하다. 어쩌면 우리는 그 거대한 궁극의 왜 질문에 답할 필요가 없을지도 모른다. 어쩌면 우리는 어떻게 살아야 할 것인가라는 질문에 주로 관심을 기울여야 할 것이다. 그도 그럴 것이 우리는 우주에 관한 모든 것을 알지 못하더라도 어떻게 살아야 할지에 대해서 어느 정도 알 수 있지 않은가. 우리는 왜 아무것도 없지 않고 무언가 있는지 모르더라도 다른 많은 것들을 안다. 무엇이 우리를 행복하게 하는지, 우리가 무엇을 가치 있게 여기는지 안다. 간단히 말해서 이 둘째 질문은 다루기가 더 수월하다. 요컨대 우리는 삶의 의미에 대해서 모든 것을 이야기하지 않더라도 삶의 의미에 대해서 무언가 ― 우리 자신과 세계에 대해서 우리가 아는 바에 비춰 볼 때 우리가 어떻게 살아야 할지 ― 말할 수 있다.

닐슨은 우리가 궁극의 왜 질문에 대답할 수 없다고 본다는 점에서 에이어와 입장이 같다. 또 의미 질문은 우리가 무엇을 가치 있게 여기느냐라는 질문으로 환원된다는 것도 닐슨과 에이어가 동의하는 바다. 그러나 닐슨은 주관적 가치관을 내세우는 에이어보다 약간 더 나아가, 최소한 우리가 이런저런 대상에 가치를 두는 이유를 제시할 수 있다고 주장한다. 그럼에도 우리는 '무엇이 인간의 선택이나 마음가짐으로부터 독립적인 가치를 만물에 부여하는가?'라는 질문에 대답할 수 없다. 다시 말해 우리는 가치의 객관적이며 궁극적인 토대를 우리 외부에서 발견할 수 없다. 더 나아가 우리의 가치들이 결국 우리에게서 유래한다면, 객관적 가치나 의미를 묻는 질문은 우리를 실망시키고 우리의 불안정성을 드러낸다. 우리는 이것 말고 저것을 하는 이유를 발견하는 것으로 만족해야 한다. 비록 이런 판단이 객관적 가치들에 기초를 두지 않더라도 말이다.

지금까지의 논의를 감안할 때, 수많은 사상가들이 주관적 가치에 의지하는 것은 놀라운 일이 아니다. 예컨대 헵번은 삶의 의미를 묻는 질문이 객관적으로 무의미하고 또한 대답 불가능할 가능성이 높다고 주장한다. 그래서 그는 주관적 가치들을 의미의 유일한 원천으로 보고 그것들에 의지한다. 우리가 언급한 많은 사상가들처럼 그는 어떤 형이상학적이거나 신학적인 논증으로 의미를 정초할 수 있다는 것을 강하게 의심한다. 따라서 헵번은 보편적 의미를 묻는 추상적 질문을 주관적 가치들에 관한 더 구체적인 질문들로 환원해야 한다고 본다. 노직도 신들에게서 유래한 외적인 의미를 배척하고 주관적 가치관에서 의미가 발견될 가능성을 열어놓는다. 그러나 노직은 헵번이나 닐슨보다 더 나아가서, 의미를 창출하는 것으로는 불충분할 가능성을 고려한다. 그는 이렇게 묻는다. 그 형태가 어떠하든 간에 의미라는 것이 어떻게 존재할 수 있을까? 의미가 빛처럼 스스로 발산할 수 있을까? 이 두 질문에 대해서 그가 넌지시 내놓는 대답은 '그럴 수 없다'이다. 그가 옳다면, 우리의 처지는 절망적이다.

조스케는 노직이 암시한 비관론을 채택한다. 삶의 의미를 묻는 질문이 유의미하다고 본다는 점에서 조스케는 위즈덤과 생각이 같지만 삶이 무의미할 개연성을 여러 이유에서 제기한다. 참으로 암울한 사상이라고 하겠다. 조스케가 철학을 위험하게 여기는 것은 놀랄 일이 아니다. 철학은 우리가 기댈 언덕을 모조리 제거한다. 주관적 가치들로는 의미를 향한 우리의 갈망을 충족시킬 수 없다는 노직의 생각과 삶의 의미에 대한 조스케의 급진적 회의주의를 결합하면, 유의미한 삶을 살 가능성 자체에 대한 회의적 냉소주의가 만들어진다. 핸플링은 이 질문들을 마음에서 떨쳐내고 그냥 연기나 놀이를 하면서 살라고 제안한다. 하지만 우리는 그런 삶을 정말로 살아낼 수 있을까? 우리의 유쾌함 속으로 실존적 고민이 침입하지 않을까? 비트겐슈타인이 침묵하는 — 회의주의자로 머물고 불가지론자로 머무는 — 편이 더 낫다는 결론을 내린 것은 어쩌면 이런 의문들 때문일지도 모른다.

우리의 질문이 확실히 무의미하다거나 대답 불가능하다고 말할 수 없으므로, 우리는 지금까지 본 결론들에 대해서 회의적인 태도를 취해야 한다. 설령 우리의 거대한 질문에 답이 없거나 우리가 그 답을 알 수 없더라도, 우리는 유의미하게 질문하고 대답들을 제안할 수 있다. 우리는 어떻게 살아야 할까? 우리는 무엇에 가치를 두어야 할까? 이 질문들은 압도적이거나 대답 불가능하지 않다. 하지만 이 질문들에 답하는 것만으로는 부족할 수도 있다는 노직의 암시와 모든 것이 부질없을 수도 있다는 조스케의 생각은 우리를 몹시 불안하게 한다. 핸플링과 비트겐슈타인의 말도 위로가 되지 않는다. 우리는 우리 자신을 기만하고 싶지 않으며 침묵하고 싶지도 않다. 결국 따지고 보면 우리를 불안하게 하는 것은 불가지론 자체가 아니라 불가지론이 더 나쁜 허무주의를 암시한다는 느낌이다. 우리를 두렵게 하는 것은 답이 없다거나 우리가 답을 모른다는 것이 아니다. 우리가 두려워하는 것은, 답이 있고 그 답은 '삶은 무의미하다.'라는 생각이다. 이제 허무주의를 살펴볼 차례다.

4
허무주의: 삶은 무의미하다

내일, 또 내일, 또 내일이
하루하루가 가는 이 하찮은 걸음걸이에 기어들지
기록된 시간의 마지막 글자까지.
그리고 우리의 모든 어제들은 바보들을
지저분한 죽음에 이르기까지 비춰왔어. 꺼져라, 짤막한 초야, 꺼져라!
삶은 고작 걸어 다니는 그림자, 무대 위에서
자기 시간 동안 거들먹거리고 안달하는 가련한 배우
그다음엔 아무 소리도 들리지 않지.
멍청이가 들려주는 이야기. 소리와 분노로 가득하고
아무 의미도 없어.

- 윌리엄 셰익스피어

삶은 전쟁이요, 이방인의 체류다. 명성 뒤에는 망각이 있다.

- 마르쿠스 아우렐리우스

'신', '영혼 불멸', '속죄', '피안'. 하나같이 내가 관심이나 시간을 할애한 적이 없는 개념들이다. 심지어 어릴 적에도 마찬가지였다. 어쩌면 나는 이 개념들에 관심을 둘 만큼 어린애다웠던 적이 없는 것일까? 나는 결론으로서의 무신론을 전혀 모른다. 사건으로서의 무신론은 더욱 더 모른다. 나에게 무신론은 당연지사다. 본능에서 우러난다. 나는 너무 꼬치꼬치 캐묻고, 너무 수상하고, 너무 활력이 넘쳐서 어떤 총체적인 대답도 참아낼 수 없다. 신은 총체적인 대답이다. 우리 사상가들과 맞선 상스러움이다. 밑바닥에서는 '너는 생각하지 말지어다!'라고 우리에게 명령하는 총체적인 금지일 뿐이다.

- 프리드리히 니체

사람은 진리이기를 바라는 바를 믿기를 선호한다.

- 프란시스 베이컨

도덕적으로 볼 때, 자신의 전문적 능력을 공평무사한 진리 탐구 이외의 다른 일에 사용하는 철학자는 일종의 배반죄를 저지르는 것이다.

- 버트런드 러셀

우리가 가장 조금 아는 것이 가장 확고하게 믿어진다.

- 몽테뉴

더 나은 이름이 없어서 우리가 삶의 비극적 의미라고 부르고자 하는 것이 있다. 그 안에는 삶 자체와 우주에 대한 관념 전체, 철학 전체가 다소 명료하게 표현되고 다소 자각된 상태로 들어 있다.

- 미겔 데 우나무노

허무주의

　　　　　　 허무주의란 앎, 가치, 의미 등, 삶을 좋게 만
든다고 여겨지는 것들의 존재를 부정하는 철학적 입장이다. 참된 허
무주의자는 앎이 가능하다고 믿지 않는다. 또한 가치 있는 것이 있
다거나 삶이 의미 있다고 믿지 않는다. 허무주의는 극단적인 절망의
기분이나 삶 전체에 대한 비관을 가리키기도 한다.

　오늘날의 허무주의는 데모스테네스를 비롯한 고대 그리스 사상가
들에 역사적 뿌리를 둔다. 데모스테네스의 앎에 대한 극단적 회의주
의는 인식론적 허무주의와 연결되어 있다. 그러나 철학사가들이 지적
하듯이, 오컴, 데카르트, 피히테, 독일 낭만주의자들을 비롯한 다른
많은 사상가들도 허무주의의 발전에 기여했다.[1] 허무주의와 가장 밀
접하게 또한 가장 흔하게 결부되는 것은 프리드리히 니체의 철학이
다. 그러나 니체가 허무주의자였는지는 불분명하다. 따라서 우리는
니체에게 가장 큰 영향을 미친 철학자를 허무주의 연구의 출발점으로

삼고자 한다. 확실히 허무주의자였던 그 철학자는 아르투르 쇼펜하우어다.

아르투르 쇼펜하우어 : 《세상의 고통에 대하여》

아르투르 쇼펜하우어Arthur Schopenhauer(1788-1860)는 무신론과 비관론으로 유명한 독일 철학자다. 실제로 그는 서양 철학 전통을 통틀어 가장 두드러진 비관론자다. 가장 큰 영향력을 발휘한 쇼펜하우어의 작품 《의지와 표상으로서의 세계》는 그가 '의지'라고 부른, 인간의 기본적 동기가 하는 역할을 강조했다. 그가 분석을 통해 도달한 결론은, 감정적, 신체적, 성적 욕망들은 고통을 일으키며 결코 충족될 수 없다는 것이었다. 따라서 그는 불교와 베단타(고대 인도 철학 경전 — 옮긴이)가 가르치는 것처럼 욕망을 부정하는 삶의 방식을 선호했다. 쇼펜하우어는 니체, 비트겐슈타인, 아인슈타인, 프로이트를 비롯한 많은 사상가들에게 영향을 미쳤다.

《세상의 고통에 대하여》(1851)에서 쇼펜하우어는 과감하게 주장한다. "고통이 삶의 직접적이며 즉각적인 대상이 아니라면, 우리의 존재는 목표를 완전히 상실할 것이 틀림없다."[2] 바꿔 말해 삶에서 고통과 불운은 예외가 아니라 일반적인 규칙이다. 앞선 많은 철학자들과 정반대로 쇼펜하우어는 악이 실재하며 선은 악의 부재라고 주장했다. 행복이나 만족은 항상 어떤 고통이나 불행이 끝나는 것을 함축한다는 점은 이 주장을 뒷받침한다. 또 일반적으로 쾌락은 기대한 만큼 크지 않은 반면, 고통은 상상한 것보다 훨씬 더 심하다는 사실도 이 주장을 뒷받침한다. 쾌락이 고통보다 더 크다거나 양자가 대등하다고 주장하는 사람들에게 쇼펜하우어는 "한 동물이 다른 동물을 잡아먹을 때, 그 동물들 각각이 느끼는 바를 비교해보라."[3]고 제안한다. 이어서 그는 또 다른 강렬한 이미지를 제시한다. "우리는 들판의 양들과 같다. 뛰노는 우리를 도살자가 지켜보다가 한 마리씩 차례로 선택하여 희생물로 삼는다. 좋은 시절에 우리는 악한 운명이 우리에게 줄 수도 있는 것들 ― 병, 가난, 불구, 시력이나 이성의 상실 ― 을 전혀 의식하지 못한다."[4]

쇼펜하우어는 인간의 고통이 실재한다는 사실을 강조할 목적으로 계속해서 다양한 생각과 이미지를 제시한다. a) 시간은 계속 흘러가고, 우리는 그것을 멈출 수 없다 ― 시간은 우리가 지루할 때만 멈춘다. b) 우리는 일하고, 걱정하고, 고통에 시달리면서 대부분의 시간을 보내며, 설령 우리의 소망들이 모두 충족되더라도, 우리는 지루함을 느끼거나 자살을 욕망할 것이다. c) 젊은 시절에 우리는 큰 희망을 품는다. 그러나 그것은 무엇이 정말로 우리에게 다가오는지를 ― 삶, 늙음, 죽음을 ― 숙고하지 않기 때문이다. 노년에 대해 쇼펜하우어는 이렇게 말한다. "오늘은 좋지 않고, 내일은 더 나빠질 것이다. 그리고 최악이 될 때까지 계속해서 그럴 것이다.[5] d) 달처럼 지구에도 생명이 없었으면 훨씬 더 좋았을 것이다. 생명은 비존재non-existence의 "평화로운 고요"를 깨트린다. f) 젊을 때 친구였던 두 사람이 늙어서 만나면, 서로의 모습만 보고도 삶에 실망을 느낄 것이다. 그들은 삶이 아주 많은 것을 약속했지만 거의 아무것도 안겨주지 않은 젊은 시절을 기억할 것이다. g) "아이들이 오로지 순수한 이성의 활동에 의해서 태어난다면, 인류는 과연 존속할까?"⁶ 우리는 아이들에게 존재의 부담을 지우지 말아야 한다고 쇼펜하우어는 주장한다. 그는 자신의 비관론을 이렇게 서술한다.

나의 철학은 황량하다는 말이 나올 것이다 — 왜냐하면 나는 진실을 말하는데, 사람들은 주께서 창조한 모든 것이 좋다고 확신하는 쪽을 선호하기 때문이다. 그렇다면 철학자들을 가만히 내버려두고 성직자들에게 가라 … 우리의 입장을 당신이 배워온 가르침에 맞출 것을 요구하지 말라. 엉터리 철학자 악당들은 당신을 위하여 그렇게 해줄 것이다. 당신이 원하는 대로 어떤 입장이든 그들에게 요구하라. 그러면 얻을 것이다.⁷

또한 쇼펜하우어는 인간이 아닌 동물들이 인간보다 더 행복하다고 주장한다. 왜냐하면 행복이란 기본적으로 고통으로부터의 해방이기 때문이다. 이 논증의 핵심은, 인간과 짐승 모두에게 가장 중요한 것은 쾌락과 고통이며 그 바탕에는 먹을거리, 거처, 섹스 등을 향한 욕망이 있다는 것이다. 인간은 쾌락과 고통 모두에 민감하지만, 욕망과 관련해서 훨씬 더 큰 격정과 감정을 품는다. 이 격정은 인간이 과거와 미래를 숙고할 수 있어서 환희와 절망 모두에 민감하기 때문에 생겨난다. 인간은 각종 사치품뿐 아니라 명예, 타인들의 칭찬, 지적인 쾌락으로 행복을 증가시키려 한다. 그러나 이 모든 쾌락들은 끊임없이 증가하는 욕망과, 짐승들은 모르는 고통인 지루함의 위협을 동반한다. 특히 생각은 어마어마한 격정을 일으킨다. 그러나 결국 모든 노력의 목적은 짐승들이 얻는 것과 똑같은 것, 곧 쾌락이다. 하지만 인간은 짐승과 달리 끊임없이 죽음의 공포에 시달린다. 이것이 짐승으로 사는 편이 더 나은 결정적 이유다. 더 나아가 짐승들은 끊임없이 미래의 기쁨과 슬픔을 내다보는 인간보다 그저 생존하는 것에, 현재 순간에 더 큰 만족감을 느낀다.

그러나 짐승들도 고통을 받는다. 그 모든 고통은 무슨 의미일까? 그 고통이 짐승의 영혼을 성장시킨다거나 짐승의 자유의지에서 비롯된다고 주장할 수는 없다. 우리가 내려야 할 유일한 결론은 "현상계 전체의 바탕에 깔린 삶의 의지가, 짐승들의 경우에서는, 자기 자신을 잡아먹음으로써 자신의 갈망을 채워야 한다는 것이다."[8] 이 사태 — 무의미한 악 — 는 브라마가 실수로 세계를 창조했다는 힌두교의 사상이나 세계는 열반의 평온이 교란된 결과라는 불교의 생각에, 심지어 운명에서 세계와 신들이 나온다는 고대 그리스의 생각에도 부합한다. 그러나 유일신이 이 모든 참상을 창조해놓고 행복을 느꼈다는 기독교의 생각은 받아들일 수 없다. 합리적인 사람이라면 전지전능하고, 전선한 omnibenevolent 신이 세계를 창조했다는 것을 두 가지 이유에서 믿을 수 없다. 1) 악의 만연, 그리고 2) 인간의 불완전성이 그 이유들이다. 창조신이 있다면, 악은 창조신의 탓이겠지만, 창조신이 없으므로, 결국 악은 실재와 우리 자신의 탓이다.

이어서 쇼펜하우어는 이렇게 말한다. "사는 동안 당신을 이끌 신뢰할 만한 나침반을 원한다면, 삶을 바라보는 옳은 방법에 관한 모든 의심을 없애고 싶다면, 이 세계를 감옥으로, 일종의 유배지로 보는 것에 익숙해지는 것이 최선의 방법이다."[9] 이것이 오리게네스, 엠페도클레스, 피타고라스, 키케로, 브라만교, 불교의 시각이라고 쇼펜하우어는 주장한다. 인간의 삶은 비참함으로 가득 차 있으므로 만일 보이지 않는 영들이 존재한다면, 그 영들은 자신들의 죗값을 치르기 위해 인간이 되어야 한다.

삶을 그렇게 보는 시각에 익숙해지면, 당신은 자신의 기대를 적당히 조절할 것이며 모든 불쾌한 사건들을 이례적이거나 규칙을 벗어난 일로 보기를 그칠 것이다. 아니, 당신은 우리 각자가 고유의 특수한 방식으로 존재의 죗값을 치르는 세계에서 모든 것이 마땅히 그러해야 하는 대로 그러함을 발견하게 될 것이다.[10]

아이러니하게도 삶을 이렇게 보는 시각은 한 가지 장점이 있다. 이 시각을 채택하면, 동료 인간들의 결함을 놀라거나 분개하면서 바라볼 필요가 없어진다. 오히려 우리는 그 결함이 우리의 결함, 모든 인류와 실재의 결함이기도 하다는 것을 깨달아야 한다. 세계는 우리 모두가 고통을 겪는 고난의 장소라는 생각은 "이웃에 대한 관용, 인내, 존중, 사랑을" 일깨운다. "모든 사람이 관용, 인내, 존중, 사랑을 필요로 하므로, 우리는 이것들을 동료 인간들에게 베풀 의무가 있다."[11]

요약 쇼펜하우어는 개인적으로나 전체적으로나 삶은 무의미하다고 생각한다. 주된 이유는 고통이 존재한다는 사실이다. 아무것도 없는 편이 더 나았을 것이라고 그는 생각한다. 이런 상황에서 우리가 할 수 있는 최선은 함께 고통받는 동료 인간들에게 자비를 베푸는 것이다.

논평 :
《세상의 고통에 대하여》

나는 철학자들이 쇼펜하우어의 철학적 통찰을 대체로 과소평가한다고 생각한다. 그의 통찰이 비관론을 함축한다고 여겨지는 것이 그 주요 이유다. 하지만 쇼펜하우어의 철학적 통찰은 삶을 더 현실적으로 보고 개선하라는 나팔 소리로 간주되어야 한다.

고통이 실재한다는 쇼펜하우어의 지적은 옳다. 고통은 선의 부재일 뿐이라고 생각하는 철학자들은 자기 자신을 속이는 것이다. 고통이나 악을 종결시키면, 우리는 행복을 경험한다. 확실히 이 사실은 고통이 실재함을 시사한다. 우리가 기대하는 쾌락은 흔히 실망을 가져오고 고통은 흔히 견디기 힘들다는 생각에서도 통찰력이 번득인다. 무언가를 기대했다가 그것의 실상에 실망하는 일이 얼마나 많은가. 쇼펜하우어의 생생한 이미지에서 먹는 쾌락은 먹히는 공포를 상쇄하지 못한다. 그러나 이 비유는 불공정하다. 왜냐하면 우리가 먹는 것은 여러 번이지만 먹히는 것은 딱 한 번만 가능하기 때문이다. 단 한 번의 먹기에서 얻는 쾌락으로 먹히는 공포를 상쇄할 수 없는 것은 당연하다. 더 나은 비교는 평생 동안의 먹기와 단 한 번의 먹히기를 견주는 것일 터이다. 누군가가 나중에 신속하게 먹히는 대가로 먹는 쾌락을 여러 번 누리는 쪽을 선택하는 것은 충분히 상상할 수 있는 일이다.

우리가 도살될 차례를 기다리는 양들과 같다는 쇼펜하우어의 생각은 더욱 강력한 이미지다. 우리는 자신의 운명을 기다리는 양, 소, 돼지에게 연민을 느끼지만, 우리의 처지도 그리 다르지 않다. 일반적으로 우리는 더 오랫동안 죽음을 기다리고, 우리를 둘러싼 울타리의 내부는 더 크고 더 흥미로울지도 모르지만, 우리의 종말은 가축들의 종말과 유사할 것이며, 만일 우리가 임종할 때 시간을 끌면서 고통을 겪는다면, 가축들의 종말보다 더 나쁠 것이다. 가축이 도살을 기다리는 것과 마찬가지로 우리도 탈출할 수 없다. 다가오는 죽음이 삶의 기쁨을 앗아간다는 것은 충분히 수긍할 만하다. 우리는 모두 불치병 환자다. 모두 노화라는 질병의 다양한 단계에서 고통을 겪는다. 이 사실이 쇼펜하우어가 제시하는 많은 이미지들과 생각들의 바탕을 이루는 듯하다. 우리는 시간을 멈출 수 없다. 우리는 걱정한다. 우리는 많은 꿈들이 영영 실현되지 않으리라는 것을 서서히 깨닫는다. 또한 우리가 날마다 더 늙고 더 약해지면서 불가피한 종말에 다가가리라는 것을 깨닫는다. 어쩌면 우리가 애당초 존재하지 않았더라면 더 좋았을지도 모른다.

이같은 고통과 죽음에 대한 의식이 인간의 삶을 동물의 삶보다 더 나쁘게 만든다는 것이 쇼펜하우어의 생각이다. 그러나 바로 그 의식이 우리 인간에게 동물과 대비되는 여러 혜택을 준다는 면에서, 이 생각은 그리 설득력이 없다. 다시 말해 쇼펜하우어의 논증은 확신을 심어주기에 부족하다. 그는 짐승의 삶이 인간의 삶보다 더 나음을 입증하지 못했다. 그러나 그는 상당히 강력한 다른 주장을 입증했다. 즉, **인간적 동물의 삶이 비인간적 동물의 삶보다 더 낫다는 것이 자명하지 않다**는 주장을 입증했다. 이것은 작은 성취가 아니며 진지하게 고찰되어야 한다. 이 논증이 옳다면, 인간은 가능하다면 새로 개발되는 기술들로 자신의 본성을 동물의 본성에서 멀어지는 방향으로 바꿔야 할 것이다.

인간이 아닌 동물들의 고통과 기독교를 조화시키기 어렵다는 쇼펜하우어의 지적도 옳다. 이는 여러 세대의 기독교 옹호자들이 발견한 바이기도 하다. 더 나아가 세상의 악에 대한 쇼펜하우어의 스토아주의적 대응은 추천할 만하다. 나그네와 같은 동료 인간의 결함에 관용을 베풀라는 그의 가르침도 추천할 만하다. 결론적으로 다음과 같은 쇼펜하우어의 핵심 메시지는 옳다. 세계에 실재하는 고통들은 세계의 유의미성을 확실히 반박하지는 않더라도 강하게 반박한다.

아루트르 쇼펜하우어 : 《존재의 허무에 대하여》

《존재의 허무에 대하여》에서 쇼펜하우어는 삶이 부질없다고 주장한다.

존재의 허무는 존재의 모든 형태에서 드러난다. 시간과 공간 속 개체의 유한성과 대비되는 시간과 공간의 무한성에서, 현실이 그 안에서 존재하는 유일한 형식인 덧없는 현재에서, 만물의 우연성과 상대성에서, 있음being 없이 계속 이어지는 되어감becoming에서, 충족 없이 지속하는 욕망에서, 삶을 이루는 애씀의 지속적인 좌절에서 드러난다. **시간**, 그리고 시간 자체가 발생시켜서 시간 속에 존재하는 만물의 **소멸 가능성**은, 사물 자체처럼 불멸하는 삶의 의지가 자신의 애씀이 공허함을 자신에게 드러내는 방식일 뿐이다. 시간 때문에 만물은 우리의 손 안에서 무가 되고 모든 진정한 가치를 잃는다.[12]

과거는 이제 실재하지 않으므로 "전혀 없었던 일과 마찬가지로 존재하지 않는다."[13] 현재와 과거 사이의 관계는 존재와 무 사이의 관계와 같다. 우리는 영겁의 시간이 흐른 뒤에 무에서 나왔고 곧 무로 돌아갈 것이다. 삶의 모든 순간은 일시적이고 덧없으며 신속하게 과거가 된다. 바꿔 말해, 소멸하여 무가 된다. 우리 삶의 모래시계는 서서히 비어간다. 이에 대응하여 순간을 즐기려고 해볼 수도 있겠지만, 현재는 순식간에 과거로 되므로 그 시도에는 "진지한 노력을 기울일 가치가 있을 수 없다."[14]

존재는 덧없는 현재에 깃들어 있다. 따라서 존재는 항상 움직인다. 마치 "산비탈을 달려 내려오는 사람이 멈추려 하면 넘어지고 계속 달려야만 넘어지지 않는 것처럼 … 존재의 특징은 머물 수 없음이다."[15] 이런 삶은 좀처럼 획득할 수 없거나 획득하더라도 금세 실망을 안겨주는 것을 얻으려고 끊임없이 애쓰는 삶이다. 우리는 서둘러 미래로 달려가는 삶을 살면서 또한 과거를 후회한다. 우리는 현재를 미래로 가는 통로로만 여긴다. 삶을 돌이켜보면, 우리 자신이 삶을 진정으로 누리지 못하고 단지 미래로 가는 통로로 경험했음을 발견한다. 우리의 삶은 온통 현재 순간들이었는데, 그 순간들은 도저히 누리기가 불가능한 듯했다.

그렇다면 삶이란 무엇일까? 삶은 하나의 과제이며, 그 과제를 수행하는 우리는 생명을 유지하고 지루함을 회피하기 위해 애쓴다고 쇼펜하우어는 말한다. 이런 삶은 오류다.

인간은 충족시키기 어려운 욕구들의 복합체다. 그 욕구들을 충족시키더라도 인간은 단지 고통 없는 상태에 도달하며 그 상태에서 지루함에 빠질 뿐이다. 지루함은 존재가 그 자체로 무가치하다는 직접적 증명이다. 왜냐하면 지루함이란 다름 아니라 존재의 공허함을 느끼는 감각이기 때문이다. 우리의 본질과 존재는 삶을 향한 욕망이므로, 삶이 그 자체로 긍정적 가치와 진정한 내용을 가졌다면, 지루함 따위는 없을 것이다. 우리는 그저 존재하는 것에서 충만감을 느낄 것이다. 그러나 실제로 우리는 무언가를 추구할 때와 — 이 경우에는 목표까지의 거리와 난관들이 우리로 하여금 그 목표가 우리를 만족시킬 것처럼 착각하게 한다 — 순수하게 지적인 활동에 빠져있을 때 — 이 경우에 우리는 사실상 삶의 바깥으로 나가서 마치 연극의 관객처럼 삶을 외부에서 고찰한다 — 만 빼면 존재하는 것에서 쾌락을 느끼지 않는다. 심지어 감각적 쾌락도 끊임없는 추구가 그 정체다. 목표에 도달하자마자 감각적 쾌락은 끝난다. 언급한 두 상황에서 벗어나 존재 자체를 되돌아볼 때, 우리는 언제나 존재의 무가치성과 허무성에 압도된다. 이 감각을 일컬어 지루함이라고 한다.[16]

우리의 삶의 의지가 결국 꺼진다는 것은 "이 의지의 모든 몸부림이 사실상 허무하다는 자연의 명백한 선언이다. 그 자체로 가치가 있는 무언가, 무조건 존재해야 마땅한 무언가가 있다면, 그것은 비존재를 자신의 종착점으로 가지지 않을 것이다."[17] 우리는 타인들의 육체적 욕망 속에서 삶을 시작하고 시체로서 삶을 끝낸다.

또한 그 출발점에서 종착점까지의 길 역시, 우리의 안녕과 삶의 향유의 측면에서 볼 때, 지속적인 내리막이다. 행복하게 꿈꾸는 유년기에 이어 의기양양한 청소년기, 고생으로 가득 찬 성년기, 불안정하고

흔히 비참한 노년기, 마지막 병의 괴로움, 그리고 최후로 죽음의 고통
이 찾아온다. 존재가 오류이고, 그 오류의 귀결들이 점점 더 명확해진
다는 생각이 절로 들지 않는가?[18]

요약 존재의 유한성, 현재의 덧없음, 삶의 우연성, 과거의 비존재, 욕구의 지속성,
지루함의 경험, 그리고 가장 중요하게는 죽음의 불가피성 ─ 이 모든 것들에서
삶이 무의미하다는 결론이 나온다.

논평 : 《존재의 허무에 대하여》

시간의 흐름에 초점을 맞춤으로써 쇼펜하
우어는 삶을 무의미하게 만들 만한 근본적인 사실 하나를 부각했다.
삶이 항상 우리의 손아귀를 빠져나가므로, 우리는 결코 현재에 머물
며 현재를 음미할 수 없다는 사실 말이다. 과거는 더는 실재하지 않
는다고 쇼펜하우어가 말할 때, 나는 그가 옳다고 생각하지 않는다.
현재는 부분적으로 과거 사건의 결과다. 과거는 부분적으로 현재 속
에 들어 있다. 그러나 현재가 덧없다고, 신속하게 사라진다고, 현재
의 많은 부분이 무로 돌아가는 듯하다고 말할 때, 쇼펜하우어는 옳
다. 현재를 즐기기 어려운 것은 바로 이런 사정들 때문이다. 삶은 우
리를 재촉하고, 우리는 삶의 끊임없는 행진을 멈출 능력이 없다. 삶
은 쏜살같이 지나간다.

우리가 지루함을 피하기 위해 성취를 추구한다는 쇼펜하우어의 말
도 옳다. 그러나 이 말은 삶에 관한 것이라기보다 우리에 관한 것이라

고 나는 생각한다. 삶은 지루하지 않은데, 우리가 지루함을 느끼는 것일 수 있다는 얘기다. 내면의 생기가 풍부하고 활발한 사람들은 많은 것들에 흥미를 느낀다. 우리가 무언가를 추구하면서 놀랄 만큼 몰두할 수 있다는 사실은 삶이 꼭 지루해야 하는 것은 아님을 시사한다. 우리는 삶을 흥미롭게 만드는 쪽을 선택할 수도 있을 것이다.

그러나 쇼펜하우어는 이 모든 반론에 응수할 수 있다. 우리의 모든 추구는 허무하다. 왜냐하면 죽음 때문이다. 우리 존재의 종착점은 비존재다. 죽음은 우리의 삶이 **무가치함을** 함축한다는 생각이 오류일수도 있겠지만, 삶의 가치가 죽음 때문에 **감소하는** 것은 틀림없다. 우리 삶의 궤적을 탄생부터 병듦과 죽음까지 솔직하게 고찰하면, 삶에 허무한 구석이 있음을 부인할 수 없다. 요컨대 쇼펜하우어의 분석은 기본적으로 옳다. **고통, 현재의 덧없음, 죽음의 자각, 확정된 죽음** ─ 이 **모든 것이 유의미한 삶의 가능성을 방해한다.** 삶의 유의미성에 대한 쇼펜하우어의 반론은 실제로 강력하다.

알베르 카뮈 : 허무주의에 맞선 반항

알베르 카뮈Albert Camus(1913-1960)는 프랑스의 작가, 철학자, 언론인이었으며 1957년에 노벨문학상을 받았다. 20세기의 주요 철학자로 꼽히는 그의 대표작은 소설《이방인》이며, 프랑스에서 교통사고로 사망했다. 그는 흔히 장 폴 사르트르와 더불어 실존주의자로 거론되지만, 카뮈 자신은 그 규정을 거부했다.

《시지프 신화》(1955)에서 카뮈는 유일하게 중요한 철학적 질문은 자살에 관한 것이라고 주장한다. 우리는 계속 살아야 할까, 살지 말아야 할까? 카뮈에 따르면, 나머지 모든 질문이 부차적이라는 것은 자명하다. 왜냐하면 과학적이거나 철학적인 주장을 위해서 죽는 사람은 없기 때문이다. 목숨이 위태로울 때 사람들은 대개 그런 주장을 포기한다. 반면에 사람들은 자신의 삶이 무의미하다고 판단했을 때는 실제로 죽는다. 혹은 자신의 삶에 의미를 주는 것들을 위해서도 죽는다. 이 사실은 의미에 관한 질문이 다른 모든 과학적 철학적 질문들을 대체함을 시사한다. "그러므로 나는 삶의 의미가 가장 절박한 질문이라고 결론짓는다."[19]

카뮈가 관심을 기울이는 것은 자살의 원인이다. "생각하기 시작한다는 것은 흔들리기 시작한다는 것이다 … 벌레는 인간의 마음속에 있다."[20] 삶에 대한 거부는 깊은 내면에서 우러난다. 따라서 그 거부의 원천을 깊은 내면에서 찾아야 한다. 카뮈가 보기에 자살은, 삶을 위해 필요한 모든 관습과 노력을 애써 수행할 가치가 없음을 인정하는 것이다. 삶이 유의미한 이유들을 받아들이는 한에서 우리는 계속 살지만, 그 이유들을 배척하자마자 우리는 소외된다. 세상에서 이방인이 된다. 이처럼 세상으로부터 격리되었다는 느낌을 카뮈는 "부조리absurd-ity"라고 부른다. 바로 이 느낌이 자살을 숙고하게 만든다. 그러나 우리 대다수는 세상에 애착하기 때문에 계속 산다. 우리는 습관적으로 산다.

하지만 자살이 삶의 부조리에 대한 해결책일까? 삶이 부조리하다고 믿게 된 사람들에게 자살은 단 하나의 정직한 대답이다. 사람은 자신의 믿음에서 우러난 행동을 해야 한다. 물론 행동이 항상 믿음에서 나오는 것은 아니다. 어떤 사람들은 자살을 옹호하면서도 계속 산다. 반면에 삶이 유의미하다고 공언해놓고 자살하는 사람들도 있다. 그러나 대다수 사람들은 본능적으로, 철학적 숙고에 선행하는 삶의 의지로 이 세계에 애착한다. 따라서 그들은 무언가가 삶에 의미를 주리라는 희망과 살려는 본능에 기대어 자살과 의미에 대한 질문들을 피해 간다. 그러나 삶의 반복성은 다시 부조리를 의식하게 한다. 카뮈의 말을 들어보자. "잠자리에서 일어나기, 시내 전차, 사무실이나 공장에서 보내는 네 시간, 점심 식사, 네 시간의 노동, 식사, 잠, 월요일, 화요일, 수요일, 목요일, 금요일, 토요일 … "21 결국 자살에 대한 질문이 다시 떠오른다. 우리는 이 본질적인 질문을 직시하고 대답할 것을 강요당한다.

그럼 자살의 귀결인 죽음은 어떨까? 죽음에 대해서 우리는 아무것도 모른다. "내 안에 있는 이 마음heart을 나는 느낄 수 있다. 나는 그것이 존재한다고 판단한다. 마찬가지로 나는 이 세계를 만질 수 있고 이 세계가 존재한다고 판단한다. 나의 앎은 거기에서 끝난다. 나머지는 창작이다."22 뿐만 아니라 나는 나 자신도 잘 모른다. "나의 것인 바로 이 마음은 나에게 영영 정의할 수 없는 대상으로 남을 것이다. 나의 존재에 대한 나의 확신과 내가 그 확신에 부여하려 애쓰는 내용 사이의 간극은 끝내 메워지지 않을 것이다. 나는 영원히 나 자신에게 이방인일 것이다 … "23 우리는 우리가 느낀다는 것을 안다. 그러나 우리 자신에 대한 앎은 거기에서 끝난다.

그렇다면 삶의 부조리는 우리가 우리 자신과 세계의 의미에 대한 앎을 가질 능력이 없는데도 그 앎을 욕망한다는 사실에서 비롯된다. "부조리한 것은 명확함을 향한 이 비합리적이며 야성적인 열망이다.

그 열망의 목소리가 인간의 마음속에서 메아리친다."²⁴ 세계는 유의미할 수도 있다. "그러나 나는 내가 그 의미를 모른다는 것과 지금 당장 그 의미를 아는 것이 나에게 불가능하다는 것을 안다."²⁵ 의미를 알려는 욕망과 그 앎의 불가능성 사이의 긴장은 우리가 발설할 수 있는 단 하나의 중요한 진실이다. 사람들은 신앙으로 도약하고 싶은 유혹을 받는다. 그러나 정직한 사람들은 삶의 의미를 이해하지 못한다고 대답할 것이다. 그들은 "어디에도 기대지 않고 사는 법"²⁶을 터득할 것이다. 이 말에 담긴 의미의 큰 부분은, 사람이 어떤 고귀한 목적을 위해서 살 필요가 없다는 것이다. 이런 의미에서 우리는 자유롭다. 부조리에 맞서서 어디에도 기대지 않고 우리가 살 수 있는 최선의 삶을 산다. 우리의 처지를 자각하면서 우리는 우리의 자유를 실행하고 부조리에 반역한다. 이것이 우리가 할 수 있는 최선이다.

인간의 처지의 본질을 시시포스의 신화만큼 명확하게 보여주는 이야기는 없다. 신들의 저주를 받은 시시포스는 산꼭대기로 바위를 굴려 올린다. 그러면 바위는 다시 아래로 굴러 내려간다. 시시포스는 이 무의미한 노동을 영원히 계속해야 한다. 그의 죄는 경미해 보였다. 그러나 그는 지하세계의 어둠과 대비되는 자연세계를 선택했고, 그것만으로도 신들의 분노를 사기에 충분했다. "그가 신들을 깔본 것, 죽음을 증오한 것, 삶을 열망한 것 때문에 그는 말로 표현할 수 없는 벌을 받았다. 그 벌이 집행되는 동안, 존재 전체가 무無를 성취하기 위해 투입된다."²⁷ 시시포스는 영원한 고통을 형벌로 받았다. 카뮈는 시시포스의 고난과 그가 자신의 노동이 부질없음을 알고 틀림없이 느꼈을 절망을 묘사한다.

그러나 시시포스가 다시 산을 내려가는 대목에서 카뮈는 시시포스의 다른 면모를 본다. 그가 자신의 운명을 의식하는 것은 비극이다. 그러나 그 의식은 시시포스로 하여금 신들을 경멸할 수 있게 해주고, 그 경멸은 약간의 만족감을 준다. 비극과 행복은 짝꿍이다. 이것이 우리가 받아들여야 하는 세계의 실상이다. 운명은 우리의 삶에 목적이 없다고 비난하지만, 우리는 우리의 반응의 주인이 될 수 있다. 운명이 아무것도 가져갈 수 없도록 말이다. "그때부터 주인이 없는 이 우주는 그에게 황량하지도 않고 허무하지도 않게 느껴진다. 그 바위의 원자 각각, 어둠이 충만한 그 산의 광물 각각이 그 자체로 세계를 이룬다. 높이를 향한 몸부림 그 자체만 해도 사람의 마음을 채우기에 충분하다. 우리는 시시포스가 행복하다고 상상해야 한다."**28**

요약 삶은 본질적으로 무의미하고 부조리하지만, 우리는 그런 삶에 반항할 수 있고 우리 나름의 행복을 어느 정도 발견할 수 있다. 사실상 카뮈가 던지는 질문은, 삶의 부조리를 받아들이는 것과 (희망을 주는 형이상학적 명제들을 받아들임으로써) 부인하는 것 사이에 세 번째 대안이 있는가 하는 것이다. 우리는 삶이 유의미하다는 희망 없이, 그러나 자살을 부르는 절망도 없이 살 수 있을까? 대안이 있는 듯하다. 우리는 반항하면서 나아갈 수 있다. 우리는 신앙 없이, 희망 없이, 의지할 곳 없이 살 수 있다. 그러면서 행복할 수 있다.

토머스 네이글 : 허무주의에 대응하는 것으로서 아이러니

토머스 네이글Thomas Nagel(1937-)은 뛰어난 미국 철학자이다. 수많은 논문과 책을 썼고 현재 뉴욕대학 철학 및 법학 교수이며, 1980년부터 뉴욕대학에서 가르쳐왔다.

〈부조리The Absurd〉(1971)에서 네이글은 왜 사람들은 때때로 삶이 부조리하다고 느끼는가라는 질문을 제기한다. 예컨대 때때로 사람들은 지금 우리가 하는 어떤 일도 먼 미래에는 중요하지 않기 때문에 삶은 부조리하다고 말한다. 그러나 이 생각은 먼 미래의 어떤 일도 지금은 중요하지 않다는 귀결로 이어진다고 네이글은 지적한다. "특히, 100만 년 뒤에는 우리가 지금 하는 일이 중요하지 않을 것이라는 점이 지금은 중요하지 않다."²⁹ 더 나아가 설령 우리가 지금 하는 일이 먼 미래에 **중요하더라도**, 우리의 현재 활동이 부조리하다는 것을 어떻게 막을 수 있겠는가? 바꿔 말해, 만일 우리의 현재 활동이 부조리하다면, 그 활동이 먼 미래에 중요하더라도 그 활동은 유의미하기 어렵다. 어떤 활동이 먼 미래에 중요할지 여부가 중요하려면, 그 활동이 지금 중요해야 하니까 말이다. 또 내가 지금 하는 일이 100만 년 뒤에는 중요하지 **않을** 것이라고 내가 단언한다면, 다음 두 가지 중 하나가 성립한다. a) 나는 내가 모르는 미래에 대해서 무언가 안다고 주장하는 것이다. 또는 b) 나는 증명하고자 하는 바 ― 내가 하는 일이 미래에는 중요하지 않으리라는 것 ― 를 간단히 전제로 삼는 것이다. 그러므로 진짜 질문은 우리의 활동이 지금 중요한지 여부다. 먼 미래에 대한 언급은 이 질문의 대답에 도움이 되지 않는 듯하다.

다음으로 우리가 광활한 우주의 미세한 한 구역에서, 또는 기나긴 시간의 한 부분에서 살기 때문에, 우리의 삶이 부조리하다는 주장을 살펴보자. 네이글은 이 두 조건이 삶을 부조리하게 만들지 않는다고 주장한다. 왜냐하면 설령 우리가 영원히 살거나 우주를 채울 만큼 크다고 하더라도, 만일 우리의 삶이 부조리하다면, 우리의 삶이 부조리하다는 사실은 변함이 없을 것이기 때문이다. 또 다른 논증은 죽음을 언급한다. 모든 것이 끝난다는 사실을 언급하면서, 우리의 활동은 궁극적 목적을 가지지 못한다는 결론을 끌어낸다. 이에 대응하여 네이글은, 우리가 살면서 하는 많은 일은 그 순간의 정당화 외에 다른 정당화를 필요로 하지 않는다고 말한다. 배가 고프면, 나는 먹는다! 더 나아가 정당화가 항상 또 다른 정당화로 이어져야 한다면, 우리는 무한 역진에 빠질 것이다. 간단히 말해서 무릇 정당화는 어딘가에서 끝나야 제구실을 하므로, 삶에서도 정당화는 끝나는 편이 더 낫다. 네이글은 지금까지 언급한 논증들이 타당하지 않다고 결론지으면서도 이렇게 덧붙인다. "그러나 그 논증들은 진술하기 어렵지만 기본적으로 옳은 어떤 것을 표현하려고 노력한다고 나는 믿는다."[30]

네이글이 보기에 우리 삶의 부조리의 본질은 우리가 주관적 관점에서 삶에 부여하는 중요성과 객관적으로 우리의 삶이 얼마나 불필요하게 보이는가 사이의 간극이다. "우리가 우리의 삶을 대하는 진지함과 우리가 진지하게 대하는 모든 것을 부조리나 의심 가능한 것으로 간주할 가능성의 항존 사이의 충돌"[31]을 네이글은 지적하는 것이다. 삶에서 완전히 탈출하지 않는 한, 우리의 자부심과 실재의 본성의 충돌에서 비롯되는 부조리를 해소할 길은 없다. 이 분석을 떠받치는 두 개의 논점은 1) 우리가 삶을 얼마나 진지하게 대하는가 2) 어떤 특정한 관점에서 우리의 삶이 얼마나 하찮게 보이는가 하는 것이다. 첫째 논점의 증거, 곧 우리가 삶을 매우 진지하게 대한다는 증거는 우리가 살면서 애써 계획하고 계산하고 염려한다는 사실이다.

평범한 개인이 자신의 외모, 건강, 성생활, 감정적 솔직함, 사회적 효용, 자기에 대한 앎, 가족, 동료, 친구와의 유대, 직업적 성취 등에 얼마나 공을 들이는지, 세계를 이해하고 세상이 어떻게 돌아가는지 알기 위해 얼마나 힘을 쓰는지 생각해보라. 인간으로서 삶을 꾸려가는 일은 모든 사람이 수십 년 동안 몰두하는 전업專業이다.[32]

둘째 논점은 삶이 과연 가치 있는가라는 질문 앞에서 우리 모두가 하는 고민을 기반으로 삼는다. 대개 우리는 한동안 고민하다가 그냥 생각을 멈추고 삶을 이어간다.

이 두 논점의 충돌에서 비롯되는 부조리를 피하기 위해 우리는 우리의 역할을 통해서 삶에 의미를 부여하려 애쓴다. "우리 자신보다 더 큰 무언가 안에서 … 사회, 국가, 혁명, 역사의 발전, 과학의 진보, 종교, 신의 영광을 위한 활동에서"[33] 우리가 맡은 역할을 통해서 말이다. 그러나 우리의 삶이 이런 더 큰 맥락에 참여함으로써 유의미해질 수 있으려면, 그 맥락 자체가 유의미해야 한다. 바꿔 말해 우리는 우리 삶의 의미에 의문을 품을 수 있는 것처럼 그 더 큰 맥락의 의미에 의문을 품을 수 있다. 그렇다면 의미의 정당화를 위한 우리의 노력은 어디에서 종결될까? 네이글에 따르면, 그 노력은 우리가 종결을 원할 때 종결된다. 우리는 그 노력을 삶의 경험들에서, 또는 신의 계획에 참여하는 것에서 종결할 수 있다. 그러나 어디에서 종결하든 간에, 그 종결은 임의적이다. 이 모든 것이 유의미할까라는 의문을 일단 품기 시작하면, 어떤 대답이 제시되더라도 우리는 항상 또 다시 '이 대답은 유의미할까?'라고 물을 수 있다. "근본적인 의심은 일단 시작되면 잠재울 수 없다."[34] 세계의 의미에 대한 의심을 해소해줄 수 있는 그런 세계는 상상 불가능하다.

더 나아가 네이글은, 우리의 삶을 반성해보면, 삶이 정말로 중요한 다른 것들과 비교할 때 하찮다는 결론은 나오지 않는다고 주장한다. 오히려 우리의 삶은 정말로 중요한 다른 것들과 관련해서만 중요하다는 결론이 나온다. 따라서 우리가 한걸음 물러나 우리의 삶을 반성할 때, 우리는 우리가 삶의 의미에 대해서 품은 자부심과 더 큰 관점 — 이 관점에서는 어떤 의미의 기준도 발견할 수 없다 — 을 대조하게 된다.

네이글은 부조리에 대한 자신의 입장을 인식론적 회의주의에 빗댄다. 회의주의는 사유의 한계를 알아챔으로써 사유의 한계를 뛰어넘는다. 그러나 우리의 믿음들과 그것들을 위해 제시된 정당화들로부터 한걸음 물러났을 때, 우리는 실재가 나타나는 방식과 어떤 대안적인 실재를 대비하지 않는다. 회의주의는 우리가 실재를 모른다는 것을 함축한다. 이와 유사하게, 삶에서 한걸음 물러났을 때, 우리가 정말로 중요한 것을 발견하는 건 아니다. 우리는 현상을 당연시하는 것과 마찬가지로 삶을 당연시하면서 계속 살 뿐이다. 그러나 변화가 아예 없는 것은 아니다. 회의주의에서 우리는 계속 외부세계가 존재한다고 믿고, 네이글의 입장에서 우리는 계속 진지하게 삶을 추구하지만, 이제 우리는 아이러니와 체념으로 가득 찬다. "그것들[우리가 중시하는 것들]의 기초가 되는 자연적 반응들을 버릴 수 없기 때문에 우리는 그것들을 다시 취한다. 마치 다른 이와 달아났던 배우자가 돌아오기로 결심하는 것과 같다. 그러나 우리는 그것들을 다른 시각으로 본다 … "[35] 우리의 진지함의 아이러니에 대해서 이성이 무슨 말을 하든지 간에, 우리는 계속 우리의 삶에 노력을 투입한다.

우리의 삶에서 한걸음 물러나 우주적 관점에서 그 삶을 바라보는 우리의 능력은 우리의 삶을 더욱 부조리하게 보이도록 만든다. 그렇다면 우리에게 어떤 선택지들이 있을까? 1) 우리는 이런 초월적 물러남을 거부할 수 있겠지만, 이는 그런 초월적 관점의 존재를 인정하는 것과 마찬가지일 터이며, 그 관점은 항상 우리 곁에 있을 것이다. 따라서 우리는 그 초월적 물러남을 의식적으로 거부할 수 없다. 2) 우리는 주관적 관점(우리의 세속적 삶)을 버리고 우리를 객관적 관점과 완전히 동일시할 수 있겠지만, 그러려면 개인으로서의 자신을 매우 진지하게 대해야 할 터이므로, 주관성을 피하려는 노력 자체가 위태로워질 수 있다. 3) 우리는 우리의 동물적 본성에만 반응함으로써, 비록 무의미하더라도 최소한 초월적 관점을 의식하는 사람들의 삶보다는 덜 부조리한 삶을 성취할 수 있을 것이다. 그러나 이 선택지는 틀림없이 심리적 대가를 요구할 것이다. "그리고 바로 그것이 부조리의 주요 조건이다. 이 선택지는 설득되지 않은 초월적 의식을 인간의 삶과 같은 일시적이고 유한한 업무에 종사하도록 강요하는 것에 다름 아니다."[36]

그러나 우리 삶의 부조리가 해결해야 할 문제라거나 우리가 마땅히 카뮈의 반항으로 대응해야 한다고 느낄 필요는 없다. 오히려 네이글은 부조리를 알아채는 것이 "우리의 가장 고등하고 흥미로운 특징의 발현"[37]이라고 여긴다. 부조리의 인식은 오직 사유가 자기 자신을 초월하기 때문에 가능하다. 그리고 우리의 참된 처지를 알아채면, 우리의 운명을 원망하거나 벗어날 이유가 없어진다. 요컨대 네이글은 우리의 삶을 아이러니로 간주하라고 조언한다. 진지하게 대할 것이 전혀 없는데도 우리가 우리의 삶을 진지하게 대한다는 것은 간단히 말해 아이러니다. 이것은 우리의 기대와 실재 사이의 불일치다. 하지만 객관적 관점에서 아무것도 중요하지 않다는 점은 결국 중요하지 않다. 따라서 우리는 우리 삶의 부조리에 그저 킬킬거리는 웃음으로 대응해야 한다.

요약 삶은 객관적 의미가 없고, 우리가 삶에 의미를 부여할 수 있다고 생각할 근거도 없다. 그럼에도 우리는 계속 살면서 반항이나 절망이 아니라 아이러니한 미소로 대응해야 한다. 삶은 사람들이 한때 짐작했던 만큼 중요하고 유의미하지 않지만, 이것은 슬퍼할 일이 아니다.

웨스트팔과 체리 : 네이글에 대한 비판

햄프셔 칼리지의 겸임교수 조너선 웨스트팔 Jonathan Westphal은 하버드 대학에서 학사학위, 서식스 대학에서 석사학위, 런던 대학에서 박사학위를 받았다. 크리스토퍼 체리Christopher Cherry는 잉글랜드 캔터베리 소재 켄트 대학의 명예 선임연구원이다. 이들이 1990년에 발표한 논문 〈삶은 부조리한가?〉는 영향력이 큰 네이글의 연구, 특히 삶은 부조리하다는 그의 주장을 비판한다.[38]

저자들은 우선, 우리가 외적인 관점을 채택하여 모든 인간사의 가치를 의문시해야 하는 이유를 네이글이 제시하지 않았다고 지적한다. 더 중요한 것은, 네이글의 비판이 일부 가치들에는 적용되지 않는다는 점이다. 웨스트팔과 체리는 음악에 몰입한 사람을 예로 든다. 그런 개인은 음악이 무가치하다는 생각을 품을 수 없고, 음악에 대한 그들의 몰입은 외적인 관점을 무너트린다. 당신은 바흐의 음악에 감동하면서 동시에 그 음악이 무의미하다고 주장할 수 없다. 실제로 이 음악적 경험을 참되게 서술하는 유일한 길은 그 음악의 주관적 감정적 가치를 서술하는 것이다. 우리가 바흐의 브란덴부르크 협주곡들이 마음을 편하게 해준다거나 조화롭다고 말할 때, 이 말은 내적인 관점에서 나온 평가이며, 외적인 관점에서는 이 평가를 이해하거나 부정할 수 없다.

그런데 이 분석은 음악에만 적용되는 것이 아니다. 우리가 인간적이고 진실한 삶을 고찰할 때, 그 삶을 폄훼하거나 무의미하게 만드는 외적인 관점에 연연할 이유가 있겠는가? 실제로 많은 사람들은 뽐내는 태도 없이 살며, 음악이나 미술이나 문학이 객관적으로 가치 있다고 주장하지 않는다. 따라서 외적인 관점에 의해 부정되어야 할 허세나 자부는 없다. 열심히 나비를 수집하는 사람이나 오랜 세월 동안 별을 관찰하는 천문학자를 생각해보라. 이들에게서는 뽐냄이나 영원한 관점의 흔적조차 없다. 이런 사람들은 그저 감정적으로 몰입할 뿐이다.

네이글은 아이러니를 해결책으로 내놓는데, 웨스트팔과 체리는 그 해결책이 뉴욕 지식인에게는 설득력이 있을지 몰라도 다른 많은 사람들에게는 그렇지 않다고 주장한다. 차라리 영원한 관점을 그냥 무시하고서, 맛있는 음식을 먹고, 재미있게 놀고, 흠이 너무 심각한 형이상학을 치유하는 비법이라고 주장한 주사위놀이를 하는 편이 더 낫지 않을까? 아니면 흥미로운 놀이나 일에 몰두하든지 말이다. 삶은 반항이나 경멸이나 아이러니 같은 거창한 반응을 요구하지 않는다. 그런 반응들 대신에 그냥 주관적으로 음악이나 테니스에 몰입하는 편이 더 낫지 않을까? 이런 몰입은 영원한 관점과 거리가 한참 멀다.

요약 우리의 열망 및 자부심과 영원한 관점에서 본 실재 사이에 부조화는 없다. 눈앞의 일에 몰두할 때, 우리는 영원한 관점이 우리와 무관하며 그 관점을 무시할 수 있음을 발견한다.

월터 스테이스 :
허무주의에 만족으로 대응하기

　　　　　　　　　월터 테런스 스테이스Walter Terence Stace(1886-
1967)는 영국 공무원, 교육자, 철학자이며 헤겔과 신비주의에 관한
글을 썼다.《어둠에 맞선 인간Man Against Darkness》(1948)에서 스테이
스는 오늘날 세계가 혼란스러운 상태에 처한 이유는 신에 대한 믿음
과 종교의 상실에 있다고 주장한다. 이 같은 종교적 신앙의 상실은
우리를 우울하게 한다. 왜냐하면 윤리를 건설하기 위한 발판이 사라
진 것이기 때문이다. 그러나 다른 한편으로 스테이스는 사르트르와
러셀에게 동의한다. 신들은 없고, 도덕의 원천도 없으며, 우리가 사
는 우주는 목적이 없고 우리의 가치에 무관심하다. 그러므로 인간에
게는 오직 스스로 창조한 가치들만 있을 수 있다.

　종교의 영향이 쇠퇴한 원인은 근대 과학에 있다. 그러나 어떤 특정
한 과학적 발견을 그 원인으로 지목할 수는 없다. 오히려 종교적 믿음
을 허문 것은 과학의 정신과 전제들이다. 갈릴레오와 뉴턴이 퍼뜨린
과학적 세계관은 천상의 세계에서 최종인final cause과 목적의 개념을
제거함으로써 18세기 회의주의로 가는 길을 열었다. 본질적으로 서
양 문명은 우주적 질서, 계획, 목적의 개념에 등을 돌리는 중이었다.
그때 이후 천문 현상은 우리가 예측하고 통제할 수 있는 유형의 원인
들을 통해 이해되었고 "세계에 내재하는 목적의 개념은 무시와 기피
를 당했다." 이 맥락에서 스테이스는, 자연은 "단지 물질이 끝도 의미
도 없이 벌이는 호들갑"[40]이라는 화이트헤드의 말을 인용한다.

　이 말은 서양 사상의 근본적 단절을 생생히 증언한다. 갈릴레오 이

전의 사람들은 세계에 목적이 있다고 믿었지만, 그 이후의 많은 사람들은 그렇지 않다고 믿었다. 이렇게 우주에서 목적이 퇴출된 것은 문화에서 종교의 우위가 마감되었음을 알려주는 핵심 사건이다. 모든 것이 헛되다고 여겨지는 세계에서는 종교가 살아남을 수 없으니까 말이다. 과학은 우리를 이유가 없는 세계에 던져놓았다. "만물이 궁극적으로 비합리적이라는 믿음은 이른바 근대정신의 본질이다."[41]

종교적 관점의 쇠퇴에서 나온 또 하나의 귀결은 도덕의 몰락이었다. 도덕이 인류를 초월한 곳에 닻을 내릴 수 없다면, 도덕은 우리 자신의 발명품일 수밖에 없다. 그러나 인간들은 제각각 욕망과 취향이 다르므로, 도덕적 상대주의는 불가피하다. 이런 도덕철학은 홉스에 이르러 처음으로 꽃을 피웠고, 칸트 등의 노력에도 불구하고, 도덕의 객관적 토대는 사라졌다. 간단히 말해서 도덕적 상대주의는 갈릴레오가 최초로 명확히 한 세계관 — 최종인이 없고 따라서 무의미한 세계 — 의 귀결이다.

과학적 세계관의 또 다른 귀결은 자유의지에 대한 믿음의 상실이다. 일단 인과 사슬의 개념을 이해하면, 인간의 행동이 월식과 마찬가지로 예측 가능하다고 보는 숙명론에 도달하는 것은 작은 한걸음으로 충분하다. 철학자의 미묘한 논증들로 결정론을 반박할 수도 있겠지만, 다양한 유형의 결정론에 대한 믿음 — 인간이 거대한 우주적 드라마에 출연하는 꼭두각시라는 믿음 — 은 근대정신에 깊이 침투했다.

현재의 상황에 대응하여 철학자들은 일반인이 이해하기 어려운 미묘한 논증들을 개발했다. 종교 지도자들은 종교를 되살리려 노력해왔지만, 그들의 호소는 거대하고 무관심한 우주에 익숙한 근대인들을 감동시키지 못한다. 과학 이전의 종교로 복귀할 것을 요구하는 목소리는 결국 누구도 귀담아 듣지 않을 것이다. 세계는 그 요구에 응하기에는 너무 많이 성장했다. 또한 과학도 우리를 구원하지 못할 것이다. "과학은 목표를 성취하는 최선의 수단은 가르쳐줄 수 있어도 어떤 목표를 추구해야 할지는 결코 말해줄 수 없다."[42] 대중은 "인간 외부의 우주에 영성도, 가치에 대한 존중도 없다는 진실, 하늘에 친구가 없다는 진실, 인간을 위한 도움이나 위로는 유형을 막론하고 없다는 진실을 직시해야" 한다.[43]

이 진실이 알려지기 이전에 우리가 이를 은폐한 것은 정당한 행동이었을 수도 있지만, 지금은 너무 늦었다. 우리는 우주가 선하고 도덕적이며 어떤 계획을 따른다는 환상 없이 사는 법을 배워야 한다. 종교와 합목적적 우주에 대한 환상 없이 선하고 온당한 도덕적 삶을 사는 법을 배울 필요가 있다. "진정으로 문명화한다는 것은 이제껏 우리를 지탱해온 이런저런 유치한 꿈들에 의지하지 않아도 똑바로 걷고 명예롭게 살 수 있게 된다는 것을 뜻한다."[44] 그런 삶은 완벽하게 행복하지는 않겠지만 "어쩔 수 없는 것을 겸허히 받아들이고, 불가능한 것을 기대하지 않으며, 작은 행운에 감사하며 사는 그 삶은 꽤 만족스러울 수 있다."[45] 인류는 성장해야 한다. 유치한 환상들을 떨쳐버리고 "위대한 목표와 고귀한 성취를 위해"[46] 애써야 한다.

요약 객관적 의미는 존재하지 않지만, 우리는 만족하면서 고귀하게 살 수 있다.

조엘 파인버그 :
허무주의를 거의 끌어안기

          조엘 파인버그Joel Feinberg(1926-2004)는 미국의 정치철학자이자 사회철학자였다. 개인의 권리와 국가의 권위에 관한 연구로 유명하며, 미국의 법적 지형이 형성되는 데 기여했다. 브라운 대학, 프린스턴 대학, 로스앤젤레스 소재 캘리포니아 대학, 록펠러 대학, 애리조나 대학에서 가르쳤으며, 1994년에 애리조나 대학에서 은퇴했다.

   〈부조리한 자기충족Absurd Self-Fulfillment〉(1992)에서 파인버그는, 시시포스가 강제당하거나 중독되어서 바위를 굴린 것일 수 있다는 리처드 테일러의 주장을 고찰하는 것으로 말문을 연다(테일러는 다음 장에서 다룰 것이다). 신들이 마치 걷거나 말하기처럼 바위 굴리기를 시시포스의 본성 중 한 부분으로 만들었다고 가정해보자. 또한 바위 굴리기는 시시포스의 유전적 본성에 근본적으로 포함된 무언가를 표현하므로, 그가 그 행동에서 자기충족을 얻는다고 해보자. 시시포스의 노동은 대개 부조리하다고 여겨지는데, 그 이유는 그것이 어떤 성과도 산출하지 못하는 무의미한 노동이라는 것에 있다. 철학자들은 이 문제에 대해서 다양한 반응을 내놓았다. 비관론자들은 모든 삶이 부조리하다면서 경멸, 절망, 냉소 등으로 반응한다. 낙관론자들은 삶이 부분적으로나 전체적으로 충족될 수 있으며 따라서 좋다고 생각한다. 그들은 희망, 만족, 긍정적 수용 등으로 반응한다. 부조리와 자기충족은 다르지만, 삶은 시시포스의 바위 굴리기처럼 부조리한 동시에 자기충족적일 수 있다고 파인버그는 주장한다. 그는 이렇게 묻는다. 부조리와 자기충족은 어떤 관계일까? 양자가 양립할 수 있을까?

파인버그가 보기에 개인의 삶에서 **부조리**의 특징들은 다음과 같다. 1) 명백히 틀린 믿음들에 못지않은 극단적 비합리성. 혹은 수단과 목표, 전제와 결론, 또는 자부하는 바와 실상 등의 두 항목 사이의 부조화 또는 불일치. 2) 네이글이 말한, 우리의 삶에 대한 주관적 관점과 객관적 관점의 충돌. 네이글의 부조리는 시시포스와 무관하지만, 시시포스의 신화에 그 부조리를 추가하면 그가 처한 상황의 부조리가 가중될 것이다. 3) 무의미성: 의미 또는 요점이 없는 활동들. 4) 부질 없음: 의미는 있지만 목표를 달성할 수 없는 활동들. 5) 하찮음: 하찮은 이익을 산출하지만 노력을 투입할 가치가 없는 활동들. 요컨대 삶의 부조리한 요소들은 다음과 같은 다섯 개의 범주로 분류된다. 1) 무의미성 2) 하찮음 3) 부질없음 4) 네이글의 부조리 5) 불일치 혹은 비합리성. 무릇 인간의 삶이 부조리하다는 주장과 관련해서 파인버그는 테일러, 카뮈, 네이글이 말하는 부조리의 의미를 고찰한다.

테일러가 보기에 삶은 부조리(무의미)하다. 왜냐하면 우리의 반복적인 활동이 결국 어떤 성취에도 이르지 못하기 때문이다. 설령 우리가 무언가를 성취하더라도 — 이를테면 대성당을 짓더라도 — 부조리가 상쇄되지는 않는다. 결국엔 모든 것이 무로 돌아가고, 우리의 모든 성취는 소멸할 테니까 말이다. 하지만 부조리하지 않은 존재는 과연 어떠할까? 이 질문은 중요하다. 왜냐하면 부조리하지 않은 존재가 어떠한지 모른다면 우리는 부조리한 상황과 대비할 기준을 확보하지 못할 것이기 때문이다. 테일러는 우선, 부조리하지 않은 삶이란 시시포스가 영구적이며 아름다운 신전을 짓는 것과 유사할 거라고 제안한다. 그러나 100만 년 후의 관점에서 보면, 모든 삶은 무의미하고 모든 성취는 일시적일 듯하다. 어떤 성취도 무의미를 극복하지 못한다. 따라서 신전 건축으로 부조리를 제거할 수는 없을 성싶다. 그럼 신들의 배려로 시시포스가 신전 건축을 완성하고 자신의 성취에 감탄한다면 어떨까? 그러면 시시포스는 영원히 지루함에 빠질 터이므로 이것 역시 부조리하다고 테일러는 주장한다. 파인버그는 시시포스가 자신의 성취를 만끽한 다음에 죽을 수 있다고 제안한다. 그러면 지루함을 견디지 않아도 된다는 것이다. 심지어 신들이 그와 그의 신전을 영원히 보존할 수 있다면, 더욱 더 좋을 것이라는 것이 파인버그의 생각이다. 그러나 이에 대응하여 테일러는 마지막 경우에도 시시포스는 더 할일이 없어서 지루할 것이라고 받아칠 수 있다. 아무것도 성취하지 못하든지, 아니면 성취한 뒤에 지루함을 느끼든지, 둘 중 하나다. 결국 테일러에게는 생각해볼 수 있는 모든 삶이 부조리하다.

카뮈가 보기에 인간은 우주적 질서, 자신이 하는 노동의 중요성, 지적인 삶을 원한다. 그러나 삶은 질서가 없고 우리의 업적을 파괴하며 우리에게 낯설다. 한마디로 우리가 원하는 것들 — 우리를 배려하는 우주, 우리와 연결된 우주, 우리가 그 안에서 불멸하는 우주 — 은 정확히 우리가 가질 수 없는 것들이다. 우리가 얻는 것은 죽음뿐이다. 인간이 원하는 것들 — 가장 중요한 것은 불멸 — 과 인간이 얻는 것 — 죽음 — 사이의 이러한 대립이 부조리의 출처다. 일해서 번 돈으로 음식을 사먹고 또 일하는 끝없는 순환도 부조리하다. 이 활동들이 그 자체로 가치 있다고 볼 수도 있겠지만, 카뮈는 우리가 이 모든 활동을 어쩔 수 없이 한다고 주장한다. 게다가 많은 동물들의 삶도 부조리하다. 동물들은 번식하고 나서 죽는다. 동물들의 삶은 종의 존속 외에 다른 이유를 가지지 않는 듯하다. 인간의 삶도 이와 비슷하지 않을까? 이 예들은 "삶의 어떤 부분이나 기간에 대한 정당화도 무한정 미뤄지므로, 삶은 무의미하다"[47]는 것을 보여준다. 우리는 B를 위해 A를 하고, C를 위해 B를 하는 식으로 무한정 어떤 다른 것을 위해서 현재의 활동을 한다. 부조리에 대한 카뮈의 대응은 반란, 반항, 그리고 최선을 다해 살기다. 왜냐하면 우리의 본성이 원하는 바 — 명료한 이해와 불멸 — 와 우리가 얻을 수 있는 미미한 것 사이에는 항상 간극이 있을 것이기 때문이다. 카뮈는 자기충족을 "자신의 부조리를 끊임없이 절실하게 의식하기"[48]로 이해할지도 모른다. 우리는 우리가 처한 상황의 부조리를 알아챔으로써 우리 자신을 충족시킨다고(실현한다고) 말이다.

네이글이 보기에 부조리는 우리가 우리 자신을 보는 진지한 관점과 우리를 사소하게 보는 보편적 관점 사이의 불일치에서 유래한다. 파인버그가 지적하듯이, 네이글에 따르면 생쥐의 삶도 그 생쥐 자신에게는 부조리하지 않을 수 있겠지만 우리의 관점에서 보면 부조리하다. 네이글은 우리의 삶도 마찬가지라고, 내면에서 보면 중요한 듯하지만 외부에서 보면 부조리하다고 주장한다. 파인버그는 이 생각을 부조리한 사람, 즉 자신의 중요성을 잘못 평가하는 사람과 부조리한 상황, 즉 개인이 처한 상황의 속성을 구분함으로써 설명한다. 언급한 세 저자가 세부적으로 어떻게 다르든 간에, 그들 모두에게 삶은 부조리하다. 테일러에게는 우리의 성취가 존속하지 못하고 노력한 만큼 성과가 나오지 않기 때문에 그렇고, 카뮈에게는 우주가 우리의 욕구에 무관심하기 때문에 그렇고, 네이글에게는 우리가 자부하는 바와 실상이 충돌하기 때문에 그렇다.

이제 파인버그는 새로운 유형의 부조리를 도입한다. 이 부조리는 개인이 처한 상황과 개인 스스로 자신이 처했다고 생각하는 상황이 다를 때 발생한다. 예컨대 만일 시시포스가 바위 굴리기를 중요하게 생각했다면, 그는 자신의 처지를 통탄할 만큼 착각한 것이다. 우리는 모두 스스로 생각하는 자신의 중요성보다 훨씬 덜 중요하다. 그러므로 우리는 우리 자신을 너무 진지하게 대하지 말아야 한다. 그럼에도 파인버그는 ― 비록 삶의 일부 요소들은 부조리하지만 ― 모든 삶이 부조리하다는 논증들은 설득력이 없다는 결론을 내린다. 삶에는 부조리한 요소도 있고 그렇지 않은 요소도 있는 듯하다는 것이다.

자기충족에 대한 파인버그의 견해는 이러하다. 평범한 의미에서 자기충족의 모형은 최소한 네 개가 있다. 1) 자신의 희망이나 욕망을 충족시키기. 2) 자신의 목표를 달성하기. 3) 일을 마무리하기. 4) 본성에 따라 행동하기, 또는 잠재력을 실현하기. 철학자들이 주로 주목해온 것은 이 마지막 모형이다. 그래서 자신의 본성을 충족시키지 못했다는 것은 흔히 삶을 허비했다는 뜻으로 간주된다. 반면에 삶을 충족시킨다는 것은 흔히 자신의 본성적 재능을 활용한다는 것으로 정의된다. 이제 파인버그는 신들이 시시포스의 본성을 어떻게 설정했다면 그가 바위 굴리기를 통해 자신의 본성을 충족시켰을지 따져본다. 시시포스는 1) 바위 굴리기에 취미가 있었을 수 있다. 2) 그 활동에 특별한 재능이 있었을 수 있다. 3) 그 활동을 하려는 본능이 있었을 수 있다. 4) 그 활동을 하려는 욕구가 있었을 수 있다. 5) 테일러의 말마따나, 그 활동을 향한 강박적 충동이 있었을 수 있다. 파인버그에 따르면, 신들이 시시포스의 본성을 어떻게 설정했든지 간에, 그의 삶은 충족될 수 없을 듯하다. 왜냐하면 신들이 시시포스의 삶을 확정하고 그에게 재량권을 주지 않기 때문이다. "만일 그가 재량 활동 없이 자신의 본성을 충족시킬 수 있다면, 사실상 그는 다른 종의 본성을 떠맡은 것이다."[49] 반면에 신들이 시시포스에게 그의 방식으로 그 일을 하라고, 바위를 굴릴 때 재량을 발휘하라고 말했다면, 비록 그의 삶은 여전히 무의미할지라도, 그는 자기를 충족시킬 수 있을 것이다. 요컨대 삶은 부조리한 동시에 자기충족적일 수 있다.

이제 파인버그는, 외부에서 보기에 하찮은 무언가에서 개인이 자기충족을 느낀다면, 이것이 문제가 될까라는 질문을 던진다. 어떤 사람이 탁구를 즐기고 탁구 동호인들과 교제한다고 해보자. 만일 그 성향이 그의 본성에서 나온다면, 그는 아마도 탁구를 치면서 자기충족을 느낄 것이다. 그런데 또 어떤 사람은 탁구를 좋아하지만 함께 탁구를 칠 상대나 다른 동호인을 만나지 못해서 대신에 매주 철학 토론 모임에 나가지만 지루함을 느낀다고 해보자. 이 사람의 삶은 충족되지 않은 듯하다. 객관적인 관점에서 보면 철학 토론도 나쁘지 않겠지만 — 철학은 탁구보다 더 중요할 수도 있다 — 그 사람에게는 실제로 나쁘다. 그는 철학을 좋아하지 않고 탁구를 좋아하니까 말이다. 하루 종일 탁구공을 치는 것은 객관적으로 부조리하더라도, 그는 본성적으로 그 활동을 즐긴다. 그에게는 이런 식으로 자신의 본성을 충족시키는 것이 좋다. 탁구를 치려는 욕망이 그의 본성이니까 말이다. 더 나아가 자기충족은 자기애를 필요로 한다. "자기애의 가장 참된 표현은 자신이 좋아하는 것을 향한 헌신이며, 이것이 자신의 본성의 충족이다. 비록 그 본성이 부조리하더라도 말이다."[50] 요컨대 자기충족이 중요하다. 자기충족이 없으면 자기애를 가질 수 없고, 자기애가 없으면 자기충족을 이룰 수 없다.

우리의 삶은 내면에서 보면 부조리하지 **않지만** — 우리에게는 목표들과 목적들이 있다 — 외부에서 보면 부조리할 수도 있다. 외부에서 보면 부조리하다고 우리가 판단하는 삶, 즉 결국 아무것도 이루지 못할 삶의 충족에 대해서 우리는 어떤 태도를 취해야 할까? 파인버그는 그 태도를 "우주적 태도cosmic attitude"로 명명한다. 우주적 태도란 우리가 온 우주를 대하는 태도다. 파인버그는 아이러니가 적절한 태도라는 네이글의 견해에 동의한다. 아이러니는 "초연하게 불일치를 알아채는 태도다 … 진지함과 장난스러움 사이의 중간에 해당하는 마음가짐이다."[51] 유머를 환영하듯이 이 불일치를 환영할 수 있으며, 이 불일치에 일종의 달콤쌉싸름한 맛이 있다고 파인버그는 주장한다. 우리는 눈물, 분노, 장난이 아니라 "지친 미소"로 대응해야 한다고 그는 말한다. 요컨대 비관론 — 모든 삶이 무가치하다는 입장 — 도 낙관론 — 모든 삶이 가치 있다는 입장 — 도 보증되지 않았다. 좋은 삶을 살고 나서 카뮈, 테일러, 네이글을 고찰하니, 파인버그는 우주적 농담 앞에 절로 웃음이 난다. "이제 그는 낑낑거리는 소리나 으르렁거리는 소리 대신에 아이러니한 미소를 띠고 죽을 수 있다."[52]

요약 객관적 의미는 존재하지 않는다. 우리는 우리의 본성에 맞게 행동함으로써 주관적 의미를 발견할 수 있다. 우리의 삶은 자기충족적인 동시에 부조리할 수 있다. 우리가 할 수 있는 것은 이 허무주의적 사태를 아이러니한 미소를 띠고 수동적으로 받아들이는 것뿐이다. 파인버그는 네이글보다 조금 더 나아가서 허무주의를 거의 끌어안는다.

사이먼 크리츨리 :
허무주의를 긍정하기

사이먼 크리츨리Simon Critchley(1960-)는 영국에서 태어나 1988년에 에식스 대학에서 박사학위를 받았다. 그는 《뉴욕타임스》의 철학 칼럼 〈더 스톤The Stone〉을 담당하는 관리자이자 기고자다. 또한 현재 뉴욕 시 소재 뉴스쿨 대학The New School for Social Research 철학과 교수이며 학과장이다.

최근의 저서 《거의 없는 아주 조금 Very Little Almost Nothing》에서 크리츨리는 허무주의에 대한 다양한 대응을 논한다. 예컨대 이런 반응들이 거론된다. a) 근대성을 이해하지 못하는 종교적 원리주의자를 비롯해서 문제를 직시하기를 **거부하는** 사람들. b) 문제를 부르주아 지식인들의 관심사로 여기면서 **개의치 않는** 사람들. c) 자신이 하는 어떤 일도 중요하지 않음을 알기에 허무주의를 **수동적으로 받아들이는** 사람들. d) 상황을 개선할 수 있다는 희망을 품고 **능동적으로** 허무주의에 **대항하는** 사람들.[53] 크리츨리는 허무주의를 극복하려 애쓰는 모든 견해 — 철학, 종교, 정치, 또는 예술에서 구원을 얻으려는 기획 — 를 거부하고 허무주의를 끌어안는, 또는 단호히 긍정하는 반응을 선택한다. 크리츨리가 보기에 의미를 묻는 질문은 인간의 유한성에서 의미를 발견할 수 있느냐는 질문이다. 왜냐하면 인간의 유한성을 외면한 대답은 모두 공허하기 때문이다. 그리하여 그는 "인간적 유한성의 궁극적 의미는 우리가 유한자의 유의미한 충족을 발견할 수 없다는 것이다."[54]라는 놀라운 생각에 이른다. 그러나 유한성에서 의미를 발견할 수 없다면, 허무주의를 그냥 수동적으로 받아들여야 하지 않을까?

크리츨리는 허무주의를 단지 받아들이는 것 이상의 일을 해야 한다고 대답한다. 우리는 "무의미성을 성취로, 과업이나 추구할 목표로 … 어떤 구원 이야기의 장밋빛 안경도 끼지 않은 평범함이나 일상의 성취로"[55] 단언해야 한다. 이런 식으로 우리는 허무주의 문제를 회피하지 않고 정말로 직시한다. 크리츨리는 이렇게 말한다.

세계는 너무 쉽게 의미로 채워지고, 우리는 경쟁하는 — 종교적, 사회경제적, 과학적, 기술적, 정치적, 미학적, 또는 철학적 — 구원 이야기들의 무게에 짓눌려 질식할 위험에 처한다. 그렇게 우리는 허무주의를 극복하려는 열광적 욕망에 휩싸여 허무주의 문제를 간과한다.[56]

크리츨리는 극작가 사무엘 베케트를 거론하며 자신의 취지를 설명한다. 베케트의 작품은 "이 구원 이야기들의 근본적 파괴창조de-creation, 평범함의 성취로서의 무의미성을 향한 접근, **구원으로부터의 구원**"[57]을 우리에게 제공한다. 구원 이야기들은 문제를 일으키는 공허한 담론이다. 파스칼의 말마따나 침묵하는 편이 더 낫다. "모든 인간의 비참함은 방 안에 혼자 조용히 앉아있을 수 없다는 것에서 비롯된다." 구원 이야기로부터 구원을 받으면, 그다음에는 무엇이 남을까? 크리츨리의 저서 제목이 일러주듯이, 아주 조금 … 거의 아무것도 남지 않는다. 그러나 모든 것을 잃는 것은 아니다. 우리는 평범함에서 유래하는 행복을 알 수 있다.

크리츨리는 시인 윌리스 스티븐스의 "사물의 꾸밈없는 의미the plain sense of things"[58]라는 표현에서도 유사한 통찰을 발견한다. 스티븐스의 유명한 시 〈아이스크림의 황제The Emperor of Ice Cream〉는 장례식을 배경으로 삼는다. 한 방에는 아이스크림과 환락이 있고, 다른 방에는 시체가 있다. 아이스크림은 식욕을, 물질적인 것을 향한 강한 욕망을 나타내고, 시체는 죽음을 나타낸다. 전자가 후자보다 더 낫다. 그리고 이것이 삶과 죽음에 대해서 우리가 할 수 있는 이야기의 전부다. 동물적 삶은 존재하는 최선의 것이며 죽음보다 더 낫다 — 평범함은 가장 비범하다.

크리츨리는 손턴 와일더의 유명한 희곡 〈우리 읍내〉를 또 다른 예로 든다. 이 작품은 평범한 사람들의 삶과 죽음을, 평범한 것들의 경이로움을 찬양한다. 작품 속에서 젊은 에밀리 깁스는 출산 중에 사망하여 사후세계에 있다가 하루 동안 세계로 돌아가고 싶다는 소망을 이룰 기회를 허락받는다. 그러나 돌아온 그녀는 현실을 참아낼 수 없다. 지상의 사람들은 자신을 둘러싼 아름다움을 의식하지 못한 채 산다. 그녀는 떠나면서 세상의 모든 평범한 것들에게 작별인사를 건넨다. "똑딱거리는 시계들아, 먹을거리와 커피야, 새로 다린 드레스와 따뜻한 목욕물아, 안녕. 잠들기와 깨어나기도 이젠 안녕."[59] 사는 동안 우리가 평범한 것들의 아름다움을 간과한다는 것은 비극이다. 에밀리는 실망하지만, 우리는 깨닫는다 — 우리는 비범한 평범함의 진가를 알아보고 긍정해야 마땅하다. 어쩌면 이것이 허무주의에 대한 최선의 대응일 것이다. 허무주의로부터 교훈을 얻어 무의미성에서 의미를 발견하는 것, 허무주의에도 불구하고 우리가 행복을 발견할 수 있음을 깨닫는 것 말이다.

요약 우리는 의미의 철학들을 거부하고 허무주의를 긍정해야 하며, 그럼에도 삶이 제공하는 쾌락들을 만끽해야 한다.

밀란 쿤데라 :
참을 수 없는 허무주의

크리츨리가 옹호하는 것은 말하자면 삶을 **가볍게** 대하는 태도다. 어쩌면 우리는 삶을 너무 진지하게 대하지 말고 삶이 제공하는 감각적(또는 기타) 쾌락을 즐기면서 모든 **무거운** 의미의 철학들을 배척해야 할 것이다. 하지만 이 해법은 만족스러울까? 이것은 밀란 쿤데라가 소설《참을 수 없는 존재의 가벼움》에서 던지는 근본적인 질문이다. 밀란 쿤데라 Milan Kundera(1929-)는 체코에서 태어나 1975년에 프랑스로 망명하여 살다가 귀화한 작가다. 체코슬로바키아에서 그의 책들은 1989년에 벨벳 혁명 Velvet Revolution으로 공산정권이 무너질 때까지 금서였다.

쿤데라는 니체가 말한 영원회귀의 의미를 묻는 것으로 소설의 첫머리를 연다. 영원회귀란 이미 일어난 모든 일이 무한정 반복되리라는 생각을 담은 개념이다. 물론 니체에 대한 해석으로 보기는 어렵지만, 쿤데라는 이렇게 말한다. "뒤집어 생각하면, 영원회귀의 신화가 말하는 바는 돌아오지 않고 영영 사라져버리는 삶은 그림자와 같다는 것이다. 무게가 없고, 이미 죽었다는 것. 그 삶이 끔찍했든, 아름다웠든, 숭고했든 간에, 그 끔찍함, 숭고함, 아름다움은 무의미하다는 것이다." [60]

쿤데라가 보기에 단 한 번 사는 삶은 일종의 가벼움, 하찮음, 또는 중요하지 않음을 속성으로 가졌다. 반대로 만일 모든 것이 무한정 반복된다면, 우리의 삶과 선택에 엄청난 무게가 부여될 것이다. 그는 삶의 무거움과 가벼움을 이렇게 대비한다. "영원한 회귀가 가장 무거운

짐이라면, 우리의 삶은 온갖 찬란한 가벼움으로 그 짐을 견뎌낼 수 있다. 하지만 정말로 무거움은 개탄스럽고 가벼움은 찬란할까?"[61]

쿤데라는 이렇게 대답한다. "가장 무거운 짐은 우리를 짓누른다. 우리는 아래로 가라앉고, 짐은 우리를 바닥에 고정한다. 그러나 … 짐이 무거울수록, 우리의 삶은 땅에 더 접근한다. 더 실재적이고 진실하게 된다. 거꾸로 짐의 절대적 부재는 사람을 공기보다 더 가볍게 만든다. 사람이 높은 곳으로 치솟고, 땅과 자신의 현세적 존재를 떠나고, 반만 실재하게 되는 결과, 사람의 행동이 자유로운 만큼 하찮게 되는 결과를 가져온다."[62]

가벼운 삶은 곧 하찮은 삶이어서 문제다. 모든 일이 단 한 번만 일어난다면, 전혀 일어나지 않는 것과 마찬가지일 것이다(이 대목에서, 삶의 덧없음이 삶의 중요성을 허문다는 쇼펜하우어의 지적이 오싹하게 떠오른다). 문제는 우리가 우리의 삶과 결정의 하찮음을 참을 수 없다고 느낀다는 점이다. 이것이 참을 수 없는 존재의 가벼움이다. 객관적 의미가 부재하는 세계에서 우리는 허무주의를 받아들여야 한다. 물론 우리가 마치 우리의 행동이 영원히 반복될 것인 양 행동한다면 허무주의를 피할 수 있겠지만, 그러면 우리의 행동과 선택의 무게가 우리를 짓누를 것이다. 뿐만 아니라 삶과 관련해서 무겁거나 영원한 것은 존재하지 않는다.

이런 난감한 문제들에도 불구하고 쿤데라의 소설 속에서 사랑의 무게를 추구하는 인물들은 결국 행복을 얻는 반면, 사랑의 무게를 추구하지 않는 인물들은 참을 수 없는 존재의 가벼움에 시달린다. 이 대비는 결국 무게가 더 나음을 시사하지만, 쿤데라에게 회귀는 없고 영원한 것도 없다. 더구나 혹시 회귀와 영원이 있다면, 우리의 삶과 선택은 너무 짐스러울 것이다. 어쩌면 쿤데라가 지어낸 인물들 중 일부가 사랑을 발견한다는 사실로 충분할 것이다. 그러나 궁극적으로는 그 사실이 어째서 궁극적으로 중요한지 이해하기 어렵다. 왜냐하면 궁극적으로 중요한 것은 없으니까 말이다. 결론적으로 의식을 가진 존재들에게 허무주의는 참인 동시에 참일 수 없다.

요약 무거운 삶은 가식적이며 우리를 짓누른다. 가벼운 삶은 참을 수 없다.

다양한 허무주의에 대한 논평

고통과 죽음은 삶의 의미를 강하게 반박한다. 허무주의의 도전은 오늘날의 개인들과 문화에 이로운 도전일 수도 있다. 예컨대 종교적 형이상학을 채택함으로써 허무주의를 배척하거나 부정하는 것은, 그런 형이상학 등의 시스템들이 과연 진리인지 의심할 이유가 충분히 있는 한에서, 철학적으로 문제가 있다고 우리는 주장했다. 그러나 허무주의를 받아들이는 것은 자기반박적이거나 쓸모없거나 양쪽 다이다. 허무주의를 긍정함으로써 의미를 발견하는 것은 용감한 대응이지만 결국 허무주의를 받아들이는 것과 그리 다르지 않다. 그러므로 여전히 질문들이 남아 있다. 왜 그리 쉽게 포기할까? 허무주의를 끌어안음으로써 우리는 무엇을 얻을까?

카뮈의 시시포스는 반항에서 행복을 발견했다고 하지만, 그것은 한낱 낭만적 이야기가 아닌지 의심해볼 필요가 있다. 네이글과 파인버그의 아이러니도 위로를 제공하지 못한다. 그들은 단지 수동적인 수용을 권고할 뿐이다. 어쩌면 우리는 의미와 모든 구원 이야기들을 단번에 배척하고 이 세계의 쾌락과 기쁨에서 비범한 평범함을 만끽해야 할지도 모른다. 하지만 우리가 정말로 그렇게 할 수 있을까? 〈우리 읍내〉에서 와일더는 그렇게 할 수 없다고 주장한다. 사는 동안에 삶의 진가를 알아보기는 너무 어렵다는 것이다. 사람들이 사는 동안에 매순간 삶의 진가를 알아볼 수 있느냐고 에밀리가 묻자, 내레이터가 이렇게 대답한다. "아니. 성자와 시인이라면 어쩌면 알아볼 거야. 그래, 어느 정도 알아보지."[80] 하지만 설령 허무주의를 긍정할 수 있더라도, 이것이 만족스러운 해법일까? 우리는 크리츨리를 가벼운 삶의 옹호자로 생각한다 해도 쿤데라는 그런 삶은 참을 수 없다고 받아친다. 어쩌면 무거운 삶보다 더 참을 수 없다고 말이다.

이로써 우리는 막다른 곳에 이르렀다. 허무주의는 거대한 어둑서니처럼 서 있고, 우리의 대응들 중 어떤 것도 완벽한 해법이 아니다. 허무주의를 배척하는 것은 지적으로 정직하지 않은 선택인 듯하고, 수동적으로 받아들이는 것은 숙명론인 듯하며, 카뮈처럼 능동적으로 밀쳐내는 것은 부질없는 듯하고, 끌어안는 것은 무의미한 듯하며, 깨닫고 인정하는 것은 참을 수 없는 일인 듯하다. 유일한 진로는 ─ 만일 우리가 허무주의의 판결을 받아들이고 싶지 않다면 ─ 다른 대응들을 모색하는 것이다. 이제 그 대응들을 살펴볼 차례다.

5

자연주의: 주관적 의미

철학의 가치는 알고 보면 다름 아니라 철학의 불확실성에서 주로 찾아야 한다. 철학에 전혀 물들지 않은 사람은 상식에서 유래한 선입견들, 또래나 민족의 습관적 믿음에서 유래한 선입견들, 신중한 이성의 협조나 동의 없이 그의 정신 속에서 성장한 신념에서 유래한 선입견들에 속박된 채로 산다. 그런 사람에게는 세계가 확정적이고 유한하며 명백해지는 경향이 있다. 통상적인 대상들은 질문을 유발하지 않으며, 낯선 가능성들은 업신여김과 배척을 당한다. 반면에 우리가 철학하기 시작하면, 곧바로 우리는 … 가장 일상적인 것들조차도 오직 매우 불완전한 대답만 가능한 문제들로 이어진다는 것을 발견한다. 철학은 철학 자신이 일으키는 의심들에 대한 참된 대답이 무엇인지 확실히 알려주지 못하지만 많은 가능성들을 제안하여 우리의 생각을 확장하고 관습의 독재에서 해방시킬 수 있다. 요컨대 철학은 사태가 무엇인지 확실히 안다는 느낌을 감소시키는 대신에 사태가 무엇일 수 있는지에 대한 앎을 대폭 증가시킨다. 철학은 해방적인 의심의 영역에 발을 들인 적 없는 사람들의 약간 오만한 독단론을 제거하고, 익숙한 사태를 낯선 측면에서 보여줌으로써 경이를 느끼는 우리의 감각이 살아있게 해준다.

- 버트런드 러셀

생물은 도공이 주무르는 진흙이나 음악가가 연주하는 하프가 아니다. 생물은 스스로 형상화하는 진흙이다.

- 에드워드 스튜어트 러셀

내가 삶에서 어떤 만족을 얻고 왜 계속 일하느냐고 당신이 묻는다고 해보자. 나는 암탉이 계속 알을 낳는 이유와 똑같은 이유로 계속 일한다. 모든 생물에게는 불명확하지만 강력한, 능동적으로 활동하려는 충동이 있다. 삶은 살아낼 것을 요구한다. 비활동은, 폭발적인 활동들 사이에 회복을 위한 수단으로서의 비활동을 제외하면, 고통스럽고 생물의 건강에 위험하다 — 아니, 비활동은 거의 불가능하다. 오직 죽어가는 생물만이 진정으로 게으를 수 있다.

— 멩켄

당신은 이제껏 당신 자신의 삶을 속속들이 숙고하고 관리할 수 있었는가? 우리의 위대하고 찬란한 걸작은 적당히 사는 것이다.

— 미셸 드 몽테뉴

나는 운명이 우리를 어떤 위대한 결말로 이끄는지 모를뿐더러 그다지 관심도 없다. 그 결말보다 훨씬 더 전에 나는 내 몫을 다 하고 내 문장들을 다 발설하여 세상에 넘겨주었을 것이다. 내가 어떻게 내 몫을 할지가 나의 유일한 관심사다. 내가 삶이라고 불리는 이 위대하고 경이로운 상승 운동의 불가결한 한 부분이며 그 어떤 것도, 전염병도, 신체적 고난도, 우울도, 감옥도 내 몫을 앗아갈 수 없다는 앎이 나의 위로, 나의 영감, 나의 보배다.

— 오언 미들턴(1932년에 종신형 판결을 받고 나서)

모든 사람에게 타당한 황금률은 없다. 모든 이는 각자 어떤 특수한 방식으로 구원받을 수 있는지를 스스로 알아내야 한다.

— 지그문트 프로이트

자연주의와
주관적 의미

이제껏 살펴본 대답들이 완벽하게 만족스럽지는 않다는 전제하에서 이제 우리는, 의미란 당신이 우연히 마주치거나, 누군가에게서 받거나 찾아내는 무언가가 아니라 당신이 만들거나 발명하거나 창조하는 무언가라는 생각을 살펴보려 한다. 이 생각은 아마도 이 시대의 철학자들 사이에서 가장 큰 호응을 얻는 듯하다. 이 입장을 채택하면, 초자연적 실재가 존재하지 않더라도 삶은 유의미할 수 있다. 하지만 오직 개인들이 자연 세계에서 진행되는 자신의 삶에 의미를 **부여할 때**만 그러하다. 그러므로 주관주의자들은 삶의 의미가 당사자의 욕망, 태도, 관심, 소망, 선호 등에 따라 달라지며 불변의 의미 기준은 없다고 믿는다. 개인이 어떤 대상을 유의미하게 여기는 만큼 그 대상은 그 개인에게 유의미하다는 것이다. 바꿔 말해 의미는 인간의 정신에 의해 구성되며 개인마다 다르다는 것이 주관주의자들의 입장이다.

장 폴 사르트르 :
주관적 의미에 대한 고전적 진술

장 폴 사르트르Jean Paul Sartre(1905-1980)는
프랑스의 실존철학자, 극작가, 소설가, 시나리오 작가, 정치 활동가,
평전 저자, 문학평론가였다. 그는 20세기 프랑스 철학, 특히 마르크
스주의를 대표하는 인물들 중 하나였으며 또한 문학과 철학 분야의
실존주의에서 핵심 인물이었다. 사르트르는 여성주의 작가이자 사회
이론가 시몬 드 보부아르와의 오랜 개인적 관계로도 유명했다. 그는
1964년 노벨문학상 수상자로 선정되었으나 그 상을 거부했다.

유명한 대중 강연 〈실존주의는 휴머니즘이다〉(1946)에서 사르트르
는 자신의 실존철학의 요점들을 제시하고 실존철학과 삶의 의미를 묻
는 질문 사이의 관계를 논한다. 그는 공산주의자들이 그의 철학을 부
르주아적이라고 비판한다는 언급으로 말문을 연다. 그의 철학이 천박
하고 아름다움을 모르며 주관적이라고 비판하는 사람들도 있다. 기독
교도들은 도덕적 상대주의라는 이유로 그의 철학을 배척한다. 이에
대응하여 사르트르는 실존주의는 **존재(실존)가 본질에 선행한다**는 원칙
을 기초로 삼는다고 해명한다. 우리가 어떤 본질을 발현하든 간에, 그
보다 먼저 우리의 구체적이고 주관적인 실존이 선행한다는 것이다.

이 생각을 더 명확히 설명하기 위해 사르트르는 종이 자르는 칼과
같은 인공물을 예로 든다. 종이 자르는 칼의 본질 ― 편지봉투를 여는

기능 — 은 그것의 존재에 선행한다. 장인은 그 인공물이 존재하기 전에 그 본질을 마음속에 품는다. 신을 인간의 창조자로 간주할 때, 우리는 이와 유사하게 추론하는 것이다. 즉, 먼저 신이 우리의 본질을 마음속에 품은 다음에 우리를 인간의 본성에 맞게 창조했다고 추론하는 것이다. 그러나 사르트르의 무신론적 실존주의는 정반대의 생각을 옹호한다. 우리 인간의 경우에는, 우리의 존재가 본질에 선행한다. 왜냐하면 우리에게 본질을 부여할 신은 존재하지 않으며, 우리는 우리가 무엇이 될지를 자유롭게 선택하기 때문이다. 장인에 의해 제작되는 의자나 탁자와 달리 우리는 우리 자신이 제작해야 하며, 우리가 창조한 본질에 대한 책임은 오로지 우리에게 있다.

이 책임은 우리의 결정에 동반되는 고뇌와 짝을 이룬다. 우리는 어떤 행동을 해야 하는지 전혀 모르지만 행동해야 한다. 더구나 신들이나 객관적 도덕적 지침이 없으므로, 홀로 선택하고 선택을 책임지고, 선택에 동반된 고뇌를 감내해야 한다. 요컨대 우리는 우리의 자유에서 탈출할 수 없다. 변명할 수 없다. 어머니 곁에 머물기와 밖으로 나가 나치와 싸우기 중에 하나를 선택하려 할 때, 인간 본성에 관한 이론이나 객관적 도덕적 가치들은 도움이 되지 않는다. 우리는 그냥 우리의 자유를 실행하여 선택하고 그에 따른 책임과 고뇌를 받아들여야 한다.

실존주의적 입장의 첫째 장점은 무릇 철학의 유일하게 확실한 출발점인 개인의 의식을 출발점으로 삼는다는 것이다. 둘째, 인간을 대상으로 만드는 대신에 주체로 존중하므로 인간 존엄과 조화를 이룬다. 개인은 예술가이거나 도덕적 행위자다. 개인이 예술을 창조하거나 도덕적 삶을 살 때, 그를 이끌 선험적 규칙들은 존재하지 않는다. 우리는 타인이 한 선택을 이유로 그를 심판하지 말아야 한다. 단, 그가 교리나 교설 뒤에 숨지 않는다는 ─ 자신의 자유를 부정하지 않는다는 ─ 전제하에서 그러하다.

결론적으로 인간다움이란 자신이 가치와 의미의 단독 제정자라는 것을 인정함을 의미하며, 사르트르가 보기에 이것은 무신론의 논리적 귀결이다. 또한 설령 신들이 존재하더라도 마찬가지다. 여전히 인간은 가치와 의미가 있는 삶을 위하여 자기 나름의 가치와 의미를 창조해야 할 것이다.

요약 인간은 미리 존재하는 본질에 부합하는 인공물이 아니다. 인간은 자기 나름의 의미를 창조하기로 자유롭게 선택해야 하는 주체다.

쿠르트 바이어 : 신을 배제한 주관적 의미

쿠르트 바이어Kurt Baier(1917-2010)는 오스트리아의 도덕철학자로서 1952년에 옥스퍼드 대학에서 박사학위를 받았다. 그는 경력의 대부분을 피츠버그 대학에서 보냈고 영향력이 큰 저서 《도덕적 관점》을 썼으며 20세기 후반기의 가장 중요한 도덕철학자들 중 하나로 꼽힌다.

1957년의 강연 〈삶의 의미〉에서 바이어는, 중세 기독교인들은 자신을 우주적 드라마의 중심으로 여겼고 그들에게 삶의 의미는 영원한 천국의 행복을 누리는 것이었으므로 톨스토이가 말한 '의미의 위기'를 전해 들었더라도 도통 이해할 수 없었을 것이라고 주장한다. 그러나 근대과학의 세계관은 이런 중세적 관점과 충돌한다. 지구와 인간은 태양계의 중심이 아니며, 우주의 나이는 고작 6000년이 아니라 100억 년이 넘는다. 충돌은 훨씬 더 깊은 층위에서도 일어난다. 기독교의 관점에서 신은 "일종의 슈퍼맨이다 … 말하자면 극작가 겸 입법자 겸 판사 겸 집행자의 역할을 한다."[1] 이런 신이 대본을 쓰고 규칙을 정하고 위반자를 처벌한다. 이 관점에 따르면, 겉보기에는 그렇지 않더라도 만물은 최선의 결과를 위해 존재하며, 인간은 창조자를 숭배하고 공경하고 찬양하며 창조자에게 순종해야 한다. 그러나 과학이 등장하면서, 우주를 신 없이 설명하는 편이 더 낫고 신뢰할 만하게 되었다. 그리하여 교육 수준이 높은 많은 사람들은 기독교적 관점을 배척하고 개인과 우주에 의미가 없다는 결론을 내리게 되었다.

바이어의 강연문 1절 주제는 우주에 대한 설명이다. 과학과 종교의 이 같은 외견상의 충돌에 대응하여, 그 양자가 실은 상보적이라고 주장할 수도 있을 것이다. 과학은 우주의 작은 부분을 정확하게 설명하고 종교는 우주 전체를 어렴풋이 설명한다고 말이다. 의미가 없다는 결론은 이 두 가지 설명을 혼동할 때만 나온다. 과학적 설명은 실재가 어떠한지 말해주지만 왜 그러한지는 말해주지 못한다. 궁극적 설명은 대상의 목적 또는 이유를 말해주는 설명이다. 두 가지 설명이 모두 필요하고 각각의 영역에서 잘 작동하지만, 우리가 궁극의 왜 질문에 답하고자 한다면, 종교적 대답이 필요하다고 주장할 만하다.

그러나 바이어는 이런 노선을 선택하는 대신에, 과학적 설명과 종교적 설명이 모두 무한역진에 빠진다고 주장한다. 양쪽이 똑같이 불완전하다는 것이다. 우주의 원인이 신들이라는 말은, 그럼 신들의 원인은 무엇이냐는 질문을 유발할 뿐이다. 아무것도 없지 않고 무언가가 있는 이유를 신들에서 찾아야 한다는 말은, 그럼 신들이 존재하는 이유는 어디에서 찾아야 하느냐는 질문을 불러올 뿐이다. 요컨대 종교적 설명도 과학적 설명이 지닌 결함을 지녔다. 두 설명 모두 불완전하다. 그러나 종교적 설명과 달리 과학적 설명은 정확하고 반증 가능하며 완만한 개선을 흔쾌히 수용한다. 그리하여 바이어는 강연문 첫 절의 주요 결론에 도달한다. "과학적 설명은 과학 이전의 설명 못지 않게 설명 대상을 이해하게 해준다. 전자와 후자의 유일한 차이점은, 전자는 검증 가능한 귀결들을 가지며, 더 정확하게 진술되고, 그 진위를 높은 확률로 판정할 수 있다는 것이다."[2]

강연문의 2절은 존재의 목적을 다룬다. 방금 내린 결론 ─ 과학적 설명이 종교적 설명보다 더 낫다 ─ 에도 불구하고, 과학적 설명은 삶이 무의미하다는 귀결을 가져온다고 여전히 반론할 수도 있을 것이다. 실제로 인간과 지구는 창조의 중심이 아니며, 우주는 종말을 맞을 듯하며, 인간은 특별하게 창조되지 않았고, 우주 전체는 인간에게 우호적이지 않다. 이런 상황에서 인간은 삶이 끝날 때까지 얼마 안 되는 기쁨의 순간들을 움켜쥐려고 애쓴다. 과학이 설명하는 이러한 세상에서 어떤 의미를 발견한단 말인가? 중세적 세계관은 목적을 제시하는 반면, 과학적 세계관은 그렇지 않다. 혹은 그렇지 않은 듯하다.

바이어는 목적의 두 가지 의미를 구분함으로써 대응한다. 즉, 1) 사람과 사람의 행동(예컨대 자동차 공장을 짓는 것)이 가진 목적과 2) 사물이 가진 목적(자동차의 목적은 교통수단으로 쓰이는 것이다)을 구분한다. 사람들은 많은 일을 목적이나 의미 없이 한다. 예컨대 무의미한 노동을 한다. 그러나 과학적 세계관이 우리의 삶을 그런 노동처럼 여기라고 강요하지는 않는다. 오히려 우리의 목적을 달성하는 더 나은 길들을 제공한다. 둘째 유형의 목적 — 사물이 가진 목적 — 개념은 기독교적 세계관이 함축하는 것으로, 사람에게 적용할 경우, 사람을 수단으로 격하시킨다. 즉, 신이 제작한 인간이 신의 목적에 봉사한다고 본다. 뿐만 아니라 과학적 세계관이 외적인 관점에서 삶을 무의미하게 만든다는 생각으로 그 세계관을 거부하는 사람들은 그럼에도 삶은 여전히 내적인 관점에서 유의미할 수 있음을 망각하는 것이다. 그들은 "삶의 목적이 없기 때문에 삶 안에 어떤 목적도 있을 수 없다는 틀린 추론을 하는 것이다."[3]

많은 이들은 자애로운 아버지가 자신들을 굽어보고 보살핀다고 여기는 중세적 세계관을 열망한다고 바이어는 지적한다. 그러나 그는 이 세계관을 배척한다고 해서 삶이 무의미해지는 것은 아님을 강조한다. 오히려 우리는 우리 자신을 위한 의미를 발견할 수 있다. 우리는 성인이 되고 독립할 수 있다. 신의 계획의 일부가 되면 삶이 유의미하며 개인을 초월한 목적을 향해 나아간다는 것이 보증된다고 기독교도는 응수할 것이다. 하지만 신이 세계를 창조할 때 품었다는 그 고귀한 계획 혹은 목적은 무엇일까? 당장 두 가지 질문이 우리를 가로막는다. 1) 그 목적이 세상의 모든 고통을 정당화하기에 충분할 만큼 위대하다는 것이 과연 가능한 이야기일까? 2) 그 계획이 실현되는 방식에 관한 이야기는 도덕적으로 반대할 만한 생각들을 포함한다. 어떤 나무의 열매를 따먹지 말라는 명령, 그 명령을 위반한 대가로 받은 벌, 희생제의, 성스러운 예식들과 성직자들, 심판의 날, 영원한 지옥의 불에 관한 모든 이야기는 도덕적 관점에서 확실히 반대할 만하다. 바이어는 "신의 목적을 유의미하게 진술할 수 없다."[4]고 결론짓는다. 또한 신의 목적을 일관되게 진술할 수 있더라도, 그 목적은 인간이 철저히 신에게 종속할 것을 요구한다. 바이어는 이 요구가 독립적이고 자유로우며 책임을 지는 개인으로서의 인간과 조화를 이룰 수 없다고 본다.

강연문 3절의 주제는 삶의 의미다. 모든 것의 종착점이 죽음이고 낙원은 존재하지 않는다면, 어떻게 삶이 유의미할 수 있을까? 기독교적 세계관에서 삶은, 비록 인간의 타락 이후 신이 내린 저주에서 비롯된 고통으로 가득 차 있더라도, 우리가 죽은 후에 낙원에 이를 것이기 때문에 유의미하다. 그러나 우리가 삶에 가득 찬 고통을 인정하면서 사후의 삶을 부정한다면, 삶은 무의미한 것처럼 보인다. 천국이 없다면, 그 모든 고통을 견딜 이유가 없지 않은가? 바이어에 따르면, 우리가 사후의 삶을 배척한다면, 의미를 발견하는 유일한 길은 현세의 이 삶 안에서 발견하는 것이다.

당연한 말이지만, 우리는 평소에 삶을 가치 없다거나 천국에 가기 위해서 참아내야 할 어떤 것으로 생각하지 않는다. 만약에 그렇게 생각한다면, 우리는 빨리 천국에 가기 위해서 우리 자신과 친구들을 죽이려 할 테지만 신이 그런 행동을 금지했기 때문에 삶에 동반된 고통을 어쩔 수 없이 수용할 것이다. 그런데 우리 대다수는 살인을 사람에게서 어떤 가치 있는 것 — 생명 — 을 빼앗는 행위로 여긴다. 우리는 우리의 삶이 가치 있는지 여부에 대해서 어떻게 판단할까? 우리 대다수는 우리의 삶이 평균적인 삶보다 더 낫다면, 즉 가능한 최악의 삶보다 가능한 최선의 삶에 더 가깝다면, 살 가치가 있다고 여긴다. 반면에 기독교적 세계관은 삶을 어떤 완벽한 낙원과 비교하면서 신도들에게 그 낙원을 누릴 수 있다고 약속하고, 현세에서의 쾌락을 더럽고 사악한 것으로 깎아내린다. 이 대목에서 바이어는 힘주어 말한다.

이제 죽음은 전혀 중요하지 않다는 점이 아주 명백하게 드러난다. 삶이 가치 있을 수 있다면, 삶은 짧더라도 가치 있을 수 있다. 삶이 전혀 가치가 없다면, 영원한 삶은 한마디로 악몽이다. 우리가 이 아름다운 세계를 떠나야 한다는 것은 슬픈 일일 수도 있다. 그러나 오직 세계가 아름다울 때만, 세계가 아름답기 때문에 그것은 슬픈 일이다. 세계가 언젠가 종말을 맞는다고 해서 세계의 아름다움이 감소하지는 않는다. 오히려 나는 세계가 영원하다면 우리가 고마워하는 마음을 덜 품을 가능성이 있고 결국 지루함을 느낄 것이라고 생각하는 편이다.[5]

결론적으로 과학적 세계관은 이 삶에서 의미를 발견하는 데 도움이 된다. 왜냐하면 그 세계관에서는 이 삶의 가치를 완벽하게 이상화된 사후의 삶과 비교하면서 깎아내릴 필요가 없기 때문이다.

마지막 절은 결론부다. 바이어에 따르면, 전통적 종교의 관점을 거부하는 사람들은 흔히 삶이 무의미하다고 여긴다. 왜냐하면 의미의 조건이 세 가지가 있는데, 과학적 세계관은 그 조건들을 충족시킬 수 없다고 생각하기 때문이다. 그 조건들은 이러하다. 1) 우주는 이해 가능해야 한다. 2) 삶은 목적을 가져야 한다. 3) 인간의 바람들은 충족되어야 한다. 기독교도의 관점에서는 이 조건들이 충족될 수 있다. 따라서 우리는 근대과학과 양립할 수 없는 기독교적 세계관을 채택하든지, 아니면 삶이 무의미함을 받아들이든지, 둘 중 하나를 선택해야 한다는 것이 많은 사람들의 생각이다. 그러나 바이어는, 위의 세 조건이 충족되지 않아도 유의미한 삶을 살 수 있다고 주장한다. 과학적 세계관에서도 삶은 ― 우리가 부여한 ― 의미를 가진다는 것이다. 게다가 기독교적 세계관은 여러 이유에서 배척해야 한다고 바이어는 주장한다.

요약 과학은 존재를 종교보다 더 잘 설명한다. 종교는 존재에 목적을 부여하지만, 도덕적으로 반대할 만한 방식으로 그렇게 한다. 삶에 객관적 의미는 없지만, 우리는 삶에 주관적 의미를 부여할 수 있다. 종교적 세계관은 이상화된 사후의 삶을 강조하면서 현재 삶의 아름다움과 의미를 깎아내림으로써 우리의 주관적 의미 부여를 방해한다.

폴 에드워즈 :
세속적 의미로 충분하다

앞서 언급한 바 있는 폴 에드워즈가 〈삶의 의미와 가치〉(1967)에서 지적하는 바에 따르면, 많은 종교 사상가들은 삶이 유의미하려면 반드시 우리의 삶이 신의 계획의 한 부분이어야 하고 최소한 일부 사람들이 영원한 천상의 행복을 얻어야 한다고 주장한다. 비신도들은 두 부류로 나뉜다. 이런 종교적 전제들이 충족되지 않아도 삶은 유의미할 수 있다고 주장하는 이들도 있고, 그것들이 충족되지 않으면 삶은 유의미할 수 없다고 주장하는 이들도 있다. 에드워즈는 후자를 비관론자로 칭하면서 "신과 불멸에 대한 믿음을 배척하면, 비관론적 결론들이 정당화되는지 여부"[6]에 대해서 의문을 제기한다.

쇼펜하우어의 논증: 에드워즈는 우선, 삶은 오류이며 비존재가 존재보다 더 선호할 만하고 행복은 덧없고 획득 불가능하며 죽음은 최종적인 파괴라는 쇼펜하우어의 주장을 검토한다. "우리가 애쓰고 노력하고 싸우면서 추구할 가치가 있는 것은 아무것도 없다 … 모든 좋은 것들은 헛되고, 세계는 궁극적으로 파산 상태이며, 삶은 본전도 못 건

지는 사업이다."⁷ 쇼펜하우어는 쾌락과 기쁨의 덧없음을 강조함으로써 이 결론들을 강화한다. "쾌락과 기쁨은 우리의 손 안에서 사라지고, 우리는 그것들이 어디로 갔느냐고 놀라면서 묻는다 … 한순간 뒤면 존재하지 않고 꿈처럼 완전히 사라지는 것들이 진지하게 노력해서 얻을 가치가 있을 리 없다."⁸ 에드워즈는 이 비관론의 대부분은 쇼펜하우어가 외롭고 가엾고 비통한 사람이었다는 사실을 반영한다고 본다. 그러나 더 유쾌한 기질의 사람들도 유사한 결론에 도달했으므로, 쇼펜하우어를 너무 성급하게 내칠 일은 아니다.

모든 것의 무의미성: 다음으로 에드워즈는 변호사 클래런스 대로의 비관론을 간략하게 살펴본다.

> 이 지치고 늙은 세계를 아비로 삼아서 태어남과 삶과 죽음이 계속된다 … 그리고 그 모든 것이 처음부터 끝까지 맹목적이다 … 삶은 바다 위에서 모든 물결과 바람에 흔들리는 배와 같다. 어떤 항구, 어떤 피난처로도 향하지 않는, 노도 나침반도 조타수도 없이 그저 한동안 떠돌다가 파도 속으로 실종되는 배 … ⁹

삶에는 목적이 없을뿐더러, 죽음이 존재한다. "나는 친구들을 사랑한다 … 그러나 그들은 모두 비극적 종말을 맞을 수밖에 없다."¹⁰ 대로가 보기에 삶에 대한 애착은 죽음을 더 비극적으로 만든다.

이어서 그는 톨스토이를 거론한다. 죽음이라는 압도적인 사실과 우리 모두가 죽음 앞에 굴복할 수밖에 없음을 톨스토이만큼 감동적으로 서술한 사람은 어쩌면 없을 것이다. "오늘이나 내일 … 내가 사랑하는 사람들이나 나에게 병과 죽음이 찾아올 것이다. 벌레들과 악취만

남을 것이다. 나의 일들은 무엇이든지 조만간 잊힐 것이며, 나는 존재하지 않을 것이다. 그렇다면 계속 노력할 이유가 없지 않은가?"[11] 앞서 언급했듯이 톨스토이는 우리의 처지를 절벽에서 나뭇가지를 붙들고 매달린 사람의 처지에 비유한다. 아래에서는 용이 기다리고, 위에서는 흉측한 짐승이 기다리는데, 쥐들이 나뭇가지를 갉아먹는다. 그 나뭇가지에서 나오는 약간의 꿀물이 그에게 위안을 줄까? 톨스토이는 그렇지 않다고 생각한다. 삶의 궁극적 질문들에 대한 대답이 없는 한에서 삶의 작은 기쁨들에 위로받기를 거부하는 그는 자신의 처지에 대응하는 방법이 네 가지뿐이라고 판단한다. 1) 무지한 상태로 머문다. 2) 삶에 희망 없음을 받아들이면서도 삶의 쾌락에 참여한다. 3) 자살한다. 4) 진실을 알지만 마음이 약해서 어쨌거나 삶에 매달린다. 톨스토이에 따르면, 첫째 대응책은 의식 있는 사람에게 맞지 않다. 그는 둘째 대응책도 거부한다. 왜냐하면 쾌락이 너무 적은데다가 다른 사람들은 누리지 못하는 쾌락을 누리려면 "도덕적 둔감함"이 필요하기 때문이다. 톨스토이는 강한 사람들이 삶을 더는 살 가치가 없음을 깨달았을 때 선택하는 셋째 대응책을 존중한다. 넷째 대응책은 삶을 끝낼 힘과 합리성이 부족한 사람들을 위한 것이다. 톨스토이는 자신이 이 부류에 속한다고 생각했다.

에드워즈는 이렇게 묻는다. 비관론자와 마찬가지로 종교를 거부하지만 우울한 결론에 이르지 않는 사람들도 있을까? 에드워즈는 비관론자의 주장들 — 행복은 얻기 어렵고 덧없다는 것, 삶은 변덕스럽다는 것, 죽음은 우리의 계획을 망쳐놓는다는 것, 이 모든 것이 우리의 삶에 그늘을 드리운다는 것 — 이 무척 일리가 있으며 우리가 이 주장들을 충분히 근거 있다고 간주해야 한다고 인정한다. 그러나 그렇다고 해서 대로와 톨스토이처럼 삶은 무의미하다는 결론을 내려야 할까?

삶과 죽음의 가치를 비교한다는 것: 에드워즈는 비관론자의 논증들이 일관적이지 않음을 지적하는 것으로 대답의 운을 뗀다. 예컨대 흔히 비관론자는 죽음이 삶을 종결시키기 때문에 나쁘다고 주장하는데, 이는 삶이 가치 있다고 말하는 것과 같다. 삶이 가치 없다면, 삶의 종결은 나쁘지 않을 테니까 말이다. 바꿔 말해서 삶이 가치 없다면 ─ 이를테면 삶의 당사자가 끝없는 고통에 시달린다면 ─ 죽음은 좋은 사건일 것이다. 삶은 죽음이 명확히 닥치기 전까지만 가치 있다고 논증할 수도 있겠지만, 이 논증 역시 결함이 있다. 강박적인 사람은 늘 죽음이 명확히 닥쳤다고 여길 테니까 말이다. 더 나아가 죽음이 삶보다 더 낫다거나 우리가 태어나지 않았더라면 더 좋았을 것이라는 주장은 앞뒤가 맞지 않는 듯하다. 우리는 아는 대상들을 비교할 ─ 이를테면 A가 B보다 더 나은 과학자나 피아니스트라고 판단할 ─ 수 있다. 그러나 비관론자의 주장대로 사후의 삶이 없다면, 우리는 죽음을 경험할 수 없고, 따라서 삶과 죽음의 비교는 무의미하다.

먼 미래의 무의미성: 또한 에드워즈는 삶의 의미를 "먼 미래"에서 찾으려는 사람들을 비판한다. 영원한 삶이 유한한 삶보다 더 의미 있을지 여부는 불분명하다는 것이 그의 견해다. 영원한 천상의 행복은 무슨 의미가 있을까? 만일 미래의 천상의 행복이 정당화를 필요로 하지 않는다면, 현세에서의 행복도 정당화할 필요가 없지 않을까?

먼 미래는 가치 판단과 관련해서도 등장한다. 에드워즈에 따르면, 우리가 무언가를 내재적 가치가 없다고 여길 때, 혹은 그것을 다른 좋은 것과 비교할 때, 그것이 가치 있느냐는 질문은 이치에 맞는다. 그러나 내재적 가치가 있다고 여겨질뿐더러 다른 좋은 것과 상충하지 않는 무언가에 대해서 그것이 가치 있느냐고 묻는 질문은 이치에 맞지 않는다. 예컨대 치과에서 겪는 통증이 가치 있느냐는 질문은 유의미하다. 왜냐하면 그 통증은 우리가 일반적으로 즐기는 경험이 아니기 때문이다. 그러나 행복이나 사랑에 대해서 그런 질문을 던지는 것은 옳지 않다. 왜냐하면 우리는 이 경험들을 내재적으로 가치 있다고 여기기 때문이다. 더 나아가 에드워즈는 먼 미래가 대다수 사람들의 관심사와 무관하다고 본다. 우리는 대개 현재나 가까운 미래에 관심이 있다는 것이다. 100년 후에는 당신과 치과의사가 모두 고인이 되어 있을 것이라 하더라도, 이로부터 당신이 지금 받는 치과 치료가 무의미하다는 결론을 도출할 수는 없다.

사라진 과거: 어떤 이들은 과거가 영영 사라진다는 사실에서 삶의 무가치성이 비롯된다고 주장한다. 과거가 영영 사라진다는 것은 과거가 전혀 존재하지 않았던 것과 마찬가지라는 뜻이다. 또 어떤 이들은 현재의 사소한 일들이 과거의 가장 중요한 사건들보다 더 중요하다고 주장한다. 첫째 주장에 대해서 에드워즈는 만일 현재만 중요하다면, 과거의 쾌락이 무의미한 것과 마찬가지로 과거의 슬픔도 무의미하다고 응수한다. 둘째 주장에 대해서는, 그 주장이 그로서는 동의하지 않는 가치 판단일 뿐이라고 지적한다. 비관론자는 세월의 흐름과 과거의 부재를 한탄할지 몰라도, 낙관론자는 실현되지 않은 잠재성과 대비되는 현실에서 자부심을 느낄 수 있을 것이다. 하지만 에드워즈는 과거가 현재보다 덜 가치 있다는 주장에 일리가 있음을 인정한다. 병자나 노인에게 그들이 과거에 건강했다는 사실은 거의 위로가 되지 않는다는 점은 그 주장을 뒷받침하는 증거다. 따라서 과거와 현재의

가치 비교는 논쟁해볼 만한 사안이다.

에드워즈의 논지를 요약하면 이러하다. 1) 삶과 죽음의 가치 비교는 합리적이지 않다. 2) 먼 미래의 경험이 삶의 가치를 보장해주지는 않는다. 3) 내재적으로 가치 있는 것들이 정말로 가치 있느냐는 물음은 이치에 맞지 않는다. 4) 사라진 과거는 삶의 의미에 이렇다 할 영향을 미치지 못한다. 결론적으로 비관론자들의 논증은 확실한 설득력이 없다.

"삶의 의미"의 의미들: 신과 불멸을 배척한다고 해서 꼭 비관적 결론이 나오는 것은 아니라면, 혹시 낙관론을 품을 근거는 있을까? 신이나 불멸 없이 삶의 의미가 존재할 수 있을까? 이 질문들에 답하기 위해서 에드워즈는 다음과 같은 바이어의 구분을 언급한다. 1) 위대한 드라마에서 우리의 역할이 있을까? 혹은 만물에 객관적 의미가 있을까? — 이 질문이 거론하는 의미를 에드워즈는 우주적 의미라고 부른다. 2) 내부에서 혹은 주관적으로 볼 때 우리의 삶은 의미가 있을까? — 에드워즈에 따르면, 이 질문은 '**지상적 의미**'를 거론한다. 개인의 삶이 **당사자에게** 유의미하다는 주장은 쉽게 할 수 있다. 반면에 삶이 우주적 의미를 가진다는 주장을 정당화하기는 어렵다. 이때 주목해야 할 점은 이것이다. 개인의 삶이 지상적 의미를 가진다는 것은 그 삶이 좋음을 함축하지 않는다. 개인은 삶의 목표를 좋은 살인자가 되는 것으로 정하고 그 목표를 성취할 수도 있을 것이다. 그러나 쉽게 알 수 있듯이 그런 삶은 좋지 않다.

우주적 의미를 배척하기는 — 즉, 비관론을 주장하기는 — 충분히 쉽지만, 우주적 의미의 배척이 지상적 의미의 제거를 가져오지는 않는다. 우주적 계획은 존재하지 않지만 나 자신의 지상적 삶은 유의미하다는 입장은 전혀 비일관적인 것이 아니다. 많은 개인들이 초자연적 믿음 없이 그런 의미를 성취했다. 뿐만 아니라 우주적 의미의 존재는 지상적 의미를 거의 보장하지 못한다. 내 삶이 따라야 할 계획이 있다 하더라도, 내가 그 계획을 알고, 믿고, 실현하기 위해 노력해야 할 것이다.

인간의 삶은 과연 살 가치가 있을까?: 삶은 과연 가치가 있을까라는 질문으로 눈을 돌리면서 에드워즈는 개인들이 이 질문을 던지는 이유와 때때로 부정적으로 대답하는 이유를 거론한다. 개인에게 삶이 가치 있다는 말은 개인에게 목표가 있고 그것을 성취할 가능성이 있음을 함축한다. 이 설명은 지상적 의미에 대한 설명과 유사하지만 다르다. 왜냐하면 가치 있음은 가치를 함축하는 반면, 지상적 의미는 가치를 함축하지 않기 때문이다. 바꿔 말해 지상적 의미는 주관적 가치만 함축하는 반면, 가치 있는 삶이라는 개념은 객관적 가치가 있음을 함축한다. 목표와 목표를 성취할 가능성이 있고, 그 목표가 정말로 가치 있을 때만, 가치 있는 삶을 이야기할 수 있다. 그러나 에드워즈는 삶의 가치 유무를 판단할 때 꼭 객관적 가치가 필요한 것은 아니라고 주장한다. 이 주장의 근거는, 주관주의자들조차도 좋은 행동과 나쁜 행동의 구분을 어느 정도 인정하리라는 것이다. 에드워즈는 "합리적이며 공감 능력이 있는 인간들"의 합의를 자신의 주장의 근거로 삼는다.

그러나 비관론자들은 만족하지 않을 것이다. 그들은 개인의 삶이 주관적 관점에서 유의미할 수 있다는 것을 인정하면서도, "우리의 삶에 이어 영원한 천상의 행복이 따라오지 않기 때문에"[12] 그것으로는 불충분하다고 주장한다. 이에 대응하여 에드워즈는, 비관론자들이 평범한 사람의 의미 기준을 뛰어넘는 비현실적인 기준을 내세운다고 받아친다. 평범한 사람은 주관적 의미로 만족한다면서 말이다. 비관론자의 기준에 따르면 삶은 영원한 천상의 행복으로 이어지지 않기 때문에 무가치하다. 하지만 의미 기준을 낮춘다면, 삶이 무가치하다는 결론을 피할 수 있다. 그렇다면 우리가 비관론자의 특별한 기준을 채택해야 할 이유가 무엇인가? 이를테면 목표를 성취하면 삶이 가치 있다는 평범한 기준은 비관론자의 기준이 해내지 못하는 역할, 즉 우리의 삶을 이끄는 역할을 해낸다고 에드워즈는 지적한다.

더 나아가 우리는 비관론자에게 여러 질문을 제기할 수 있다. 왜 현세의 행복은 삶에 의미를 주지 못하는 반면, 영원한 행복은 삶에 의미를 주는가? 왜 우리는 평범한 의미 기준을 버리고 비관론자의 특별한 기준을 채택해야 하는가? 이 질문은 비관론자가 대답하기가 특히 어렵다. 비관론자에게는 그 어떤 것도 무가치하니까 말이다. 게다가 비관론자는 대개 자살하지 않는다. 이 사실은 살아야 할 이유가 있다고 비관론자가 믿는다는 것을 시사한다. 따라서 비관론자의 입장은 부정직한 구석이 있다.

인간의 삶이 없을 때보다 있을 때 우주가 더 좋을까?: 결국 이런 궁극적 질문이 제기된다. 우주는 인간의 삶이 없을 때보다 있을 때 더 좋을까? 이 질문에 긍정적으로 대답할 수 없으면 삶이 유의미한가라는 질문에 긍정적으로 대답할 수 없다고 에드워즈는 생각한다. 이와 관련해서 그는 독일 현상학자 한스 라이너의 말을 인용한다. "우리 삶의 의미를 탐색하는 것은 … 우리가 존재하는 것이 존재하지 않는 것보다 더 낫다는 판단의 설득력 있는 논리적 근거를 탐색하는 것과 같다 … 세계에 인간의 삶이 없는 것보다 인간이 존재하는 편이 더 나은지 여부를 탐구하는 것과 같다."[13] 이 질문에 대한 가능한 대답 하나는,

도덕적 좋음이 내재적 의미를 가진다는 점을 강조하면서, 도덕적 좋음을 위해서는 도덕적 행위자와 우주가 필요함을 지적하는 것이다. 요컨대 도덕적 좋음이 존재할 수 있기 때문에 우주와 인간이 존재하는 편이 더 낫다는 것이다. 물론 우주와 도덕적 행위자들이 도덕적 나쁨도 유발하여 도덕적 좋음을 상쇄한다는 반론이 가능하다. 이 경우에 인간이 존재하는 편이 더 나은가는 도덕적 좋음이 나쁨보다 더 많이 존재하는지에 달려있을 것이다.

비관론을 반박할 수 없는 이유: 결론적으로 우리는 비관론을 만족스럽게 반박할 수 없다. 왜 그럴까? 왜냐하면 삶이 죽음보다 더 나을까, 혹은 우주가 존재하지 않았다면 더 좋았을까, 같은 질문은 명확한 의미가 없기 때문이다. 인간과 우주가 존재하지 않는 것보다 존재하는 것이 더 나을까? 철학자들은 이 질문에 다양하게 대답했다. 쇼펜하우어는 부정적 대답을 내놓았고, 스피노자는 긍정으로 대답했다. 그러나 에드워즈는 어느 한쪽의 손을 확실히 들어주는 논증은 없다고 결론짓는다. "크림을 탄 커피가 블랙커피보다 더 낫다는 것" 혹은 "사랑이 미움보다 더 낫다는 것"[14]을 증명하기는 애당초 불가능하다.

요약 인간의 삶은 주관적 지상적 의미를 가질 수 있고, 의미와 가치의 기준을 너무 높게 설정하지 않는다면, 일부 사람들의 삶은 가치 있다. 그러나 비관론을 최종적으로 반박할 수는 없다. 다시 말해 인간의 존재가 비존재보다 더 나음을 증명할 수는 없다. 모든 것을 고려할 때, 인간의 삶이 존재하는 것이 부재하는 것보다 더 나은지 여부를 우리는 알 수 없다.

카이 닐슨 :
죽음 앞에서의 의미

카이 닐슨(1926-)은 캘거리 대학의 명예철학교수다. 캐나다로 이주하기 전에 오랫동안 뉴욕 대학에서 가르친 그는 생산적인 저자이자 이 시대의 유명한 철학자다.

1978년에 발표한 에세이 〈죽음과 삶의 의미〉에서 닐슨은, 현대 세계의 지식인에게는 사후의 삶을 믿는 것이 사실상 불가능하다고 주장한다. 그럼에도 그는 죽음이 우리의 삶을 무의미하게 만든다는 통념에 맞서고자 한다. 그는 죽음이 완벽한 소멸이라고 확신하지만 죽음을 숙고할 때 공포나 두려움을 느끼지 않는다고 주장한다. 그는 자신이 삶을 즐기며, 죽기를 바라지 않음을 인정한다. 그러나 불가피한 죽음을 막을 능력이 없는 그는 "때 이른 죽음을 막기 위해 합리적 예방 조치들을 취하는 한편, 나머지는 스토아주의적(금욕주의적)으로 받아들인다 … 삶을 낭비해온 사람만이 죽음을 두려워한다."[15] 그는 우리가 왜 "불안에 시달리고, 연극을 꾸미고, 신화를 지어내야" 하느냐고 묻는다. "그냥 죽음을 받아들이고 계속 살아내면 되지 않을까?"[16]

물론 비판자들은 사후의 삶과 신과 도덕이 없으면 삶은 무의미하다고 주장한다. 도덕과 관련해서 닐슨은 옳음과 그름은 신과 무관하다고 주장한다. 이 주장을 뒷받침하기 위해서 그는 신의 힘과 옳음을 동일시하는 것에 반대하는 플라톤의 유명한 논증을 언급한다. 요점은 벌거벗은 힘이 좋음을 함축하지 않는다는 것이다. 우리는 도덕을 힘에 대한 숭배로 환원하기를 원하지 않는다. "결정적으로 주목할 것은 우리가 신과 상관없이 숙고를 통해 그르다고 알아챌 수 있는 것들이 있다는 사실이다. 우리는 그것들이 그르다는 우리의 주장이 옳음을, 신이나 신의 질서에 관한 그 어떤 주장이 옳음을 확신할 때보다 훨씬 더 강하게 확신할 수 있다."[17]

게다가 신과 사후의 삶이 없다고 하더라도 삶이 허망하다는 결론은 나오지 않는다. 물론 삶은 무의미할 수도 있겠지만, 그렇다고 삶에 목적이 없는 것은 아니다. 우주가 우리 삶의 의미는 허락하지 않아도 삶의 목적은 부정하기 어려울 수도 있다. 우리가 현세에서 추구하는 목표와 목적들은 "우리의 삶과 환경에서 실행하거나 소유하거나 경험할 가치가 있는 것들, 우리 자신이나 타인에게 기쁨, 앎, 활기, 만족을 주는 것들이 있다는 의미에서 삶을 유의미하게 만들기에"[18] 충분하다. 그런 것들이 영원하지 않다는 사실은 그런 것들을 무의미하게 만들지 못한다.

닐슨 본인이 인정하듯이, 비판자들은 이 논증의 결함을 지적할 것이다. 즉, 우리의 주관적 기획의 성공과 무관한 객관적 의미가 거론되지 않는다고 반발할 것이다. 그리하여 일부 사람들은 자신의 열망을 채워줄 사후의 삶을 희망하고, 다른 사람들은 모든 희망을 버린다. 하지만 우리의 노력으로 이 세계를 더 나은 곳으로 만들 수 있기를 희망해도 되지 않을까? "착취도 타락도 없이 모든 사람들이 번창하는 참으로 인간적인 사회"[19]를 꿈꿔도 되지 않을까? 이런 희망은 세속적 이상과 종교적 이상에 모두 부합하며 삶에 의미를 줄 다른 세계를 상정하는 것보다 지적으로 훨씬 더 존중할 만하다.

요약 객관적 의미가 없다 하더라도, 우리는 주관적 의미를 가질 수 있으며, 주로 더 나은 세계를 창조함으로써 그 주관적 의미를 발견할 수 있다.

헤이즐 반스 :
우리가 의미를 창조해야 한다

헤이즐 반스Hazel Barnes(1915-2008)는 불더 소재 콜로라도 대학에서 오랫동안 철학 교수로 일했다. 그녀는 번역과 연구를 통해 프랑스 실존철학을 영어권 세계에 소개하는 데 큰 기여를 했다.

1967년에 발표한 에세이 〈절망의 뒷면The Far Side of Despair〉에서 반스는 사람들이 우주의 의미나 장대한 목적의 결여를 나쁜 것으로 여기는 이유를 묻는다. 불멸의 욕망, 신들의 영원한 선과 실재성에 참여하려는 욕망 때문에 사람들은 무의미한 우주에 의미를 투사한다고 그녀는 주장한다. 이 투사의 긍정적 측면은 우리의 행동이 정말로 중요하며 옳게 행동하는 사람은 천국에 간다는 믿음을 품게 한다는 점이다. 반대로 부정적 측면은 천국의 반대편에 지옥이 존재한다는 믿음을 유발한다는 점이다. 물론 더 높은 의미가 반드시 개인적 불멸에 의존하는 것은 아니지만 ― 예컨대 아리스토텔레스 철학과 유대교에서는 이 의존성이 성립하지 않는다 ― 더 높은 의미를 말하는 사람들은 인류에게 적합한 어떤 자리가 있음을 암시한다.

실존주의는 모든 의미 선언을 배척한다. "인본주의적 실존주의는 신의 현존, 내재적인 상위의 의미, 안심을 주는 절대자를 받아들이지 않는다."[20] 그러나 우주가 무의미하다는 사실로부터 내 삶이 가치 없다는 결론을 끌어내는 것은 오류다. 우주가 우리에게 무관심하더라도, 우리 자신과 타인에게 우리의 삶은 내재적 가치를 가질 수 있다. 이 맥락에서 반스는 메를로-퐁티를 인용한다. "삶은 무의미하지만,

우리의 몫은 삶을 유의미하게 만드는 것이다."²¹ 사르트르는 이렇게 주장한다. "우리가 가치를 발명한다는 말은 단지 삶이 선험적 의미를 가지지 않음을 뜻할 뿐이다. 당신이 살기 전에, 삶은 아무것도 아니다. 그러나 당신의 몫은 삶에 의미를 부여하는 것이다. 가치란 다름 아니라 당신이 선택하는 의미다."²²

전통적 의미관들을 실존주의적 의미관과 대비하기 위해서 반스는 삶을 말들만 있고 규칙은 없는 게임 판에 비유한다. 신학적 관점이나 합리적 관점, 또는 허무주의적 관점에서 보면, 올바른 규칙 혹은 지침과 올바른 패턴을 발견하지 못한다면, 게임을 할 이유가 없다. 반면에 실존주의자들은 판에 미리 찍힌 패턴이 없고 규칙이 제시되지 않더라도 우리는 고유한 패턴과 규칙을 가진 우리 나름의 게임을 자유롭게 창조할 수 있다고 주장한다. 게임을 구성하는 방법, 혹은 삶을 사는 방법에 관한 객관적 진리는 없다. 그러나 삶을 구성하는 개인이 삶을 창조하고 꾸려가고 살아내는 것에 가치를 둔다면, 삶은 가치 있다. 우리 나름의 삶과 가치를 창조하는 활동은 우리에게 만족을 주고 타인의 인정을 유발하며 어쩌면 타인이 만족스러운 삶을 사는 것을 더 쉽게 해줄지도 모른다.

그럼에도 많은 이들은 이것으로는 불충분하다고 느낀다. 그들은 어떤 영원하고 전형적인 삶의 기준을 원한다. 그런 기준을 믿지 않으면 삶이 더 힘겨워진다는 것을 반스는 인정한다. 그러나 그런 궁극적 권위를 위해 우리가 지불하는 대가가 너무 크지 않느냐고 그녀는 묻는다. 그런 권위가 있으면, 사람들은 비인간적 잣대에 의해 평가되고 구속될 것이다. 우리는 노예나 아이처럼 될 테고, 우리의 미래는 우리의 선택과 상관없이 그 잣대에 맞춰 규정될 것이다. 사람들은 "중세 우주의 신학적 틀 안에서 고작 아이의 지위만 가진다. 아이는 어른들이 정한 규칙에 맞게 자신의 삶을 규제해야 한다. 인간의 모험은 길잡이를 따라가는 관광으로 바뀐다 … 사람이 부모를 떠나 자신의 판단에 따라 고유한 권리로 살 때가 왔다."[23]

자기 고유의 의미를 창조하려 할 때 많은 이들이 부딪히는 또 하나의 문제는 가치의 주관성에 관한 것이다. 일부 사람들이 유의미하게 여기는 것을 다른 사람들은 개탄스럽게 여기는 것을 어떻게 이해해야 할까? 반스는 우리가 나름의 가치를 창조하고 독특하게 살 자유를 지녔다는 사실을 기꺼이 받아들인다고 대답한다. 그런 독특한 삶은 성장 과정의 일부이다.

마지막 난점은 우리가 미래를 숙고할 때 불거진다. 내가 이런 삶을 살거나 저런 삶을 사는 것이 궁극적으로 무슨 차이가 있을까? 최종 목적이 없다면, 이 모든 것이 무슨 의미가 있겠는가? 반스는 이렇게 받아친다. "미래에 무언가의 부재가 절대적 부정의 성격을 띤다면, 미래에 이르기까지의 과정은 긍정적 가치를 가진다."[24] 바꿔 말해 만일 무가 나쁘다면, 그것은 오직 존재했던 무언가가 좋았기 때문이다. 또한 "긍정적 순간들을 합산한 결과는 0이 아니다. 설령 합산할 것이 더는 없는 때가 오더라도 말이다."[25]

반스는 인간의 삶이 비인간적 초월적 권위와 연결되어 있지 않다는 이유로 무가치하고 무의미하다고 보는 견해를 배척한다. 우리는 우리의 삶이 끝나야 한다는 사실에 반항할 권리가 있다. 또 삶이 끝나더라도 우리는 어떤 의미에서 계속 존재한다. 왜냐하면 "우리는 인간 세계에서 살기 때문이다. 그 세계에서는 수많은 다른 의식들이 그들의 의미를 끊임없이 [외부 세계에] 부여하고 … 내가 시작한 기획들에 맞선다. 이런 인간적 활동들의 맞물림이 빚어내는 미래에서 나는 나 자신을 가장 완전하게 초월한다. '나'가 이 인간 세계에 나의 존재를 새겨놓은 한에서, '나'는 미래에도 계속 존재한다."²⁶

요약 우리는 성장해야 하고 우리 나름의 의미를 창조해야 한다. 어떤 외부의 행위자가 이 일을 대신해줄 수 있다고 상상하지 말아야 한다. 그리고 우리의 기획들을 통해서 우리는 제한된 불멸을 얻는다.

레이먼드 마틴 :
빠른 자동차와 멋진 여자

레이먼드 마틴Raymond Martin은 유니언 칼리지Union College의 크라이턴 교수다. 그는 경력의 대부분을 메릴랜드 대학에서 보냈다. 1989년에 발표한 글 〈삶의 의미〉에서 마틴은 삶의 의미를 위태롭게 만드는 문제들, 예컨대 가난, 질병, 고생, 통증 등이 삶과 함께한다고 지적한다. 그 문제들을 피할 수 있다면, 피해야 한다. 그러나 피할 수 없다면, 받아들여야 한다. 두 경우를 구별하는 법을 배우는 것은 필생의 과제들 중 하나다. 죽음은 삶의 의미를 위태롭게 만드는 특별한 문제다. 그러나 마틴은 이 문제가 우리의 삶이 살 가치가 있느냐는 물음과 관련이 있는지 의심스럽다고 본다.

마틴이 보기에 삶의 의미를 묻는 질문의 핵심은 어떻게 우리의 삶이 가치 있을 수 있느냐는 것이다. 이 물음은 실재에 객관적 의미가 존재하는가라는 사변적 질문과도 관련이 있지만, 더 중요한 것은 이 물음의 실천적 측면이다. 우리의 삶을 최대한 가치 있게 만들려면 우리는 어떻게 살아야 할까? 그러나 일부 사람들은 어떻게 살 것인가라는 질문이 삶의 의미에 관한 사변적 대답을 요구한다고 여긴다. 톨스토이는 그런 사람의 고전적 예다. 그의 실존적 불안은 그의 글에서 튀어나와 우리로 하여금 묻게 만든다. 이 모든 것이 무슨 의미일까?

삶이 유의미하다는 우리의 믿음을 많은 것들 — 나쁜 시기, 죽음, 우리의 믿음을 반박하는 논증 — 이 위태롭게 만들지만, 마틴은 과연 철학적 질문들이 심리적 절망을 일으키는 전형적인 원인이냐고 묻는다. 그는 삶의 의미에 관한 질문들이 심각한 심리적 동요를 유발할 수 있다고 생각하는 철학자로 네이글을 언급한다. 예컨대 우리의 삶이 객관적 관점에서 볼 때 얼마나 하찮은지 숙고하면, 깊은 고뇌가 일어날 수 있다고 네이글은 생각한다. 그의 주장에 따르면, 삶의 의미에 관한 질문은 흔히 심리적 위기를 낳는다. 톨스토이 역시 그 질문들이 신앙 없는 사람들을 파괴할 수 있다고 생각했다.

그러나 마틴은 방금 언급한 분석을 의심하면서 "당신의 삶이 주관적으로 가장 좋았을 때"를 생각해보라고 말한다. "당신이 경험한 절정이 무엇이었든 간에, 그때 당신은 삶의 의미에 대해서 고민했는가?"[27] 대답은 당연히 '아니다.'라고 그는 생각한다. 그런 최고의 시절에 우리는 삶의 문제를 해결한 상태였고 의미에 관한 질문은 떠오르지 않았다. 여기에서 결국 모든 것이 행복에 달려있음을 알 수 있다. 행복한 사람은 질문을 문제로 여기지 않는다. 진정한 삶의 문제가 있다면, 그것은 어떻게 하면 행복해질까라는 것이다.

이어서 마틴은 우리가 진정으로 몰두하는 활동에서 의미와 가치가 나온다는 테일러의 견해를 검토한다. 그러나 그는 네이글의 비관론이 너무 강경한 것과 마찬가지로 테일러의 낙관론은 너무 손쉽다고 본다. 양극단 사이의 중도로 마틴이 내놓는 견해는, 삶의 의미가 불가능한 것도 아니고 필연적인 것도 아니며, 삶은 "주로 당신이 하고 싶은 일을 얼마나 많이 하느냐 하는 만큼"[28] 유의미하다는 것이다. 한걸음더 나아가서 말하면, 당신이 원하는 것을 모두 얻을 때, 삶은 유의미하다. 우리가 정말로 만족했던 때를 돌이켜보면, 그때는 삶의 의미를묻는 질문이 떠오르지 않았음을 알게 된다. 그러나 그런 만족은 오래지속되지 않는다. 왜냐하면 원하는 바를 얻더라도 당신은 항상 더 많이 원하거나 다른 것을 원하거나 얻은 것을 다른 방식으로 얻기를 원하기 때문이다. 한마디로 우리는 좀처럼 만족하지 않는다. 톨스토이가 직면한 문제가 대체로 이것이었다. 그는 모든 것을 소유했지만, 그모든 것이 지속하지 않으며 완벽한 만족을 주지 않음을 발견했다.

원하는 것을 얻어도 만족이 찾아오지 않으므로, 우리는 부처의 대답, 곧 '아무것도 원하지 말라'에 도달한다. 그러나 마틴에 따르면, 이대답은 부처에게는 유효했을지 몰라도 우리 대다수에게는 그렇지 않다. 더구나 원하지 않음을 원한다면, 욕망의 목록에 항목 하나가 추가될 뿐이다. 따라서 우리는 삶은 덧없는 만족만 제공하며, 우리가 할수 있는 최선은 우리가 좋아하는 일을 하는 것이라고 인정해야 할 것도 같다. 물론 그런다고 해서 만족이 지속되지 않는다는 기본적인 문제가 해결되지는 않는다. 흔히 우리는 삶이 순조로울 때에도 불만을품는다. 이 경우에 우리가 할 수 있는 최선은 우리를 만족시키는 일을하는 것이다. "빠른 자동차와 멋진 여자, 또는 무엇이든 당신에게 만족을 줄 만한 것"[29]을 획득하는 것이다. 우리가 심층적이고 지속적인만족을 결코 얻지 못하리라는 깨달음은 결국 실망을 가져온다.

마지막으로, 마틴은 자신의 분석이 죽음과 의미의 관계를 밝혀준다고 믿는다. 왜 우리는 죽음이 의미를 위태롭게 만든다고 생각할까? 왜냐하면 죽음은 우리의 만족 추구를 종결시키기 때문이다. 또 죽음이 다가오면, 우리가 끝내 완전한 만족에 이르지 못하리라는 것을 깨닫게 된다. 죽음은 평온을 향한 우리 노력의 실패를 상징한다. 그러나 완전한 만족의 순간에, 예컨대 사랑의 몰아지경에 빠졌을 때, 죽음은 하찮게 느껴진다. 우리는 일시적으로 죽음을 이긴다. 그러나 곧 욕망들이 다시 일어나고, 만족을 위한 우리의 노력은 계속 이어진다. "죽음이 그 노력을 종결시킬 때까지 — 어쩌면 영원히."[30]

요약 삶의 유일한 의미는 우리가 좋아하는 일을 하는 것에서 나온다. 하지만 결국 우리는 완전한 만족을 얻을 수 없다.

존 케커스 : 비도덕적 삶도 유의미할 수 있다

존 케커스John Kekes는 앨버니 소재 뉴욕 주립대학의 명예교수다. 그의 에세이 〈삶의 의미〉는 이렇게 시작된다. "우리 삶의 대부분은 틀에 박힌 활동들에 소모된다 … 그렇다면 왜 우리가 이 쳇바퀴 돌리기를 계속해야 하느냐는 질문이 자연스럽게 제기된다."[31] 한 가지 대답은 자연, 본능, 관습이 우리의 노력을 강제한다는 것이다. 더 많은 것을 추구하는 것은 "우리가 힘겨운 삶에서 가끔 누리는 휴식을 오용하는 것"[32]이다. 전 세계의 많은 사람들은 기본적인 삶을 위해 분투한다. 삶의 의미에 대해서 고민할 시간이 별로 없다. 제1세계의 사람들은 부, 명예, 위신을 얻으려고 애쓰지만, 시간이 남아서 숙고할 여유가 생기면 흔히 그런 것들이 정말로 중요한가라고 묻는다. 그들은 그 모든 것의 의미에 대해서 의문을 품는다.

무엇이 삶에 의미를 줄까?: 삶은 무의미할 수도 있다. 어쩌면 우리는 질문하도록 진화했고 질문할 시간도 있겠지만, 그렇다고 해서 우리가 대답할 수 있다는 것이 보장되지는 않는다. 삶은 오직 자연법칙들로 설명해야 할 냉혹한 사실일 뿐일지도 모른다. 다른 의미는 없을 수도 있다. 이 모든 것에 우리는 냉소나 절망으로 반응할 수 있겠지만, 그런 반응은 삶의 기쁨을 망친다. "절망과 냉소는 우리를 자연적인 자아, 잡아먹고 구시렁거리고 조롱하고 스스로를 연민하는 자아로 축소시킨다. 그렇게 우리는 우리 자신에게 등을 돌린다. 숙고는 우리 자신의 기획들을 방해한다." [33] 이런 이유 때문에 많은 사람들은 심오한 질문들을 회피하면서 최선을 다해 삶을 이어간다. 그러나 그런 회피는 삶이 순조로울 때만 가능하다. 젊은이가 미래를 내다볼 때, 늙은이가 과거를 돌아볼 때, 병자가 현재를 직시할 때, 삶의 의미에 대한 질문이 곧바로 제기된다. 또한 삶이 순조롭다면, 우리는 삶의 의미를 묻지 말아야 할까? 무가치할 수도 있는 기획에 몰두하는 것은 어리석은 짓이 아닐까? 요컨대 우리가 처한 상황과 상관없이, 우리는 삶의 의미에 대한 질문으로 되돌아온다.

이어서 케커스는 존 스튜어트 밀이 겪은 유명한 의미의 위기를 언급한다. 밀의 삶은 의미가 있었다. 그는 세계를 개선하기를 원했다. 그러나 자서전에서 밝혔듯이, 그 후에 그는 삶의 의미를 상실했다. 밀은 설령 더 나은 세상을 향한 모든 욕망이 충족된다 하더라도 여전히 행복하지 않을 것이라고 생각했다. 왜냐하면 어떤 의미를 제시하든 간에, 언제나 이렇게 물을 수 있기 때문이다. "그런데 그것이 왜 유의미하지?"[34] 그리하여 밀은 환멸을 느끼며 자신의 기획들에서 손을 뗐다. 그의 삶이 무가치하거나 무의미하거나 파괴적이거나 하찮거나 쓸모없었던 것은 아니다. 객관적인 관점에서 보면 그의 삶은 유의미했다. 그러나 밀은 이제 자신의 기획들에 관심을 쏟거나 자신을 그것들과 동일시하지 않게 되었다. 케커스의 지적에 따르면, 밀의 삶은 내재적으로 유의미하고 주관적으로 관심을 쏟을 만했지만, 이것만으로는 의미를 획득하기에 충분하지 않았다. 왜냐하면 모든 기획들이 결국 부조리하다는 결론을 항상 내릴 수 있기 때문이다.

네이글이 말하는 부조리: 우리의 내면적 자부심과 외적인 관점에서 우리 삶의 하찮음 사이의 충돌도 이와 유사한 문제를 표현한다. 하지만 많은 사람들은 영원의 관점을 채택하고도 인류의 복지에 계속 관심을 기울인다. 즉, 영원의 관점을 채택한다고 해서 꼭 삶이 무의미하다는 결론에 이르는 것은 아니다. 밀의 문제는 보편적 관점에서 볼 때 그의 삶이 부조리하다는 것이 아니었다. 오히려 그가 자신의 삶에 관심을 기울이기를 그쳤다는 것이 문제였다. 그는 관심 기울이기를 그쳤기 때문에 갈피를 잡을 수 없게 되었다. 이처럼 때때로 우리는 우리의 프로젝트에 무언가 결함이 있어서가 아니라 우리의 의지와 감정이 그 프로젝트에 몰입되지 않기 때문에 그것을 등한시한다. 그리하여 케커스는 이렇게 묻는다. "우리의 기획들에 결함이 없고 우리가 부조리감에 시달리지 않는다고 전제했을 때, 이때 우리의 의지와 감정을 몰입시키고 삶에 의미를 주는 것은 무엇일까?"[35] 이 질문에 대한 전형적인 대답은 종교적이거나 도덕적이다.

종교적 대답: 종교적 대답은 가치가 외부에서, 우주적 질서를 통해

유래해야 한다고 말한다. 구체적인 종교들은 계시, 경전, 기적, 교회의 권위, 종교적 체험 등을 통해 우주적 질서를 해석한 결과들이다. 과학은 그 질서에 대해서 어느 정도 말해주지만 모든 것을 말해주지는 못한다. 그러나 우리는 삶에 의미를 주는 우주적 질서에 관해서 모든 것을 알고 싶어 한다. 게다가 그 질서를 더 잘 알수록, 우리의 삶은 더 잘 풀릴 것이다. 우주적 질서는 말들이 끄는 마차이고 우리는 그 마차에 매인 개라면, 우리가 할 수 있는 최선은 그 질서를 거스르지 않고 따르는 것이다. 스토아주의자들은 우리가 그 질서에 순응해야 한다고 생각했고, 종교적 사상가들은 일반적으로 그 질서가 좋다고 믿었다. 그렇다면 의미의 열쇠는 그 질서를 발견하고 그 질서와 조화를 이루며 사는 것이다.

그러나 종교적 대답은 여러 문제를 안고 있다. 첫째, 모든 증거가 자연 세계에서 유래하므로, 우리는 우주적 질서에 직접 접근할 수 없다. 따라서 우주적 질서가 존재하는지, 존재한다면 어떤 모습인지, 우리는 알 수 없다. 설령 자연 세계가 우주적 질서를 암시한다 하더라도, 이것으로는 의미를 보증하기에 불충분하다. 왜냐하면 우리는 그 우주적 질서의 본성에 대해서 여전히 아무것도 모르니까 말이다. 더 나아가 우리가 자연 세계에 기초한 추론으로 우주적 질서에 대해서 무언가 알아낼 수 있더라도, 여전히 불충분할 것이다. 다시 시시포스를 생각해보라. 그는 자신의 운명을 안다. 하지만 신전 건축은 그의 목적이 아니라 신들이 정한 목적이다. 그는 신들에게 매인 노예다. 이런 상황에서 신들의 목적이 어떻게 그의 삶에 의미를 제공할 수 있겠는가? 시시포스, 피라미드 건설에 동원된 일꾼들, 마차에 매인 개의 삶은 무의미하다.

따라서 우주적 질서가 존재해야 할뿐더러 그 질서가 필연적이고 좋아야 한다. 그런데 실제로 그러하다고 믿을 근거가 있을까? 케커스는 없다고 생각한다. 자연 세계에 기초한 추론으로 우주적 질서에 대해서 무언가 알아낼 수 있을까? 만일 자연 세계가 정말로 우주적 질서를 반영하고, 우리가 정직하게 군다면, 우리는 우주적 질서가 좋기도 하고 나쁘기도 하고 중립적이기도 하다고 인정해야 한다. 따라서 우주적 질서가 좋아야만 우리의 삶이 유의미하다면, 우리의 삶은 무의미하다. 우주적 질서는 기껏해야 부분적으로 좋으니까 말이다. 결론적으로 종교적 대답은 다음 세 가지 이유에서 실패로 돌아간다. 1) 우주적 질서가 존재한다고 믿을 근거가 없다. 2) 우주적 질서가 존재하더라도, 우리는 그 질서에 대해서 아무것도 모른다. 3) 자연 세계에 기초한 추론으로 우주적 질서에 대해서 무언가 알아낼 수 있더라도, 합리적인 사람은 그 질서가 전적으로 좋지는 않다고 판단할 것이다.

도덕적 대답: 도덕적 접근법은 신과 무관한 좋음에 관심을 기울인다. 물론 그 좋음이 신의 의지를 반영할 수도 있겠지만 말이다. 어떻게 좋음의 추구가 삶에 의미를 주는지 알고자 한다면, 좋음이 무엇인지 알 필요가 있다. 그리고 윤리학은 좋음은 무엇인가라는 질문의 답을 자연 세계에서 탐구한다. 지금 우리가 거론하는 윤리학은 옳음이란 무엇인가를 탐구하는 좁은 의미의 윤리학이 아니라 좋음이란 무엇인가를 탐구하는 넓은 의미의 윤리학이다. 이를 더 잘 이해하기 위해 테일러를 돌아보자. 시시포스가 바위 굴리기를 원했다면, 그의 삶은 주관적으로 유의미했을 수 있다고 테일러는 생각했다. 객관적 관점에서 그 바위 굴리기가 무의미하게 보였다는 사실과 상관없이 시시포스의 삶은 유의미했을 수 있다고 말이다. 요컨대 우리의 기획을 유의미

하게 만드는 것은 그것의 실행을 원하는 마음이다. 다시 말해 의미는 주관적이다. 의미는 기획 그 자체에서 유래하지 않는다. 그러므로 주관적인 의미관에 따르면 "당사자가 자신의 삶이 유의미하다고 진지하게 생각한다면, 그의 삶은 유의미하다. 반대로 당사자가 삶의 유의미성을 진지하게 부정한다면, 그의 삶은 무의미하다."[35] 반면에 **객관적** 의미관에 다르면 "당사자는 자신의 삶이 유의미하다고 생각하더라도, 그 생각이 오류일 수도 있으므로, 그의 삶은 무의미할 수 있다."[36]

주관적 의미관을 배척하고 객관적 의미관을 수용할 이유가 세 가지 있다. **첫째,** 의미가 주관적이라면, 우리가 세뇌당하거나 조작당해서 어떤 기획의 실행을 원하는 것과 숙고 끝에 정말로 그 기획이 유의미하다고 생각해서 원하는 것 사이에 차이가 없다. 이 관점에서는, 우리가 단지 어떤 일, 이를테면 끝없는 바위 굴리기를 원하도록 조작당했을 뿐임이 밝혀지더라도, 그 일의 유의미성에 대한 우리의 생각은 바뀌지 않을 것이다. 하지만 이것은 오류인 듯하다. 그런 사실이 밝혀진다면, 의미에 대한 우리의 생각이 바뀌어야 마땅하다. 주관적 욕망이나 적극적 참여는 삶의 유의미성을 위한 필요조건일지 몰라도 충분조건은 아닌 듯하다.

둘째, 설령 우리가 정말로 바위 굴리기를 원한다 하더라도, 또 그것을 원하도록 조작당하지 않았더라도, 그런 욕망만으로 그 행위가 유의미해지는 것은 아니다. 우리는 이 같은 조작되지 않은 욕망에 대해서도 "왜 이 욕망을 충족시켜야 할까?"라고 물을 수 있다. 다시 말해 우리가 조작당하지 않았고, 우리에게 중요한 어떤 일을 하기를 원한다 하더라도, 의미는 아직 보증되지 않는다. 왜냐하면 우리가 품은 욕망의 가치에 대한 질문들이 남아있기 때문이다. 혹시 우리는 신들이나 미디어나 주입식 교육에 의해 조작당하는 것이 아닐까? 양육이나 교육이나 사회 때문에 우리에게 이런저런 일들이 중요해진 것은 아닐까? 우리에 대해서 독립적인 실재가 어떠한지 살펴보지 않으면, 우리는 이 질문들에 대답할 수 없다. 그러므로 우리는 다시 객관적 의미관으로 회귀하게 된다.

셋째, 우리는 어떤 기획이 우리의 삶을 개선할 거라고 생각해서 그 기획을 추구하지만, 그 기획은 그런 결과를 가져오지 않을 수도 있다. 그 기획이 우리의 삶을 개선하지 않으면, 우리는 생각을 바꿔서 그 기획은 결국 무의미했다고 결론지을 수도 있다. 그러나 한 기획이 유의미하다는 믿음이 그 기획의 유의미성을 위한 충분조건이라는 주관적 의미관을 고수한다면, 우리는 그런 식으로 생각을 바꾸지 않을 것이다. 이 불합리한 상황은 주관적 의미관의 한계를 보여준다.

그러나 이에 맞서 주관적 의미관을 옹호하려는 사람은, 위의 세 반론은 우리 믿음의 진위가 삶의 유의미성에 영향을 미치지 않음을 보여준다고 주장할 수도 있을 것이다. 이 주장은 한편으로는 옳지만, 다른 한편으로는 그르다. 우리가 조작당했거나 우리의 기획이 좋지 않더라도, 우리가 그 기획을 유의미하게 여길 수 있다는 것은 참이다. 그러나 의미가 주관적이라는 것은 거짓이다. 욕망이 조작당했는지 여부와 믿음이 옳은지 여부에 대한 객관적 고찰은 여전히 중요하다. 왜냐하면 이에 대한 앎이 의미에 대한 우리의 믿음을 무너뜨릴 수도 있기 때문이다. 요컨대 주관적 고찰과 더불어, 이를테면 우리의 욕망이 조작당했는지 여부와 우리의 믿음이 참인지 여부에 대한 객관적 고찰도 중요하다. 신의 것이든 인간의 것이든 상관없이 주관적 의지는 의미를 보증하기에 불충분하다. 유의미한 삶을 위해서 우리는 우리의 삶을 정말로 개선해줄 객관적인 것들을 주관적으로 원해야 한다. 그러나 우주적 질서를 전제할 필요는 전혀 없다. 우주적 질서를 상정하지 않아도, 정말로 좋은 것들이 존재할 수 있다. 결론적으로 도덕적 관점에서 삶이 유의미하기 위한 조건들을 이렇게 요약할 수 있다. 1) 우리의 삶은 가치 없거나, 의미 없거나, 부질없거나 하지 않다. 2) 우리는 모든 기획이 부조리하다는 입장을 거부한다. 3) 우리가 실행하고자 하는 기획이 있다. 4) 우리가 욕망하는 기획이 정말로 우리의 삶을 개선할 것이다.

결론: 그런데 우리가 삶의 개선을 언급할 때 염두에 두는 것은 도덕적 개선일까, 도덕과 무관한 개선일까? 소크라테스의 뒤를 이어 우리는 도덕적으로 좋은 삶은 만족스러우면서 또한 유의미하다고 말할 수도 있을 것이다. 그러나 이 말은 타당하지 않으며, 따라서 도덕적 대답은 실패로 돌아간다. 왜 그럴까? 첫째, 도덕적으로 좋은 기획이 만족을 주지 않을 수도 있다. 둘째, 설령 도덕적으로 좋은 기획이 만족을 주더라도, 오로지 도덕적으로 좋은 삶만 만족스럽다고 결론지을 수는 없다. 비도덕적이거나 도덕과 무관한 기획이 삶에 의미를 줄 수도 있다. 사람들이 비도덕적인 기획에서 의미를 얻을 수 있다는 사실은 도덕적 대답이 오류임을 보여준다.

도덕적 대답과 종교적 대답은 모두 보편적인 대답을 추구하면서 개인적인 차이를 충분히 강조하지 않기 때문에 실패로 돌아간다. 따라서 주관적 의미관으로 되돌아가야 할 것도 같지만, 이미 언급했듯이 우리는 여러 이유에서 주관적 의미관을 배척해야 한다. 이처럼 객관적 접근법과 주관적 접근법에 공히 문제가 있으므로, 다시 종교적 접근법이나 도덕적 접근법을 고려해야 할 성싶기도 하지만, 방금 보았듯이 이 접근법들도 둘 다 실패로 돌아갔다. 종교적 접근법은 삶에 의미를 부여하는 우주적 질서가 존재한다고 생각할 근거가 없기 때문에, 도덕적 접근법은 비도덕적 삶이 유의미할 수 있기 때문에 실패로 돌아갔다.

결국 케커스는 삶의 의미에 대한 다원론적 접근법을 내놓는다. 유의미한 삶은 다양한 형태를 띤다는 것이다. 다원론적 관점의 핵심 주장은 보편적인 대답을 제시하는 모든 접근법들은 오류라는 것이다. 또 하나의 기본 주장은, 도덕적으로 나쁜 삶이 유의미할 수도 있고 도덕적으로 좋은 삶이 무의미할 수도 있다는 것이다. 요컨대 정통 견해와 정반대로, 삶을 유의미하게 만들어주는 요소와 삶을 좋게 만들어주는 요소는 서로 다르다.

요약 유의미한 삶은 목적 없거나 부질없거나 하찮거나 부조리하지 않으며, 당사자가 흥미롭고 삶을 개선해준다고 여기는 활동들을 실행하는 것을 포함한다. 이 활동들은 자연 세계에서 이루어지므로, 종교적 대답은 배제된다. 또 이 활동들은 비도덕적일 수 있으므로, 도덕적 대답도 배제된다. 개인이 어떤 활동 혹은 기획을 흥미롭고 보람 있다고 여길지에 대한 보편적인 대답은 존재하지 않는다.

데이비드 슈미츠 :
사소한 것들에 몰두하기

데이비드 슈미츠David Schmidtz(1955-)는 애리조나 대학의 켄드릭 철학 교수 겸 경제학 교수다. 〈삶의 의미〉(2002)에서 그는 철학은 삶의 의미에 대한 질문을 다룰 역량이 없을 수도 있음을 인정하면서도 "이제까지의 삶이 어떠했는지 숙고함으로써"[37] 삶의 의미를 이해해보려고 노력하겠다고 밝힌다. 슈미츠는 우선 실존주의적 태도 — 삶의 의미는 극도로 중요하며 우리의 삶에 의미를 부여해야 한다는 입장 — 와 선禪의 태도 — 의미는 고민할 거리가 아니며 간단히 지금 깨어있기만 하면 발견된다는 입장 — 를 대비한다. 슈미츠는 어느 쪽도 편들지 않으면서 고백하기를, 자신은 현자가 아니며 이런 문제에 대해서 심층적으로 이야기하기는 어렵다고 한다.

이어서 그는 어떤 삶은 다른 삶보다 더 많은 의미를 가지지만, 결국 의미는 **유한**하다고 지적한다. 왜 그럴까? 이런 이유들 때문이다. 1) 생전의 의미는 영속하지 못한다. 2) 의미는 달라진다. 3) 의미는 우리의 열망을 채워주기에 충분할 만큼 심오하지 않을 수도 있다. 4) 삶은 심오한 의미를 가질 수 없는 유형의 대상일 수도 있다. 5) 삶은 짧다. 우리의 성취들 중에 가장 오래 가는 것들도 덧없다. 이처럼 의미는 유한하지만, 그렇다고 삶이 무의미한 것은 아니다. 테일러와 마찬가지로 슈미츠는, 우리의 삶이 보편적 관점에서 볼 때 아무리 하찮더라도 삶에 몰입하는 것에서 유한한 의미가 나온다고 생각한다. 그렇지만 삶의 의미가 유한하다는 앎은 슬픔을 동반한다.

이제 슈미츠는 삶을 유의미하게 만드는 요소들을 열거한다. 물론 유의미한 삶을 사는 방식이 다양함을 인정하지만 말이다. 첫째, 유의미한 삶은 영향력이 있다. 우주에 대한 영향력은 없더라도, 당신에게 중요한 무언가 — 이를테면 당신의 가족 — 에 영향을 끼친다. 따라서 당신은 당신의 영향력이 미치지 않는 곳이 아니라 미치는 곳에서 당신의 삶이 끼친 영향을 찾아야 한다. 노직은 당신이 세계에 영구적인 흔적을 남길 필요가 있다고 — 상대적으로 높은 의미 기준을 — 주장하지만, 슈미츠는 이 주장에 의문을 표현하면서, 아마도 우리가 그보다 더 적은 성취로 만족해야 할 것이라고 제안한다. 그는 의미에 대해서 다음과 같이 말한다.

1) 의미는 상징적이다: 예컨대 원한다면 우리는 보잘것없는 지렁이에도 의미를 부여할 수 있다. 의미는 본래적일 필요가 없고 단지 우리에게 유의미하기만 하면 된다. 당연한 말이지만, 두 사람이 동일한 경험을 할 때 한 사람은 그것을 유의미하게 여기고 다른 사람은 무의미하게 여길 수도 있다.

2) 의미는 선택에 달려 있다: 우리는 삶이 우리에게 충분히 유의미한지 여부를 선택한다. 삶이 무의미하다고 보기로 선택한다면, 우리는 삶의 무의미성에 대해서 고민하지 말아야 한다. 왜냐하면 그 고민도 무의미하기 때문이다. 그리고 우리가 무의미성을 즐길 수 없다면, 삶을 유의미한 것으로 취급하는 쪽을 선택해야 한다.

3) 의미는 관계에서 나온다: 우리의 삶이 유의미하려면 주변 사람들에게 유의미해야 한다. 우리의 삶은 타인들에게 우리의 삶이 중요하다거나 우리가 우리의 삶에 관심을 기울인다는 메시지를 전달하며, 어쩌면 삶의 의미는 그 메시지에 있을 것이다.

4) 의미는 활동에서 나온다: 우리 대다수는 "매트릭스와 같은 행복 기계"에 연결되기를 바라지 않는다. 이 사실은 우리가 경험 이상의 것을 원함을 시사한다. 우리는 활동에서 나오는 의미를 원한다. 이렇게 질문해보자. 우리는 행복 기계에 연결된 삶이 객관적으로 유의미하다고 생각할까, 아니면 주관적으로만 유의미하다고 생각할까? 의미는 외부 세계와 접촉하는 활동과도 관련이 있는 듯하다. 외부 세계와의

접촉은 우리가 기계에 연결된 상태로는 성취할 수 없다.

깊은 의미를 경험하려면, 삶에 직접 손을 댈 필요가 있다. 또는 슈미츠의 비유를 인용하면, 우리의 집을 치장할 필요가 있다. 삶은 우리가 빈 벽에 그리는 그림이다. 늙어가면서 우리는 우리가 선택한 경로를 한탄할 수도 있고 오직 한 경로밖에 선택할 수 없었음을 아쉬워할 수도 있다. 어쩌면 삶이 유의미하다는 것은 우리가 선택한 경로에 관심을 둔다는 것일지도 모른다. 또한 삶의 의미가 무엇인지 진술할 수 없더라도, 우리는 삶을 만끽할 수 있다. 이는 이런저런 활동 ― 슈미츠 자신의 경우에는, 소규모 리그의 미식축구 팀에서 코치 역할을 하는 것 ― 에 몰두하는 것이 때때로 만족스러운 것과 마찬가지다.

슈미츠는 뇌종양 진단을 받고 나서 원래 논문에 후기를 덧붙였다. 거기에서 그는 죽음에 직면했지만 삶의 의미에 대한 자신의 견해는 바뀌지 않았다고 주장했다. 하루하루를 삶의 마지막 날인 것처럼 살 수는 없다. 또 세상에 영구적인 흔적을 남기기는 어렵다. 어떤 이들은 영향력 있는 큰 그림을 완성해야 삶이 유의미하다고 말한다. 또 어떤 이들은 작은 그림들을 많이 그리는 것에서 의미가 나온다고 주장한다. 이 방법은 예기치 않게 붓을 내려놓아야 하는 상황이 닥치더라도 무언가 해놓은 일이 남는다는 장점이 있다. 슈미츠에 따르면, 우리의 삶은 천천히 쌓이는 삶의 작은 조각들 때문에 유의미할 수 있다. 설령 그 조각들이 끝내 완성된 예술 작품을 이루지 못하더라도 말이다.

요약 삶의 의미는 삶에 몰두하는 것에서 나온다. 삶의 의미에 대해서 우리가 할 수 있는 말이 조금은 있지만, 우리는 그 의미를 결코 명확하게 진술할 수 없다. 우리가 할 수 있는 최선은 우리가 몰두하는 일에서 의미를 발견하는 것이다.

로버트 솔로몬 :
당신의 비전에 맞게 살아라

로버트 솔로몬Robert C. Solomon(1942-2007)
은 미시건 대학에서 박사학위를 받았으며 삶을 마감할 때까지 오랫
동안 오스틴 소재 텍사스 대학에서 퀸시 리 센테니얼 철학·경영학
교수Quincy Lee Centennial Professor of Philosophy and Business를 역임했다.
저서《커다란 질문들》의 한 장에서 솔로몬은 이렇게 말한다. "삶의
의미는 무엇일까? 이것은 커다란 질문이다. 즉, 대답하기 가장 어려
운 질문이며, 가장 긴급하면서 또한 가장 불명확한 질문이다."[38] 대
개 이 질문은 삶에서 무언가가 잘못되었을 때 제기된다. 반면에 일
상이 활동으로 가득 차 있으면, 우리는 이 질문을 거의 생각하지 않
는다.

솔로몬은 우선 이 질문에 들어 있는 '의미'라는 단어의 뜻을 고찰한
다. 많은 경우에 무언가의 의미는 그것이 가리키는 바지만 — 단어나
기호의 경우에 그러하다 — 우리의 삶이 무언가를 가리킬까? 우리의
삶이 타인들이나 우주, 또는 신을 가리킨다고 말할 수도 있겠지만, 이
때 가리킴은 단어가 무언가를 가리키는 것과 다른 유형인 듯하다. 그
럼에도 많은 사람들은 자신의 삶이 자식들이나 신, 또는 사후의 삶과
같은 외부의 무언가를 가리킴으로써 의미를 가진다고 생각한다.

자식과 관련해서 솔로몬은 만일 누군가의 삶의 의미가 그의 자식들
이라고 한다면 단박에 이렇게 반문할 수 있다고 주장한다. 당신의 자
식들의 삶의 의미는 무엇인가? 또 그들의 자식들의 삶, 더 나아가 무
한정 이어질 후손들의 삶의 의미는 무엇인가? 그 모든 후손들이 당신

의 삶을 유의미하게 만든다는 것은 이해하기 어렵다. 신에 대해서는, 역시나 어떻게 신이 삶의 의미를 묻는 질문의 대답일 수 있는지 이해하기 어렵다. 이번에는 '왜 신이 우리를 창조했을까?'라는 질문이 불가피하니까 말이다. 우리를 창조한 목적이 있었다면, 그 목적은 무엇이었을까? 신은 왜 세계를 필요로 할까? 세계의 의미는 무엇일까? 요컨대 삶의 의미를 묻는 질문을 신이 어떻게 해결해주는지 불분명하다. 사후의 삶과 관련해서도 유사한 질문들이 발생한다. 이 삶은 다른 삶을 가리킴으로써만 의미를 획득할 수 있을 정도로 하찮을까? 왜 다음 삶이 더 오래 지속한다는 사실이 그 삶을 더 유의미하게 만들까? 다음 삶에서 상을 받으려면 이 삶에서 우리는 무엇을 해야 할까? 요컨대 똑같은 질문들이 재발한다. 우리는 무엇을 해야 할까? 무엇이 중요할까? 우리는 어떻게 살아야 할까? 다시 말해 일부 사람들은 정말로 자신의 삶을 자식이나 신이나 가능한 사후의 삶에 바치지만, 이것들은 삶의 의미를 묻는 질문의 진정한 대답이 아니다. 이것들은 더 많은 질문들을 야기할 뿐이다. 우리 자식들의 삶의 의미는 무엇일까? 신의 뜻을 따르려면 어떻게 살아야 할까? 사후의 삶의 목적은 무엇일까? 등의 질문들을 말이다.

그렇다면 어쩌면 삶은 무의미할 것이다. 외부의 무언가가 삶에 의미를 줄 수 없으니까 말이다. 솔로몬은 삶의 외부에 의미가 없다는 사실이 삶의 내부에 의미가 없음을 함축하지 않는다고 받아친다. 단어들이 맥락 안에서 의미를 가지는 것과 마찬가지로 우리의 삶은 맥락 안에서 의미를 가질 수 있을 것이다. 우리가 삶을 정말로 자식들이나 신에게 바친다면, 우리는 삶에 의미를 줄 수 있다.

더 나아가 솔로몬에 따르면, 삶의 의미를 묻는 질문이 요구하는 대답은 어떤 구체적인 것이 아니라 우리가 참여하는 삶에 대한 비전 정도다. 이 비전은 우리가 세계를 보는 방식에 근본적인 영향을 미치기 때문에 중요하다. 예컨대 당신이 삶을 계약에 따른 사업으로 생각한다면, 아마도 당신이 삶을 대하는 방식은 삶을 신의 선물로 여기는 사람의 방식과 다를 것이다. 삶에 의미를 줄 수 있는 이런 거대한 이미지들을 열거하자면, 게임, 비극, 사명, 이야기, 예술, 모험, 질병, 욕망, 수행, 이타적 활동, 명예, 학습, 실망, 관계, 또는 투자로서의 삶 등이 있다.

삶이 **게임**이라면, 삶을 너무 진지하게 대하지 않으면서도 여전히 승리를 원하거나 훌륭한 선수가 되기를 원할 수 있을 것이다. 삶이 **이야기**라면, 자신을 진행 중인 이야기의 주인공으로 여기면서 그 역할을 얼마나 잘 수행하느냐에 따라 스스로를 평가할 수 있을 것이다. 삶이 **비극**이라면, 불가피한 죽음을 직시하면서 용감하게 사는 것이 우리가 할 수 있는 최선일지도 모른다. 삶이 **농담**이라면, 우리는 삶을 덜 진지하게 바라보며 웃어넘길 수 있을 것이다. 삶이 **사명**이라면, 당신은 타인들을 변화시키거나, 혁명을 일으키거나, 아이들을 양육하거나, 과학을 발전시키거나, 도덕을 향상시킬 것이다. 삶이 **예술**이라면, 우리는 아름다움이나 개성, 혹은 품위가 있는 삶을 창작하기를 원할 것이다. 삶이 **모험**이라면, 우리는 위험을 무릅쓰고 한계에 도전하기를 즐길 것이다. 삶이 **질병**이라면, 모든 것은 죽음으로 마감될 것이다. 삶이 **욕망**이라면, 욕망의 충족이 의미를 산출할 것이다. 삶이 **수행**이라면, 삶의 목표는 욕망을 제거하고 평정에 이르는 것이다. 삶이 **이타적 활동**이라면, 우리는 보답이 없더라도 타인들을 위해 살 것이다. 삶이 **명예**라면, 우리는 타인들의 기대에 부응하고 우리의 의무를 완수해야 한다. 삶이 **학습**이라면, 우리는 배움에서, 우리의 역량을 키우고 발전시키는 것에서 만족을 얻을 것이다. 삶이 **고통**이라면, 어쩌면 우리가 할 수 있는 최선은 명상이나 자기부정을 통해 삶으로부터 거리를 두는 것일 터이다. 삶이 **투자**라면, 우리는 삶의 시간을 돈이나 명성 같은 보상을 얻기 위해 투자할 자본으로 여길 것이다. 삶이 **관계**라면, 가장 중요한 것은 사랑과 우정일 것이다.

솔로몬은 어느 한 비전을 권장하지 않는다. 그는 인간의 삶에 의미를 줄 수 있는 다양한 이미지들 혹은 비전들을 제시할 뿐이다. 요컨대 의미는 우리가 스스로 선택한 삶의 비전에 맞게 살아감으로써 창조하는 무언가다.

요약 우리는 삶에 대한 우리의 비전에 맞게 살아감으로써 의미를 창조한다.

데이비드 런드 :
우리의 의미 탐구는 유의미하다

데이비드 런드David Lund는 미네소타 주 버미지 소재 버미지 주립대학에서 오랫동안 가르쳐온 명예철학교수다. 그가 1999년에 쓴 교과서《모든 것을 이해하기: 철학적 탐구를 위한 입문》의 마지막 장은 삶의 의미에 할애되어 있다. 그는 이렇게 묻는다. 이 모든 것의 의미는 무엇일까? 그 의미는 우리의 일상에서 발견될까? 아니면 우리의 삶에 어떤 더 높은 목적이 있을까? 모든 것이 죽음으로 종결된다면, 무엇이든지 중요한 것이 있을 수 있을까? 이런 질문들에 대답하고자 할 때 부딪히는 기본적인 문제는 그 대답들이 다른 철학적 질문들에 대한 대답에 의존한다는 점이다. 이를테면 이런 질문들 말이다. 객관적 진리가 존재할까? 우리는 자유로울까? 시간 속에서 존속하는 개인의 정체성이 있을까? 비자연적인 영역이 존재할까? 우리는 죽은 다음에도 존재할까?

흔히 사람들은 삶의 의미를 삶 너머의 무언가로 여긴다. 실제로 우리는 '삶 안의 의미meaning in life'라고 말하는 대신에 '삶의 의미meaning of life'라고 말한다. 그러나 우주적 관점에서 보면, 우리가 사는지 여부는 그리 중요하지 않은 듯하다. 모두의 삶이 보편적인 죽음으로 종결되니까 말이다. 물론 우리의 하루하루는 중요한 듯하다. 우리는 행복, 자아실현, 사랑, 그 밖에 삶의 다양한 측면에 관심을 기울이니까 말이다. 그러나 우주는 우리의 이득과 손해에 연연하지 않는다. "우주는 우리의 이상, 우리의 성취, 우리의 가치관, 심지어 우리의 존재 자체에 무관심하다. 우주는 광활한 영적 공허다. 우리의 삶에 영구적인 가치를 부여하는 우주적 계획은 없다."[39]

이에 대응하여 우리는 신이 정한 목적을 탐색할 수도 있겠지만, 이것은 질문을 뒤로 미루는 것에 불과하다. 어떻게 신의 목적이 우리의 삶을 유의미하게 만들까? 신의 목적이 우리의 의미 탐구를 종결하는 대답이 되려면, 우리가 신의 목적을 끌어안아야 한다. 즉, 신의 목적이 우리 자신의 목적이 되어야 한다. 요컨대 의미는 주로 우리 내부에서 나온다. 사후의 삶에 대해서도 똑같은 이야기를 할 수 있다. 사후의 삶은 내재적으로 유의미하거나 무의미할 것이다. 만일 무의미하다면, 우리는 삶의 의미를 찾기 위해 어떤 다른 세계를 탐색해야 할 것이다. 반대로 사후의 삶이 유의미하다면, 현세의 삶도 유의미할 수 있을 것이다. 결론적으로 삶의 의미는 우리 내부에서, 이 현세의 삶에서 발견해야 한다는 생각이 든다. 실제로 우리 대다수는 우리의 삶이 내재적으로 가치 있다고 생각한다. 또 우리 대다수는 어찌되었든 간에 잘 살려고 애쓴다. 그렇다면 삶의 의미를 묻는 질문은 우리의 삶이 내재적인 가치 이상으로 소중한가라는 질문으로 해석된다.

런드는 사람들을 위한 내재적 가치가 있지만 목표를 지향하지 않는 활동과 내재적으로 무가치하지만 목표 지향성 때문에 파생적으로 가치가 있는 활동을 구분한다. 어떤 활동이 유의미하려면 아래 조건을 충족해야 한다는 것이 그의 결론이다.

활동이 그 자체로 실행할 가치가 충분할 만큼 내재적 가치를 가져야 한다. 또한 어떤 목표를 지향함으로써 파생적 가치를 가져야 한다. 그리고 그 목표가 중요하고 성취 가능해야 한다. 이 모든 속성들을 갖추지 않은 활동은 무의미할 것이다. 설령 의미를 가진다 하더라도, 어느 정도 의미가 부족할 것이다.[40]

안타깝게도 세계 자체의 본성 때문에 우리의 삶은 부질없을 수도 있다. 우리가 (성취한다면 삶이 무의미하지 않을) 우리의 목표들을 성취할 수 없다면, 삶은 부질없다고 말할 수 있다. 우리의 삶이 내재적 가치 이상의 가치를 가졌다고 생각할 수도 있겠지만, 만일 그 생각이 틀렸다면, 우리의 삶은 우리가 자각하고 말고를 떠나서 부질없을 것이다. 어쩌면 오직 환상들만이 우리가 삶의 부질없음을 알아채는 것을 막는지도 모른다. 우리는 객관적 진리를 상정하고 추구할 수도 있을 것이다. 그러나 그런 진리가 없음을 발견한다면, 우리의 추구는 부질없게 될 것이다. 혹은 어쩌면 도덕적 가치들은 주관적일 것이다. 만일 우리가 가치들이 객관적인 양 살아왔다면, 결국 무의미한 것들에 우리의 삶을 바친 셈이다. 물론 우리는 간단히 도덕적 주관주의를 받아들이고 우리의 주관적 가치들에서 의미를 발견할 수도 있을 것이다.

많은 사람들에게 의미 문제는 신에 대한 믿음의 상실로 인해 더욱 심각해진다. 왜냐하면 유신론은 우리에게 무관심한 우주와 그로 인한 부질없음의 문제를 해결해주기 때문이다. 이런 이유 때문에 무신론은 삶의 의미를 몹시 황폐하게 만들며 따라서 좀처럼 받아들이기 어렵다. 그러나 런드는 우리의 개연적인 운명을 명예롭게 직시하자고 제안한다.

> 그 내용이 무엇이든 간에 진실을 직시할 의지나 능력이 없다는 것은 우리에게 어울리지 않고 심지어 우리의 지위에 부적절하다. 만일 더 고무적인, 즉 우리의 희망에 더 잘 맞는 세계관이 오직 진실과 무관한 신앙에 의해서만 지탱될 수 있다면, 그 세계관은 보유할 가치가 없다. 우리는 그 세계관을 물리칠 지적 용기를 가져야 한다.[41]

의미 추구는 이해와 진리의 추구다. 우리는 진리를 스스로 발견해야 한다.

교회를 비롯한 여러 기관이나 조직은 우리에게 교설들을 떠안기고 비판적 숙고 없이 수동적으로 받아들이게 한다. 그러나 우리는 굴복하지 말아야 한다. 설령 그곳들에서 듣는 이야기가 우리로서는 매우 기꺼이 믿을 만한 것이라 하더라도 말이다. 우리는 스스로 끝까지 생각하기를 고집해야 한다. 우리의 믿음을 우리의 욕망이나 어떤 자칭 권위자의

의견이 아니라 우리의 진리 이해에 비춰보기를 고집해야 한다.[42]

그것이 용감하고 지혜로운 삶의 방식이다. 이 방식을 채택한 사람은 권위가 부과한 교설을 거부한다. 또한 우리 모두가 견뎌내는 현실의 고통과 의미의 결여에 동병상련을 느낀다. "그런 동병상련은 — 특히 용기와 지혜를 동반할 때 — 우리가 좋은 유산을 남기도록 살고 타인의 유산이 비록 단명할 가능성이 높더라도 대단히 중요함을 알아보는 데 도움이 될 것이다."[43] 진리와 의미의 추구는 끝내 성공하지 못할 수도 있지만, 아마도 추구 자체가 존재하는 의미의 전부일 것이며 아마도 우리가 의미를 향해 나아갈 때 도달하는 최종 지점일 것이다.

요약 우리의 삶은 부질없을 수도 있지만, 우리는 진리를 추구하고 우리가 발견하는 것을 무엇이든지 받아들임으로써 작은 의미를 발견할 수 있다.

줄리언 바지니 : 우리는 사랑함으로써 삶에 의미를 부여한다

줄리언 바지니Julian Baggini(1968-)는 영국 철학자이며 대중을 위한 철학책을 여러 권 썼고《필로소퍼스 매거진 The Philosophers' Magazine》의 공동 창간인 겸 편집장이다. 1996년에 런던 유니버시티 칼리지에서 박사학위를 받았다. 그가 2004년에 출판한 책《빅 퀘스천》(원제는 What's It All About: Philosophy & The Meaning of Life)은 삶의 의미를 묻는 질문을 세속적이고 겸허한 태도로 탐구한다. 세속적이라 함은 우리가 종교의 진위를 알 수 없다는 입장을 취한다는 뜻이며, 겸허하다 함은 삶의 의미를 묻는 질문에 어떤 비밀스러운 대답이 있다고 주장하지 않는다는 뜻이다. 그런 대답이 존재한다면, 아마도 우리는 이미 그 대답을 발견했을 것이다. 바지니는 제시된 대답 몇 가지를 살펴보는 것으로 논의의 서두를 연다.

미래를 **내다보며** 살면 삶의 의미를 발견할 수 있을까? 뒤돌아보는 대신에 미래의 목표를, 이를테면 형제의 죽음에 대한 복수를 내다보면 되지 않겠는가? 이 대답의 문제는 우리가 항상 그 미래에 대해서 — 어떤 미래에 대해서든지 — "왜 그것이 의미를 제공하는가?"라고 물을 수 있다는 점이다. 그리고 이 질문은 어떤 최종 목표에 대한 탐구를 유도한다. 간단히 말해서 임의의 왜/왜냐하면 연쇄는 과거나 미래로 무한정 이어질 수 있다. 그 연쇄로는 우리의 질문들에 최종적이며 확실한 종지부를 결코 찍을 수 없다. 그 밖에도 미래 내다보기는 이런 문제들을 안고 있다. 1) 우리가 목표에 도달하기 전에 죽을 수도 있다. 2) 설령 죽지 않는다 하더라도, 우리의 문제는 해결되지 않는다. 왜냐하면 의미는 늘 미래에 있을 테니까 말이다. 3) 목표에 도달하더라도, 과연 의미가 보장될까?

미래 지향적 삶의 주요 문제는 의미를 특정한 시점에 위치시킨다는 점이다. 따라서 이런 질문이 당연히 떠오른다. 현재도 어떤 의미를 가져야 하지 않을까? 의미는 지속적이어야 하고 추가적인 왜 질문의 필요성을 제거해야 하므로 지금 당장 존재해야 할 듯하다. 바꿔 말해 의미의 열쇠는 그 자체로 목표인 어떤 것 안에서 발견되어야 한다.

이어서 바지니는 신이나 사후의 삶이 삶의 의미를 제공한다는 생각을 검토한다. 신을 믿는 것은 삶의 의미를 묻는 질문의 대답이 아니지만, 고민을 그치고 신이 의미를 제공한다는 것을 받아들일 수도 있을 것이다. 그러나 이것은 탐구의 포기다. 이렇게 한다면 당신은 삶의 의미를 모르는 채로 질문을 멈출 따름이다. 사후의 삶에 대해서는, 과연 그런 것이 존재할까? 증거는 사후의 삶이 존재하지 않음을 시사한다. 또한 설령 존재하더라도, 사후의 삶은 무슨 의미가 있을까? 더 중요한 질문은, 사후의 삶을 전제하지 않을 때 삶이 유의미할 수 있느냐 하는 것이다.

삶의 의미를 묻는 질문에 충분히 대답하려면, 삶이 신이나 과거나 미래에 의존하지 않고도 내적으로 유의미할 수 있는 길을 발견할 필요가 있다. 바지니는 삶에 의미를 제공할 만한 여섯 가지 길(타인들을 돕기, 인류에 공헌하기, 행복하기, 성공하기, 하루하루를 즐기기, 정신을 자유롭게 하기)을 고찰한다. 그의 결론에 따르면, 그 모든 길이 좋은 삶 또는 유의미한 삶의 일부일 수 있지만 전부는 아니다. 그 길들은 유의미한 삶을 보장하지 않는다. 왜냐하면 어떤 길에 대해서든지 우리는 "그 길을 택한 삶이 유의미할까?"라고 물을 수 있기 때문이다.

이 모든 것은 우리가 무의미의 위협에 직면해 있음을 보여준다. 바지니에 따르면 우리가 받아들일 수 있는 선택지들은 다음과 같다. 1) 삶은 무의미하다. 2) 삶의 의미를 묻는 질문은 무의미하다. 3) 삶의 의미를 발견하는 것은 불가능하다. 1)에 대응하여 바지니는, 삶은 객관적으로 무의미하지만 주관적으로 유의미할 수 있다고 말한다. 2)에 대한 대응은, 삶은 의미를 보유할 수 있는 유형의 사물이 아니어서 소리가 색깔을 보유할 수 없는 것과 마찬가지로 의미를 보유할 수 없지만 삶을 사는 당사자에게는 의미를 가질 수 있다는 것이다. 3)에 대한 대응은, 우리는 삶의 의미를 확실히 알 수 없지만 살아감으로써 우리의 삶이 유의미함을 발견할 수 있다는 것이다. 그런 삶은 충분히 검토되지 않았으므로 살 가치가 없다고 말할 수도 있겠지만, 이것은 지적인 속물들의 투정에 불과하다. 삶의 당사자가 가치 있다고 여긴다면, 검토되지 않은 삶도 살 가치가 있을 수 있다. 요컨대 삶은 객관적 의미의 결여에도 불구하고 주관적으로 유의미할 수 있다.

바지니는 "많은 이들은 이런 유형의 합리적-인본주의적 접근법에 만족하지 않는다."[44]라고 인정한다. 근본적인 반론 하나는 그 접근법이 도덕과 의미를 분리한다는 것이다. 인간적인 가치들이 삶의 가치를 정말로 충분히 보장할까? 바지니의 대답은 이러하다. 1) 유의미하지만 비도덕적인 삶을 사는 사람들이 있다고 말할 수도 있다. 2) 주관적 의미는 유의미한 삶의 필요조건이지만 충분조건은 아니라고, 바꿔 말해 유의미한 삶은 또한 도덕적이어야 한다고 말할 수도 있다. 이 두 번째 대답이 느닷없는 미봉책이라는 비판에 맞서서, 바지니는 삶은 오직 살 가치가 있을 때만 유의미하다는 점을 상기시킨다. 이는 모든 사람들이 좋은 삶에 대한 주장을 동등한 권리로 할 수 있다는 것과 타인의 삶을 악화시키는 것은 도덕적 악행이라는 것을 인정하는 것과 다르지 않다. 또한 바지니는, 삶이 그 자체로 가치 있고 또한 삶의 당사자에게 가치 있어야 한다는 말은 "삶의 가치를 판정할 수 있는 유일한 사람은 그 삶의 당사자라는 뜻이 아님"[45]을 상기시킨다. 개인은 자신의 삶의 가치를 잘못 알 수도 있다. 단지 당사자가 유의미한 삶을 산다고 생각한다고 해서 그의 삶이 유의미해지는 것은 아니다.

삶의 의미를 인본주의적으로 설명하는 입장에 대한 또 다른 반론은, 우리가 삶의 신비를 받아들이고 거기에 맞춰 살아야 하는데 합리적 인본주의적 설명은 그렇게 하지 않는다는 것이다. 바지니는 이 반론이 단지 신비를 좋아하는 사람들의 호소일 뿐이라고 받아친다. 그는 신이 없다거나 사람들이 신으로부터 의미를 얻을 수 없다고 말한 적이 없다. 그는 다만 초월적 존재를 믿을 타당한 이유가 있다고 생각하지 않을 뿐이다. 그리고 그는 다른 곳에서 그의 의미를 발견한다. 게다가 실제로 어떻게 유의미한 삶을 사는가와 관련해서 충분히 많은 신비가 존재한다. 우리에게 유의미한 것을 발견하는 과정은 매우 신비롭다. 우리가 살아 있다는 것부터가 고마운 신비라고 바지니는 생각한다. 심지어 이것은 신이나 사후의 삶의 신비보다 더 고귀한 신비다. 신이나 사후의 삶에 대한 믿음은, 신이 없으면 우리의 삶을 우리가 책임져야 한다는 것에 대한 두려움에서 비롯된다고 바지니는 생각한다.

삶의 비극과 위태로움은, 철학자들이 언급하지 않는 주제로 정평이 난 사랑이 인간적 실존의 문제에 대한 답임을 시사한다. 좋은 일을 하려는 욕망은 이성이 아니라 사랑에서 나온다. 그럼 사랑과 행복의 관계는 어떠할까? 이것들은 연결되어 있지만, 사랑과 행복은 다르다고 바지니는 단언한다. 사랑은 불행에 아랑곳하지 않으며, 사랑하는 상대 그 자체를 향한다. 사랑은 우리가 무엇을 진정으로 소중히 여기는지 보여준다. 우리는 우리 자신이라는 이유로 사랑받기를 원한다. 사랑은 참된 성공, 삶을 유의미하게 만드는 유형의 성공에 대한 통찰을 제공한다. 사랑은 우리에게 오늘을 붙잡을 것을 요구한다. 안 그러면 우리는 오늘이 지나가는 것을 방치하고 말 것이다. 사랑은 우리가 철학이 없어도, 삶에 대한 면밀한 검토가 없어도 유의미한 삶을 살 수 있음을 보여준다.

철학적 통찰의 한계를 드러내는, 인생의 비합리적 요소들이나 사랑을 탐구하는 일은 철학에게 적합하지 않다. 이러니저러니 해도, 사랑의 동기는 이성이 아니다. 그러나 합리적-인본주의적 접근법이 엉뚱한 것은 아니다. 오히려 그 접근법은 우리가 삶을 이해하는 능력의 한계를 보여준다. 또한 사랑의 한계, 유한성, 연약성을 보여준다. "슬프게도 필요한 것은 오직 사랑뿐이라는 말은 옳지 않다. 삶과 마찬가지로 사랑은 소중하지만 연약하고 어떤 보증도 없다. 사랑은 크나큰 기쁨과 환희의 원천인 동시에 위험과 실망으로 가득 차 있다."[46] 결국 인본주의자는 도덕, 신비, 의미, 사랑이 초월적 받침대 없이 존재함을 받아들인다. 이는 삶의 한계들을 직시하고 수용하는 능력의 증표다. "더 많은 것을 바라는 초월주의자의 욕망도 이해할 만하지만, 인본주의자가 초월적인 것들에 굴복하기를 거부하는 것은 인간적 지성의 한계, 그리고 궁극적으로 인간적 실존의 한계를 직시하고 수용하는 능력의 증표라고 나는 믿는다."[47]

바지니는 의미에 대한 냉정한 설명의 마무리로, 삶의 의미에 대한 독점권을 주장하는 수호자들뿐 아니라 누구나 삶의 의미를 얻을 수 있다고 말한다. 따라서 그의 견해는 우리를 통제하려는 자들의 권력에 도전하며 우리에게 의미를 스스로 결정할 책임을 지운다. 그러나 삶의 의미에 관한 앎은 삶의 지침을 제공하지 않는다. 유의미하게 살기는 어렵다. 유의미한 삶은 지속적인 과제이며, 우리는 이 과제를 끝내 완수하지 못한다. 바지니는 삶의 의미에 대한 자신의 견해가 최종 판결이 아님을 인정한다. 이 문제를 완전히 탐구하려면 철학자들 외에 더 많은 사람들이 필요하고, 이 문제를 다루는 어떤 책도 최종 판결이 아니라는 것이다. 또 사람들은 제각각 다르므로, 우리는 보편적인 지침서를 내놓을 수 없다. 다만 유의미한 삶을 가능케 할 만한 틀을 제안할 수 있을 뿐이다.

결론적으로 삶의 의미는 신비롭지 않다. 우리는 삶의 의미를 파악할 수 있으며 유의미하게 살 수 있다. 필요한 것은 절망이 아니라 희망이다. 유의미한 삶을 살 길이 많이 있다. 우리는 삶 속의 온갖 좋은 것들과 나쁜 것들을 모두 인정하면서도 유의미한 삶을 살 길이 많이 있음을 깨달을 수 있다. "우리는 행복의 가치를 깨달을 수 있다 … 삶의 쾌락을 제대로 음미하는 법을 배울 수 있다 … 성공의 가치를 알아볼 수 있다 … 오늘을 붙잡는 것의 가치를 깨달을 수 있다 … 타인들이 유의미한 삶을 살도록 돕는 일의 가치를 실감할 수 있다 … 그리고 마지막으로, 우리는 사랑의 가치를 깨달을 수 있다. 어쩌면 사랑은 행동을 이끌어내는 가장 강력한 동기일 것이다."[48]

요약 우리는 유의미한 일을 하고 사랑의 가치를 깨달음으로써 우리의 삶에 의미를 부여할 수 있다.

버트런드 러셀:
자유로운 인간으로서 숭배하기

제3대 러셀 백작, 버트런드 아서 윌리엄 러셀Bertrand Arthur William Russell(1872-1970)은 영국의 철학자, 논리학자, 수학자, 역사가, 무신론자, 사회비평가였다. 제자 루트비히 비트겐슈타인과 더불어 분석철학의 창시자들 중 하나로 꼽히며 20세기의 가장 중요한 논리학자 중 하나로 널리 인정받는다. 알프레드 화이트헤드와 함께 쓴 《수학원리Principia Mathematica》는 논리학을 수학의 기반으로 삼으려는 시도를 담은 작품이다. 러셀은 정치학, 윤리학, 종교를 포함해서 매우 광범위한 주제들을 다루는 방대한 글을 썼으며, "인도주의적 이상들과 사상의 자유를 옹호하는 다양하고 중요한 글들을 쓴 공로로" 1950년에 노벨문학상을 받았다. 많은 이들이 러셀을 20세기의 가장 위대한 철학자로 여긴다.

삶의 의미에 대한 러셀의 견해를 가장 선명하게 보여주는 글은 그가 1903년에 발표한 에세이 〈자유로운 사람의 예배〉다. 이 글은 악마 메피스토펠레스와, 권력과 부를 얻는 대가로 자신의 영혼을 악마에게 파는 인물인 파우스투스 박사가 창조의 역사에 대해서 나누는 가상의 대화로 시작된다. 그 창조 이야기 속에서 신은 천사들의 칭찬에 싫증이 나자, 고통받는 존재들로부터 칭찬을 받으면 더 재미있지 않을까 생각했다. 그래서 신은 세계를 창조했다.

러셀은 웅대한 우주적 드라마를 서술하고 어떻게 억겁의 세월이 흐른 뒤에 지구와 인간이 생겨났는지 이야기한다. 삶이 덧없고 고통스러우며 결국 불가피하게 죽음에 이름을 알게 된 인간들은 이 세계 바깥에 목적이 있어야 한다고 다짐했다. 그리고 비록 인간적 본능을 따르면 죄에 이르고 신의 용서가 필요하게 되지만, 인간들은 신이 인류를 위한 조화로운 종말에 이르는 좋은 계획을 세웠다고 믿었다. 신은 자신이 일으킨 고통에 대한 인간들의 감사를 확신하면서 인간과 모든 피조물을 파괴했다.

러셀은 그다지 고무적이지 않은 이 이야기가 근대과학의 세계관에 부합한다고 주장한다. 이를 설명하기 위해 그는 20세기 철학사에서 가장 비관론적이며 자주 인용되는 축에 드는 아래의 대목을 썼다.

인간은 자신의 종착점을 예견하지 않는 원인들의 산물이라는 것. 인간의 기원, 성장, 희망, 공포, 사랑, 믿음은 원자들의 우연한 배열의 결과일 따름이라는 것. 어떤 불, 영웅적 행동, 생각과 느낌의 강렬함도 개인의 삶을 죽음 너머까지 보존할 수 없다는 것. 누대累代의 노동, 헌신, 영감, 인간적 천재성의 한낮 같은 밝음이 태양계의 거대한 죽음으로 모조리 소멸할 운명이라는 것. 인간적 성취의 전당 전체가 폐허가 된 우주의 잔해에 묻힐 수밖에 없다는 것. 이 모든 것들은, 논란의 여지가 전혀 없지는 않더라도, 어떤 철학도 그것들을 반박하면서 존속하기를 희망할 수 없을 정도로 거의 확실하다. 오직 이 진실들의 발판 위에서만, 단호한 절망의 확고한 토대 위에서만, 향후 영혼의 거처가 안전하게 건설될 수 있다.[49]

그러나 거대한 우주적 힘의 궁극적 승리에도 불구하고, 인간은 중요한 측면에서 이 무의식적 힘보다 더 우월하다. 즉, 인간은 자유로우며 자기의식을 가졌다. 여기에서 인간의 가치가 나온다. 그러나 대다수 인간은 이를 알아채지 못하고, 영원한 괴로움을 유예받기를 바라는 마음으로 신들을 달래고 구슬리는 쪽을 선택한다. 그들은 신들이 찬양받을 자격이 없다고 믿기를 거부하면서 신들이 주는 고통에도 불구하고 신들을 숭배한다. 궁극적으로 그들은 신의 **힘**을 두려워하지만, 신의 힘은 존경과 숭배의 이유일 수 없다. 신에 대한 존경이 정당화되려면, 창조가 정말로 좋은 일이어야 한다. 그러나 세계의 실상은 창조가 좋은 일이라는 주장을 반박한다. 세계는 좋지 않고, 우리는 세계의 맹목적 힘에 굴복하여 노예처럼 되고 결국 죽임을 당한다.

오히려 우리는 세계가 나쁨을 용감하게 인정해야 할 것이다. 그러면서도 진리, 좋음, 아름다움, 완벽함을, 우주가 이것들을 파괴하리라는 사실에 아랑곳없이 사랑해야 할 것이다. 이 우주적 파괴력과 그것이 초래하는 죽음에 저항함으로써 우리는 참된 자유를 발견한다. 우주는 우리의 삶을 앗아가겠지만, 우리의 생각은 그 우주적 힘 앞에서 자유로울 수 있다. 이런 식으로 우리는 존엄을 유지한다.

그러나 세계의 실상과 이상적 형태의 불일치에 분노로 반응하지는 말아야 한다. 그렇게 반응하면 우리의 생각이 우주의 악에 고정되기 때문이다. 오히려 우리는 스토아주의자들처럼 삶이 우리가 바라는 것 전부를 주지 않는다는 사실을 체념하며 받아들여야 한다. 우리는 욕망을 버림으로써 체념에 이르지만, 생각의 자유는 여전히 예술, 철학, 아름다움을 창조할 수 있다. 그러나 이 좋은 것들도 너무 열렬히 욕망해서는 안 된다. 만일 너무 열렬히 욕망하면, 우리는 분노를 가라앉히지 못할 것이다. 오히려 우리는 이 적대적인 우주에서 삶이 베푸는 것은 우리의 자유로운 생각이 전부임을 체념하며 받아들여야 한다. 우리는 악의 존재를, 죽음과 고통과 고생이 우리에게서 모든 것을 앗아가리라는 사실을 체념하며 받아들여야 한다. 용감한 사람들은 자신의 고난을 품위 있게 또한 후회 없이 견뎌낸다. 그들이 우주적 힘에 굴복하는 것은 지혜의 표현이다.

하지만 체념하면서 철저히 수동적인 태도를 취할 필요도 없다. 우리는 음악, 미술, 시, 철학을 능동적으로 창조하고, 그럼으로써 이 세계의 덧없는 아름다움을 우리의 마음속에 받아들이고, 인간이 성취할 수 있는 최고의 것을 성취할 수 있다. 그러나 그런 성취는 어렵다. 왜냐하면 먼저 절망에 이르고 희망을 포기함으로써 우리 모두를 집어삼킬 운명으로부터 어느 정도 풀려나야 하기 때문이다. 어둠과 만날 때 생기는 지혜, 통찰, 기쁨, 다정함을 통해 자유를 얻어야 한다. 러셀은 이렇게 말한다.

> 무력한 반항의 쓰라림 없이, 우리가 외적인 운명의 지배에 체념하는 법과 비인간적 세계는 우리의 숭배를 받을 가치가 없음을 깨닫는 법을 모두 배웠을 때, 마침내 무의식적 우주를 변형하고 재단장하여, 상상의 도가니 속에서 변환하여, 새롭고 찬란한 황금의 이미지가 낡은 진흙 우상을 대체하게 만드는 것이 가능해진다.[50]

우리의 정신 속에서 우리는 운명과 비극에 맞서 창조하는 아름다움을 발견하고, 이런 방식으로 자연의 힘을 정복한다. 삶은 비극이지만, 그 비극에 항복할 필요는 없다. 오히려 우리는 "비극의 아름다움"을 발견하고 끌어안을 수 있다. 죽음과 고통 속에는 거룩함, 경외감, 숭고한 느낌이 있다. 그런 느낌들을 경험하면서 우리는 사소한 욕망들을 잊고, 우리가 통제할 수 없으며 우리를 돌보지 않는 거대한 힘들에 직면한 인간 존재의 외로움과 부질없음을 최소한 일시적으로는 초월한다. 삶의 비극을 마음속에 받아들이고 느끼면서 체념과 지혜와 자비로 반응하는 것은 인간의 궁극적 승리다. "사적인 행복을 위한 싸움을 포기하고 일시적 욕망의 간절함을 모두 떨쳐내고 영원한 것들을 향한 열정에 불타는 것 — 이것이 해방이요, 자유로운 인간의 숭배다."[51] 러셀에게 운명과 비극에 대한 성찰은 그것들을 진압하는 길이다.

동료 인간들에 대해서는, 그들의 슬픔과 고통을 완화하고 운명과 죽음이 가져올 비참함을 보태지 않는 것이 우리가 할 수 있는 전부다. 우리는 타인에게 고통을 보태지 않았다는 것에 자부심을 품을 수 있다. 그러나 우주는 보편적인 죽음을 향한 불가피한 행진을 계속하고,

인간은 모든 것을 잃을 수밖에 없다. 우리가 할 수 있는 것은 생각과 사랑이 우리를 고귀하게 만드는 짧은 순간들을 간직하고 운명을 숭배하는 저급한 사람들의 소심한 공포를 배척하는 것이 전부다. 우리는 우리의 모든 희망과 꿈과 열정을 끊임없이 갉아먹는 현실의 독재를 무시해야 한다. 러셀은 다음과 같이 웅변한다.

인간의 삶은 짧고 무력하다. 삶의 당사자와 인류 전체에게 느리고 확실한 죽음이 어둡고 무자비하게 떨어진다. 선악을 모르고 파괴를 주저하지 않으며 전능한 물질은 중단 없이 자신의 길을 굴러간다. 오늘은 가장 소중한 사람을 잃고, 내일은 본인이 어둠의 관문을 통과할 운명인 인간에게는 … 자신의 보잘것없는 삶을 고귀하게 만드는 드높은 생각들을 간직하는 것만 남는다. 운명의 노예의 소심한 공포를 경멸하고, 스스로 제작한 관을 참배하는 것만 남는다. 우연의 지배에 당황하지 말고, 자신의 외적인 삶을 지배하는 부당한 독재로부터 정신을 자유롭게 보존하는 것만 남는다. 거스를 수 없는, 즉 그 자신의 지식과 저주를 잠시 관용하는 힘들에 자랑스럽게 반항하면서, 지쳤지만 포기하지 않는 아틀라스처럼, 무의식적 힘의 난폭한 행진에도 불구하고 그 자신의 이상들이 빚어낸 세계를 홀로 떠받치는 것만 남는다.[52]

요약 삶에 객관적인 의미는 존재하지 않는다. 우리는 이를 체념하며 받아들이고, 단지 위로를 준다는 이유로 다른 믿음을 품지 말아야 한다. 오히려 객관적 무의미성에도 불구하고 능동적으로 아름다움, 진리, 완벽함을 창조하려 애써야 한다. 이런 식으로 우리는 우리를 파괴할 영원한 힘들로부터 어느 정도 해방을 성취할 수 있다.

리처드 테일러 :
우리의 의지를 투입하기

리처드 테일러Richard Taylor(1919-2003)는 형이상학에 관한 기여와 논란으로 유명한 미국 철학자였다. 그는 자유연애부터 숙명론까지 다양한 입장들을 옹호했으며 국제적으로 잘 알려진 양봉養蜂가이기도 했다. 브라운 대학, 컬럼비아 대학, 로체스터 대학에서 가르쳤으며, 그 밖에 10여 곳에서 초빙교수를 지냈다. 주요 저서는 《형이상학》(1963)이다.

1967년에 출판한 책 《선과 악: 새로운 방향》의 마지막 장에서 테일러는 우리가 무의미한 실존의 개념을 탐구하는 것은 그 개념을 유의미한 실존과 대조하기 위해서라고 주장한다. 그는 카뮈가 지어낸 시시포스의 이미지를 무의미 — 목적 없고 영원한 고역 — 의 전형으로 본다. 시시포스의 과업을 견딜 수 없는 것으로 만드는 것은 바위의 무게나 작업의 반복성이 아니라 목적 없음이라고 테일러는 지적한다. 그와 똑같은 목적 없음을 다른 이야기로 표현할 수도 있다. 이를테면 구덩이를 파고 메우는 일을 영원히 반복하는 것 같이 말이다. 그런 모든 이야기들의 핵심은 노동에서 영영 아무것도 산출되지 않는다는 것이다.

시시포스가 산꼭대기에 거대한 신전을 느릿느릿 지었다고 가정해 보자. "그렇다면 무의미성이 사라졌을 것이다."[53] 이 경우에 그의 노동은 목적이 있고 의미가 있다. 더 나아가 테일러의 주장에 따르면, 신들이 시시포스의 내면에 "강박적인 바위 굴리기 충동"[54]을 심어놓았다면, 그의 활동의 주관적 무의미성도 제거되었을 것이다. 그런 욕망을 심어준 신들은 시시포스에게 욕망 충족의 장을 제공한다. 우리는 외적인 관점에서 시시포스의 고역이 여전히 무의미하다고 볼 수도 있을 것이다. 외적으로는 상황이 바뀐 것이 없으니까 말이다. 그러나 이제 우리는 그 충동의 충족이 내적인 관점에서 시시포스에게 만족스러우리라는 것을 알 수 있다. 그는 정확히 자신이 원하는 바를 영원히 하고 있으니까 말이다.

이제 테일러는 이렇게 묻는다. 삶은 영원히 무의미할까? 이 질문에 답하기 위해서 그는 인간이 아닌 동물들의 삶을 고찰한다. 먹고 먹히기의 끝없는 순환 속에서, 물고기는 고작 죽음을 맞기 위해 강물을 거슬러 올라가 똑같은 과정을 반복할 새끼를 낳고, 새는 그냥 돌아올 텐데도 굳이 지구 반대편까지 날아가서 그와 유사한 짓을 할 새끼를 낳는다. 테일러는 이런 삶들이 무의미성의 전형적인 예들이라고 결론짓는다. 인간이 이 거대한 기계의 일부라는 점도 명백하다. 인간이 아닌 동물들과 달리 우리는 우리의 목표를 선택하고 성취하고 자부심을 느낄 수도 있을 것이다. 그러나 우리가 목표를 성취하더라도, 그 목표는 일시적이며 곧 다른 목표로 대체된다. 개인적 관심사들을 향한 선입견을 제쳐놓을 수 있다면, 우리는 우리의 삶이 시시포스의 삶과 마찬가지임을 깨달을 것이다. 우리 삶의 고역을 돌아보면, 우리가 생존을 위해 일하고 이 짐을 자식들에게 물려준다는 것을 알게 될 것이다. 우리와 시시포스 사이의 유일한 차이는, 우리는 바위를 다시 굴려 올리는 일을 자식들에게 떠넘긴다는 점뿐이다.

설령 우리가 우리의 활동을 기리는 기념물을 세우더라도, 그 기념물 역시 천천히 먼지로 변할 것이다. 이 때문에 우리는 퇴락해가는 고향집에 돌아와 우수에 잠긴다.

저기에 벽난로가 있었다. 거기에서 한때 한 가족이 대화하고 노래하고 계획을 세웠다. 방들이 있었고, 거기에서 사람들이 사랑했다. 아기들이 태어나고, 어머니는 기뻐했다. 벌레가 우글거리고 곰팡이로 뒤덮인 소파의 잔해가 있다. 한때 점점 더 커지던 안락과 아름다움과 온기를 높이기 위해 상당한 값을 주고 사들인 소파다. 작은 폐품 하나하나가 그리 멀지 않은 과거에 온전히 현실적이었던 것들, 예컨대 아이들의 목소리, 세워놓은 계획들, 착수한 사업들로 마음을 채운다.[55]

그 모든 것이 무엇을 위한 것이었느냐고 묻는다면, 유일한 대답은 다른 것들도 똑같은 운명을 맞으리라는 것, 모든 일이 끝없이 반복되리라는 것뿐이다. 그렇다면 시시포스의 신화는 우리의 운명을 보여준다. 그리고 이 깨달음은 인간으로 하여금 자신의 운명을 부정하도록 유도한다. 이 무자비한 운명 앞에서 위로를 제공할 종교와 철학을 발명하도록 이끈다.

그러나 외견상의 목적 없음에도 불구하고 인간의 삶이 여전히 유의미할 수도 있을까? 시시포스의 삶이 유의미할 가능성을 다시 살펴보자. 다시 한 번, 그가 노동을 통해 신전을 건축한다고 가정해보자. 그 신전이 결국 먼지로 변할 것이라는 점뿐 아니라 건축이 완성되면 시시포스가 지루함에 직면하리라는 점도 간과하지 말아야 한다. 완성 이전의 고역이 그에게 내린 저주였다면, 이제 그 고역의 부재는 과거의 저주에 못지않게 지옥 같을 것이다. 이제 시시포스는 "자신이 이미 완성했고 아무것도 보탤 수 없는 작품을 바라볼 것이다. 영원히 바라볼 것이다!"[56] 신전 건축조차도 시시포스에게 의미를 주지 못하리라는 결론에 이르자, 테일러는 앞서 했던 생각으로 돌아간다. 바위 굴리기를 향한 욕망이 시시포스의 내면에 가득 차 있다면 어떨까? 이 경우에 그의 삶은 유의미할 것이다. 왜냐하면 그는 자신의 일에 지속적으로 깊은 관심을 기울일 테니까 말이다. 이와 마찬가지로 우리도 그런 욕망들을 내면에 품고 있으므로, 우리가 내면의 욕망에 따라서 행동하고 있다면, 우리는 삶을 지루하게 느끼지 말아야 한다. "이것이 우리가 바라도 되는 한에서 천국과 가장 가까운 것이다."[57]

이렇게 우리의 의지를 우리의 활동에 투입하는 것에서 의미를 발견할 수 있다는 생각을 뒷받침하기 위하여, 테일러는 과거 문명의 사람들, 또는 앞서 그가 묘사한 고향집의 옛 거주자들이 돌아와서 한때 자신들에게 그토록 중요했던 것이 폐허로 변한 것을 보더라도, 그들은 당황하지 않을 것이라고 주장한다. 오히려 그들은 자신이 과거에 그 노동에 충심으로 몰두했음을 회고할 것이다. "그것들[삶의 의미에 관한 질문들]은 이제 더는 필요하지 않다. 과거의 그 날은 그 자체로 충분했고, 삶도 그러했다."[58] 우리는 삶 전체를 이런 식으로 바라보아야 한다. 삶의 정당화와 의미는 "자신의 의지가 추구하는 바"[59]를 하는 사람들에게서 나온다. 이 사실을 갓난아기에서도, 갓난아기의 살려는 의지에서도 확인할 수 있다. 인간에게 "삶의 목적은 그저 사는 것이다."[60] 인간이 짓는 성은 틀림없이 무너질 테지만, 이 모든 것으로부터의 탈출은 천국 같기는커녕 지루할 것이다. "중요한 것은 우리가 새로운 과제, 새로운 성, 새로운 거품에 착수할 수 있어야 한다는 것이다. 할 일이 있고 우리가 그 일을 할 의지를 가지고 있다는 사실만이 중요하다."[61]

삶의 반복성을 보고 절망에 빠지는 철학자들은 우리가 우리의 일을 할 욕망을 내면으로부터 얻을 수 있음을 간과하는 것이다. 요컨대

"삶의 의미는 우리의 내면에서 나오는 것이지, 외부에서 주어지는 것이 아니다. 그리고 그 의미는 아름다움과 영속성 모두에서 이제껏 인간이 꿈꾸거나 열망한 어떤 천국보다도 훨씬 더 우월하다."[62]

요약 우리는 우리의 기획들에 능동적으로 의지를 투입함으로써 삶에 의미를 부여한다.

R. M. 헤어 : 아무것도 중요하지 않다?

R. M. 헤어R. M. Hare(1919-2002)는 1966년부터 1983년까지 옥스퍼드 대학의 화이트 도덕철학 교수를 역임한 후 플로리다 대학에서 오랫동안 가르친 영국 도덕철학자다. 그는 20세기 후반기의 가장 중요한 윤리학자들 중 하나였다.

헤어는 옥스퍼드 자택에 머물렀던 18세의 행복한 스위스 청년에 대한 이야기로 말문을 연다. 그 청년은 카뮈의 《이방인》을 읽고 나서 성격이 바뀌었다. 내향적이고 무뚝뚝하고 우울하게 되었다(《이방인》은 죽음과 의미를 비롯한 실존주의적 주제들을 탐구한다. 주인공 뫼르소는 감정적으로 소외된 외톨이고 천성적으로 수동적이다). 카뮈를 읽고 나서 **아무것도 중요하지 않음**을 확신하게 되었다고 그 청년은 헤어에게 말했다. 헤어는 그가 그토록 큰 영향을 받은 것이 특이하다고 느꼈다.

용어들의 의미에 관심이 많은 철학자로서 헤어는 그 청년에게 "중요하다"가 무슨 뜻이냐고 물었다. 청년이 대답하기를, 무언가가 중요하다고 말하는 것은 "그것에 대한 관심을 표현하는 것"[63]이라고 했다.

그러자 헤어는, 그 관심이 누구의 관심인지를 물었다. 무언가가 중요하다고 말할 때, 그것이 "누구에게 중요할까?"라는 질문이 떠오른다. 그 누구는 대개 말하는 사람 자신이지만 다른 누군가일 수도 있다. 우리는 "그것이 너에게 중요해." 또는 "그것은 그에게 중요하지 않아." 같은 말을 자주 한다. 이 경우에 우리가 언급하는 것은 우리 자신의 관심이 아니라 타인의 관심이다.

카뮈의 소설에서 "아무것도 중요하지 않다."라는 문구는 저자의 견해를 표현할 수도 있고, 주인공의 견해나 독자(그 스위스 청년)의 견해를 표현할 수도 있다. 그런데 그 문구가 카뮈의 무관심을 표현하는 것은 아니다. 왜냐하면 그는 그 소설을 쓸 정도로 관심이 많기 때문이다. 소설 쓰기는 카뮈에게 확실히 중요했다. 소설을 읽어보면, 실제로 주인공은 '아무것도 중요하지 않다'고 생각함을 명확히 알 수 있다. 그는 거의 어디에도 마음을 쓰지 않는다. 그러나 그런 뫼르소도 몇 가지 사안에 관심이 있다고 헤어는 생각한다.

헤어의 생각에 따르면, 아무것에도 전혀 관심이 없기는 불가능하다. 왜냐하면 우리는 늘 저것 대신에 이것을 선택하고, 그럼으로써 무엇이 우리에게 약간이라도 중요한지를 드러내기 때문이다. 소설의 막바지에 뫼르소는 종교를 권하는 성직자에게 몹시 격분하여 그를 공격한다. 이 열정의 표출은 뫼르소에게 무언가가 중요했음을 보여준다. 그렇지 않다면, 그는 아무 행동도 하지 않았을 것이다. 설령 허구의 인물인 뫼르소에게는 아무것도 중요하지 않았다고 가정하더라도, 왜 그 스위스 청년에게는 '아무것도 중요하지 않다.'라는 말이 중요했을까? 실제로 그 청년은 자신이 여러 걱정이 있다고 인정했다. 즉, 자신에게 중요한 것들이 있다고 말했다. 헤어는 그 청년의 과제는 중요한 것들을 발견하는 일이 아니라 중요한 것들의 우선순위를 매기는 일이었다고 생각한다. 그 청년은 자신이 소중히 여기는 것들을 차근차근 열거할 필요가 있었다.

우리의 가치관은 자신이 바라는 바와 타인들을 본뜨는 모방에서 유래한다고 헤어는 주장한다. 성숙의 큰 부분은 이 두 가지 욕망을 통합하는 것이다. 즉, 우리 자신의 가치관을 가지고 그것을 우선시하면서도 타인들과 유사하게 되는 것이다. "결국 … 우리에게 무언가가 중요하다고 말하려면 우리 자신이 그것에 관심을 두어야 한다. 타인들의 관심만으로는 부족하다. 일반적으로 우리가 아무리 타인들처럼 되기를 바란다고 하더라도 말이다."[64] 그럼에도 우리는 많은 경우에 타인들을 모방함으로써 자신의 가치관을 형성한다. 예컨대 우리는 철학 교수가 멋 있다는 생각에 철학을 좋아하는 척하다가 차츰 정말로 철학을 좋아하게 되기도 한다. 이 과정은 흔히 비뚤어진 방향으로도 일어난다. 부모는 내가 X를 하기를 바란다. 그래서 나는 Y를 한다. 요컨대 이런 순응과 비순응의 과정을 통해서 우리는 천천히 우리 자신의 가치관을 형성한다.

헤어의 결론에 따르면, 그 스위스 청년은 '아무것도 중요하지 않다.'라고 말함으로써 뫼르소를 모방했을 뿐, 실제로 그에게는 많은 것들이 중요했다. 또한 그는 흡연을 통해서도 뫼르소를 모방했다. 그 청년은 중요성이라는 말이 어떤 행동이 아니라 주관적 관심을 표현한다는 점을 이해하지 못했다. 중요하다는 것은 '재잘거리기'처럼 대상들이 행하는 어떤 것이 **아니다**. 예컨대 "내 아내가 재잘거린다."라는 말은 "내 아내가 중요하다."라는 말과 다르다. 전자는 내 아내의 활동을 표현하는 반면, 후자는 내가 그녀에게 가진 관심을 표현한다. 문제는 우리의 관심과 대상의 활동을 혼동할 때 발생한다. 그러면 우리는 세계에서 중요성을 탐색하게 되고, 능동적으로 중요성을 띠는 대상을 발견하지 못하면, 우울함에 빠진다. 세계를 관찰하는 우리의 눈에 중요한 대상은 포착되지 않기 마련이다. 우리가 대상에 마음을 쓸 때, 그 대상은 우리에게 중요하다. '중요함'은 대상의 활동을 표현하는 말이 아니라 대상에 마음을 쓸 때 우리에게 일어나는 일을 표현하는 말이다. '아무것도 중요하지 않다.'라는 말은 겉멋을 부리기 위한 거짓말이다. 우리는 모두 무언가에 마음을 쓴다(심지어 '아무것도 중요하지 않은 것 같다.'라는 것에 마음을 쓰더라도).

그러나 그 스위스 청년은 겉멋을 부린 것이 아니라고 헤어는 말한다. 그 청년은 단지 '중요성'이라는 단어의 의미를 혼동했을 뿐이다. 또한 헤어의 주장에 따르면, 우리는 일반적으로 무언가에 마음을 쓰는 존재들이며, 진정으로 거의 무엇에도 마음을 쓰지 않는 사람들은 단지 예외다. 결국 우리는 가치관을 벗어날 수 없다. 우리는 대상에 가치를 매기는 존재들이다. 물론 다양한 가치들에 직면하면, 수많은 것들에 관심을 기울여야 할 상황에 처하면, 우리는 항복의 의미로 양손을 들어올리며 '아무것도 중요하지 않다.'라고 말하기 십상이다. 무엇에 관심을 기울일 것인가, 무엇에 가치를 둘 것인가에 관한 이 같은 난관에서 우리는 두 가지 방식 중 하나로 반응할 가능성이 있다고 헤어는 말한다. 첫째, 우리의 가치들과 관심들을 재평가하면서 그것들이 정말로 우리의 것들인지 확인할 수 있을 것이다. 둘째, 무엇이 정말로 중요한가에 대한 생각을 아예 끊어버릴 수 있을 것이다. 헤어는 첫째 반응을 권한다. 둘째 반응은 나태로 이어지기 때문이다. "우리는 거의 모두가 노력하지 않아도 그 진가를 알 수 있는 것들, 예컨대 음식 섭취의 진가를 아는 것으로 만족한다. 오직 힘겹게 싸워서 성취해야만 그 가치를 알 수 있는 대상들에 가치를 부여하는 법은 결코 배우지 못한다."[65]

요약 우리 모두는 일반적으로 무언가에 마음을 쓴다. 다시 말해 우리에게는 무언가가 중요하다. 이런 '중요성'을 우리는 세계에서 발견하지 않는다. '중요성'이란 우리가 사물과 사람에 부여하는 속성이다. 우리는 정말로 관심을 기울일 만한 것들에서 가치(혹은 의미)를 발견한다고 헤어는 주장한다.

어빙 싱어 : 가치 창조

어빙 싱어 Irving Singer(1925-2015)는 1958년부터 매사추세츠 공과대학의 철학 교수로 있었다. 방대한 글을 썼으며, 각각 세 권으로 이루어진《삶 속의 의미》와《사랑의 본성》의 저자이다. 《삶 속의 의미》에서 싱어는 삶의 의미에 대해서 기본적으로 세 가지 입장을 제시한다. a) 전통적 종교적 대답. b) 허무주의적 대답. c) 우리 나름의 가치를 창조하라는 대답. 싱어는 종교적 대답이 많은 이들에게 삶의 의미를 제공한다는 것을 인정하면서도 그 대답을 배척한다.

이런 패턴의 믿음은 자연적 사건과 평범한 경험의 한계를 넘어선 검증 불가능한 전제들에 기초를 둔다. 여러 세기에 걸친 비판에 의해 이제 흔들거리는 초월적 버팀목들을 치워버리면, 그 거대한 구조물은 무너질 것이다. 우리 시대의 과제는 우리의 앎의 한계를 넘어서는 의심스러운 상상 없이 의미를 획득하는 법을 이해하는 것이다.[66]

싱어는 허무주의도 배척한다. 특히 우주는 우리의 가치관에 연연하지 않는다는 생각을 배척한다. 우주가 연연하든 말든, 우리가 원하는 바가 우리에게 가치 있다고 싱어는 받아친다. 우리의 가치들은 인간으로서 우리의 처지에서 기원한다. 우리는 다른 무생물이 우리에게 마음 쓸 것을 기대하지 말아야 하는 것과 마찬가지로 이 세계가 우리에게 마음 쓸 것을 기대하지 말아야 한다. 그러나 우리의 가치들은 이 세계에서 유래하며 이 세계와 모순되지 않는다. 자신이 목적을 가지고 행동한다는 주장과 우주가 목적 없이 운행한다는 주장은 양립가능하다. 영원의 관점에서 보면, 우리의 가치들은 존재하지 않는다. 그러나 그것들은 자의적이거나 비합리적이거나 부조리하지 않다. 우리의 가치들은 진화를 통해 획득한 우리의 본성에서 유래한다.

삶의 의미에 대한 싱어의 사상은 방대하고 복잡하지만, 이 주제에 관한 그의 첫 번째 주요 저서《삶 속의 의미: 가치 창조 Meaning in Life: The Creation of Value》의 제목에서 이해의 열쇠를 발견할 수 있다. 의미는 우리가 **창조하는** 무언가다. 그러나 싱어는, 주관적으로 우리에게 무엇이 중요하든 간에 객관적으로는 아무것도 중요하지 않다는 반론을 간과하지 않는다. 이와 관련해서 그는 두 가지 대응을 제시한다. 1) 한 개인에게 무언가가 중요하다면, 그 무언가는 중요하다. 더 이상 어떤 말도 필요하지 않다. 2) 만일 아무것도 중요하지 않다면, 아무것도 중요하지 않다는 것도 중요하지 않다. 그러나 양쪽 대응 모두 신통치 않다. 사물들이 우리에게만 중요하다는 것으로는 불충분하며, 아무엇도 중요하지 않다는 것조차 중요하지 않다는 것은 위로가 되지 않는다.

이 난관에서 우리는 아무것도 중요하지 않다는 생각을 기꺼이 받아들일 수도 있을 것이다. 그러면 더는 사회적 결례를 범했다는 생각에 자괴감을 느낄 일도 없고, 심지어 우리의 모든 노력이 결국 물거품으로 돌아가리라는 사실 때문에 괴로워할 일도 없을 것이다. 시시한 것과 중요한 것을 구분할 필요도 없을 테고, 자기만 옳다는 생각을 내던지고 우리 자신과 타인들을 받아들일 수도 있을 것이다. 그러나 그다음에 우리는 무엇을 해야 할까? 무엇에 가치를 두어야 할까? 아무것도 중요하지 않다는 생각은 결국 도움이 되지 않는다.

오히려 싱어의 주장에 따르면, 아무것도 중요하지 않다는 생각을 받아들이는 것은 자신의 본능과 결별하는 것이다. 왜냐하면 우리는 자연적으로 우리에게 중요한 것들을 발견하기 때문이다. 단지 우리가 살아 있다는 것만 봐도, 우리에게 중요한 것들이 있음을 알 수 있다. 우리에게 중요한 것과 그렇지 않은 것을 선별하는 일은 생존의 큰 부분이다. 중요한 대상이 있다는 것은 삶의 전제조건이다. 구체적으로, 중요한 대상이란 개인에게 행복과 의미를 제공하는 대상이다.

그러나 낙관론자들의 주장처럼 현상 너머의 어떤 실재가 삶에 의미를 제공한다는 뜻은 아니다. "우리가 시간 속에 존재한다는 사실, 우리가 과거와 미래로 스며들어 있는 존재여서 현재를 제대로 깨닫지 못한다는 사실만으로도, 나는 낙관론이 자기기만이라고 확신한다."[67] 와일더의 〈우리 읍내〉에 나오는 에밀리 깁스와 마찬가지로 우리는 삶을 사는 동안 삶을 깨달을 수 없는 듯하다. 플라톤과 화이트헤드 같은 일부 철학자들은 시간의 흐름에 대한 해법으로 영원한 대상들을 상정한 반면, 싱어는 그것들을 단지 정적인 — 삶과 유사하지 않은 — 추상물이라면서 배척한다.

그리하여 싱어는 다시 이 질문 앞에 선다. 삶을 살 가치가 있을까? 그의 대답은, 우리의 삶을 유의미하게 만드는 중요한 창조 활동에 참여해야 한다는 것이다. 자신의 취지를 명확히 하기 위해서 그는 조지 버나드 쇼를 인용한다.

삶에서 참된 기쁨이란 당신 자신이 위대하다고 인정하는 목적에 쓰이는 것, 쓰레기 더미에 던져지기 전에 완전히 소진되는 것, 세상이 당신의 행복을 위해 헌신하지 않으리라는 점을 탓하며 안달하는 조막만한 이기적 원망과 불평의 덩어리가 아니라 자연의 힘이 되는 것이다. 그리고 삶에서 유일한 진짜 비극은 개인적인 의도를 품은 사람들에 의해, 당신이 저급하다고 여기는 목적에 쓰이는 것이다. 나머지 모든 것은 최악의 경우에도 기껏해야 불운이거나 죽음이다. 유일한 비참함, 지상의 지옥은 노예가 되는 것이며, 이에 맞선 반란은 가난한 예술가에게 인간의 일을 제공하는 유일한 힘이다. 개인적인 의도를 품은 부유한 사람들은 그 예술가를 매우 기꺼이 포주, 광대, 아름다움을 파는 장사꾼, 감상 유발자 따위로 고용하려 들겠지만 말이다.[68]

어떻게 하면 자연의 힘이 될 수 있는지, 우리의 본성에 충실하게 사는 것이 무엇인지 쇼가 말하지 않는다는 점을 싱어는 인정한다. 그러나 싱어가 보기에 그 대답은 최소한 우리의 본성과 자기애에 대한 인정을 포함한다. 자기애는 허영심과 다르다. 오히려 자기애는 타인을 사랑하는 능력을 강화한다. 그리고 비록 우리가 삶을 온전히 사랑하지 못하거나 타인을 우리 자신만큼 사랑하지 못하더라도, 우리는 타인을 잠재적인 사랑의 상대로 받아들일 수 있다. 자신의 존속을 위해 할 수 있는 모든 일을 한다는 점에서 만물은 자신을 사랑한다. 따라서 만물에 사랑이 깃들어 있다. 우리는 만물에 깃든 사랑을 사랑하려고 노력할 수 있다. 싱어의 말을 들어보자.

> 만물에 깃든 사랑을 사랑하는 사람들, 이 선물에 마음을 쓰고 헌신하는 사람들은 진정한 삶의 사랑을 경험한다. 그것은 독특한 유형의 행복과 많은 기쁨의 기회를 제공하는 사랑이다. 자연이나 실재에 이보다 더 좋은 것이 있을 수 있을까?[69]

요약 우리는 만물에 깃든 좋음을 사랑함으로써 삶에 의미를 부여한다.

클렘케 :
구원에 호소하지 않고 살기

클렘케E. D. Klemke(1926-2000)는 아이오와 주립대학에서 20년 넘게 가르쳤다. 많은 책을 편집했는데, 여러 저자의 글을 모아서 편찬한 가장 유명한 책들 중 하나는 1981년에 처음 출판된 《삶의 의미》다(나는 클렘케가 편집한 《삶의 의미》의 모든 판본에 실린 거의 모든 글을 이 책에 요약해놓았다). 아래에서 나는 클렘케가 1981년에 발표한 에세이 〈구원에 호소하지 않고 살기: 긍정적인 삶의 철학〉을 요약할 것이다.

클렘케는 전문 철학자들이 관심을 기울이는 주제들은 심오하고 난해하다는 말로 운을 뗀다. 문제를 푸는 데 진보하려면 신중하고 정확하게 사유할 필요가 있으므로, 그 심오함과 난해함은 대체로 정당하다. 그러나 철학자가 "다른 사람들과 마찬가지인 한 사람으로서 말해야"[70] 할 때도 있다. 간단히 말해서 철학자는 자신의 분석적 도구들을 삶의 의미와 같은 문제에 적용해야 한다. 클렘케는 자신이 다루려는 문제의 핵심이 다음과 같은 카뮈의 문장에 담겨 있다고 말한다. "구원에 호소하지 않고 살 수 있는지 여부를 아는 것이 나의 관심사의 전부다."[71]

20세기 후반에 많은 저자들은 문명에 대해서 부정적 견해를 표명했다. 사회가 붕괴하고 있다는 생각이 그 견해를 대표했다. 문제는 다양한 형태로 표현되었지만, 기본적인 이야기는 어떤 궁극적 초월적 원리나 실재가 없다는 것이었다. 그 초월적 궁극자가 (그것이 무엇이든 간에) 삶에 의미를 제공한다고들 했다. 그 초월적 궁극자를 거부하는 이들은 무의미를 받아들이거나 자연적 실재를 숭배할 수밖에 없는데, 양쪽 다 부질없는 짓이다. 왜냐하면 그 초월적 궁극자가 없으면 삶은 무의미하기 때문이다.

클렘케는 이 견해를 '초월주의'로 명명한다. 그가 보기에 초월주의는 세 가지 주장으로 구성된다. 1) 초월적 궁극자가 존재하며 우리는 그와 관계 맺을 수 있다. 2) 초월적 궁극자가 (또는 초월적 궁극자에 대한 신앙이) 없으면 삶은 무의미하다. 3) 무의미한 삶은 살 가치가 없다. 클렘케는 이 주장들에 대한 논평을 차례로 제시한다.

1. **첫째** 주장과 관련해서 클렘케는, 초월적 궁극자가 존재한다는(현실 속에 존재한다는) 신앙인들의 주장은 인지적인 주장이라고 본다. 그

런데 종교적 문헌들이나 역사 속의 이례적 인물들, 또는 많은 사람들이 그 주장을 믿는다는 사실은 초월적 궁극자의 존재를 증명하지 못한다. 또 그 존재를 증명하는 전통적인 논증들은 대다수의 전문가들에게 설득력이 없다는 평가를 받는다. 게다가 종교적 경험도 확실한 증거가 아니다. 왜냐하면 종교적 경험이 어떤 출처에서 유래했는지가 항상 의문시되기 때문이다. 요컨대 초월적 궁극자가 존재한다는 증거는 없으며, 실제로 그 존재가 신앙의 문제라고 생각하는 사람들은 이 사실에 동의한다. 그러므로 초월적 궁극자가 존재한다는 주장을 받아들일 이유가 없다. 신앙인은 신앙심을 발휘해야 한다고 받아칠 수 있을 텐데, 이에 대한 클렘케의 대응은 이러하다. a) 일반적으로 우리는 신앙(곧 믿고 받드는 일)이 이성 및 증거와 무관하다고 여기지 않는다. 또한 b) 설령 이 맥락에서 신앙이 무언가 다른 것이라 하더라도, 자신에게는 그런 신앙이 필요하지 않다고 클렘케는 주장한다. 이에 초월주의자들은 삶에 의미가 있으려면 그런 신앙이 필요하다고 대꾸할 수 있을 텐데, 그러면 논의는 **둘째** 주장으로 이어진다.

2. 초월주의자는 초월적 궁극자에 대한 신앙이 없으면 삶의 의미도 목적도 온전함도 없다고 주장한다.

   a. 클렘케는 우선 오직 초월적 궁극자가 존재해야만 삶이 유의미한지 고찰한다. 여기에서 의미는 주관적 의미일 수도 있고 객관적 의미일 수도 있을 것이다. 객관적 의미라면, 클렘케는 이렇게 대응한다. i) 객관적 의미가 초월적 궁극자 없이 존재한다는 생각에는 어떤 비일관성도 없다. ii) 객관적 의미가 존재한다는 증거

가 없다. 우주를 보면, 많은 것들이 보인다. 예컨대 운동하는 별들이 보인다. 그러나 의미는 보이지 않는다. 우리는 가치를 발견하지 않는다. 오히려 가치를 창조하거나, 발명하거나, 세상에 부여한다. 요컨대 초월적 궁극자의 실재성을 믿을 이유가 없는 것과 마찬가지로 객관적 의미의 존재를 믿을 이유도 없다.

i. 이에 초월주의자는 우주에 객관적 의미가 존재하지 않음에 동의하면서도 초월적 궁극자가 없으면 주관적 의미가 불가능하다는 주장으로 대응할 수 있을 것이다. 그러면 클렘케는 이렇게 받아친다. 1) 이 주장은 틀렸다. 주관적 의미는 엄연히 존재한다. 2) 초월주의자들이 말하는 의미는 주관적 의미가 아니라 객관적 의미다. 왜냐하면 그 의미는 초월적 궁극자에 의존하기 때문이다.

ii. 초월주의자는, 초월적 궁극자에 대한 신앙을 가지지 않으면 삶의 의미를 발견할 수 없다고 주장할 수도 있을 것이다. 그러면 클렘케는 이렇게 대꾸한다. 1) 이 주장은 거짓이다. 2) 설령 이 주장이 참이라 하더라도, 그는 그런 신앙을 거부할 것이다. 왜냐하면 "내가 삶에서 어떤 의미를 발견하려 한다면, 일종의 목발이나 기만적인 희망, 믿기지 않는 믿음, 의심스러운 열망에 기대지 않고 발견하려고 애써야 할 것이다."[72] 클렘케는 자신이 의미를 발견하지 못할 수도 있음을 인정한다. 그러나 그는 스스로의 힘으로, 어떤 이해할 수 없는 신비에서가 아니라 인간이 이해할 수 있는 무언가에서 의미를 발견하려고 애써야 한다. 그는 증거가 없는 무언가와 연결된 의미를 합리적으로 도저히 받아들일 수 없다. 그래서 그가 덜 행복해진다면, 그냥 덜 행복해지겠다. 이 맥락에서 그는 조지 버나드 쇼를 인용한다. "신앙인이 회의주의자보다 더 행복하다는 사실은, 술 취한 사람이 멀쩡한 사람보다 더 행복하다는 사실과 마찬가지로 논점과 무관하다. 신앙이 주는 행복은 위험한 싸구려다."[73]

b. 다음으로 클렘케는 초월적 궁극자가 없으면 삶에 목적이 없다는 주장을 검토한다. 그의 대꾸는, 우주에서 객관적 의미를 발견할 수 없는 것과 마찬가지로 객관적 목적도 발견할 수 없다는 것이다. 따라서 객관적 의미와 관련해서 그가 앞서 제기한 모든 비판들이 객관적 목적의 개념에도 적용된다.

c. 이제 클렘케는 초월적 궁극자가 없으면 삶이 온전할 수 없다는 생각으로 눈을 돌린다. 그의 대꾸는 이러하다.

  i. 이것은 틀린 생각이다. 많은 이들은 초자연주의를 받아들이지 않고도 심리적으로 온전하다. 즉, 심리적으로 건강하다.

  ii. 어쩌면 신앙인들은 심리적 온전함이 아니라 형이상학적 온전함을 거론하는 것일 수도 있다. 즉, 우주를 제 집처럼 편안하게 느끼는 것이 신앙인들이 말하는 온전함의 핵심일지도 모른다. 만일 그렇다면, 클렘케는 이런 온전함이 무엇인지, 혹은 이런 온전함이 실재한다고 가정하더라도 그것을 성취한 사람이 있는지 자신은 모르겠다고 대꾸한다. 우주와 합일했다는 따위의 주장을 하는 사람들이 있을 수도 있지만, 이것은 주관적 체험일 뿐이지, 실재에 관한 객관적 주장을 뒷받침하는 증거가 아니다. 게다가 그런 경험이 존재한다 하더라도, 그것을 몸소 겪은 사람은 소수에 불과한 듯하다. 그러니까 신앙이 필요하다는 것 아니겠는가. 요컨대 신앙은 온전함을 함축하지 않으며, 온전함은 신앙을 필요로 하지 않는다. 마지막으로 설령 일부 사람들에게는 신앙이 온전함을 성취하게 해준다 하더라도, 클렘케에게는 그렇지 않다. 왜냐하면 그는 초월적 궁극자를 이해할 수 없기 때문이다. 그렇다면 클렘케는 어떻게 호소하지 않고 산다는 것일까?

3. 이제 클렘케는 셋째 주장, 곧 (초월적 궁극자의 존재, 혹은 그에 대한 믿음이 없으면 불가능한) 의미가 없으면 살 가치가 없다는 주장을 검토한다. 삶에 객관적 의미가 없다는 것은 사실이다(객관적 의미는 우주의 본성이나 기타 외적인 행위자로부터만 도출될 수 있다). 그러나 그렇다고 해서 삶이 주관적으로 무가치한 것은 아니다. 설령 객관적 의미가 존재하더라도 "그 의미는 나의 것이 아닐 터이다." [74]라고 클렘케는 주장한다. 심지어 그는 그런 의미가 존재하지 않아서 기쁘다. 왜냐하면 그 덕분에 그 나름의 의미를 창조할 자유를 누리기 때문이다. 자기 나름의 의미를 스스로 창조해야 한다면 삶을 살 가치가 없다고 여기는 사람들도 있을 것이다. 특히, 세계에 부재하는 의미를 내면의 삶에서 발견해야 할 텐데, 내면의 삶이 풍요롭지 않은 사람들이 그러할 것이다. 클렘케는 이렇게 말한다. "나는 지식, 예술, 사랑, 일 등을 통해서 주관적 의미를 발견한다." [75] 객관적 의미는 존재하지 않지만, 그 덕분에 우리는 우리 자신의 의식을 통해서 사물들에 의미를 부여할 가능성을 얻는다. 바위들은 등반할 산이 되고, 현들은 음악을 연주하고, 기호들은 논리를 이루고, 숲은 보물이 된다. "이처럼 … 모든 것이 나의 의식에서 시작되며 그 어떤 것도

나의 의식을 통해서만 가치를 가진다는 말은 일리가 있다." [76]

클렘케는 마무리로 톨스토이가 한 이야기를 다시 언급한다. 한 사람이 구덩이에 빠져 나뭇가지에 매달렸는데, 아래에서는 용이 기다리고 있고 쥐들이 나무의 뿌리를 갉아먹어서, 장미꽃 한 송이의 아름다움과 향기를 만끽하지 못한다는 이야기 말이다. 그렇다, 우리는 모두 죽음이라는 심연 위에서 한 가닥 실오라기에 매달린 신세다. 그러나 우리는 삶에 의미를 부여할 능력이 있다. 클렘케는 만일 그가 이 능력을 발휘할 수 없다면 — 객관적 무의미에 아랑곳없이 주관적 의미를 발견할 수 없다면 — 삶을 저주해야 마땅하다고 말한다. 그러나 만일 불가피한 죽음에도 불구하고 삶에 주관적 의미를 부여할 수 있다면, 장미꽃, 철학적 논증, 음악, 인간의 손길에 반응할 수 있다면, "그렇게 반응함으로써 외적이며 파멸적인 사건을 의식적 통찰과 의미의 순간으로 변환할 수 있다면, 나는 희망이나 호소 없이, 그러나 당당하고 기쁘게 내려갈 것이다." [77]

요약 삶의 의미는 그냥 놔두면 비극적이었을 현실에 의식이 유일무이한 방식으로 의미를 투사하는 것에서 발견된다.

주관적 의미에 대한 논평

객관적 의미를 말하는 종교적 입장에 맞선 바이어의 논증들은 설득력이 있다. 삶이 주관적 의미를 가질 수 있다는 그의 주장도 마찬가지다. 에드워즈는 이 생각을 확장하여, 설령 우리가 존재 그 자체가 궁극적으로 가치 있음을 증명하지 못하더라도 삶이 세속적 의미를 가질 수 있다고 주장한다. 또한 에드워즈는 대다수 사람들은 주관적 의미로 만족한다고 주장하는데, 이 주장은 선뜻 받아들이기 어렵다. 나는 평범한 사람들이 주관적 의미로 만족한다고 생각하지 않는다. 정반대로 인류 문화 ― 예술, 과학, 종교, 철학 ― 의 거의 전부는 우리의 삶이 우주적 관점에서 유의미하기를 바라는 욕망에서 유래한다. 오히려 세속적 의미로 만족하는 이들이 예외다. 에드워즈의 주장과 달리, 우주적 맥락에서 자신의 삶의 의미를 찾으려는 사람들이 특별한 잣대를 들이대는 것은 아니다.

플루의 주장도 기본적으로 동일하다. 즉, 삶이 무의미하더라도 삶에서 의미를 발견할 수 있다는 것이다. 하지만 그는 불멸의 꿈을 꾸기에 앞서 더 나은 세계를 만들라고 촉구한다. 반스는 우리가 신 없는 세계에서 의미를 창조하고 우리의 삶이 일으키는 영향이 작은 불멸성을 가진다는 것에 만족할 만큼 성숙해야 한다고 촉구한다. 반스는 우리가 게임의 규칙을 창조한다고 여긴다. 결론적으로 플루와 반스는 바이어나 에드워즈와 마찬가지로 의미를 향한 우리의 욕망을 충족시켜주지 못한다. 이들은 모두 삶 **속의** 의미가 우리가 얻을 수 있는 전부임을 받아들이라고 조언한다. 그러나 우리는 주관적 의미가 우리가 얻을 수 있는 전부라 하더라도 주관적 의미 이상을 원한다.

마틴의 분석에서 우리는 절망을 느낀다. 빠른 자동차와 멋진 여자는 우리에게 덧없는 만족을 줄 뿐이다. 그의 분석에서 얻는 유일한 위로는 죽음이야말로 우리를 충족시킬 수 없는 욕구들에서 구원하는 반가운 사건이라는 것뿐이다. 케커스는 이 생각을 더 밀고 나가, 의미를 도덕을 비롯한 모든 객관적인 것으로부터 분리한다. 그리하여 그는 우리에게 의미의 원천으로서의 도덕적 제한이 없는 삶을 능동적으로 꾸려나갈 것을 권한다. 슈미츠에게는 무엇이든지 몰두하는 일 — 이를테면 소규모 미식축구 리그에서 코치 노릇을 하는 것 — 에서 의미를 발견하는 것이 우리가 할 수 있는 최선에 가까운 반면, 솔로몬은 우리에게 삶의 비전을 선택하라고 말한다. 그러나 솔로몬은 선택의 방법이나 어떤 비전이 다른 비전들보다 더 나은지 말해주지 않는다. 런드는, 우리가 아마도 끝내 발견하지 못할 것을 탐색함으로써 삶에 의미를 부여해야 한다고 조언한다. 바로 그 탐색이 우리가 얻을 가망이 있는 의미의 전부에 가깝다는 것이다. 이 모든 이야기들은 용감한 사람들의 용감한 생각을 담고 있다. 깊고 통렬한 울림을 일으킨다. 가장 고무적인 것은 우리가 사랑함으로써 삶에 의미를 부여할 수 있다는 바지니의 이야기다. 그러나 사랑조차도 한계가 있고 깨지기 쉬우며 초월적 뒷받침 없이 존재한다.

러셀은 형이상학적 이야기들로부터 자유로운 사람들이 스스로 창조하는 아름다움과 발견하는 진리에서 삶의 의미를 발견할 수 있다고 주장했다. 테일러는 우리의 삶에 의미를 주는 것은 다름 아니라 우리의 노동이라고 주장했다. 왜냐하면 우리의 노동은 우리의 내적 본성에서 기원하기 때문이다. 헤어는 우리가 세계에 중요성을 부여한다고 주장했다. 싱어는 우리가 창조와 사랑을 통해 의미를 창조한다고 주장했다. 클렘케는 우리가 예술과 일과 사랑에서 주관적 의미를 발견함으로써 호소 없이 살 수 있다고 주장했다. 이 모든 사상가들은 객관적 의미가 상실된 후에 우리에게 남는 것은 의미 창조뿐이라고 주장한다. 그러나 이 모든 주장들에는 무언가가 빠져 있다. 우리가 뜨겁게 열망하는 무언가가 들어 있지 않다. 즉, 우리의 노동이 우리뿐 아니라 우주에게도 중요하다는 것, 우리가 우리의 의지에 매인 범위보다 더 큰 무언가의 일부라는 것이 들어 있지 않다. 이 사상가들이 권하는 삶은 객관적 의미를 가지지 않는다. 정말로 컴퓨터나 골프, 저녁노을, 자식들을 사랑하는 것으로 충분할까?

예컨대 헤어가 자신의 집에 머물렀던 스위스 청년에 대해서 보이는 반응을 살펴보자. 그 청년에게 뫼르소가 중요했던 이유는 자신을 뫼르소와 동일시했기 때문이다. 물론 그는 처형을 앞두고 있지 않았지만, 우리 모두가 죽는다는 것을 깨달았다. 실제로 소설의 마지막 대목에서 뫼르소는 누구나 조만간 죽는다는 사실에서 위로를 느낀다. 요컨대 그 청년이 그 소설에 감동한 것은 그가 자신의 삶에서 발견한 바를 그 소설이 새로운 방식으로 보여준다고 느꼈기 때문이다. 물론 그 청년은 나중에 자신에게 중요한 것들이 있음을 인정했다. 하지만 너에게 중요한 것이 있느냐는 질문을 받고 그 청년이 아무것도 없다고 대답했다면 어떨까? 헤어는 어떻게 대꾸했을까? "아냐, 너에게는 중요한 것들이 있어!"라고 윽박질렀을까? 만일 청년이 반발했다면, 두 사람은 막다른 곳에 이르렀을 것이다. 이것이 어떤 것들은 정말로 객관적 가치가 있다고 헤어가 조언하는 이유이기도 하다. 그러나 그 소년이 이 조언을 배척했다면 어떻게 되었을까?

러셀, 테일러, 클렘케가 강조하는 아름다움, 완벽함, 일, 예술, 사랑도 똑같은 문제를 품고 있는 듯하다. 이것들이 무가치하거나 우리가 이것들에 무관심할 수 있다는 점이 문제가 아니라, 이것들의 가치가 우리를 만족시키기에 충분하지 않다는 점이 문제다. 지금까지의 논의는 우리가 우리 자신의 의미를 창조한다는 기획이 품은 기본적인 문제를 보여준다. 이 기획은 과도한 요구다. 어떻게 외톨이 개인이 무한한 공간과 시간에 맞서서 스스로의 힘으로 자신의 삶을 유의미하게 만든단 말인가? 정말로 우리 자신의 힘만으로 이 일을 해낼 수 있을까? 물론 우리는 야구 카드를 수집하면서 그 일이 유의미하다고 느낄 수 있겠지만, 이것으로는 확실히 불충분하다. 삶에 그 이상의 의미가 없다면, 우리의 불만족은 정당하다. 설령 세상을 향해 주먹을 휘두르거나, 어떤 일시적인 완벽함을 창조하거나, 연애를 하거나, 미식축구 팀의 코치 노릇을 하더라도, "이것이 전부란 말인가?"라는 질문을 과연 떨쳐낼 수 있을까?

삶의 의미를 지탱할 초월적 버팀목은 없고 주관적 의미는 불충분하다면, 우리는 인간의 경험에 내재하는 객관적 의미와 가치로 눈을 돌려야 한다. 자연 세계에 존재하는 의미와 가치를 살펴보아야 한다. 그것이 다음 장의 과제다.

6
자연주의: 객관적 의미

철학에 쾌감이 있고, 심지어 신기루 같은 형이상학에도 매력이 있다. 어느 대학생이나 그 쾌감과 매력을 느끼지만, 이내 천박한 물리적 실존의 필요들이 그를 높은 사상으로부터 경제적 쟁취의 시장으로 끌어내린다. 우리 대다수는 인생의 6월에 철학이 정말로 플라톤의 말마따나 "그 소중한 기쁨"인 찬란한 며칠을 경험한다. 수줍은 듯 달아나는 진리를 향한 사랑이 세속의 육체와 잠동사니를 향한 욕망보다 ― 비교할 수조차 없을 정도로 ― 더 명예롭게 보이는 그 며칠. 그리고 그렇게 지혜에게 구애하던 젊은 시절의 잔재가 우리 안에 항상 아쉬움으로 남는다. 브라우닝처럼 우리는 "삶은 의미를 가지고 있다."라고 느낀다. "삶의 의미를 발견하는 것이 나의 먹을거리요 마실 거리다."

그리하여 우리 삶의 대부분은 무의미하다. 스스로 자신을 취소하는 머뭇거림이요 부질없음이다. 우리는 내면과 주변의 카오스와 싸우지만, 그러는 내내 우리 안에 무언가 생생하고 중요한 것이 있다고 믿어야 한다. 우리 자신의 영혼을 해독할 수만 있다면 그 무언가를 알 수 있으리라고, 우리는 이해하고 싶다. "우리에게 삶이란 우리 자신이나 우리가 마주치는 모든 것을 끊임없이 빛과 불꽃으로 변환하는 과정을 의미한다!" 우리는 《카라마조프 가의 형제들》에 나오는 미챠와 마찬가지로 "막대한 재산은 원하지 않지만, 자신의 질문에 대한 답을 원하는 사람들"이다. 우리는 덧없는 것들의 가치와 전망을 움켜쥐기를 바라고 따라서 일상의 소용돌이에서 우리 자신을 건져내기를 바란다.

우리는 작은 것들이 작음과 큰 것들이 큼을 너무 늦기 전에 알기를 원한다. 우리는 사물들을 영원한 모습으로 ― "영원의 빛 속에서" ― 지금 보기를 원한다.

―윌 듀런트

늙음은 젊음에 못지않은 기회라네
다만 다른 옷을 입고 있을 뿐.
저녁노을이 사위어가면
하늘이 별들로 가득 차지,
낮에는 보이지 않는 별들로.

-헨리 워즈워스 롱펠로

자연주의와
객관적 의미

초자연적 대답과 주관적 대답이 모두 실망
스럽다면, 어쩌면 삶의 의미는 객관적이며 자연 세계에서 발견될 수
도 있을 것이다. 객관주의자들은 삶의 의미는 (적어도 일부는) 당사자
의 욕망, 태도, 관심, 바람, 선호에 의존하지 않는다고 믿는다. 인간
의 정신에 대해 독립적인 불변의 의미 기준들이 존재한다는 것이다.
그런 의미는 초자연적 영역에서가 아니라 자연세계의 객관적 요소들
에서 유래한다. 그러나 아래 소개할 사상가들이 인정하듯이, 이것은
가치나 의미가 **철저히** 객관적이라는 뜻은 아니다. 세계에서 객관적
의미를 도출하거나 발견하려면 주체의 노력이 필수적이다.

조지프 엘린 :
도덕이 삶에 의미를 부여한다

웨스턴 미시건 대학의 명예교수 조지프 엘린Joseph Ellin은 예일 대학에서 박사학위를 받았다. 그는 1995년에 출판한 저서《도덕과 삶의 의미》를 어떻게 삶의 의미를 객관적 가치들에서 찾을 수 있는지에 관한 논의로 마무리한다.

어째서 삶의 의미를 묻는 질문이 발생할까? — 그 질문은 우리가 직장, 연애, 건강 등의 문제로 우울하거나 불행하기 때문일 수도 있을 것이다. 또는 우리가 죽은 뒤에 잊힐 것임을 깨닫는 것에서 유래할 수도 있을 것이다. 또한 가치의 주관성이 원인일 수도 있을 것이다. 가치가 주관적이라면, 객관적으로 옳거나 그른 것은 없을 터이므로, 우리가 무엇을 하는지는 중요하지 않을지도 모른다. 그렇게 아무것도 중요하지 않다면, 무언가를 하거나 어딘가에 마음을 쓸 이유가 있겠는가? 삶의 의미를 묻는 질문이 발생하는 궁극적인 이유 하나는 사려 깊은 사람들이 이렇게 묻는다는 것에 있다. 우리는 왜 여기에 있을까? 우리의 존재는 무엇을 의미할까? 삶은 어딘가로 흘러갈까, 아니면 그냥 머물러 있을까? 우리는 대답을 원하고, 그래서 그 대답을 제공하는 철학들과 종교들이 인기를 누린다.

삶의 의미는 일종의 지식일까?: 삶의 의미를 문장으로, 타인에게 전달할 수 있는 지식이나 정보의 형태로 진술할 수 있을까? 만일 그렇다면, 이 지식은 물리학이나 생물학처럼 흥미롭거나 배관이나 목공에 관한 지식처럼 유용할까? 이 지식은 단지 흥미롭기만 해서는 안 된다. 이 지식은 아주 중요할 터이므로 또한 유용해야 한다. 그 유용성은 이 지식이 우리를 부자로 만들어주거나 어떤 목표를 달성하는 데 요긴하다는 것에서 나오지 않는다. 이 지식은 본질적인 가치 때문에 유용할 것이다. 이 지식은 우리의 삶을 충만하게 하거나, 우리로 하여금 삶을 다르게 살게 해주거나, 왜 삶을 살 가치가 있는지 깨우쳐줄 것이다. 실제로 이런 지식이 존재할 수 있다. 당신이 친구가 없어서 걱정하다가 친구가 있음을 발견하면, 기분이 좋아질 것이며 삶을 다른 시각으로 보게 될 것이다. 그런데 당신이 삶에 의미가 없어서 걱정한다면, 어떤 지식이 그 걱정을 없애줄 수 있을까? 신이 당신을 사랑한다거나 부처가 당신의 구원자라는 지식이 걱정을 제거할 수 있을까? 과연 어떤 사실이나 정보가 삶의 의미로 구실하여 당신의 걱정을 날려버릴 수 있을지 불분명하다.

대신에 엘린은 삶의 의미를 형언할 수 없을 가능성을 제기한다. 어쩌면 삶의 의미는 말로 표현할 수 없지만 획득하면 어떻게 살아야 할지와 삶의 의미가 무엇인지를 자명하게 알려주는 일종의 지혜일 것이다. 그러나 정신으로 파악할 수 있지만 진술할 수 없으며 삶의 의미를 알려주는 지식이 존재한다고 가정하더라도, 우리 각자는 자신이 그 지식을 소유했는지 여부를 어떻게 확인할 수 있을까? 그 지식의 소유에 대해서 자신이 착각하고 있지 않다는 점을 어떻게 알 수 있을까? 요컨대 어떻게 삶의 의미가 일종의 지식일 수 있을지 이해하기 어렵다. 왜냐하면 일종의 지식인 삶의 의미는 문장으로 진술될 수 있거나 없을 텐데, 전자의 경우에는 과연 어떤 사실이 삶의 의미로 구실할 수 있을지 이해하기 어렵고, 후자의 경우에는 당사자가 삶의 의미를 발견했는지 여부를 확실히 할 수 없을 것이기 때문이다.

게다가 설령 삶의 의미는 X라는 것을 당사자가 안다 하더라도, 그 사실을 아는 것만으로 삶이 유의미해지는 것은 아니다. 삶을 유의미하게 만들려면, 당사자가 자신의 지식에 맞게 신을 사랑하거나 친구들을 사귀거나 지식을 추구하는 등의 행동을 해야 한다. 그런데 이것은 사실이 아니라 행동에 관한 처방 혹은 명령이다.

삶의 의미는 행복일까?: 어쩌면 무의미한 삶이란 행복이 없는 삶일 것이다. 삶이 무의미하다고 당신이 생각한다면, 어쩌면 당신은 불행한 사람일 것이다. 삶의 의미와 행복은 어떤 관계일까? 삶의 의미가 행복의 필요조건일 수도 있다. 즉, 삶의 의미가 없으면 행복이 불가능하다는 것이다. 그런데 무엇에서 행복을 얻고 무엇이 유의미하다고 생각하는지는 사람마다 다르다. 또는 삶의 의미가 행복의 충분조건일 수도 있다. 당신에게 삶의 의미가 있으면, 당신은 행복하다는 말이다. 예컨대 당신이 삶에 의미를 주는 고귀한 일을 한다면, 설령 다른 모든 행복의 요소들이 없다 하더라도, 당신은 행복할 것이다. 그렇다면 행복과 삶의 의미는 함께 발생한다고 할 수 있을 것이다. 그 둘 중 하나를 당신이 얻는다면, 당신은 나머지 하나도 얻기 마련이다. 물론 삶의 의미와 행복이 동일하다는 뜻은 아니다. 또한 이 논의를 통해서 우리가 삶의 의미가 무엇인지 알게 된 것도 아니다.

하지만 삶의 의미를 가진다는 것과 행복하다는 것이 동일하지 않다고 생각할 이유가 엄연히 있다. 우리는 수많은 이유로 불행할 수 있는데, 삶의 의미의 부재는 그 이유들 중 하나일 뿐이니까 말이다. 따라서 삶의 의미는 행복의 필요조건일지언정 충분조건은 아니다. 삶의 의미를 소유한다고 해서 행복이 보장되지는 않는다. 물론 그 소유는 특정 유형의 불행을 막아준다. 삶의 의미의 결여에서 비롯되는 불행을 말이다.

죽음 논증: 삶의 의미를 잃는다고 할 때, 우리가 잃는 것은 정확히 무엇일까? 의미가 상실된 삶은 정확히 무엇이 결여되어 있을까? 이를 이해하는 좋은 방법 하나는 다시 톨스토이를 살펴보는 것이다. 그는 죽음이 삶의 의미를 위태롭게 한다고 여겼다. 그러나 정말로 죽음은 삶에서 의미를 앗아갈까? 톨스토이의 논증은 아래와 같다.

> 삶은 좋다.
> 죽음은 이 좋음을 종결시킨다.
> 따라서 죽음은 나쁘다.
> 따라서 삶은 무의미하다.

엘린의 지적대로, 이 논증은 죽음이 나쁨을 보여주지만, 죽음이 삶의 의미를 제거한다는 것은 보여주지 **못한다**. 오히려 죽음의 나쁨은 삶의 좋음을 일깨워준다. 대다수 사람들이 죽음을 두려워하는 것은 다름 아니라 삶을 원하기 때문이다. 하지만 일부 사람들은, 죽음은 아무것도 아니고 당신에게 해를 끼칠 수 없으므로 나쁘지 않다고 주장한다. 엘린은 죽음이 당신에게 해를 끼칠 수 없다는 것에 동의한다. 그러나 그래도 죽음은 나쁘다고 본다. 왜냐하면 당신의 소멸은 당신에게 해롭기 때문이다. 당신의 소멸은 당신에게 닥칠 수 있는 가장 큰 해악이다. 죽음이 해롭지 않다는 다른 논증들은 영생이 지루할 것이라거나 죽음의 전망이 우리로 하여금 해야 할 일을 미루지 않게 한다는 생각을 포함한다.

이런 논증들에도 불구하고 엘린은 죽음이 나쁘다고 결론짓는다. 죽음은 우리가 피하고 싶지만 피할 수 없는 어떤 것이다. 우리가 할 수 있는 최선은, 우리가 과거에 살아있지 않았음에 지금 개의치 않듯이, 미래에 우리가 살아있지 않을 것임에 개의치 않는 것이다. 아무튼 죽음의 해악은 삶의 무의미성을 입증하지 않는다.

반복적인 부질없음, 궁극적인 하찮음, 부조리: 그렇다면 달리 어떤 생각들에서 삶은 무의미하다는 결론이 나올 수 있을까? 엘린은 세 가지 생각을 언급한다. 첫째는 시시포스의 노동이 가진 **반복성과 부질없음**에 관한 카뮈의 생각이다. 엘린은 대다수의 삶이 시시포스의 삶과 달리 최소한 부분적인 변화와 몇 가지 유의미한 목표들을 포함한다고 받아친다. 더 나아가 그는 유의미한 삶이 무엇이냐고 묻는다. 당신은 무엇이 삶을 유의미하게 만드는지 진술할 수 있거나 없을 것이다. 당신이 그것을 진술할 수 있지만 아무도 그것을 성취할 수 없다고 주장한다면 — 이를테면 그것이 노벨상 수상과 영생이라면 — 유의미한 삶에 관한 당신의 높은 기준을 우리가 받아들여야 할 이유가 무엇인가? 당신이 유의미한 삶이 무엇인지 진술할 수 없지만 삶은 원리적으로 유의미할 수 없다고 말한다면, 당신은 근거 없이 단정하는 것이다. 삶이 무의미함을 보여주려면, 대다수 사람들이 삶에 의미를 준다고 생각하는 그 무엇이 실은 의미를 주지 못함을 보여주어야 한다. 카뮈의 경우에는 모든 삶이 시시포스의 삶과 유사함을 보여주어야 할 것이다. 말할 필요도 없겠지만, 이것은 거의 불가능한 일이다.

삶이 무의미하다는 결론에 이를 수 있는 둘째 생각은 우리가 **궁극적으로 하찮다는 것**이다. 러셀은 과학이 발견한 광대한 공간과 시간이 우리 삶의 하찮음을 보여준다고 생각했다. 러셀이 보기에 우리에 대해 무관심한 우주에서 우리가 취할 수 있는 최선의 태도는 완벽함, 수학, 예술, 사랑, 진리를 소중히 여기는 것이다. 그럼으로써 우리는 바람 섞인 생각 없이 우리의 이상들을 보존한다. 엘린은 우주의 존재나 부재는 삶의 의미와 아무 상관이 없다고 받아친다. 나머지 우주가 없고 지구만 존재한다면, 우리의 삶이 더 유의미해질까? 지구 이외의 우주도 존재한다면, 왜 광활한 우주의 존재가 우리 삶의 의미를 파괴한다는 말인가?

삶이 무의미하다는 결론에 이를 수 있는 마지막 생각은 **부조리** 개념을 바탕으로 삼는다. 현대의 많은 사상가들은 삶이 부조리하고 비합리적이고 부질없다고 생각한다. 특히 장 폴 사르트르를 비롯한 실존주의자들이 그러하다. 사르트르의 대응은 개인들이 자기 나름의 가치와 의미를 창조해야 한다는 것이다. 그러나 삶은 비극이 아니라 코미디이며, 적절한 대처법은 우리가 우스꽝스럽다는 것을 받아들이는 것이라고 주장하는 사상가들도 있다. 삶이 무의미하다는 전제하에 여러 대응들, 예컨대 톨스토이의 신앙의 도약, 카뮈의 반항, 러셀의 이상 옹호, 사르트르의 테러 등이 제안되었지만, 엘린은 애당초 우리가 삶의 무의미성을 받아들여야 한다는 것이 의문스럽다.

"큰 그림" 의미와 신앙: 당신의 삶이 어떤 더 큰 기획의 일부라면, 당신의 삶은 유의미할까? 어떻게 큰 그림 관점big picture view이 대상에 의미를 줄 수 있을까? 엘린은 야구의 유격수와 군대의 병사를 예로 든다. 양쪽 경우 모두에서, 개인이 속한 큰 그림을 이해하지 못하면, 개인의 행동은 하찮고, 부질없고, 무의미하게 보인다. 우리는 바로 그렇게 큰 그림의 일부로서 개인의 행동을 이해할 때가 많다. 엘린의 주장에 따르면, 우리는 1) 모든 삶의 목적 2) 그 목적에 비춰본 개인의 삶의 의미 3) 그 목적을 위해서 고통과 죽음이 필요하다는 것 4) 삶이 좋다는 것을 설명하기 위해서 큰 그림을 원한다.

큰 그림은 대개 하나의 이야기로 제시되지만, 아무 이야기나 큰 그림의 구실을 할 수 있는 것은 아니다. 예컨대 다른 은하에서 온 외계인들에게 잡아먹히는 것이 삶의 목적이라는 이야기는 그 구실을 할 수 없다. 이 이야기는 위에 열거한 처음 세 가지 조건에는 맞지만 넷째 조건에 맞지 않는다. 종교적 이야기들은 대개 네 가지 조건을 모두 충족하지만, 참이 아닐 수도 있다. 우리가 큰 그림 이야기의 모든 세부사항을 알 필요는 없다는 점에 유념하라. 큰 그림의 존재를 믿는다면, 그것으로 충분하다. 삶은 우리가 몇 토막만 본 영화와 유사할지도 모른다. 우리는 그 영화의 의미를 모르지만, 아무튼 의미가 있다고 믿을 수 있다. 영화 전체를 본다면 그 의미를 이해할 것이라는 신념을 품을 수 있다. 물론 우리는 이 신념이 옳은지 확실히 알 수 없지만, 심오한 진리들은 흔히 이해의 한계를 벗어난다. 그러므로 큰 그림을 믿는 것은 하나의 선택지로 수용할 만하다. 삶은 아무튼 유의미하다고 믿는 것은 사리에 어긋나지 않는다. 하지만 증거가 거의 또는 전혀 없는 것을 왜 믿는다는 말인가? 무엇인지도 모르는 대상의 존재를 어떻게 믿는다는 말인가? 또 그런 믿음은 믿지 않음과 어떻게 다른가? 그런 믿음은 당신이 무엇을 해야 하는지, 또는 무엇을 소중히 여겨야 하는지에 대해서 아무 말도 해주지 않을 텐데 말이다.

삶의 의미를 묻는 질문은 유의미할까?: 이제 엘린은 논리실증주의자의 전형적인 반론을 개략적으로 제시한다. 단어, 문장, 행동은 무언가를 가리키는 반면, 삶은 오직 삶 자신만을 가리킨다. 따라서 삶은 원천적으로 의미를 가질 수 없다. 그러므로 삶의 의미를 묻는 질문은 무의미하다. 바꿔 말해서 한 질문이 유의미하려면, 우리가 그 질문의 대답들의 범위를 어느 정도 가늠할 수 있어야 한다. 그런데 삶의 의미를 묻는 질문의 경우, 우리는 무엇이 대답으로 간주될 만한지 모른다. 결과적으로 우리는 대답이 나오면 오히려 더 큰 의문에 빠진다.

삶이 무의미하다면 어떻게 될까?: 지금까지의 논의를 종합하면, 삶의 의미는 지식이 아니며 행복과 다르지만 죽음에 의해 제거되지는 않는다는 것이 엘린의 주장이다. 반복적인 부질없음, 궁극적인 하찮음, 부조리에 바탕을 둔 논증들은 완벽한 설득력을 발휘하지 **못한다**. 하지만 의미의 출처가 될 큰 그림이 존재한다는 주장도 마찬가지다. 이 모든 결론들은, 삶은 무의미하거나, 유의미하더라도 그 의미가 우리의 이해 능력의 한계를 벗어나거나, 삶의 의미를 묻는 질문 자체가 무의미함을 시사한다. 톨스토이를 비롯한 일부 사람들은 이런 상황에서 크고 좋은 그림이 존재한다는 낙관적 믿음으로 대응한다. 카뮈와 러셀을 비롯한 다른 사람들은 궁극적으로 무의미한 우주 앞에서 영웅적인 비관론으로 대응한다.

낙관론자와 비관론자는 삶이 살 가치가 있으려면 삶의 의미가 있어야 한다는 것에 동의한다. 혹시 이 공통의 생각이 오류인 것은 아닐까? 삶 전체는 의미가 없더라도 개인들의 삶은 유의미할 수 있다고 엘린은 주장한다. 당신은 친구들과 지식, 사랑 등 모든 것을 가질 수 있다. 한 사람의 삶에 대해서 당신은 그가 있었기에 세상이 더 나아졌다고 말할 수 있다. 그러나 우주가 당신에게 의미를 줄 수는 없다. 당신이 당신의 삶에 의미를 부여해야 한다. "삶의 의미는 지식과 전혀 다르다 … 근본적으로 하나의 느낌, 차이를 만들어냈다는 것에서 비롯되는 만족감이다."[1]

따라서 엘린은 주관주의자들과 견해가 같은 것으로 보인다. 그러나 완전히 같은 것은 아니다. 그는 이렇게 묻는다. 사람의 삶에 의미를 제공하기에 충분한 활동이 과연 있을까? 그런 활동은 없다고 엘린은 주장한다. 잘하는 일을 발견하여 그 분야의 재능을 발전시키는 것으로는 불충분하다. 뛰어난 아동 학대자나 범죄조직 우두머리가 되는 것에서 삶의 의미를 얻을 수는 없지 않은가. 이런 사람들은 살지 않는 편이 더 낫다. 세계에 유용하게 기여하지 않는 삶은 무의미하다. 비도덕적인 삶은 무의미하다. " … 참으로 가치 있는 삶이란 그 삶이 있었음을 기뻐할 이유를 과반수의 사람들이 발견하는 그런 삶이다."[2] 비록 우리의 삶에 대한 궁극적 정당화는 존재하지 않지만, 그럼에도 우리는 우리의 삶에 의미를 부여할 수 있다. 아무튼 도덕은 거의 모든 삶의 의미의 필수조건이다. 도덕은 삶을 값어치 있게 만드는 사랑, 우정, 성실, 신뢰성이라는 객관적 가치들에 이르는 수단이다.

요약 삶의 의미는 지식의 일종이 아니며, 행복과 다르고, 죽음에 의해 완전히 잠식되지 않으며, 종교적 이야기들에 의해 명백해지지 않고, 실재한다 하더라도 알 수 없을 가능성이 있다. 그럼에도 그 무엇도 우리로 하여금 삶의 무의미성을 받아들이도록 강제하지 않는다. 왜냐하면 우리는 객관적 도덕적 가치들을 발견하고 그것들에 맞게 삶을 꾸려감으로써 삶에서 의미를 끌어낼 수 있기 때문이다.

개럿 톰슨:
삶의 의미는 초월적 가치들에서 발견된다

1984년에 옥스퍼드 대학에서 박사학위를 받은 개럿 톰슨 Garrett Thomson은 현재 오하이오 주 우스터 칼리지의 일라이어스 콤프턴 철학 교수다. 2003년에 나온 그의 저서《삶의 의미에 관하여》는 중세적 세계관과 근대 과학적 세계관을 대조하는 것을 출발점으로 삼는다. 중세적 세계관은 삶이 유의미하다는 믿음과 쉽게 조화를 이룬다. 반면에 근대적 세계관은 "모든 것이 물질로 이루어졌으므로, 우리는 불멸의 영혼이 없고 따라서 머지않아 예외 없이 죽을 것이다. 신도 존재하지 않을 개연성이 높다 … 다만 생명 없는 물질이 있을 뿐이다."[3]라고 말한다. 오늘날 삶의 의미를 묻는 질문은 절박해졌다. "부분적으로 그 이유는 근대 과학적 관점이 중세적 관점을 대체한 것에 있다."[4]

톰슨은 저서의 첫 장에서 삶의 의미를 묻는 질문의 의미를 명확히 한다. 이 책의 첫 장에서 우리가 한 것과 마찬가지로, 그는 대답 불가능한 질문, 이해할 수 없는 질문, 보편적인 대답이 없는 질문을 신중하게 구분한다. 삶의 의미를 묻는 질문을 이해하는 다양한 방식들을 분류하는 과정에서 그는 한 가지 기초적인 결론에 도달한다. "삶의 의미에 대한 앎은 우리가 삶을 꾸려가는 방식에 관한 실천적 함의들을 가져야 한다."[5] 삶의 의미를 묻는 질문은 정보가 아니라 삶의 지침을 요구한다. 그런 지침을 제공하지 못하는 대답은 기본적으로 쓸모가 없다.

이어서 톰슨은 삶의 의미를 생각할 때 사람들이 범하는 아홉 가지 오류를 검토한다. **첫째** 오류는 삶의 의미가 신의 존재, 그리고 신과 우리의 관계에 달려 있다고 전제하는 것이다. 톰슨의 반론에 따르면, 신이 인간의 삶의 목적을 설정했다 하더라도 우리는 그 목적을 존중하지 않을 수 있다. **둘째** 오류는 삶의 의미가 일종의 목표나 목적이라는 것이다. 그 목적은 신이나 진화가 우리 안에 주입한 것일 수도 있고 우리의 영적인 발전을 의미할 수도 있겠지만, 이런 문제는 중요하지 않다. 그러나 우리가 우리의 삶을 단지 어떤 목표에 이르는 수단으로서 유의미하다고 여긴다면, 우리는 예외 없이 삶의 내재적 의미를 간과하게 된다. **셋째** 오류는 삶의 의미가 쾌락이나 욕망과 같다는 것이다. 이 생각은 쾌락 기계 안에서 사는 삶에도 무언가 결핍이 있다는 사실에 의해 반박된다. **넷째** 오류는 삶의 의미가 발명되어야 한다거나 주관적이라는 것이다. 이런 생각에 맞서서 톰슨은, 행동들은 그것들과 결부된 실제 가치 때문에 유의미하다고 주장한다. **다섯째** 오류는 유물론을 전제하면 삶의 의미가 존재할 수 없다는 것이다. 톰슨은 가치들이 물질적 대상들의 속성일 수도 있다고 받아친다. 물질적 대상이 가치를 발생시키거나 가치 있다고 서술될 수 있다는 것이다. **여섯째** 오류는 가치 판단은 행동의 이유를 제시하는 문장일 뿐이라는 것이다. 톰슨은 우리가 모르는 사실들이 있는 것처럼 우리가 모르는 가치들과 의미들이 있으며 이것들은 행동 지침과 아무 관련이 없다고 주장한다. 같은 맥락에서 나오는 **일곱째** 오류는 삶의 의미가 우리의 경험을 벗어날 수 없다는 것이다. **여덟째** 오류는 오직 언어적 항목들만 의미를 가질 수 있다고 전제하는 것이며, **아홉째** 오류는 스스로 정한 계획에 따라 사는 것이 곧 삶의 의미라는 것이다.

이 모든 오류들을 반면교사로 삼아서 톰슨은 긍정적 교훈들을 제시한다. 가장 중요한 교훈은, 삶의 의미는 일상에서 발견된다는 것이다. 왜냐하면 우리는 일상에 거주하기 때문이다. 개인의 삶은 내재적 가치를 가지고, 개인의 삶을 이루는 과정들도 내재적 가치를 가진다. 그 과정들은 경험과 행동으로 이루어진다. 따라서 유의미한 삶은 가장 소중하고 유의미한 행동들로 이루어진다. 우리는 이 소중한 행동들에 대한 관심과 공감을 증가시킴으로써 삶을 더 의미 있게 만들 수 있다.

또 세상에서 이제껏 알아채지 못한 가치들을 깨닫는 것도 삶을 더 의미 있게 만든다.

그러나 우리는 세계와 우리의 삶을 개선하려고 애써야 한다. 어떻게 하면 그럴 수 있을까? 우리가 품은 모든 바람이나 욕망에 따라서 행동하는 것이 아니라, 우리의 이익에 부합하게 행동함으로써, 즉 우리에게 본래적으로 좋은 것에 부합하게 행동함으로써, 그렇게 할 수 있다. 이 생각은 절대적이지도 않고 상대적이지도 않은 가치관으로 이어진다. 가치를 알아본다는 것은 가치를 깨달을 수 있다는 것, 가치가 어떤 의미에서 외부 세계에 존재한다는 것을 함축한다. 그러나 가치는 우리의 이해관계에 의존하므로 절대적이지 않다. 삶의 의미는 아름다움과 우정 같은 소중한 것들에 대한 우리의 관심에 의해 결정된다. 우정은 특히 중요하다. 왜냐하면 우리의 의미는 타인들의 비도구적 가치를 깨닫는 것에 의존하기 때문이다. 타인들의 가치를 깨달을 때, 우리는 각자의 삶의 한계를 초월한다.

또한 우리는 좋음, 아름다움, 진리 등의 가치들에 접속함으로써 삶의 의미를 발견할 수 있다. 우리 삶의 가치는 부분적으로 우리 자신을 넘어선 것들에서 발견되므로, 삶의 의미를 찾는 작업은 특정한 행동들을 초월하려 애쓴다. 삶이 이른바 영적인 중요성을 가진다면, 그 이유는 삶의 내재적 의미를 부정하는 어떤 초월적 상태가 존재하기 때문이 아니라 우리가 삶의 내재적 가치를 알아볼 수 있기 때문이다. 톰슨은 삶의 의미와 중요성에 관한 자신의 결론을 이렇게 진술한다.

삶의 의미는, 바깥에서 부과한 신적인 계획이나 목적에 부합하거나 개인적으로 발명한 목적에 부합하는 것이 아니라 우리의 근본적인 이익에 부합하는 발전 과정에 있어야 한다. 우리의 관심과 행동으로 우리 자신을 넘어선 가치들에 도달하는 과정을 삶의 의미의 일부로 간주해야 한다.[6]

요약 삶의 의미는 일상 속의 우정, 좋음, 아름다움, 진리 등의 객관적 가치들에서 발견된다. 이 모든 가치들은 한편으로 우리의 본성에 부합하고 다른 한편으로 우리 자신을 초월할 수 있게 해준다.

칼 브리튼 : 삶이 유의미하다는 것은 객관적으로 참이다

칼 윌리엄 브리튼Karl William Britton(1909-1983)은 영국 뉴캐슬어폰타인Newcastle upon Tyne 대학의 철학 교수였다. 케임브리지 대학(클레어 칼리지)을 졸업했는데, 학생회장을 지냈고 루트비히 비트겐슈타인의 친구였다. 그 후 하버드 대학원을 거쳐 애버리스트위스와 스완지에서 강사로 일하다가 뉴캐슬어폰타임 소재 킹스 칼리지의 철학 교수로 임명되었다.

1969년에 나온 저서《철학과 삶의 의미》의 첫 장에서 브리튼은 삶의 의미를 묻는 질문은 다음과 같은 서로 연결된 두 개의 질문으로 구성된다고 주장한다. 1) 왜 우주가 존재할까? 우주의 존재는 유의미할까? 2) 왜 내가 존재할까? 무엇이 내 삶에 의미를 제공할까? 이 질문들은 "삶이 의미를 가지려면 그 자체를 목적으로 삼아서 할 가치가 있는 일이 있어야 한다."[7]는 브리튼의 첫째 결론으로 이어진다. 일부 사람들에게는 내재적인 가치들만 있으면 충분하지만, 그것으로는 충분하지 않다고 주장하는 사람들도 있다. 그들에게 삶이 완전히 유의미하려면 신이나 자연이 설정한 외적인 목표들이 필요하다. 사람들이 삶 속의 내재적 가치들과 목표들 이상의 무언가를 추구하는 이유를 브리튼은 이렇게 열거한다. 1) 그들은 무엇이 내재적으로 가치 있는지에 대해서 합의하지 못한다. 2) 그들은 자신이 무언가를 위해 태어났다고 강박적으로 생각한다. 3) 외부에 그들의 삶의 목표가 존재한다고 믿지 않으면 삶이 힘겹다. 브리튼의 결론에 따르면, 당사자가 삶 속에서 내재적으로 가치 있는 목표를 발견하고 또한 신이나 자연에 의해 설정된 목표도 발견한다면, 그는 유의미한 삶을 산다고 할 수 있다. 문제는 과연 후자가 존재하느냐 하는 것이다.

삶의 의미를 묻는 질문의 대답들 중에서 브리튼이 맨 먼저 고찰하는 유형은 권위적 대답, 특히 서양의 종교적 대답이다. 이 대답의 기초적인 문제는 신과 사후의 삶의 존재와 같은 문제적인 개념들을 전제한다는 점이다. 이어서 브리튼은 이른바 형이상학적 대답, 즉 아리스토텔레스적인 성찰로 눈을 돌린다. 성찰은 틀림없이 가치가 있다. 그러나 성찰은 이론적 지식을 낳을 뿐, 삶의 의미를 묻는 질문에 완전히 대답해주지 않는다. 또한 비공식적인 혹은 상식적인 대답들도 몇 가지 있다. 이를테면 교회나 국가, 타인들을 위해 봉사하는 것에서, 또는 일이나 가족, 자아실현에서 삶의 의미가 발견된다는 대답이 있다. 이 대답이 안고 있는 문제들은 다음과 같다. a) 유의미한 것들의 목록을 제시한다 해도 그 목록의 선별 기준이 명확히 드러나는 것은 아니다. b) 그것들 모두가 유의미한 삶의 필수조건일 수는 있겠지만 충분조건일 가능성은 낮아 보인다. 그것들을 모두 가졌지만 여전히 삶이 유의미한지 의심하는 사람을 상상할 수 있다.

결국 브리튼은 원래의 질문들로 되돌아간다. 첫째 질문 — 우주의 의미, 원인, 또는 이유는 무엇일까? — 은 과학이 가장 잘 대답할 수 있는 이론적 질문이다. 비록 사람들은 흔히 비과학적인 방법으로 이 질문에 대답하려 애쓰지만 말이다. 둘째 질문 — 내 삶의 의미는 무엇일까? — 은 어떻게 살아야 하는가와 무엇에 가치를 두어야 하는가에 관한 실천적 질문이다. 이 질문의 대답은 사실들뿐 아니라 행위의 원칙들도 제시해야 하고 전자나 후자에 오류가 있다면 비판받을 수 있다.

브리튼은 한 사람의 삶이 유의미하려면 다음 문장들이 참이어야 한다고 주장한다. 1) 그의 신념이 그의 삶을 이끈다. 2) 그가 그 자신과 타인들에게 중요하다. 3) 그와 타인들 사이의 관계가 내재적으로 중요하다. 4) 그가 자신의 삶에서 패턴을 발견한다. 브리튼의 결론에 따르면, 이 조건들이 충족될 가능성은 삶을 유의미하게 만들기에 충분하다. 그리고 이 조건들이 충족될 가능성이 있으므로, 삶은 그 실현 여부와 상관없이 그 가능성 덕분에 유의미하다.

만물에 의미가 있는가라는 질문과 관련해서 브리튼은 이 질문은 우리 외부의 어떤 목적을 요구한다고 지적한다. 그런데 그런 목적이 실재한다거나 좋다는 것은 우리의 착각일 수 있다. 결국 신이나 의미의 창조에서 삶의 의미를 얻을 수는 없다. 오히려 "삶은 의미가 있으며, 그 의미는 모든 현실에 깃든 가능성에서 나온다. 내 말은 일부 사람들의 삶이 유의미하다는 것에 그치지 않는다. 어떤 사람의 삶이라도 유의미하다는 것이다."[8]

요약 개인의 삶이 그 자신과 타인들 모두에게 중요하다는 것을 세계의 사실들에서 확인할 수 있으므로, 삶은 유의미하다.

테리 이글턴 :
아가페적 사랑이 답이다

테런스 프랜시스 이글턴Terence Francis Eagleton
(1943-)은 현존하는 영국인 가운데 가장 중요한 문학평론가로 널리 인정
받는 문학이론가다. 현재 랭카스터 대학의 영문학 특훈교수Distinguished
Professor이고, 과거에 옥스퍼드 대학의 토머스 와튼 영문학 교수
(1992-2001)와 맨체스터 대학의 존 에드워드 테일러 영문학 교수(2008
년까지)를 지냈다. 그가 2007년에 출판한 책《삶의 의미》는 다음과 같은
통찰로 시작된다.

요새 수많은 사람들, 특히 남자들에게 '살면서 무엇에서 의미를 얻
는가?'라고 묻는 것은 이 질문에 '축구'라고 대답하는 것보다 더 나쁜
짓일 수 있다. 어쩌면 많은 사람들은 축구에서 삶의 의미를 얻는다고
인정하기를 꺼리겠지만, 수백 년 동안 사람들이 죽음을 무릅쓰고 지키
기를 주저하지 않았던 고귀한 대의들 — 종교적 신앙, 국가의 주권, 개
인의 명예, 민족의 정체성 — 을 스포츠가 대신한다. 오늘날 민중의 아
편은 종교가 아니라 스포츠다.[9]

곧이어 이글턴은 더 깊이 파고든다. 그는 신이나 주관적 의미가 아
니라 자연 세계에 속한 몇몇 객관적 가치들에 호소함으로써 삶의 의
미를 묻는 질문에 대답한다. 그는 신이 존재하든지 아니면 삶이 무의
미하든지 둘 중 하나라는 그릇된 양자택일을 지적한다.

우주는 의식적으로 설계되지 않았을 수도 있으며 무언가 말하려 애쓰지 않는다는 것은 거의 확실하다. 그러나 우주가 그저 카오스적인 것도 아니다. 정반대로 우주의 바탕에 깔린 법칙들은 과학자들을 눈물 흘리게끔 만드는 아름다움, 대칭성, 경제성을 드러낸다. 신이 세계에 의미를 부여하든지, 아니면 세계는 철저히 무작위하고 부조리하다는 생각은 그릇된 양자택일이다.[10]

그러나 이글턴은 삶의 의미가 주관적이라고 — 이것이 삶의 의미라고 우리가 말하면, 그것이 무엇이건 간에 바로 그것이 삶의 의미라고 — 말하는 탈근대주의자들과 구성주의자들에게 반발한다. "확실히 의미는 사람들이 부여하는 무언가다. 그러나 사람들은 스스로 발명하지 않은 법칙들이 지배하는 결정론적 세계와 대화하면서 의미를 부여한다. 그 의미가 타당하려면, 사람들은 이 세계의 재료와 구조를 존중해야 한다."[11]

삶의 의미를 묻는 질문에 대한 자신의 대답을 내놓을 때가 되자 이글턴은 인생의 목적이자 목표는 행복이라는 생각으로 눈을 돌린다. "삶의 의미는 어떤 문제의 해답이 아니라 어떻게 살 것인가와 관련이 있는 사안이다. 삶의 의미는 형이상학적이지 않고 윤리적이다."[12] 그렇다면 의미와 행복을 성취하기 위해서 우리는 어떻게 살아야 할까? 열쇠는 행복을 이기심에서 떼어내어 인류에 대한 사랑과 연결하는 것이다. 유의미한 삶의 핵심 요소는 아가페적 사랑이다. 서로를 아가페적으로 지원할 때 우리는 자신의 만족에 이르는 열쇠를 발견한다. "사랑이란 타인에게 그가 번창할 공간을 열어주는 것을 뜻한다. 동시에 그 타인은 당신을 위해 똑같은 일을 한다. 각자의 만족은 상대방의 만족을 위한 터전이 된다. 이런 식으로 우리의 본성을 깨닫는다면, 우리는 최선의 상태인 것이다."[13]

그러므로 결국 행복과 사랑은 일치한다. "아리스토텔레스의 말마따나 행복이 우리 능력들의 자유로운 번창이라면, 행복과 사랑 사이에 최종적인 갈등은 존재하지 않는다."[14] 흥미롭게도 참된 호혜성은 오직 동등한 사람들 사이에서만 가능하므로, 불평등이 심한 사회는 궁극적으로 누구에게도 이익이 되지 않는다. 마지막으로 이글턴은 좋고 유의미한 삶을 재즈 합주에 비유한다. 음악가들은 즉흥적으로 각자 자신의 연주를 하지만 또한 다른 연주자들에게서 영감을 얻고 그들과 협력하여 더 큰 전체를 이룬다. 삶의 의미는 타인에 대한 사랑과 관심을 통해 행복을 찾는 개인들의 집단적 활동에 있다. 아리스토텔레스와 마찬가지로 이글턴의 사상에서도 개인의 복지, 행복, 삶의 의미는 집단의 그것들과 밀접하게 연결되어 있다.

요약 삶의 의미는 행복과 사랑이다. 우리는 사랑과 행복이 번창하는 세계를 창조해야 한다.

모리츠 슐리크 :
삶의 의미는 놀이에서 발견된다

모리츠 슐리크Moritz Schlick(1882-1936)는 독일 철학자이며 빈 학파와 논리실증주의의 창시자였다. 그는 빈 대학에서 자신의 제자가 쏜 총탄에 맞아 숨졌다.

슐리크에 따르면, 천진무구한 사람들은 결코 삶의 의미를 묻지 않는다. 지친 사람들도 마찬가지다. 왜냐하면 그들은 삶의 의미 따위는 없다는 결론에 이르렀기 때문이다. "이 양극단 사이에 우리 자신, 곧 탐구하는 자들이 있다." [15] 일부 사람들은 젊은 날에 설정한 목표들을 달성하지 못했음을 한탄하면서 자신의 삶이 무의미하다고 인정하지만, 그럼에도 자신의 목표를 달성한 사람들의 삶은 유의미하다고 믿는다. 반면에 또 어떤 사람들은 목표를 달성하고도 그 성취가 의미를 제공하지 않음을 발견한다. 이처럼 삶의 의미를 깨닫기는 어렵다. 우리는 목표를 설정하고 목표를 향해 나아가지만, 성취는 의미를 제공하지 않는다. 목표에 도달하고 나면, 새로운 목표를 향한 욕망이 일어난다. 끝내 만족은 없고, 이 모든 열망은 죽음으로 끝난다. 어떻게 하면 이 모든 것에서 탈출할 수 있을까?

니체는 예술을 통하여, 나중에는 지식을 통하여 이 비관론에서 탈출하려 했다. 그러나 어느 방식으로도 삶의 의미에 이르지 못했다. 그는 우리가 삶의 의미를 목적으로 생각하면 절대로 의미를 발견하지 못하리라는 결론을 내렸다. 사람들에게 삶의 목적을 물으면, 대다수는 삶을 유지하기 위해서, 혹은 생존하기 위해서 일한다고 대답할 텐데, 내용 없는 생존은 무가치하다. 우리는 마치 쳇바퀴를 돌리듯이 생존하기 위해 일하고 계속 일하기 위해 생존한다. 일반적으로 일은 목적에 이르는 수단이지, 결코 그 자체로 목적이 아니다. 물론 즐거운 활동과 같은 몇몇 활동은 내재적으로 유의미하지만, 그것들은 너무 덧없어서 삶의 의미를 제공하지 못한다.

이에 대응하여 슐리크는 내재적으로 가치 있는 활동들에서 삶의 의미를 발견해야 한다고 주장한다. 그런 활동들에서는 수단과 목적이 통일되어 있다. 즉, 수단이 곧 목적이다. 슐리크는 **놀이**란 그 자체로 자신의 목적을 보유한 활동이라는 실러의 말을 인용한다. 오직 놀이 외에 다른 목적을 품지 않을 때만, 의미가 존재할 것이다. 하고 싶은 일을 한다면, 일은 놀이일 수 있다. 바꿔 말해 놀이와 창조적인 일은 일치할 수 있다. 예술가의 일이나 과학적 혹은 철학적 지식을 얻기 위한 탐구에서는 창조적인 놀이가 뚜렷이 발견된다. 거의 모든 활동이 예술로 변환될 수 있고, 슐리크는 예술적으로 되기 위해서 일하고 싶어 한다. 그는 사람들이 유의미하고 즐겁고 놀이 같은 일에 종사하는 세계를 열망한다. 그러나 사람들은 자기의식을 지닌 존재가 마땅히 해야 할 바대로 영원을 성찰하는 대신에 순간을 위해서 살 터이므로, 그런 한가로운 삶은 사람들을 동물로 타락시키지 않을까? 우리가 놀이 때문에 잃는 것은 없다고 슐리크는 말한다. 하고 싶은 일을 하면, 삶은 유의미해진다는 것이다. 그 결과는 단순한 쾌락을 뛰어넘는 기쁨이다.

그렇다면 우리는 놀이(일)에서 기쁨을 얻을 수 있는 아이처럼 되어야 한다. 목표와 상관없이 놀이의 내재적 본성에 열정을 쏟는 아이다움이 참된 놀이다. 하지만 성숙의 준비 단계인 아이다움에서 삶의 의미가 발견된다는 것이 이상하지 않은가? 전혀 그렇지 않다고 슐리크는 말한다. 사람들은 모든 불완전한 상태를 단지 또 다른 상태의 전조로 여기는 경향이 있다. 이 삶이 또 다른 삶에서 완성된다고 여기는 사람들이 많은 것과 마찬가지다. 그러나 삶의 의미가 발견된다면 반드시 이 세계에서 발견되어야 한다. 당사자가 창조적인 놀이에 종사한다면, 삶의 의미는 어린 시절에 발견될 수도 있고 성년기나 노년기에 발견될 수도 있다. "삶에서 아이다움이 더 많이 실현될수록, 삶은 더 가치 있다. 한 사람이 아이답게 죽는다면, 그가 얼마나 오래 살았든 간에, 그는 유의미한 삶을 산 것이다."[16]

요약 삶의 의미는 즐거운 놀이에서, 자신이 정말로 하고 싶은 일을 하는 것에서 발견된다.

수전 울프 :
객관적 가치들에 능동적으로 참여하기

수전 울프Susan R. Wolf(1952-)는 인생의 의미에 대해서 많은 글을 쓴 도덕철학자다. 현재 채플힐 소재 노스 캐롤라이나 대학에서 에드나 쿠리 철학 교수로 있다.

울프의 주장에 따르면, 유의미한 삶에는 당사자의 의미 요구를 충족시킬 가능성이 내재한다. 이 요구의 중심에는 삶을 살 가치가 있는가, 또는 삶에 어떤 목적이 있는가, 또는 삶을 계속 이어갈 이유가 충분히 있는가라는 질문이 있다. 유의미한 삶의 패러다임들은 도덕적이거나 지적인 성취를 포함한다. 반면에 고요한 열망이나 헛된 노동으로 점철된 삶은 무의미한 삶으로 분류된다. 간단히 말해서 "유의미한 삶이란 가치 있는 기획에 능동적으로 참여하는 삶"[17]이라고 울프는 주장한다.

능동적 참여는 무언가에 고통을 느끼거나 흥분하는 것을 포함한다. 즉, 무덤덤함이 아니라 열정과 관련이 있다. 또한 항상 유쾌하지는 않다. 왜냐하면 능동적 참여는 고된 일을 포함할 수 있기 때문이다. **가치 있는 기획**들의 존재는 객관적 가치의 존재를 시사한다. 울프에 따르면, 의미는 객관적 가치와 연결되어 있다. 울프는 객관적 가치를 옹호하는 철학적 논증을 제시하지 않는다. 하지만 그녀는 다음과 같이 주장한다. "당사자의 시간을 더 가치 있게 사용하는 방식과 덜 가치 있게 사용하는 방식을 구분하지 않고 삶이 유의미하다고 말하는 사상은 어떤 의미도 가질 수 없다. 그 구분은 주체의 쾌락이나 근거 없는 선호로부터 적어도 부분적으로 독립적이다."[18]

이 주장의 취지를 이해하기 위해서, 우선 사람들의 의미 열망이 그들의 삶이 유쾌한가와 무관하다는 점을 주목하자. 사람들은 즐거운 삶을 살면서도 삶에 의미가 없다고 생각할 수 있다. 둘째, 우리가 유의미한 삶과 무의미한 삶에 대한 직관적 감각을 가진 것처럼 보이는 이유는 무엇일까? 우리 대다수는 특정 유형의 삶이 유의미하거나 무의미하다는 것에 동의할 것이다. 이 두 가지 사실은 삶의 의미가 객관적 가치들과 결부되어 있음을 시사한다.

그리하여 울프는 유의미한 삶이란 가치 있는 기획에 능동적으로 참여하는 삶이라는 주장을 다시 천명한다. 당사자가 삶에 몰두한다면, 그 삶은 유의미하다. 의미를 탐색한다는 것은 가치 있는 기획을 탐색한다는 것이다. 한마디 덧붙이자면, 이 견해는 왜 일부 기획들은 유의미하다고 여겨지는 반면에 다른 기획들은 그렇지 않은지도 설명해준다. 유의미하지만 지루한 기획들(이를테면 미국시민자유연맹ACLU에 기부할 수표를 작성하기)이 있는가 하면, 유쾌하지만 삶에 의미를 제공하는 것 같지 않은 기획들(롤러코스터 타기)도 있다. 이 맥락에서 울프는 버나드 윌리엄스의 구분을 언급한다. 윌리엄스는 우리의 욕망과 상관없이 가치 있는 대상을 향한 정언적 욕망과 우리의 욕망에 의존해서 가치를 가지는 대상을 향한 그 밖의 모든 욕망을 구분했다. 간단히 말해서 울프는 일부 가치들이 객관적이라고 말하는 셈이다.

다시 말해 유의미한 삶은 능동적 참여를 객관적으로 가치 있는 기획과 연결한다. 능동적 참여가 없는 삶은, 비록 당사자들의 행동이 유의미하더라도, 의미가 없다. 왜냐하면 그런 삶을 사는 당사자는 지루함을 느끼거나 소외되기 때문이다. 물론 능동적 참여가 있는 삶이 반드시 유의미한 것은 아니다. 왜냐하면 참여의 대상이 객관적으로 무가치할 수도 있기 때문이다. 울프는 자신의 견해를 이렇게 요약한다. "주관적 매혹이 객관적 매력과 만날 때 의미가 발생한다 … 주체가 더 가치 있는 것 하나 혹은 (대개) 여러 개와의 친밀성을 발견하거나 획득할 때 의미가 발생한다." [19]

요약 유의미한 삶은 당사자가 객관적으로 가치 있는 일에 능동적으로 참여할 때 이루어진다.

스티븐 칸 :
울프의 견해에 대한 주관주의자의 대응

스티븐 칸Steven Cahn은 뉴욕 시립대학 대학원센터CUNY Graduate Center의 교수이며 많은 철학 교과서의 저자 또는 편집자다. 칸은 유의미한 삶과 무의미한 삶을 구분하는 울프의 견해에 반발하면서 삶이 무의미하거나 유의미하다고 판단하는 것은 무의미하다고 주장한다. 울프는 주관적 가치에 관한 이론을 제시하지 않지만 유의미한 활동과 무의미한 활동과 어느 쪽인지 불분명한 활동의 예들을 제시한다. 그 예들은 이러하다.

1. 유의미한 활동: 도덕적이거나 지적인 성취, 개인적인 관계 맺기, 종교 생활, 등산, 마라톤 훈련, 친구를 돕기.
2. 무의미한 활동: 고무 밴드 모으기, 사전 외기, 명작 소설 필사하기, 롤러코스터 타기, 스타 영화배우 만나기, 시트콤 시청하기, 컴퓨터 게임 하기, 단어 퍼즐 풀기, 재활용, 옥스팸Oxfam(영국의 국제 극빈자 구호기관 — 옮긴이)과 미국시민자유연맹에 기부할 수표를 작성하기.
3. 어느 쪽인지 불분명한 활동: 법인법에 매달리는 삶, 종교적 숭배 집단에 헌신하기, 더 많은 돼지를 키우기 위해 더 많은 옥수수를 생산하려고 더 많은 땅을 사는 농민의 삶.[20]

칸은 이 예들이 매우 큰 논란거리라고 지적한다. 왜 어떤 예들은 유의미하고 다른 예들은 그렇지 않을까? 울프가 언급하는 다른 모든 예들은 어떨까? 골프는 당신의 시간을 유용하게 사용하는 한 방식일까? 어떤 사람들은 그렇다고 생각하고, 다른 사람들은 그렇지 않다고 생각한다. 설령 어떤 활동이 아무 생각이 없고 부질없더라도, 그 활동을 무의미하다고 할 수 있을까? 역기 들기는 아무 생각이 없고 부질없을 수도 있지만 그렇다고 해서 무의미할까? 삶의 의미에 관한 글을 읽는 것을 무의미하게 여기면서도 그런 글을 써서 타인들로 하여금 읽게 할 수도 있다. 칸은 타인들에게 해를 끼치지 않는 삶은 상대적으로 유의미한 삶으로 존중받아야 한다고 결론짓는다.

요약 유의미한 삶이란 타인들에게 해를 끼치지 않으면서 행복을 발견하는 삶이다.

수전 울프 :
객관적 가치들의 중요성

　　　　　　　울프는 2007년에 프린스턴 대학에서 한 2
회의 강연에서 삶의 의미에 관한 자신의 생각을 더 다듬었다. 그 강
연에서 그녀는 의미를 행복이나 도덕성으로 환원할 수 없다고 주장
했다. 개인의 행복이나 비개인적 의무가 행동의 동기라고 철학자들
은 흔히 말하지만, 울프는 의미도 행동의 동기라고 주장한다. 이처럼
그녀는 "너의 행복을 추구하라"와 "너의 의무를 이행하라" 사이의 중
도를 추구한다.

　이를 설명하기 위해 울프는 만족 견해 ― 무엇이든지 만족을 얻는
것에서 삶의 의미가 발견된다는 견해 ― 와 자신보다 더 큰 것 견해
― 자신보다 더 큰 무언가에 헌신하는 것에 삶의 의미가 있다는 견해
― 를 구분한다. 만족 견해는 주관적으로 흡족하지만 객관적 가치가
없을 수도 있다. 반면에 자신보다 더 큰 것 견해는 정반대의 문제에
시달린다. 이 견해는 객관적으로 유의미할 수 있겠지만 주관적으로
흡족하지 않다. 해결책은 양쪽의 좋은 점들을 조합하는 것이다. 즉,
삶의 의미는 객관적으로 사랑할 가치가 있는 것들에 참여하고 거기에
서 만족을 얻고 결국 그것들을 사랑하는 것에서(울프가 과거에 말한 대
로, 주관적 매혹과 객관적 매력에서) 나온다. 더 나아가 울프는 주관적
만족이 객관적 가치에 참여하는 것에 의존한다고 주장한다. 인도에
난 금의 개수를 세는 일은 주관적 만족을 주지 못하지만 의학 연구는
만족을 줄 수 있을 것이다. 주관적 요소와 객관적 요소는 뗄 수 없게
연결되어 있다.

그리하여 울프는 객관적 의미에 대한 질문으로 되돌아간다. 의미는 주관적이라는 칸의 반론에 어떻게 대응해야 할까? 울프는 객관적 가치에 관한 이론을 제시하지 않지만, 주관에 의존하지 않는 가치들이 있다고 주장한다. 적어도 일부 대상들은 누구에게나 가치 있다는 것이다. 이것이 참이라면, 한 삶이 유의미한지 여부는 주관에 대해 독립적일 것이다. 물론 울프는 타인들의 삶의 유의미성을 평가하는 작업을 뒤로 미루지만 말이다.

삶의 의미를 묻는 질문은 단지 학술적인 차원에 머무르지 않는다. 왜냐하면 그 질문의 대답들은 우리 자신과 타인들에 대한 정보를 주기 때문이다. 또한 의미의 개념은 왜 사람들이 자기 이익이나 의무가 아닌 다른 이유들 때문에 행동하는지 설명해주는 가치도 가지고 있다. 의미는 유일한 가치가 아닐 수도 있지만 그럼에도 가치 있다. 더나아가 우리가 객관적 가치를 상당한 정도로 정확하게 특정할 수 없다는 사실에도 불구하고, 객관적 가치의 개념이 없으면 의미의 개념을 이해할 길이 없다.

요약 의미는 행복 및 도덕성과 다른 별개의 가치다. 그러나 의미는 객관적 가치의 실재성에 의존한다. 비록 객관적 가치가 구체적으로 정의되어 있지 않더라도 말이다.

제임스 레이철스 :
좋은 것들이 삶을 가치 있게 만든다

제임스 레이철스James Rachels(1941-2003)는

미국의 뛰어난 도덕철학자이자 베스트셀러 교과서 저자였다. 리치먼드 대학, 뉴욕 대학, 마이애미 대학, 듀크 대학, 버밍엄 소재 앨라배마 대학에서 가르쳤으며 경력의 마지막 26년을 앨라배마 대학에서 보냈다.

그의 저서 《철학에서 유래한 문제들》의 마지막 장은 삶의 의미를 묻는 질문을 탐구한다. 레이철스는 그 질문이 우울할 때 떠오르고 따라서 정신적 질병의 징후일 수 있음을 인정한다. 그러나 그 질문은 우울하지 않을 때에도 떠오른다. 따라서 정신적 질병은 삶의 의미를 묻는 질문을 던지기 위한 전제조건이 아니다. 레이철스는 그 질문이 대개 (이런저런 것들이 중요하다고 보는) 주관적 혹은 개인적 관점과 (아무것도 중요하지 않다고 보는) 객관적 혹은 비개인적 관점의 충돌을 깨닫는 것에서 유래한다는 네이글의 견해에 동의한다.

행복과 의미의 관계와 관련해서 레이철스는 행복은 물질적 풍요와는 잘 연결되지 않지만 자신의 삶에 대한 개인적 통제, 가족 및 친구들과의 좋은 관계, 만족스러운 일과는 잘 연결된다고 지적한다. 레이철스가 보기에 행복은 직접 행복을 추구함으로써 얻는 것이 아니라 자율, 우정, 만족스러운 일과 같은 본래적 가치들의 부산물로 얻는 것이다. 하지만 행복한 삶도 무의미할 수 있다. 왜냐하면 우리는 죽고, 반성의 시간에 우리는 소멸에 대한 생각이 우리의 행복을 잠식하고 있다는 것을 발견할 수도 있기 때문이다.

우리는 죽음을 어떤 태도로 대해야 할까? 자신이 죽지 않는다고 믿는 사람들에게 죽음은 좋은 사건이다. 왜냐하면 그들은 죽음 이후에 영원히 살 것이기 때문이다. 그들에게 죽음은 "더 나은 주소로 이사 가는 것과 유사하다." 반면에 죽음이 자신의 최종 결말이라고 믿는 사람들에게 죽음은 좋은 사건일 수도 있고 그렇지 않을 수도 있다. 이들은 죽음을 어떤 태도로 대해야 할까? 에피쿠로스는 죽음이 결말이지만 우리는 죽으면 무가 되고 무는 우리를 해칠 수 없으므로 죽음을 두려워하지 말아야 한다고 생각했다. 이런 태도가 살아있는 동안에 우리를 더 행복하게 만든다는 것이 그의 생각이었다. 반면에 레이철스는 죽음은 삶 속의 모든 좋은 것들을 우리에게서 앗아가고 종결시키므로 나쁘다고 생각한다(이것은 7장에서 자세히 논할 박탈 논증의 한 버전이다).

죽음은 비록 나쁘지만 반드시 삶을 무의미하게 만드는 것은 아니다. 무언가의 가치는 그것이 얼마나 오래 존속하는가 하는 문제와 별개가 아닌가. 덧없는 것도 가치 있을 수 있다. 또 영원히 존속하는 것도 무가치할 수 있다. 요컨대 무언가가 종말을 맞는다는 사실 그 자체가 그것의 가치를 없애지는 않는다.

그러나 행복한 삶이 무의미할 수 있는 또 다른 이유가 있다. 그것은 우주가 그 삶에 무관심할 가능성이다. 가늠할 수 없는 우주의 광활함을 염두에 둘 때 지구는 한 점에 불과하고, 인간의 수명은 까마득한 시간 속에서 한 순간에 지나지 않는다. 우주는 우리에게 별로 관심이 없는 듯하다. 이 문제를 피하는 방법 하나는 종교적 대답을 채택하는 것이다. 즉, 우주와 신이 우리를 돌본다고 주장하는 것이다. 하지만 설령 이 주장이 참이라고 하더라도, 이 주장이 어떤 도움이 될까? 이미 보았듯이, 타자의 계획의 일부가 되는 것은 도움이 안 될 듯하다. 신의 사랑을 받는 존재가 되거나 영원히 사는 것도 마찬가지다. 신을 상정하면 우리의 삶이 어떻게 유의미해진다는 것인지 도무지 불분명하다.

위의 생각에 헌신의 개념을 추가하면, 어떻게 종교가 신앙인의 삶에 의미를 제공하는지 이해할 수 있다고 레이철스는 주장한다. 신앙인들은 다양한 종교적 가치들에 자발적으로 헌신하고 그 가치들에서 자기 삶의 의미를 얻는다. 하지만 당신이 종교적 가치들에서 삶의 의미를 얻을 수 있다면 다른 것들에서도 — 이를테면 미술적, 음악적, 또는 학문적 성취에서 — 의미를 얻을 수 있다. 그러나 종교적 대답은 이 같은 의미 발견의 다른 방식들에는 없는 장점을 하나 가졌다. 즉, 종교적 대답은 우주가 우리에게 무관심하지 않다고 전제한다. 종교적 대답의 단점은 종교적 이야기가 참이라고 전제한다는 점이다. 만일 종교적 이야기가 참이 아니라면, 종교적 대답을 채택한 사람들은 거짓말을 삶의 기반으로 삼은 셈이다.

그러나 설령 삶이 무의미하더라도, 특정한 삶들은 유의미할 수 있다. 우리는 삶의 목표로 삼을 가치가 있는 것들을 발견함으로써 삶에 의미를 부여한다. 개인마다 조금씩 다르지만, 일반적으로 사람들이 삶의 목표로 삼을 가치가 있다고 동의하는 것들이 많이 있다. 이를테면 좋은 개인적 관계, 성취, 지식, 즐거운 활동, 미적 향유, 신체적 쾌락, 타인들을 돕기 등이 그런 것들이다. 그럼에도 이 모든 것이 결국 헛되고 삶은 무의미할 수 있을까? 객관적이고 공정한 관점을 채택하면 우리는 항상 삶이 무의미하다는 의심에 시달릴 수 있다. 유일한 해답은 우리가 작성한 좋은 것들의 목록이 왜 실제로 좋은지 설명하는 것뿐이다.

그 설명은 우리의 삶이 '우주에게 중요함'을 보여주지 못할 수도 있겠지만 그와 유사한 것을 성취할 것이다. 즉, 그 설명은 우리가 다른 방식이 아니라 이 방식으로 살아야 할 객관적이며 타당한 이유가 있음을 보여줄 것이다. 개인적인 관점에서 벗어나 비개인적인 관점에서 인류를 보면, 여전히 우리는 인간들이 가족, 친구들, 일, 음악, 등산 등에 헌신함으로써 삶을 가장 잘 누릴 수 있는 존재들임을 발견하게 된다. 그렇다면 우리 같은 존재들이 다른 방식으로 사는 것은 어리석은 짓일 것이다.[22]

요약 행복은 의미와 동일하지 않으며 죽음에 의해 잠식된다. 종교적 이야기들이 참이 아니라면, 죽음은 나쁘다. 하지만 종교적 이야기들은 아마도 참이 아닐 것이다. 그러므로 삶에 객관적 의미는 아마도 없겠지만, 삶 속에는 좋은 것들이 있다. 우리는 대다수 사람들이 가치 있다고 생각하는 좋은 것들 — 사랑, 우정, 지식 등 — 을 추구해야 한다.

오언 플래너건 :
자기표현이 삶에 의미를 준다

오언 플래너건Owen Flanagan(1949-)은 듀크 대학의 제임스 듀크 철학 교수 겸 신경생물학 교수다. 심리철학, 심리학의 철학, 사회과학의 철학, 윤리학, 도덕심리학, 그리고 불교와 힌두교의 자아 개념을 연구해왔다.

플래너건은 "삶을 살 가치가 있다거나 있을 수 있다고"[23] 전제하지 않는다. 어쩌면 우리는 그저 생물학적인 욕구에 이끌려 무가치한 삶을 사는지도 모른다. 따라서 그는 다음 질문을 출발점으로 삼는다. "삶을 살 가치가 있을까?" 만일 있다면 "어떤 유형의 대상들이 삶을 살 가치가 있게 만들까?"[24] 이 질문을 숙고하는 것은 시간 낭비일 수도 있다고 그는 지적한다. 왜냐하면 숙고하지 않는 사람의 삶이 더 나을 수도 있기 때문이다. 삶이 무가치하다는 판단에 이른다면, 숙고는 절망을 낳을 수도 있다. 혹은 정반대의 결론에 이른다면, 기쁨을 낳을 수도 있다. 삶을 살 가치가 있느냐는 질문과 무엇이 삶을 가치 있게 만드느냐는 질문은 또 다른 당혹스러운 질문과 연결되어 있다. "우리는 우리의 삶을 살고 있을까?"[25] 어떤 의미에서 대답은 자명하다. 우리는 죽은 상태가 아니므로 우리의 삶을 살고 있다. 그러나 플래너건이 알고자 하는 것은 우리가 자유롭게 행동하는가, 아니면 그저 인형처럼 통제당하는가 하는 것이다. 이처럼 삶의 가치에 관한 질문들은 우리가 누구이며 우리에 관한 진실이 무엇인가라는 문제와 관련이 있다.

플래너건의 주장에 따르면, 심지어 행복도 삶의 가치를 보장해주지 못한다. 많은 행복을 보유한 삶도 무의미할 수 있으니까 말이다. 악한 행동에서 행복을 얻는 사람도 있을 수 있으므로, 행복은 의미의 충분조건이 아니다. 또한 유의미한 삶이 불행할 수도 있으므로, 행복은 의미의 필요조건도 아니다. 아무튼 행복이 가치 있는 삶의 한 요소라 하더라도, 더 결정적인 것은 정체성과 자기표현이라고 플래너건은 주장한다. "어디에서든지 사람들은 정체성을 보유하고 그것을 표현하는 것에서 가치를 추구하고 때때로 발견한다(혹은 그렇다고 나는 주장한다)."[26] 정체성과 자기표현은 가치 있는 삶의 필요조건이지만 충분조건은 아니다. 우리는 어떤 형태의 정체성과 자기표현이 가치 있는지 명확히 할 필요가 있다.

그런데 자기표현을 통해 의미를 발견할 자아가 없다면 어떨까? 우리가 우리 자신이 아니라는 생각을 뒷받침하는 표준적인 논증 세 가지가 있다. 첫째, 우주적인 관점에서 볼 때 나는 여러 사건들이 일어나는 장소에 불과할 수도 있다. 둘째, 나는 다양한 사회적 환경에서 내가 하는 역할들에 불과하고 자아는 외견상의 통일성을 가리키는 이름일 뿐일 수도 있다. 셋째, 나는 외견상 통일성을 지녔지만, 실은 내가 늙어감에 따라 일어나는 변화의 다양한 단계들만 존재할지도 모른다. 이 마지막 논증과 관련해서 플래너건은 시간 속에서 동일하게 존속하는 자아는 존재하지 않는다고 인정한다. 그러나 이 논증은 자아가 시간의 흐름에 따라 변화함을 보여줄 뿐, 자아가 없음을 보여주지 않는다. 더 나아가 나는 사회적 구성물이라는 둘째 논증을 받아들인다 하더라도, 나는 여전히 무언가다. 그 논증에서 자아의 소멸이 도출되지는 않는다. 첫째 논증은 결정론을 주장한다. 그러나 설령 내가 결정되어 있더라도, 나는 여전히 이런저런 일들을 하는 행위자agent다. 결론적으로 이 자아 소멸 논증들은 우리의 자아관에서 거품을 빼지만 우리의 자아관을 파괴하지 않는다. 플래너건은 인간이 우연적인 존재이며 불멸의 영혼을 소유하지 않았다는 것에 동의한다. 그러나 이것은 인간이 주체가 아님을 의미하지 않는다.

도대체 왜 무언가가 존재할까? 또한 존재하는 것들 중 하나가 나인 이유는 무엇일까? 이런 질문들은 이를테면 다음과 같은 대답들을 유도한다. 1) 신이 우주와 만물이 존재해야 한다고 판단했으며, 내가 신의 명령을 따르면, 나는 존재하는 만물에 속할 기회를 얻는다. 2) 무언가가 존재하는 이유를 우리는 모른다. 다만 빅뱅과 그 후의 우주적 생물학적 진화가 나를 낳았다고 말할 수 있을 뿐이다. 플래너건은 이 두 대답이 모두 불만족스럽다고 평가한다. 왜냐하면 양쪽 모두 신이나 물리적 사실들 같은 영원한 것을 상정하기 때문이다. 영원한 것을 상정하더라도, 무가 아니라 무언가가 있는 이유가 밝혀지지는 않는다 (이 생각은, 우리가 궁극적인 왜 질문들에 대답할 수 없다는, 앞서 살펴본 주장들을 연상시킨다).

그럼에도 많은 이들은 첫째 이야기에서 위안을 느낀다. 아마도 그 이야기가 우리를 초월적 의미와 연결하기 때문일 것이다. 둘째 이야기는 대다수 사람들에게 호소력이 덜하다. 왜냐하면 그 이야기는 인간의 중요성, 도덕적 객관성, 자아의 개념, 궁극적 의미에 관한 질문들을 야기하기 때문이다. 그러나 정말로 첫째 이야기가 둘째 이야기보다 더 큰 위로가 될까? 어떻게 신의 계획이 나의 삶을 의미 있게 만들까? 또 만물의 기원이 신이라면, 만물은 정말로 좋을까? 요컨대 기원에 관한 신학적 이야기도 과학적 이야기도 우리 삶의 의미를 떠받칠 수 없는 듯하다.

그리하여 플래너건은 삶의 의미를 다른 곳에서 찾아보자고 제안한다. 어쩌면 한 개인의 의미는 타인들과의 관계나 일, 또는 자연 — 이 삶에서 우리와 관계 맺을 수 있는 것들 — 에서 나올 것이다. 따지고 보면 과학적 이야기는 삶이 중요하지 않다는 말을 결코 하지 않는다. 실제로 나에게 중요한 것들이 많이 있다. 그것들은 내가 즐겨 하는 하이킹, 여행 같은 세속적인 활동들부터 더욱 더 중요한 장기적 기획들, 예컨대 학습, 연애, 창조적 노동까지 넓은 범위에 걸쳐 있다. 여기에서 우리가 자기표현을 즐기는 존재들임을 알 수 있다. 자기표현의 욕망이 좌절되지 않는 만큼, 인간의 처지가 개선되고 죽음의 비극이 누그러질 수 있다. 플래너건은 다음과 같은 결론을 내린다.

이것은 일종의 자연주의적 초월이다. 우리 각자가 만일 운이 좋다면 탄생과 죽음 사이의 시간을 넘어선 좋음-만들기의 흔적을 남길 수 있는 하나의 길이다. 이런 유형의 초월이 가능하다고 믿는 것은 일종의 종교를 갖는 것이라고 생각된다. 그 믿음은 자아들이 존재한다는 것, 우리가 자기표현을 통해 차이를 만들어낼 수 있다는 것, 우리의 참 탐지기와 좋음 탐지기를 잘 활용한다면, 우리가 만들어낸 차이는 긍정적이며 우주에 보탬이 될 수 있다는 것을 믿는 것을 포함한다.[27]

요약 우리는 일과 관계에서 자기를 표현함으로써 의미를 발견한다.

빅토르 프랑클 :
의미 탐구

의학박사 겸 철학박사 빅토르 에밀 프랑클 Viktor Emil Frankl(1905-1997)은 오스트리아의 신경학자이자 심리학자였으며 홀로코스트 생존자이기도 했다. 그는 실존분석의 한 형태인 의미치료의 창시자이며 지난 반세기 동안 가장 큰 영향력을 발휘한 책들의 목록에 반드시 오르는, 1200만 부 넘게 팔린 베스트셀러《인간의 의미 탐구》(한국어 번역판 제목은《죽음의 수용소에서》— 옮긴이)를 쓴 저자다. 책의 1부는 그가 강제수용소에서 겪은 일들을 서술한다. 말할 필요도 없겠지만, 이 부분은 심약한 독자가 읽기에 적합하지 않다. 프랑클은 살아남았지만, 그의 부모, 형제, 임신 중인 아내는 모두 죽었다(그 상황의 참혹함과 그에 대한 프랑클의 숙고를 이해하는 최선의 길은 그의 책을 꼼꼼히 읽는 것이다). 자신이 직접 보고 경험한 바에 관한 프랑클의 기록은 이루 말할 수 없을 정도로 소중한 20세기의 유산이다.

경험에서 우러난 프랑클의 철학적 논의는 니체를 인용하는 것을 출발점으로 삼는다. "살아야 할 이유를 가진 사람은 거의 모든 것을 견뎌낸다." 만일 우리가 사랑하는 사람들 곁으로 돌아가거나 저서를 완성하기 위해서 산다면, 살아야 할 이유를 가졌다면, 살면서 추구할 의미를 가지고 있다면, 우리는 삶의 형편이 아무리 참혹하더라도 살아남을 이유를 가진 것이다. 프랑클이 "의미를 향한 의지"라고 부르는 이 살려는 욕망은 인간적인 삶의 일차적인 동기다. 이 생각들을 종합하면, 살아남고, 존재하고 의미를 발견하려는 욕망이 우리를 이끈다는 결론에 이른다.

삶의 의미의 큰 부분은 주관적이라고 프랑클은 믿는다. 우리가 삶에서 기대하는 바가 아니라 삶이 우리에게서 기대하는 바가 삶의 의미를 제공할 것이다. 우리는 자유로우며 삶의 방식에 대한 책임이 있다. 이런 대목에서 프랑클은 우리를 격찬하면서 우리 나름의 의미를 창조하라고 권하는 실존주의자와 주관주의자를 닮았다. 그러나 우리는 그를 객관주의자로 분류한다. 왜냐하면 그에게는 결국 객관적 가치들이 존재하고 누구에게나 의미를 제공할 수 있는 것들이 이 세계에 존재하기 때문이다. 의미의 객관적 원천은 세 가지다. 1) 좋음이나 아름다움의 경험, 또는 타인들에 대한 사랑. 2) 창조적인 행동이나 일. 3) 불가피한 고통을 대하는 태도. 사랑이나 일이 삶에 의미를 제공할 수 있다는 말은 쉽게 이해할 수 있다. 우리가 사랑하는 타인들이 우리에게 의존하면, 또는 우리에게 완성해야 할 고귀한 일이 있다면, 우리는 삶의 의미를 갖게 된다. 어떤 상황이라도 견뎌낼 이유를 갖게 된다.

하지만 고통을 대하는 태도가 어떻게 잠재적인 의미의 원천일까? 우선 프랑클은 불가피한 고통을 대하는 태도에서 우리의 내면적 자유가 드러난다고 말한다. 둘째, 스토아주의자들처럼 고통을 우리가 품위 있게 견뎌낼 수 있는 과제로 볼 수 있다. 결론적으로 우리의 고통은 그 안에서 비극이 승리로 바뀌는 성취일 수 있다. 프랑클은 이런 식으로 태도를 바꾼 수인囚人들의 생존 확률이 가장 높다는 것을 목격했다. 결과적으로 프랑클은 비극적 낙관론을 옹호하는 셈이다. 삶은 비극일 수도 있지만, 우리는 그럼에도 삶은 유의미하다는, 가장 비극적인 삶도 삶을 유의미하게 만들 길을 제공한다는 낙관론을 견지해야 한다.

요약 삶의 의미는 생산적인 일, 사랑하는 관계, 고통을 품위 있게 견디기에서 발견된다.

크리스토퍼 벨쇼:
관계들과 기획들

크리스토퍼 벨쇼Christopher Belshaw는 영국 개방대학Open University의 부교수다. 산타바바라 소재 캘리포니아 대학에서 박사학위를 받았다. 2005년에 나온 저서 《삶과 죽음에 관한 열 가지 좋은 질문》에서 그는 한 장을 "모든 것이 무의미할까?"라는 질문에 할애한다.

벨쇼에 따르면, 의미를 추구하는 사람들은 삶에 의미가 없을까 봐 걱정한다. 그들은 자신의 삶이나 모든 삶에 요점, 목적, 또는 중요성이 결여되어 있다고 생각한다. 삶이 무의미하다는 생각은 예컨대 이런 근거들에서 나온다. a) 우리 삶의 덧없음. b) 우주의 광활함과 비교할 때 턱없이 작은 생명의 크기. c) 삶의 아픔과 고난. d) 전체 계획을 가진 신의 부재.

하지만 이것들은 삶이 무의미하다는 생각의 근거로서 타당할까? 벨쇼는 그렇지 않다고 본다. 마지막 근거는, 신은 존재하지 않는데 많은 이들이 신이 존재한다고 믿을 때만 타당하다. 삶이 고통으로 가득 차 있다는 주장에 대해서는, 삶은 또한 만족으로 가득 차 있다고 받아칠 수 있을 것이다. 우리는 작고 우주는 크다는 사실을 반박하기는 어렵다. 그러나 이 사실이 정말로 중요할까? 우주가 더 작아지고 우리가 더 커지면 삶이 더 유의미해질까? 또한 인간이 영원히 사는지 여부가 왜 삶의 유의미성에 영향을 미친다는 것일까? 결국 벨쇼는 우리가 의미 그 자체 — 이를테면 어떤 타자의 기획에 부합하는 것 — 를 원하는 것이 아니라 우리 자신이 정한 의미와 목적을 원한다는 믿음에 도달한다. 질문의 초점을 일반적인 삶의 의미에서 우리의 개인적인 삶의 의미로 옮기자고 그는 제안한다. 또한 단일한 대답을 거부하고 삶에 의미를 제공하는 다양한 것들을 고찰한다. 벨쇼에 따르면, 이런 식으로 우리는 삶의 의미를 묻는 질문에 대답하는 과제에서 진보를 이룰 수 있다.

맨 먼저 거론되는 주장은 의미가 당신에게 달려 있다는 것이다. 즉, 의미는 전적으로 주관적이라는 것이다. 벨쇼는 사고실험 하나로 이주장을 반박한다. 어떤 사람이 주장하기를, 자신은 식물들이 노래하게 만들려고 노력함으로써 유의미한 삶을 산다고 한다면, 그는 비록 행복할지 몰라도 부질없고 어리석은 삶을 사는 것이다. 삶이 유의미하다는 믿음만으로 삶을 유의미하게 만들 수는 없다. 어떤 노력을 해도 식물들은 노래하지 못한다. 혹은 당신은 마약중독자로서 행복할 수도 있을 것이다. 그러나 우리는 당신의 삶을 낭비라고 평가할 것이다.

주관적 접근법이 유효하지 않다면, 객관적 접근법은 어떨까? 벨쇼에 따르면, 중요한 것들은 관계, 기획, 도덕적으로 좋은 삶이다. 우리가 타인들을 정말로 사랑하면, 타인들의 기쁨과 고통, 희망과 열망을 공유하면, 우리의 삶이 중요하지 않다고 믿기 어려워진다. 우리가 우리 자신에게 유의미한 기획들, 예컨대 집짓기, 책 쓰기, 세상 둘러보기 등을 가지고 있다면, 우리의 삶이 무의미하다는 생각을 품기 어렵다. 만일 우리가 타인들을 돕고 세상을 더 나은 곳으로 만들려고 애쓴다면, 우리의 삶은 무의미하게 느껴지지 않을 것이다. 게다가 사랑과 기획은 서로 연결되어 있다. 타인들에게 마음을 쓰면 기획이 생겨나고, 기획은 당신으로 하여금 타인들에게 마음을 쓰게 한다. 도덕적인 삶도 비슷한 효과를 낸다. 이 모든 활동들이 한 덩어리가 되어 우리의 덧없는 삶에 건설적이며 창조적이고 결국 유의미한 차원을 제공한다.

그러나 깊이 생각하면, 객관적 접근법도 효과가 없는 듯하다. 도덕적 삶과 기획들은, 만일 우리가 그것들에 몰두하지 않는다면, 유의미하지 않은 듯하다. 따라서 우리의 태도는 의미의 충분조건은 아니지만 필요조건인 듯하다.

그런데 설령 다른 삶의 방식들보다 더 나은 방식들이 존재한다 하더라도, 그것이 궁극적으로 중요한 것일까? 우주의 운명을 내세워 우리 삶의 의미를 깎아내리는 이 반론에 맞서서 벨쇼는 우주의 운명은 사람들의 고통이 중요한가 아닌가와 무관하다고 지적한다. 마찬가지로 우주의 운명은 우리 삶에 속한 더 세속적인 사안들이 중요하냐 아니냐와도 무관하다. 우리에게 중요한 것들과 우주의 운명은 별개다. 그것들은 **정말로** 중요한 것들이 아니라고 반발할 수도 있겠지만, 정말로 중요하다는 말은 그냥 중요하다는 말과 다르지 않다. 무언가가 중요하다면, 그것은 정말로 중요하다. 궁극적으로 중요하다는 말은 실은 이치에 맞지 않는다. 당신이 의미의 의미를 묻는다면, 당신은 무한 역진에 빠지게 된다. 궁극적 의미를 찾는 일을 종결시킬 길은 없다. 하지만 내적인 관점에서 우리의 삶이 유의미하다고 볼 수 있더라도, 외적인 관점은 끊임없이 다시 등장한다. 그렇다면 우리는 삶이 부조리하다고 인정해야 할까? 벨쇼는 그렇지 않다고 말한다. 삶 속의 평범한 것들은, 설령 그것들이 우주의 역사를 바꾸지 못하더라도, 중요하다. 이 중요성의 인정은 비일관적이지 않다. 삶은 부조리하지 않다.

애당초 우리는 삶의 의미에 관심을 기울여야 할까? 과거의 많은 사람들은 삶의 의미를 걱정하지 않았다. 현재 우리의 걱정은 20세기의 실존주의자들에게서 유래했다고 벨쇼는 주장한다. 삶의 의미를 묻는 질문이 반드시 영구적인 관심사여야 하는 것은 아니다. 일하고 결혼하고 가정을 꾸리고 작은 재미를 즐기는 평범한 개인의 삶을 살펴보면, 그 삶은 특별히 유의미하지 않지만 무의미하지도 않다. 그런 개인은 그다지 도덕적이지 않을 수도 있다. 또는 만족스러운 관계나 일을 가지지 못했을 수도 있다. 그러나 그가 자신의 삶을 살 가치가 있다고 느낀다면, 우리는 거기에서 논의를 종결해야 마땅하다. 따지고 보면, 삶에 관한 과도한 논의는 그다지 도움이 안 될지도 모른다. 아마도 최선은 유의미성에 한계가 있는 단순한 삶과 성찰일 것이다.

우리의 삶은 의미에서 정도 차이가 있다. 삶이 어떠하고 당사자가 어떻게 생각하느냐에 따라서 삶의 의미는 제각각 다르다. 우주의 의미에 대해서는, 아마도 우주는 무의미하다고 말할 수 있다. 그러나 이것은 중요하지 않다고 벨쇼는 말한다. 왜냐하면 우리는 어떻게 우주가 유의미할 수 있을지 상상할 수 없기 때문이라는 것이다. 결론적으로 궁극적 의미가 없다 하더라도 우리에게 실제로 결여되어 있는 것은 아무것도 없다. 벨쇼는 이렇게 결론짓는다. "설령 정말로 아무 의미도 없음을 우리가 알 수 있다고 우리가 판단하더라도, 아무런 문제가 없다." [28]

요약 관계, 기획, 도덕적 삶은 객관적으로 좋은 것들이며 우리의 주관적 삶에 의미를 제공한다. 그리고 그것으로 충분하다. 만물의 궁극적 의미에 대한 걱정은 근거가 없다.

레이먼드 벨리오티 : 유산 남기기

레이먼드 앤젤로 벨리오티Raymond Angelo Belliotti는 프레도니아 소재 뉴욕주립대학의 특훈 교육 전문 철학 교수다. 마이애미 대학에서 철학박사, 하버드 대학에서 법학박사 학위를 받았다.

벨리오티의 저서 《인생의 의미는 무엇일까?》(2001)는 객관적 자연주의적 접근법으로 의미에 다가간다. 그는 먼저 의미에 대한 종교적 믿음의 효과를 언급하고서, 진정으로 믿으면 의심이 사라지고 삶의 의미가 명확해진다고 결론 내린다. "후하게 해석하면, 유신론은 인간의 가장 깊은 갈망들을 충족시킬 수 있다." [29] 문제는 믿음을 유지하고 의심을 떨쳐내기가 어렵다는 점이다. 한마디로 믿음은 신앙의 도약을 요구하는데, 많은 이들은 그 요구에 반발할 것이다. 그러나 벨리오티가 보기에 허무주의는 더욱 더 설득력이 떨어진다. 삶이 무의미하다는 것은 한마디로 거짓이다. 의미가 있을 수 있고, 의미를 창조하는 과정은 적어도 한동안 우리 대다수를 만족시킨다. 그러나 삶의 의미를 묻는 질문은 끊임없이 불거지고 심리적 위기가 닥쳤을 때 가장 절박해진다. 삶의 의미에 대한 주관적 설명들은 거창한 거품을 없애고 의미 탐구의 출발점을 제공하지만 대다수 사람들이 원하는 튼실한 의미를 제공하지 못한다. 자신의 삶이 유의미하다는 믿음이 당사자의 삶을 유의미하게 만들지는 못한다.

이런 생각들은 일종의 철학적 마비로 이어진다. 특히 우리의 삶을 우주적 관점에서 바라볼 때 그러하다. 우주적 관점을 채택하면, 우주와 우리의 삶에 의미가 결여되어 있으며 우리는 유한하고 중요하지 않으며 일시적인 존재라는 결론에 도달할 수도 있을 것이다. 이에 대응하는 여러 가지 전략들이 있다. 하나는 유의미한 삶은 우주적 관점에서 볼 때의 중요성을 요구하지 않고 단지 인간의 관점에서 볼 때의 중요성만 요구한다는 입장을 취하는 것이다. 삶이 유의미하다는 판정을 받기 위해 도달해야 하는 높이를 낮추는 것이다. 또 다른 전략은 우주적 관점을 활용하여 시야를 넓히고 우리 자신을 덜 진지하게 대하고 우리의 고통을 덜 심각하게 보는 것이다. 창조적으로 활용한다면, 우주적 관점은 우리에게 도움이 될 수 있다. 요컨대 우리는 여러 관점들을 오가면서 그때그때 우리에게 도움이 되는 관점을 활용해야 한다. 우리가 지금 활기를 느끼고 우리의 성취를 음미하고 싶다면, 우리는 개인적 관점을 채택할 수 있을 것이다. 넓은 시야에서 우리의 처지를 숙고하고 싶다면, 우리는 우주적 관점을 채택할 수 있을 것이다.

그렇게 능숙하게 관점들을 교체함으로써 우리는 행복을 극대화하고 고통을 극소화할 수 있다.

관점에 대한 이 같은 논의는 의미가 의식, 자유, 창조성과 연결되어 있음을 보여준다. 존재에 이 속성들이 더 많이 덧붙을수록, 의미의 가능성은 더 커진다. 그러므로 의미는 저 바깥에서 발견되기를 기다리고 있지 않다. 오히려 개인이 의미의 창조에 기여해야 한다. 하지만 우리는 무에서 의미를 창조할 수 없고 가치 있는 대상들과 관계 맺음으로써만 의미를 창조할 수 있다. 따라서 우리는 객관적 가치에 관한 익숙한 논의로 되돌아가게 된다. 벨리오티에 따르면, 자유롭게 선택한 하찮은 가치들에 몰두하는 삶은 최소한의 의미를 가진다. 다시 말해 유의미한 삶은 교훈적이거나 중요하지 않을 수도 있다. 그러나 완전히 유의미한 삶은 교훈적이며 또한 중요하다. 그런 삶은 타인들에게 영향을 미치기 때문에 교훈적이고 세계 안에서 차이를 만들어내기 때문에 중요하다. 또한 삶이 가치 있으려면 도덕적, 지적, 미적, 또는 종교적 가치를 산출해야 한다. 유의미한 삶의 가장 중요한 속성은 가치다. 물론 우리 대다수는 튼실하게 유의미한 삶을 살지 못한다. 튼실하게 유의미한 삶이 가치 있는 삶이라면, 우리의 삶은 가치 있지 않다. 그러나 우리의 삶은 중요하거나 교훈적임으로써 어느 정도 유의미할 수 있다.

가치 있는 삶에 대한 논의는 벨리오티를 역사적 발자취 또는 유산을 남기는 것에 대한 생각으로 이끈다. 예컨대 우리는 피카소의 삶을 가치 있고 튼실하게 유의미하다고 여긴다. 피카소에게 어떤 도덕적 결함이 있든 간에, 그의 삶은 미술적 유산을 남겼기 때문이다. 유산은 우리에게 불멸을 선사하진 않지만 우리를 우리 자신을 넘어선 무언가와 연결함으로써 우리의 삶에 의미를 제공한다. 공동체나 양육을 위한 헌신은 우리 자신을 넘어선 무언가를 향한 고된 노동의 고전적인 예로서 많은 사람들의 삶에 의미를 제공한다. 우리는 언제든지 우주적 관점에서 우리의 하찮음을 한탄할 수 있다. 하지만 그래야 할 이유가 있을까? 의미는 가치, 중요성, 교훈을 가진 사물 및 사람과 관계 맺음으로써 발견된다. 간단히 말하면, 만족스러운 관계들을 맺고 텔레비전 시청이나 잡담과 대비되는 음악, 문학, 철학을 음미함으로써 의미를 발견할 수 있다.

결론적으로 우리는 삶과 세계를 사랑해야 한다. 이 세계에서 의미를 발견하기 위해서 이 세계에 속한 가치 있는 것들을 사랑해야 한다. 흔히 우리의 습관과 삶의 오락거리들이 의미 추구를 방해하지만, 우리는 다시 의미 추구로 복귀할 수 있다. 이 세계의 가치 있는 사물 및 사람과 관계 맺음으로써 우리는 유의미한 삶을 살고 그 만남의 흔적을 우리의 유산으로 남길 수 있다.

요약 우리는 이 세계의 사람들 및 객관적 가치들과 관계 맺고 가능할 경우 유산을 남기는 것에서 의미를 발견한다.

폴 새가드 :
뇌 과학과 삶의 의미

폴 새가드Paul Thagard(1950-)는 캐나다 워털루 대학의 철학, 심리학, 컴퓨터 과학 교수 겸 인지과학 프로그램의 지휘자다. 그가 쓴《뇌와 삶의 의미》(2010)는 뇌 과학이 삶의 의미를 묻는 철학적 질문에 대해서 갖는 함의들을 단행본 분량으로 논한 최초의 문헌이다.

새가드는 자신이 오래 전 어린 시절에 가톨릭 신앙을 잃었지만 여전히 삶은 유의미하다고 본다고 고백한다. 우리 대다수와 마찬가지로 그도 사랑, 일, 놀이에서 살 이유를 얻는다. 더 나아가 그는 사람들이 그런 방식으로 삶의 의미를 발견한다는 주장을 심리학과 신경과학에서 나온 증거를 들어 옹호한다(우리가 다루는 저자들 중에서 이렇게 과학적 증거를 대는 사람은 새가드가 처음이다). 요컨대 그는 선험적이고 이성적인 접근법과 대비되는 자연주의적이고 경험적인 접근법을 채택한다. 그는 수천 년에 걸친 철학 연구가 반론 없는 이성적 진리들을 산출하지 못했으며 따라서 우리는 우리의 믿음들을 정당화하기 위해 경험적 증거를 추구해야 한다고 지적함으로써 자신의 접근법을 옹호한다.

신경생리학은 무엇에 가치를 두어야 하는지 말해주지 않지만, 우리가 어떻게 가치를 부여하는지를 설명해준다. 우리는 뇌가 긍정적 감정들과 연결하는 대상들에 가치를 부여한다. 사랑, 일, 놀이는 이 조건을 충족한다. 왜냐하면 이것들은 우리에게 만족과 의미를 제공하는 목표들의 출처이기 때문이다. 이 주장을 뒷받침하기 위해서 새가드는 개인적 관계가 복지의 주요 원천이며 또한 뇌를 변화시킨다는 것을 보여주는 증거를 제시한다. 마찬가지로 일도 많은 이들에게 만족을 준다. 이는 단지 수입과 지위 때문이 아니라 문제 풀이를 위한 신경 활동과 관련이 있는 여러 이유 때문이다. 마지막으로 놀이는 뇌의 쾌락 중추들을 활성화하여 대단한 심리적 만족을 준다. 스포츠, 독서, 유머, 운동, 음악은 모두 뇌를 긍정적인 방식으로 자극하고 삶의 의미를 제공한다.

새가드는 자신의 발견을 이렇게 요약한다. "사랑, 일, 놀이가 당사자가 추구할 수 있고 적어도 부분적으로 성취할 수 있으며 일관되고 가치 있는 목표들을 제공하여 뇌에 기초를 둔 감정적 만족과 행복의 의식을 더 많이 산출할수록, 당사자의 삶은 더 많은 의미를 가진다."[30]

사랑, 일, 놀이가 의미를 제공하는 이유를 더 자세히 설명하기 위해서 새가드는 이것들이 유능함, 자율, 관계를 향한 심리적 욕구와 어떻게 연결되어 있는지 보여준다. **능력을** 향한 우리의 욕구는 왜 일이 삶의 의미를 제공하고 왜 비천한 일은 일반적으로 그 의미를 덜 제공하는지 설명해준다. 또한 왜 당사자가 능숙하게 하는 놀이가 삶의 의미를 제공하는지도 설명해준다. **관계** 욕구를 만족시키는 주요 방식은 친구와 가족에 대한 사랑이지만, 놀이와 일도 사랑에 못지않게 효과적일 수 있다. **자율**에 대해서 말하면, 일과 놀이, 관계는 스스로 선택한 것일 때 더 만족스럽다. 이처럼 우리의 가장 중요한 심리적 욕구들을 만족시키는 것들은 우리에게 삶의 의미를 가장 많이 제공하는 것들과 정확히 일치한다. 이것은 충분히 예상할 만한 일이다.

새가드는 사람들이 실제로 사랑, 일, 놀이에 가치를 둔다는 경험적 주장과 이것들에 가치를 두어야 한다는 규범적 주장을 자신이 연결했다고 믿는다. 이것들은 유능함, 자율, 관계를 향한 기본적인 심리적 욕구들을 만족시키므로, 우리는 이것들에 가치를 두어야 하고 실제로 가치를 둔다. 심리적 욕구의 만족은 삶의 의미로 경험된다.

요약 사랑, 일, 놀이는 우리의 뇌가 유능함, 자율, 관계를 향한 기본적 욕구를 만족시키는 방편이다. 우리는 이 활동들을 하면서 삶의 의미를 발견한다.

새디어스 메츠 :
좋음, 참됨, 아름다움

새디어스 메츠Thaddeus Metz는 남아프리카 요하네스버그 대학의 철학과 학과장이다. 아이오와 주에서 성장했으며 1997년에 코넬 대학에서 박사학위를 받았다. 세인트루이스 소재 미주리 대학에서 몇 년 동안 가르친 후, 2004년에 남아프리카로 이주했다. 아마도 메츠는 오늘날 분석적 접근법으로 삶의 의미를 탐구하는 학자들 가운데 가장 생산적이고 신중한 인물일 것이다. 그는 삶의 의미에 관한 논문을 10편 넘게 발표했는데, 그중 하나는《스탠퍼드 철학백과사전》에 '삶의 의미'라는 항목의 설명으로 실려 있다.

이 주제에 대해서 메츠가 가장 최근에 가장 포괄적으로 쓴 글은 2010년에 발표한 에세이 〈좋음, 참됨, 아름다움: 삶 속의 위대한 의미에 대한 통일된 설명을 향하여〉이다. 메츠는 좋음, 참됨, 아름다움에 대한 논의를 다음과 같은 말로 시작한다. "나의 목표는 좋음, 참됨, 아름다움의 공통점을 확인하려는 장대한 계몽주의적 기획을 진전시키는 것이다."[31] 도덕적 가치, 지적 가치, 미적 가치를 존경하거나 추구할 만한 것으로 만들어주는 어떤 단일한 속성이 있는가, 라고 메츠는 묻는다. 구체적인 질문은 이러하다. 간디의 삶, 다윈의 삶, 베토벤의 삶이 공유한, 존중할 만하고 가치 있으며 따라서 그들의 삶에 위대한 의미를 제공하는 무언가가 있을까?

"도덕적 성취, 지적 성찰, 미적 창조의 통일"을 추구하면서 메츠는, 신이 설정한 목적들이 그 세 가지 항목들을 통일한다는 주장이나 그 항목들의 장기적 결과들이 삶에 의미를 제공한다는 주장을 탐구하지 않는다. 그 항목들이 삶에 의미를 제공한다는 생각이, 신이 존재한다는 생각이나 도덕적이거나 지적이거나 미적인 활동이 장기적으로 좋은 결과들을 가져온다는 생각보다 더 근거가 있다고 메츠는 판단한다. 그에 따르면, 우리의 인식론적 확신과 관련한 이 불균형을 감안할 때, 우리는 위의 세 항목이 신이나 결과에 기반을 둔다는 생각을 버려야 한다.

대신에 메츠는 "비결과주의적 자연주의, 곧 좋음, 참됨, 아름다움이 이것들의 장기적 결과들과 무관하게 최고의 궁극적 가치를 지닌 물리적 속성들인 한에서 위대한 삶의 의미를 (적어도 부분적으로) 제공한다는 견해"[33]에 초점을 맞춘다. 바꿔 말해서, 특정한 성취들로 이어지는 윤리적, 지적, 미적 활동들은 내재적 가치를 가진다는 것이다. 왜냐하면 그런 활동들은 개인이 자기 자신을 초월할 수 있게 해주기 때문이다. 그런데 도덕적, 지적, 미적 활동들은 어떻게 자기 초월을 가능케 하면서 또한 동시에 삶에 의미를 줄까? 이 질문에 대답하기 위해서 메츠는 도덕적 성취, 지적 성찰, 미적 창조가 어떻게 의미를 제공하는지 설명하는 비결과주의적 자연주의적 자기 초월 이론 일곱 가지를 구분한다. 그는 그 이론들을 가장 약한 것부터 가장 강한 것까지 순서대로 나열하고 각각의 이론이 실패로 돌아가는 이유를 설명한다. 그리고 이어서 그 자신의 설명을 제시한다.

가장 약한 **첫째** 이론은 자기 초월을 대상에 **사로잡히는 것**으로 설명한다. 좋음, 참됨, 아름다움은 초점을 우리 자신에서 무언가 다른 것으로 옮김으로써 삶에 의미를 제공한다는 것이다. 이 이론에 따르면, 미적 감정이나 도덕적 좋음, 또는 지적 탐구에 완전히 몰입하는 것이 자기 초월이다. 그러나 이 이론은 실패로 돌아간다. 왜냐하면 어떤 활동에 몰입하는(또는 사로잡히는) 것은 그 활동에서 도덕적 성취가 나오기 위한 필요조건도 아니고 충분조건도 아니기 때문이다. 무료 급식소에서 건성건성 일해도 도덕적 성취가 나오고, 비디오게임에 아무리 몰입하더라도 도덕적 성취는 나오지 않는다.

그리하여 등장하는 자기 초월의 **둘째** 형태는 **현실에 관심을 기울이는 것**이다. 이 설명에서 좋음, 참됨, 아름다움은 초점을 우리 자신에서 어떤 현실적 자연적 대상으로 옮김으로써 삶에 의미를 제공한다. 좋음, 참됨, 아름다움의 본질은 현실적, 물리적, 자연적 대상에 사로잡히는 것에서 발견된다. 메츠는 배꼽에 몰두하는 것에서 삶의 의미를 얻을 수는 없다는 반론을 제기한다. 그렇다면 우리는 현실적이면서 또한 가치 있는 대상에 몰입해야 할 것이다.

셋째 형태의 자기 초월은 **유기적 통일체와 연결되는 것**이다. 좋음, 참됨, 아름다움은 초점을 우리 자신에서 우리를 넘어선 전체와의 관계로 옮김으로써 삶에 의미를 제공한다. 메츠에 따르면, 이 이론은 타인을 돕는 행동의 가치와 자식을 낳는 것과 사회적 관계를 맺는 것의 가치를 부분적으로 설명해준다. 왜냐하면 개인들은 유기적 통일체들인 한에서 가치 있기 때문이다. 예술도 내용, 형식, 기술을 통일하여 단일한 대상을 만든다. 그러나 이 설명은 참됨에는 잘 적용되지 않는다. 형이상학과 자연과학의 중요성은 이런 식으로는 잘 설명되지 않는다. 예컨대 쿼크에 관한 이론의 개발이 삶에 의미를 제공할 수 있다면, 다른 하찮은 것들에 관한 이론의 개발도 마찬가지일 것이다. 삶에 의미를 제공할 수 있기 위해서 필수적인 내재적 가치는 유기적 통일체로 환원되지 않는 듯하다.

넷째 형태의 자기 초월은 **가치 있고 끝없는 목표들을 향해 나아가는 것**

이다. 좋음, 참됨, 아름다움은, 우리가 가치 있는 사태들을 향해 전진하는 만큼, 삶에 의미를 제공한다. 그 사태들을 실현하는 다른 방법은 없다. 왜냐하면 그 사태들에 대한 우리의 앎은 우리가 그것들을 성취하려 애쓰는 과정에서 변화하기 때문이다. 유의미한 활동의 목적은 최종적으로 정확하게 성취될 수 없다. 왜냐하면 활동이 진화함에 따라 목적도 진화하기 때문이다.

메츠는 참됨, 아름다움, 좋음의 추구가 끝없는 과제라는 것을 기꺼이 인정한다. 그러나 이 끝없음이 그것들에 의미를 준다는 생각은 거부한다. 인종 차별의 종식, 〈모나리자〉 그리기, 또는 진화론의 발견은 끝없는 추구이기 때문이 아니라 말하자면 끝이 있는 추구이기 때문에 의미를 가진다. 이 추구들 각각은 성취에 이르렀다. 비록 정의, 아름다움, 참됨은 여전히 끝없는 추구라 하더라도 말이다. 게다가 도덕적 성취, 지적 성찰, 미적 창조가 가치 있는 목표들을 향해 나아가기 때문에 삶에 의미를 준다는 말은 질문을 회피하는 것에 다름 아니다. 우리가 알고자 하는 것은 그런 목표들이 왜 유의미한가이다. 따라서 그것들이 가치 있다고 단정하는 것은 좋은 대답이 아니다. 우리는 좋음, 참됨, 아름다움이 어떻게 삶에 의미를 제공하는가 하는 것을 알고자 한다.

다섯째 형태의 자기 초월은 **이성을 사용하여 탁월함의 기준들을 충족시키는 것**이다. 좋음, 참됨, 아름다움은, 우리가 이성적 본성으로 동물적 본성을 초월하여 어떤 객관적인 기준들을 충족시킬 때, 삶에 의미를 준다. 우리는 삶의 의미를 얻기 위해서 모범적인 방식들로 이성을 사용해야 한다. 하지만 탁월함의 기준들은 무엇일까? 어떤 이성적 활동들이 그 기준을 충족시킬까? 지능적인 범죄자들처럼 이성을 악한 목적을 위해 사용할 수도 있지 않을까?

이 난감한 질문들은 우리를 자기 초월의 **여섯째** 형태, 곧 **창조적인 방식으로 이성을 사용하기**로 이끈다. 좋음, 참됨, 아름다움은, 우리가 창조적인 방식으로 이성적 본성을 사용하여 동물적 본성을 초월해야 만, 의미를 제공한다. 삶은 세계에 새로운 가치들을 들여오는 예술가들과 사상가들의 창조력으로 보완된다. 그러나 이 이야기도 창조적 범죄자의 삶이 외견상 무의미하다는 점을 설명하기 어렵다. 또한 흔히 창조성과 무관한 도덕적 덕목을 설명하지 못한다.

자기 초월의 **일곱째** 형태는 **보편적 관점에 따라서 이성을 사용하는 것**이다. 좋음, 참됨, 아름다움은, 우리가 이성적 본성을 사용하여 보편적 관점에서 가치를 인정받을 만한 사태를 실현할 때, 삶에 의미를 제공한다. 예술, 과학 이론, 도덕적 행위는 모두 이 기준을 충족시킨다. 위대한 도덕적 행위는 모두의 이해관계를 고려하며 공평한 관점에서 승인을 받는다. 메츠는 이것이 자기 초월에 기초하여 의미를 설명하는 최선의 이론이라고 본다. 그러나 보편적 관점에서 승인받을 만하지만 위대한 의미의 원천이 아니며 하찮은 것들 — 이를테면 먼지에 관한 소설을 쓰는 것, 또는 발톱 깎는 도구를 나눠주는 것 — 이 많이 있기 때문에, 이 이론은 부적절하다.

이처럼 좋음, 참됨, 아름다움이 어떻게 삶에 의미를 제공하는지 설명하려 애쓰는 다양한 자연주의적 비결과주의적 이론들을 훑어보고 나서, 메츠는 자신의 자기 초월 이론을 내놓는다.

좋음, 참됨, 아름다움은, 우리가 이성적 본성을 긍정적이며 중요한 방식으로 사용하여 인류의 처지를 크게 좌우하는 조건들을 지향함으로써 동물적 본성을 초월하는 한에서, 삶에 위대한 의미를 제공한다.[34]

이렇게 근본적인 조건들에 초점을 맞추는 것을 메츠는 잘 계획된 범죄와 의료 봉사나 독재 타도와 같은 도덕적 성취의 차이를 지적함으로써 설명한다. 후자는 개인의 자율을 존중하고 타인의 선택을 옹호하며 삶에 의미를 준다. 의미를 제공하는 지적 성찰은 인간의 본성이나 현실에 관한 다른 많은 사실들 및 조건들을 설명해준다. 마찬가지로 위대한 예술은 우리에게 매우 중요한 인간적 경험들인 사랑, 죽음, 전쟁, 평화 등을 다룬다. 어느 경우에나 의미는, 참됨, 좋음, 아름다움이 근본적인 사안들을 향할 때 발생한다.

싸구려 소설 읽기나 2+2=4에 대해 숙고하기는 이성의 사용일뿐더러 근본적인 조건들에 초점을 맞추지만 삶에 의미를 주지 못한다는 반론이 있을 수 있다. 이에 대해서 메츠는 자신의 기준을 완전히 충족시키려면 상당한 노력이 필수적인데 위 사례들에는 그런 노력이 빠져 있다고 받아친다. 더 나아가 우리는 과거보다 현저히 진보하는 것을 의미의 필요조건으로 추가할 수 있을 것이다. 삶의 의미를 얻으려면 단지 기존의 것을 하거나 알거나 제작하는 것을 넘어서 새로움을 산출해야 한다고 말이다. 그리하여 메츠는 다음과 같은 결론에 도달한다. "이성적 본성으로 하여금 근본적인 대상들을 긍정적이며 중요한 방식으로 지향하게 하고 어쩌면 이를 통해 진보를 이뤄냄으로써" 우리는 우리 자신을 초월하고 좋음, 참됨, 아름다움에서 위대한 의미를 얻을 수 있다.[35]

요약 삶의 의미는 당사자가 도덕적 성취, 지적 성찰, 예술적 창조를 통해 자신을 극복할 때 발견된다.

객관적 의미에
대한 논평

도덕적인 삶이 의미를 제공한다는 엘린의 주장은 유익하다. 우리가 완전히 유의미한 삶을 위해 지적 가치와 미적 가치를 추가한다는 톰슨의 주장도 마찬가지다. 그러나 이 모든 가치들이 의미의 필요조건일지는 몰라도 충분조건은 아니라는 브리튼의 논평은 의미심장하다. 우리는 도덕적인 삶을 살면서도 삶의 유의미성에 대한 의문을 품을 수 있을 것이다. 그러나 브리튼은 유의미한 관계들이 있기 때문에 삶은 유의미하다고 말한다. 이 생각을 더 발전시킨 이글턴은 동료들에 대한 사랑과 거기에서 나오는 행복이 삶의 의미라고 강조한다. 놀이를 강조하는 슐리크는 유의미한 삶에 대한 우리의 생각을 대폭 확장한다. 유의미한 삶이 꼭 심오할 필요는 없다. 그러나 유의미한 삶에는 반드시 노는 아이의 태도가 깃들어 있어야 한다. 요컨대 참됨, 좋음, 아름다움, 사랑, 놀이는 삶에 의미를 제공하는 객관적으로 좋은 것들의 목록으로 손색이 없다.

울프는 도덕적 영역, 지적 영역, 예술적 영역의 객관적 가치들과 주관적 참여를 조합한다. 삶 속에 가치 있는 것들이 존재한다는 것으로는 불충분하다. 완전한 의미에 도달하려면 당사자가 열정적으로 그것들에 참여해야 한다. 울프에 맞서서 칸은 가치를 주관주의적으로 설명하지만, 객관적 가치 하나 — 해를 끼치지 않기 — 를 도입함으로써 객관주의의 색채도 가미한다. 우리는 칸의 견해와 울프의 견해를 종합하여, 유의미한 삶이란 해를 끼치지 않는 기획들에 능동적으로 참여하는 삶이라고 말할 수 있을 것이다. 그러면 울프는 '해를 끼치지 않음'을 최소한의 조건으로 승인하면서, 타인들에게 도움이 되는 가치 있는 기획에 참여하는 삶이 더 유의미하다고 덧붙일 수 있을 것이다. 이 문제를 해결하려면 아마도 가치의 객관성 문제를 해결해야 할 것이다. 실제로 울프는 후속 강연에서 그런 취지의 말을 했다. 의미 자체가 모종의 객관적 가치여야 한다고 말이다.

레이철스는 객관적 가치들이 존재한다고 확신한다. 그 가치들이 우리에게 특정한 방식으로 살 이유를 주고, 죽음과 무의미성이라는 유령이 출몰하며 우리를 괴롭히는 이 우주에서 제한적인 의미와 위로를 준다. 플래너건도 유사한 주장을 펼치면서 일과 관계 등에서 귀결되는 자기표현과 자기 초월에 초점을 맞춘다. 프랭클은 의미를 발견하는 객관적 방편들인 관계와 일을 강조한다. 그는 고통을 견뎌내기를 추가로 언급함으로써 세계 안에서 의미를 발견하는 방편에 대한 논의에 유일무이하게 기여한다. 벨쇼는 우리가 삶 속에 있는 객관적으로 좋은 것들에서 의미를 발견한다는 주장을 재천명한다. 그에 따르면, 우리는 객관적으로 좋은 것들이 무슨 의미가 있느냐고 묻지 말아야 한다. 왜냐하면 그 물음은 무한역진을 일으키기 때문이다. 벨리오티는 우리와 의미-제공자들의 만남의 유산을 남기는 일이 우리의 의미 추구에 크게 기여한다는 주장을 덧붙인다. 새가드는 우리를 새로운 영역으로 데려가서, 사랑, 일, 놀이의 객관적 가치를 심리학 및 신경생리학과 연결하여, 왜 우리가 그런 활동들에서 삶의 의미를 경험하는지 설명한다. 마지막으로 메츠는 이제껏 언급한 사상가들의 대다수가 품은 생각의 핵심을 명확히 한다. 그에 따르면 삶은 세계 안에 좋은 것들, 참된 것들, 아름다운 것들이 있기 때문에 유의미하다.

이 사상가들을 두루 살피면서 삶의 의미에 대한 생각들의 일관성에

주의를 기울일 필요가 있다. 개인적인 관계, 생산적인 일, 즐거운 놀이가 유의미한 활동이라는 점은 모두가 인정하는 바다. 이 활동들은 유의미하다. 왜냐하면 이 활동들 각각에서 우리가 좋음, 아름다움, 참됨을 발견하거나 창조할 가능성이 있기 때문이다. 고통을 품위 있게 견뎌내기, 자기표현, 유산 남기기도 우리가 참됨, 아름다움, 좋음에 참여할 수 있게 해주는 활동의 예들이다. 이 장에서 다룬 사상가들은 다음과 같은 보편적인 주장을 내놓는다. **사람들은 좋음, 참됨, 아름다움에 관여하고 참여하고 연결됨으로써 삶 속에서 의미를 발견한다.** 우리는 이 주장을 받아들이고 만족해야 할 성싶다.

그러나 우리는 만족하지 못한다. 잠재울 수 없는 또 다른 목소리, 또 다른 관점이 존재한다. 간디를 본받고 베토벤과 아인슈타인을 본받은 다음에도, 불행한 사람들을 돕고 우리의 놀이를 하고 가족을 사랑하고 고통을 견뎌내고 유산을 남긴 다음에도, 그 목소리는 여전히 이렇게 묻는다. 이것이 전부일까? 어쩌면 이 목소리는 잠재워야 마땅하겠지만, 만일 이 유의미한 것들이 덧없다면, 우리는 그것들이 정말로 유의미한가라는 의문을 품지 않을 수 없다. 내면의 목소리는 억누를 수 없을뿐더러 억누르지 말아야 한다. 우리는 이 좋은 것들이 존재함을 인정하면서도 더 많은 것을 원할 수 있다. 세계 안에 좋은 것들이 있고 우리가 나름의 창조를 통해 그 가치들을 증가시킬 수 있더라도, 이것으로는 충분하지 않다. 이 좋은 것들로 충분하지 않은 이유는 항상 우리를 따라다니는 유령이 있기 때문이다. 그 유령은 모든 유의미한 순간에 침입하여 우리가 경험하는 참됨과 아름다움과 좋음에 흠집을 낸다. 다음 장에서 살펴볼 죽음이라는 유령이다.

7
삶의 의미와 죽음

이것은 특별한 유형의 두려움
어떤 술수로도 떨쳐낼 수 없지. 종교는
그 거대하고 좀먹은 음악적 비단을 펼치면서
우리가 절대로 죽지 않는 척하곤 했지.
또 합리적인 존재는 자신이 느끼지 못할 것을
두려워할 수 없다는 허울 좋은 이야기도 시도했어.
우리가 바로 그것을 두려워한다는 걸 알아채지 못했던 것이지.
보이지 않고, 들리지 않고, 촉감이나 맛이나 냄새도 없는 그것
생각할 길도, 사랑할 길도 없고, 무엇과도 관련지을 수 없는 그것
그 누구도 빠지면 되살아나지 못하는 무감각 상태
그래서 그것은 단지 시야의 경계에 머물지.
작고 윤곽이 번진 얼룩, 고여 있는 싸늘함,
모든 충동을 망설임으로 누그러뜨리지.
거의 모든 일은 일어나지 않을 수도 있지만, 그것은 일어날 거야.
우리 곁에 사람들이나 술이 없을 때 이것을 깨달으면
들끓는 공포가 격하게 터져 나오지. 용기는 소용이 없어
타인들을 두려워하는 것이 아니니까.
용감해도 무덤에 들어가는 것을 면할 수는 없지.
죽음 앞에서는 징징거리는 것이나 견뎌내는 것이나 다를 바 없어.

– 필립 라킨

내가 죽고 나면, 인류의 역사는 계속되겠지만 나는 그 역사에 가담하지 못할 것이다. 나는 더 이상 영화를 보지 못할 테고, 책을 읽지 못할 것이며, 친구를 사귀지 못하고 여행도 못할 것이다. 내 아내가 나보다 더 오래 산다면, 나는 그녀의 곁에 있지 못할 것이다. 나는 내 증손자들을 모를 것이다. 새 발명품들이 등장하고, 우주에 관한 새로운 발견들이 이루어지겠지만, 나는 그것들을 영영 모를 것이다. 새 음악이 작곡되겠지만, 나는 듣지 못할 것이다. 어쩌면 우리는 다른 세계에서 온 지적인 존재들과 접촉하겠지만, 나는 그 소식을 모를 것이다. 이런 이유 때문에 나는 죽는 것이 싫다. 에피쿠로스의 논증은 핵심을 잘못 짚었다.

– 제임스 레이철스

이반 일리치의
죽음

죽음이라는 주제는 우리의 탐구가 시작될 때부터 우리 곁에 있었다. **톨스토이의 소설**《**이반 일리치의 죽음**》은 삶의 의미와 죽음의 관계를 다루는 논의에서 훌륭한 도입부 구실을 할 수 있다. 이 소설은 마흔다섯 살 먹은 한 법률가에 관한 이야기다. 그는 이기적이고 기회주의적이며 세속적인 일로 바쁘다. 병이 들이닥칠 때까지 그는 자신의 죽음을 고려해본 적이 한번도 없었다. 이제 죽음과 마주하자 그는 자신의 삶이 무슨 의미가 있는지, 자신이 옳은 선택들을 해왔는지, 자신이 무엇이 될지 의문을 품는다. 난생 처음으로 그는 … 의식이 깨어난다.

소설의 첫 대목은 이반 일리치가 죽은 직후의 상황을 서술한다. 가족들과 친지들이 그의 장례식에 모였다. 그들은 죽음을 이해하지 못한다. 왜냐하면 그들 자신의 죽음을 제대로 이해할 수 없기 때문이다.

그들에게 죽음은 몸소 겪는 게 아닌 객관적인 사건이다. 그들이 보는 죽음은 이반이 평생 동안 보던 죽음과 마찬가지다. 즉, 그들은 죽음을 주관적 실존적 경험이 아니라 객관적 사건으로 본다. "특별할 건 없지 뭐 — 그들 각자가 생각하거나 느낀 바는 '그는 죽었지만 나는 죽지 않았어.'였다."[1] 그들은 오직 죽어가는 처지가 아니어서 신을 찬양한다. 그리고 곧바로 그의 죽음에서 돈이나 지위와 관련한 이익을 챙길 방법을 숙고한다.

이어서 소설은 독자를 이반의 전성기인 30년 전으로 데려간다. 그는 평범하게 산다. 법학을 공부하고 판사가 된 이반은 자신의 삶에서 모든 개인적 감정을 몰아내고 객관적이고 냉정하게 일한다. 그는 규율이 엄격한 아버지, 전형적인 러시아 가부장이다. 사회적 지위에 대한 질투와 집착이 강한 그는 도시에서 일자리를 얻어 행복하다. 그는 그 도시에서 큰 집을 사서 장식을 하다가 떨어져 옆구리를 다친다. 이 사고로 결국 그를 죽음으로 몰아갈 병이 발생한다. 그는 성미가 까칠하고 적대적이 되고 자신의 죽음을 받아들이기를 거부한다. 병이 깊어가는 동안, 게라심이라는 소작농이 이반의 병상을 지키며 그의 친구이자 믿을 수 있는 측근이 된다.

오직 게라심만이 이반의 고통에 공감을 표하며 친절하고 정직하게 그를 대한다. 반면에 이반의 가족은 그를 성마른 늙은이로 여긴다. 게라심과의 우정 덕분에 이반은 자신의 삶을 새롭게 보기 시작하고, 자신이 더 성공할수록 덜 행복해졌음을 깨닫는다. 그는 자신이 옳게 살아왔는지 의심하고, 타인들의 기대에 맞춰 살아온 자신이 잘못 살아온 것일 수도 있음을 깨닫는다. 그의 반성은 고통을 가져온다. 현재의 그는 그가 마땅히 되었어야 할 인물이 아니라는 믿음이 이반을 옭아

맨다. 마침내 그는 죽음이라는 실존적 현상을 경험하는 중이다.

점차 그는 더 많이 자족하게 되고, 주변 사람들이 (그가 곧 떠날) 삶에 너무 바쁜 나머지 삶이 작위적이고 덧없음을 이해하지 못한다는 것을 깨닫고 안타까움을 느끼기 시작한다. 그는 완벽한 행복의 순간에 죽음을 맞는다. 죽음을 코앞에 두고 병상에 누운 그에게 "가장 지위가 높은 사람들이 좋다고 여기는 바에 맞서서 자신이 거의 눈에 띄지 않게 시도한 싸움들, 자신이 즉시 억눌렀던 그 보일까 말까 한 충동들이 진짜였고 나머지 모든 것은 가짜였을지도 모른다는 생각이 떠올랐다."[2]

톨스토이의 《이반 일리치의 죽음》은 의미 없이 산 삶을 반성하는 일이 얼마나 고통스러운지, 또 죽음의 최종성이 어떻게 미래 의미의 가능성을 모조리 봉쇄하는지 숙고하도록 강제한다. 우리가 삶의 끝에 접근할 때, 만일 삶이 무의미했다고 느낀다면, 우리는 어떤 방법으로도 그 상황을 수정할 수 없을 것이다. 자신의 삶이 무의미했다는 깨달음은 얼마나 끔찍하겠는가. 키르케고르는 마치 일리치를 염두에 두기라도 한 것처럼 이렇게 말했다.

인생을 성찰할 때 슬픈 점은, 많은 이들이 고요히 길을 잃은 상태로 삶을 일관한다는 것이다 ⋯ 그들은 말하자면 자신을 멀리 떠나서 살고 그림자처럼 사라진다. 그들의 비도덕적 영혼은 바람에 날려가고, 그들은 영혼의 불멸에 관한 질문들에 동요하지 않는다. 왜냐하면 그들은 죽기도 전에 이미 해체되었기 때문이다.[3]

이제 더욱 더 섬뜩한 질문을 던져보자. 유의미한 삶을 살았다 하더라도, 무엇이 달라지겠는가? 어쨌든 죽음은 삶의 의미를 전부까지는 아닐지라도 대부분 지워버리지 않을까? 유의미한 일과 가족이 있는 삶을 떠나기는 더 고통스럽지 않을까? 어쩌면 우리는 삶을 떠날 때 느낄 고통을 줄이기 위해 무의미한 삶을 살아야 하지 않을까?

요약 죽음의 실재성을 진정으로 마주하면, 우리는 삶의 의미를 반성할 수밖에 없다.

사후의 삶이 존재할까?

죽음을 다룬 문헌들은 방대하며, 그것들만 다뤄도 단행본 분량이다. 여기에서 할 수 있는 작업은 죽음에 관한 몇 가지 주제들을 **간략하게** 논하는 것이다. 인류학 연구들이 보여주듯이, 불멸에 대한 믿음은 널리 퍼져 있다. 그러나 대다수 사람들은 죽음을 궁극적 비극으로 여기고 삶의 지속을 갈망한다. 불멸의 증거는 (설령 있더라도) 없다시피 하다. 개인적으로 우리가 아는 사람들 중에 죽음에서 돌아와 우리에게 사후의 삶에 대해서 말해주는 사람은 없다. 그럼에도 많은 이들은 최선을 다해서 간접적 증거에 매달린다. 임사체험, 환생에 대한 믿음, 유령 이야기, 죽은 사람과의 소통 등에 말이다. 문제는 이런 이른바 증거들 중 어느 것도 비판적 검증을 잘 통과하지 못한다는 점이다. 그 현상들이 실재할 개연성보다, 속이거나 속임당하는 개인들의 성향에서 그 현상들에 대한 믿음이 유래할 개연성이 훨씬 더 높다. 그런 증거를 받아들이는 것은 지푸라기를 움켜쥐는 것과 같을 — 바라는 대로 생각하는 것일 — 가능성이 매우 높다.

일반적으로 현대 과학은 사후의 삶을 옹호하는 이른바 증거들을 여러 이유에서 무시한다. 첫째, 불멸한다고 여겨지는 영혼은 인간에 대한 현대 과학 연구에서 설명적이거나 예측적인 역할을 전혀 하지 못한다. 둘째, 뇌 기능이 멈추면 의식도 멈춘다는 견해를 뒷받침하는 증거가 압도적으로 많다. 유령 혹은 육체를 벗어난 정신이 존재한다면, 우리는 어쩔 수 없이 현대 과학의 많은 부분을 수정해야 할 것이다. 예컨대 물질이 없으면 의식이 존재할 수 없다는 믿음을 버려야 할 것이다.

당연한 말이지만, 이 개략적인 논의에서 사후의 삶이 불가능하다는 결론을 내릴 수는 없다. 여러 이유에서 그렇지만, 특히 사후의 삶의 가능성은 개인의 정체성과 정신-신체 문제에 관한 난해한 철학적 질문들의 답에 의존하기 때문이다. 그러므로 다음과 같은 지적으로 만족하기로 하자. 사후의 삶에 관한 이원론적 이론 ─ 사람이 죽을 때 영혼이 육체에서 분리되어 영원히 산다는 이론 ─ 이나 일원론적 이론 ─ 세속의 몸과 관련이 있는 새로운 영광체(영광스러운 몸glorified body)가 영원히 산다는 이론 ─ 으로 영혼의 불멸을 설명하기는 대단히 어렵다. 전자에서는 실체 이원론을 정당화해야 하고, 후자에서는 기적적인 새로운 몸을 설명해야 한다. 어느 쪽이든 어마어마한 철학적 과제다. 게다가 확실히 과학이라는 바람은 이 고대의 믿음들을 거스르는 방향으로 불고 있다.

이런 점들을 감안하여 우리는 죽음이 인간 존재의 종결이라는 전제를 채택할 것이다. 사후의 삶에 관한 철학적으로 문제가 있는 전제들 없이 논의를 펼쳐갈 것이다. 이 접근법의 장점은 다음과 같다. 만일 우리가 사후의 삶에 관한 전제들을 끌어들이지 않고 삶의 의미를 발견한다면, 우리는 그 발견을 더 강하게 확신할 수 있을 것이다. 또한 만일 우리가 죽은 다음에 정말로 더 나은 곳으로 이주하는 기적이 일어난다면 … 그것은 우리에게 더욱 더 좋은 일일 것이다.

요약 우리는 사후의 삶이 존재하지 않는다고 전제할 것이다.

빈센트 배리 :
죽음이 삶의 의미를 증가시키거나 감소시킬까?

빈센트 배리Vincent Barry는 캘리포니아 주 베이커스필드 칼리지의 명예철학교수다. 그곳에서 34년 동안 가르친 그는 뉴욕 시 포드햄 대학에서 철학 석사학위를 받았으며 철학 교과서 저자로 명성을 얻었다. 2007년에 출판한 교과서《죽음과 죽어감에 관한 철학적 생각》에서 배리는 삶과 죽음과 의미 사이의 관계에 관한 질문을 세심히 고찰한다.

죽음은 나쁠까?: 배리의 주요 관심사 하나는 죽음이 우리에게 나쁜지 여부다. 그가 지적하듯이, 죽음이 나쁘지 않다는 논증의 원조는 다음과 같은 에피쿠로스의 명언이다. "내가 존재할 때, 죽음은 존재하지 않는다. 그리고 죽음이 존재할 때, 나는 존재하지 않는다." 에피쿠로스는 무릇 두려움이, 특히 신과 죽음에 대한 두려움이 해악이라고 가르쳤다. 따라서 이성을 사용하여 이 두려움들을 제거하는 것이 그의 사상의 일차 목표였다. 그의 사상의 기본 전제 하나는 유물론적 심리학이었다. 이 심리학에서 정신은 원자들로 구성되었으며, 죽음은 그

원자들의 흩어짐이었다. 요컨대 에피쿠로스의 사상에서 죽음은 우리에게 나쁘지 않다. 왜냐하면 우리에게 영향을 줄 수 있는 것만 우리에게 나쁠 수 있기 때문이다. 죽은 뒤에 우리는 아무 감각이 없다. 따라서 죽은 상태는 우리에게 나쁠 수 없다. 이 생각은 죽어가는 과정이나 죽음의 전망이 우리에게 나쁠 수 없음을 함축하지 않는다는 점을 주의하라. 이것들은 우리에게 나쁠 수 있다. 또한 에피쿠로스는 우리가 죽음보다 삶을 더 선호할 가능성을 배제하지 않는다. **그가 주장하는 바는 죽은 상태가 죽은 사람에게 나쁘지 않다는 것이다.**

에피쿠로스의 논증은 서로 별개인 두 가지 전제에 의존한다. 그 전제들은 경험 조건과 존재 조건이다.[4] 경험 조건을 아래와 같이 요약할 수 있다.

1. 누군가에게 해악은 그에게 나쁜 것이다.
2. 어떤 것이 누군가에게 나쁘려면, 그가 그것을 경험해야 한다.
3. 죽은 상태는 경험이 없는 상태다.
4. 그러므로 죽은 상태는 당사자에게 나쁠 수 없다.

존재 조건은 다음과 같이 요약할 수 있다.

1. 사람은 오직 존재할 때만 해악을 당할 수 있다.
2. 죽은 사람은 존재하지 않는다.
3. 그러므로 죽은 사람은 해악을 당할 수 없다.

곧 보겠지만, 반론들은 두 조건 가운데 하나를 공격한다. 반론을 제기하는 사람들은 당사자가 경험 없이 해악을 당할 수 있음을 보여주려 하거나 죽은 사람도 해악을 당할 수 있음을 보여주려 한다.

에피쿠로스적인 견해를 공격하는 저명한 철학자 한 명은 토머스 네이글이다. 에세이 〈죽음〉에서 네이글은 당사자가 죽은 뒤에 의식을 가지고 존재하지 않더라도 죽음은 그 당사자에게 나쁘다고 주장한다. 이 **박탈 이론**에 따르면, 죽음은 죽는 당사자에게서 좋은 것들을 박탈하기 때문에 나쁘다. 그러나 죽음이 미래의 좋은 것들의 가능성을 제한하기 때문에 나쁘다면, 죽음은 미래의 나쁜 것들의 가능성을 제한하기 때문에 좋다고도 할 수 있지 않을까? 다시 말해 미래의 좋음의 가능성만 가지고는 죽음이 나쁨을 보여줄 수 없다. 죽음이 나쁨을 보여주려면, 미래의 삶을 살 가치가 있음을, 즉 미래의 삶이 나쁨보다 좋음을 더 많이 보유할 것임을 보여주어야 할 것이다. 그러나 우리가 박탈을 **경험**하지 못한다면, 무언가를 박탈당하는 것이 우리에게 어째서 나쁜지를 과연 박탈 이론으로 설명할 수 있을까? 우리가 모르는 어떤 것이 어떻게 우리에게 해악을 끼칠 수 있을까?

이 반론에 대응하여 네이글은 우리가 해를 당하는 줄 모르고 당할 수도 있다고 주장한다. 지적인 성인이 뇌를 부상당해 유아 상태로 돌아갔다면, 설령 자신의 부상을 자각하지 못하고 그 상태에 만족하더라도, 그는 큰 불운을 당한 것이다. 우리가 경험하지 못하는 많은 상태들이 우리에게 나쁠 수 있다고 네이글은 주장한다. 예컨대 친구의 배신, 평판의 추락, 배우자의 외도가 그런 상태다. 성인이 유아로 돌아간 것이 불행인 것과 마찬가지로, 사람이 죽은 것도 불행이다. 그러나 비판자들은 이 불행을 겪는 주체가 **누구**냐고 묻는다. 좋은 것들을 박탈당하는 것이 나쁘다 하더라도, 그 박탈당함의 주체는 누구일까?

어떻게 죽은 사람이 해악을 당할 수 있을까? 이 질문에 대답할 길은 없는 듯하다.

또 다른 문제도 있다. 박탈 논증은 죽음이 우리에게 왜 나쁜지 설명해줄지 몰라도, 그 논증의 한 귀결은 당사자가 출생 이전에 존재하지 않았던 것도 해악을 당한 것이라는 견해다. 그러나 일반적으로 우리는 우리 자신이 더 먼저 태어나지 않은 것을 해악을 당한 것으로 여기지 않는다. 이 비대칭을 어떻게 설명할 수 있을까?

에피쿠로스는 이 비대칭을 설명할 길이 없으며, 우리는 출생 이전의 존재에 무관심한 것과 마찬가지로 죽음에도 무관심해야 한다고 주장했다. 마크 트웨인도 같은 의견이다.

나는 소멸이 두렵지 않다. 왜냐하면 나는 이미 태어나기 전에 — 1억 년 전에 — 소멸을 맛보았으며 내가 기억하기에 1억 년 내내 겪은 고통을 다 합친 것보다 더 많은 고통을 이 삶의 한 시간 동안에 겪었기 때문이다. 내가 다정한 동경과 감사와 기회가 오면 되찾겠다는 욕망으로 되돌아보는 그 1억 년의 휴가 동안에는 평화, 고요, 모든 죄책감의 부재, 걱정의 부재, 염려, 슬픔, 당혹감의 부재가 있었다. 그리고 깊고 충만하며 끊이지 않는 만족이 있었다.[5]

이에 대응하여 박탈론자들은 출생 전 경험과 출생 후 경험에 대해서 꼭 대칭적인 견해를 가져야 하는 것은 아니라고 주장한다. 오히려 비대칭적 견해가 평범한 경험에 부합한다는 것이다. 그 이유는 다음과 같다. 당신은 작년에 긴 수술을 받았기를 바라는가, 아니면 내일 짧은 수술을 받기를 바라는가? 당신은 어제 쾌락을 겪었기를 바라는

가, 아니면 내일 쾌락을 겪기를 바라는가? 양쪽 경우 모두에서 우리는 과거보다 미래에 더 큰 관심을 기울인다. 우리는 과거 사건들보다 미래 사건들에 관심이 더 많다. 미래의 죽음은 우리에게서 미래의 좋은 것들을 박탈하는 반면, 출생 전의 비존재는 지금 우리가 관심을 두지 않는 과거의 좋은 것들을 우리에게서 박탈했다. 이 모든 이유 때문에 배리는 **죽음은 아마도 나쁘고 죽음에 대한 두려움은 합리적**이라고 결론짓는다. 하지만 죽음이 삶의 의미를 잠식할까?

삶의 의미와 죽음 사이의 관계: 톨스토이와 쇼펜하우어는 **죽음이 삶을 무의미하게 만든다**고 주장했다. 러셀과 테일러는 죽음이 삶의 의미를 크게 훼손한다고 믿는다. 부처는 죽음이 삶 속의 좋은 것들을 잠식한다고 주장했다. 이들은 모두 삶의 의미와 죽음이 모종의 상충 관계라고 생각했다. 반대자들은 오히려 **죽음이 삶을 유의미하게 만든다**고 주장한다. 어느 편이든 간에, 이 모든 사상가들은 죽음이 삶의 유의미성의 정도를 결정하는 핵심 요소라고 믿는다.

죽음이 삶을 무의미하게 만든다는 논증들도 많지만, 죽음이 삶을 유의미하게 만든다는 — 종교적 논증들뿐 아니라 — 철학적 논증들도 많다. 후자의 논증들은 모두 삶이 정말로 인간적이기 위해서 죽음이 필요하다는 생각을 중심으로 삼는다. 논증의 형태는 다양하다.

a) **삶을 위해 죽음이 필요하다:** 죽음이 없으면 삶 속에서 발전이 없다. 당신이 죽어가는 것은 당신이 우주의 운행에 참여하기 때문이다. 사는 동안에 당신은 천천히 파괴된다. 우주는 죽음을 통해 삶을 생산한다. 그래서 죽음은 당신 개인에게는 나쁠지 몰라도 전체를 위해서는 좋다.

b) **죽음은 삶의 주기의 한 부분이다**: 삶의 주기가 없으면, 우리가 인간으로서 경험하는 바가 달라질 것이다. 죽음은 삶의 종착점이다. 우리는 죽도록 프로그래밍되어 있다. 죽음은 삶이라는 연속체의 일부다.

c) **죽음은 궁극적 긍정이다**: 죽음과 마주할 때 우리는 삶의 궁극적 가치를 깨닫는다. 이 가치를 드러낸다는 점에서 죽음은 유의미하다. 더 나아가 삶은 덧없고, 연약하고, 잠정적이어서 소중하다.

d) **죽음은 헌신과 참여의 동기다**: 삶의 유한성이 없다면, 우리가 가치 있는 일을 할 동기는 약해질 것이다. 게다가 불멸은 지루할 수도 있다.

e) **죽음은 창조성을 북돋는 자극이다**: 임박한 죽음이 자신을 과거 어느 때보다 더 창조적으로 만든다고 일부 사람들은 주장한다. 죽음이 말 그대로 (유한성을 극복하려는 우리의 욕망에서 나오는) 창조성을 북돋는다고 주장하는 사람들도 있다.

f) **죽음은 사회적으로 유용하다**: 인구 과잉을 제한하기 위해 죽음이 필요하다. 우리가 더 오래 살거나 불멸한다면, 더 많이 고뇌하고 우리가 사는 세계에 대해서 더 많이 걱정할 것이라고 많은 사람들은 주장한다.

죽음이 삶에 의미를 제공한다거나 그렇지 않다고 생각하는 사람들과 달리, 삶이 유의미한지 여부는 죽음과 무관하다고 주장하는 사람들도 있다. 바꿔 말해서 후자의 사람들은 삶이 죽음에 의미를 제공한다거나 그렇지 않다고 주장함으로써 우리가 이제껏 살펴본 생각들을 거꾸로 뒤집는다. 하지만 대체 어떻게 삶이 죽음에 의미를 제공한다는(또는 제공하지 않는다는) 것일까?

삶의 의미와 죽음: 배리는 우리에게 가까운 것들이 삶의 의미에 관한 명확한 대답을 제공한다고 주장한다. 그것들은 예컨대 가족 돌보기, 일, 우리에게 중요한 어떤 대의大義다. 그러나 우리가 더 큰 그림으로 눈을 돌려서 만물의 의미에 대해서 물으면, 우리는 혼란에 빠진다. 일부 사람들은 개인이 신이나 우주적 계획과 같은 더 큰 무언가와 관련이 있으며 그 관련성이 개인의 삶에 의미를 제공한다고 사변한다. 다른 사람들의 생각에 따르면, 개인은 초자연적 영역을 상정하지 않고 세계 안에서 의미를 창조하거나 발견한다. 이미 보았듯이 이 견해들은 유신론적 입장과 무신론적 입장으로 나뉜다. 전자의 주요 문제는 현재의 철학자들 대다수가 종교적 이야기들이 참인지 의심한다는 점이다. 후자의 기본적인 문제는 우리에게 무관심한 우주에 우리가 의미를 주입하는 것은 오류일 가능성이 높다는 점이다. 심지어 진보의 개념도 의미의 기반이 되기에 부족하다. 이런 문제들 때문에 배리는 허무주의를 재검토한다.

앞서 보았듯이, 허무주의에 대해서 다양한 반응들이 있다. 우리는 허무주의를 배척하거나 받아들이거나 적극적으로 긍정할 수 있다. 그러나 이 반응들 중 어느 것도 적절하지 않은 듯하다. 허무주의의 도전을 완전히 막아낼 수는 없다. 그렇다면 우리는 어떻게 해야 할까? 배리의 결론에 따르면, 삶은 비록 객관적인 관점에서는 무의미하지만 여전히 주관적으로 유의미할 수 있다. 삶은 여전히 살 가치가 있을 수 있다. 자신의 삶에 어떻게 의미와 가치를 부여해야 할지에 대한 판단은 개인마다 다르지만, 모든 유의미한 삶은 신중하게 검토된 삶이라고 배리는 주장한다. 이것은 이반 일리치의 삶이 무의미했던 이유이기도 하다. 그는 자신의 삶이나 죽음을 신중하게 검토하지 않았다. 유의미한 삶은 죽음과 죽어감에 관한 숙고를 포함한다. 따라서 적어도 이런 맥락에서 죽음은 좋은 듯하다. 배리의 말을 들어보자.

그렇다. 삶 자체는 궁극적 의미가 없을 수도 있겠지만, 개인의 삶은 가치 있을 수 있다. 하지만 오직 삶이 신중하게 검토될 때만 그러하다. 죽은 이반 일리치의 얼굴을 연상시키는, 소크라테스의 존경할 만한 훈계는 여전히 울림을 일으킨다. **오직 삶이 죽음과 죽어감에 관한 철학적 생각을 포함할 때만, 삶은 가치 있을 수 있다.**[6]

요약 죽음이 좋은지 나쁜지는 불확실하다. 삶의 의미와 죽음 사이의 관계는, 죽음에 관한 생각이 삶을 주관적으로 유의미하게 만들 수 있다는 것이다.

스티븐 로젠바움:
죽음은 나쁘지 않다 — 에피쿠로스를 위한 변론

스티븐 로젠바움 Stephen Rosenbaum은 라스베이거스 소재 네바다 대학 아너스 칼리지honors college의 학장 겸 명예철학교수다. 일리노이 대학에서 박사학위를 받았다. 1986년에 발표한 글 〈죽음을 걱정하지 않는 법: 에피쿠로스를 위한 변론〉에서 로젠바움은 죽음이 당사자에게 나쁘다는 견해를 배척하면서 에피쿠로스의 입장에 대한 체계적 변론을 시도한다. 앞서 보았듯이, 일반적으로 우리는 죽음이 당사자에게 나쁘다고 생각하지만, 에피쿠로스는 그 생각이 오류라고 주장했다. 그리고 나쁘지 않은 것에 대한 두려움은 근거가 없으므로, 죽음을 두려워하는 것은 비합리적이라는 것이 에피쿠로스의 입장이었다.

로젠바움은 먼저 1) 죽어감 — 죽음에 이르는 과정 2) 죽음 — 당사자가 죽는 순간 3)죽어있음 — 죽음 이후의 상태를 구분한다. 에피쿠로스의 주장은 죽어감이나 죽음이 나쁠 수 있음을 부정하지 않는다. 다만, 죽어있음이 죽은 사람에게 나쁠 수 없다는 것이다. 청각을 완전히 잃은 사람이 모차르트의 교향곡을 경험할 수 없는 것과 마찬가지로, 죽은 사람은 긍정적이거나 부정적인 경험을 할 수 없다. 로젠바움에 따르면, 에피쿠로스의 논증의 목적은 우리가 내적인 평화에 이르고 불필요한 두려움과 걱정으로부터 해방되도록 돕는 것이었다. 또한 에피쿠로스는 철학적 성찰의 빛에 비추어 상식을 교정하려는 의도도 품고 있었다. 로젠바움은 그의 논증을 이렇게 재구성한다.

a) 오직 개인 P가 한 사태를 경험할 수 있을 때만, 그 사태는 P에게 나쁘다. 따라서

b) P가 죽어있음은 오직 P가 경험할 수 있는 사태일 때만 P에게 나쁘다.

c) 한 사태가 P의 죽음 이전에 시작될 때만, P는 그 사태를 경험할 수 있다.

d) P가 죽어있음은 P의 죽음 이전에 시작되는 사태가 아니다. 따라서

e) P가 죽어있음은 P가 경험할 수 있는 사태가 아니다. 따라서 P가 죽어있음은 P에게 나쁘지 않다.

b)와 e)는 논리적으로 도출된 결론이므로, 전제들은 a), c), d)가 전부다. d)는 정의에 따라서 참이므로, 이론의 여지가 있는 전제들은

a)와 c)뿐이다. 그러나 로젠바움에 따르면, 이 두 전제는 엄밀한 검증을 통과한다. 따라서 위 논증을 공격하는 유일한 길은 그것이 논점을 완전히 벗어난다고 지적하는 것뿐이다. 어쩌면 죽음은 경험도 기회도 만족도 없는 상태를 우리가 예견하기 때문에 나쁠 것이다. 로젠바움은 그런 예견이 오직 우리가 살아있는 동안에만 이루어진다고 응수한다. 우리가 죽은 뒤에는 그런 상태가 경험될 수 없다. 이 때문에 죽음을 예견하는 것은 치과 치료를 예견하는 것과 다르다. 후자에서는 예견과 실제 경험이 모두 나쁘지만, 전자에서는 오직 예견만 존재한다. 실제로 에피쿠로스는 죽음에 대한 예견이 부질없다고 생각했다. 왜냐하면 죽음 뒤에는 나쁨이 존재하지 않을 터이기 때문이다. 하지만 만일 에피쿠로스의 논증이 건전하다면, 많은 사람들이 죽음을 두려워하는 것은 무슨 이유 때문일까?

루크레티우스가 한 가지 설명을 내놓았다. 몸으로부터 분리된 우리 자신을 생각하기가 어렵기 때문에, 우리는 몸에 일어나는 나쁜 일을 우리에게 일어나는 나쁜 일로 생각한다. 우리는 썩어가는 몸을 아무튼 우리 자신으로 생각한다. 하지만 이것은 틀린 생각이다. 또 하나의 가능한 설명은 죽음이 우리를 매우 불쾌한 어떤 다른 세계로 데려갈 거라는 믿음에서 죽음에 대한 두려움이 나온다는 것이다. 그러나 에피쿠로스는 우리의 걱정을 가라앉힐 수 있다. 죽어있음은 죽은 사람에게 아무것도 아니다.

요약 죽음은 나쁘지 않으며 두려워할 사태가 아니라는 에피쿠로스의 논증은 건전하다. 죽어있음은 죽은 사람에게 나쁘지 않다.

오스왈드 핸플링 :
삶의 의미와 죽음에 대한 불가지론

핸플링은 죽음에 대한 우리의 지식이 삶의 의미에 영향을 끼친다는 주장을 명백한 진실로 받아들인다. "죽음은 우리의 삶에 부정적인 그늘을 드리운다."[8]는 것에 그는 동의한다. 뿐만 아니라 죽음의 자연스러움은 죽음과 관련한 우리의 불안을 약간 가라앉힐지는 몰라도 그 불안이 부적절함을 보여주지 못한다. 그러나 에피쿠로스의 건전한 논증은 우리의 걱정을 경감하고 위로를 제공해야 마땅하다. **죽음이 전적으로 나쁜 것은 아니다.**

혹시 대다수의 죽음이 나쁘다고 여길 근거들이 있을까? 핸플링은 그런 근거들이 설득력을 갖췄다고 생각하지 않는다. 설령 생전에 어떤 목표를 달성하기를 바라면서 그럴 수 없음을 유감스럽게 여기더라도, 내가 그 목표를 달성하지 못했다는 사실은 나의 사후에 나에게 해를 끼치지 않을 것이다. 또는 삶이 좋기 때문에 죽음은 나쁘다고 논증할 수도 있을 텐데, 삶이 일반적으로 좋은지는 불분명하다. 이와 유사하게 그저 경험을 가지는 것이 그 자체로 좋다고 주장할 수도 있을 것이다. 그러나 이 주장도 타당하지 않다. 불행을 겪고 있을 때 누군가가 당신들은 삶의 혜택을 누리고 있다고 말하면, 우리는 그 말에서 위안을 느끼지 못한다. 심지어 우리가 일반적으로 삶을 원한다는 사실도 삶이 좋음을 보여주지 않는다. 핸플링은 삶의 좋음에서 죽음의 나쁨을 도출하는 논증들이 건전하지 않다고 결론짓는다. 죽음이 주로 나쁘다고 생각할 설득력 있는 근거는 없다. 어떤 근거도 죽음 없는 삶이 유의미함을 보여주지 못한다. 하지만 죽음이 삶의 의미에 필수적임이 증명된 것도 아니다. **죽음은 반드시 좋은 것도 아니다.**

결론적으로 죽음은 음울한 전망이며 우리가 고대하는 사태가 아니지만, 확실한 축복도 아니고 저주도 아니다. 죽음은 우리를 크게 변화시키지만, 우리는 죽음의 의미에 대해서 어떤 간단한 결론에도 이를 수 없다. "삶과 마찬가지로 죽음은 그런 결론을 허용하지 않는다."**9**

요약 죽음에 대한 생각은 불쾌하지만, 우리는 죽음이 삶의 의미에 대해서 함축하는 바를 확정적으로 말할 수 없다.

조지 피처 :
죽어있음은 불행이다

조지 피처George Pitcher는 프린스턴 대학의 명예철학교수다. 1956년부터 1981년까지 그 대학의 철학과에서 가르쳤다. 1984년에 발표한 논문 〈죽은 사람의 불행〉에서 피처는 죽은 사람이 해를 입을 수 있는가라는 질문을 다룬다.

피처는 먼저 죽음이 의식의 종말이라고 전제한다. 의식의 종말은 장점이 있다. 의식이 꺼지면, 통증, 고뇌, 불안이 없어진다. 그런데 죽음이 죽은 사람에게 해를 끼칠까? 한편으로는 그럴 것 같지 않다. 내가 죽은 뒤에 나의 직장이었던 대학이 문을 닫으면, 나는 해를 입지 않는다. 다른 한편으로 만일 내가 삶의 많은 부분을 그 대학에 바쳤고 그곳이 나에게 중요했다면, 그 대학의 폐교는 나에게 나쁠 것 같기도 하다. 논문에서 피처가 옹호하려는 것은 죽은 사람이 해를 입을 수 있다는 주장(주장 1)이다. 그러나 우선 그는 죽은 사람이 부당한 대우를 받을 수 있다는 주장(주장 2)을 변론한다. 아들이 매장을 약속해놓고 당신의 시체를 장기이식용으로 판매한다면, 또는 당신이 딴 올림픽 메달이 부당하게 박탈된다면, 당신은 비록 죽은 사람이더라도 부당한 대우를 받은 것이다. 양쪽 경우 모두에서 부당한 일이 당신에게 일어났다(혹은 그렇다고 피처는 주장한다). 요컨대 죽은 사람도 부당한 대우를 받을 수 있는 듯하다.

피처는 죽은 사람을 서술하는 두 가지 방법을 구분했다. 하나는 1) 그가 살아있었을 때처럼 서술하는 **죽음 전 서술**이고, 다른 하나는 2) 그가 죽어있는 대로, 썩어가는 시체나 잿더미로 서술하는 **죽음 후 서술**이다. 피처에 따르면, 우리는 죽음 이전 서술에서 부당한 대우를 받을 수 있다. 그러나 죽음 이후 서술에서는 그럴 수 없다. 예컨대 어떤 사람이 죽은 뒤에 명예훼손을 당한다면, 죽음 후의 그가 아니라 죽음 전의 그가 명예훼손을 당하는 것이다. 혹은 당신이 그와 한 약속을 깬다면, 당신은 죽음 전의 그를 배신하는 것이다. 왜냐하면 죽음 후의 그를 배신하는 것은(또는 내가 보기에는 죽음 후의 그에게 신의를 지키는 것도) 불가능하기 때문이다.

이제 피처는 주장 1, 즉 죽은 사람이 해를 입을 수 있다는 강한 주장을 다시 거론한다. (피처가 설정한 위계에서는 부당한 대우를 받는 것보다 해를 입는 것이 더 나쁘고, 적개심의 대상이 되는 것보다 부당한 대우를 받는 것이 더 나쁘다.) 그는 이렇게 묻는다. "죽음 전의 개인에게 해를 입히는 일이 그가 죽은 뒤에 일어나는 것이 가능할까?"[10] 피처의 대답은 '가능하다'는 것이다.

정의에 따르면 해란 당신의 욕망이나 이익에 반하는 사건 혹은 사태다. 물론 우리는 죽은 뒤에 죽임을 당하거나 통증을 경험할 수 없다. — 죽음 후의 개인은 해를 입을 수 없다. 그러나 우리의 욕망들은 우리가 죽은 뒤에 좌절될 수 있다. — 죽음 전의 개인은 해를 입을 수 있다. 만일 내가 죽은 뒤에도 기억되기를 바라며 캠퍼스에 동상을 세웠는데 당신이 나의 동상을 파괴한다면, 당신은 나의 욕망을 물리치고 죽음 전의 나에게 해를 끼치는 것이다. 이 미묘한 상황을 더 잘 이해하기 위해서 두 세계를 비교해보자. 세계 1에서 나는 실재에 관한 절대적 진리를 발견하여 나의 연구 성과를 널리 알렸고 죽은 뒤에 세계 최고의 철학자로 찬양받았다. 세계 2에서는 내가 죽은 다음 날 내 이웃이 나의 연구 성과를 모두 없애버려 아무도 나의 철학을 모르고 나는 잊혔다. 만일 세계 2가 실현되었다면, 나는 해를 입은 것이라고 우리는 느낀다. 나는 역사를 통틀어 가장 위대한 철학자였음에도 나의 모든 연구 성과는 없어지고 나의 이름은 잊혔으니까 말이다. 이 예는 (죽음 전 서술에서) 죽은 사람이 해를 입을 수 있음을 시사한다.

피처에 따르면, 죽은 사람이 최소한 **경미한** 해를 입을 수 있다는 생각은 적어도 아리스토텔레스까지 거슬러 올라간다. 하지만 개인이 죽은 뒤에 일어나는 일이 어떻게 살아있는 그에게 영향을 끼친다는 것일까? 이미 보았듯이 죽음 전 서술에서 죽은 사람은 — 이를테면 명예훼손을 당하여 — **부당한 대우를 받을** 수 있지만 어떻게 **해를 입을** 수 있을까? 어떻게 당사자가 죽은 뒤인 지금 일어나는 일이 과거 살아있던 때의 당사자에게 영향을 끼칠 수 있을까? 정말로 영향을 끼친다면, 이것은 역행 인과backward causation의 사례다. 즉, 현재가 과거의 원인이 된 사례다.

피처는 자신의 논증이 효과를 발휘하기 위해 역행 인과까지 동원할 필요는 없다고 생각한다. 그가 보여주어야 하는 것은 해를 입었음이 그 해에 대해서 앎을 포함하는 것은 아니라는 점뿐이다. 물론 대부분의 경우에 당신은 해를 입으면 그 해에 대해서 안다. 그러나 해를 입고도 그 해에 대해서 모를 수도 있다. 당신이 불치병에 걸리거나 모든 사람이 당신의 등 뒤에서 당신을 놀린다면, 설령 당신이 그런 사실을 모른다 하더라도, 당신은 해를 입는 것이다. 이처럼 사람은 죽은 뒤에도 해를 입을 수 있다. 비록 그 해에 대해서 알지는 못하겠지만 말이다. 예컨대 내 자식이 요절하리라는 것을 내가 안다면, 이 앎은 나에게 불행이다. 하지만 이것은 나에게 닥친 **유일한** 해가 아니다. 또 다른 해는 내 자식이 실제로 요절하는 것이다. 또한 설령 내가 자식이 요절하리라는 것을 몰랐더라도, 내 자식이 죽기 **전**에 나는 해를 입고 있었던 것이다. 그 해는 내 자식이 죽으리라는 것이다. 이것은 내가 알든 모르든 상관없이 나에게 해다.

"이처럼 한 사건이 드리우는 해의 그늘은 개인의 죽음이라는 간극마저 건너 과거로 뻗어서 그의 죽음 전 삶을 어둡게 할 수 있다." (죽음 후 서술에서) 나는 죽은 뒤에 아들의 죽음을 고통스럽게 겪지 않겠지만, (죽음 전 서술에서) 나는 아들의 죽음을 이해하고 고통스럽게 겪는다. 다시 말해 내가 죽은 뒤에 비로소 고통을 겪고 죽음 전의 내가 시간을 거슬러 해를 입는 것이 아니다. 오히려 죽음 전의 개인이 자신이 죽은 뒤에 일어나는 사건에 의해 해를 입는 것은 "죽음 전에 그가 해를 입었다는 명제를 그 사건의 발생이 참으로 만들기 때문이다. 불행한 사건이 다가오고 있었다는 점에서, 죽음 전의 그는 해를 입은 것이다."[12]

요약 살아있는 동안에 죽음에 대한 앎이 우리에게 해를 끼쳤기 때문에, 우리는 죽음에 의해 해를 입는다.

스티븐 루퍼 :
소멸은 끔찍한 불행이다

스티븐 루퍼Steven Luper는 텍사스 주 샌안토니오 소재 트리니티 대학의 철학 교수다. 1982년에 하버드 대학에서 박사학위를 받았다. 에세이 〈소멸Annihilation〉에서 그는 죽음은 끔찍한 사건이며 죽음에 대한 에피쿠로스의 무관심은 심각한 오류라고 주장한다.[13]

루퍼는 죽음보다 더 나쁜 운명들이 있을 수도 있겠지만 그래도 죽음은 끔찍한 운명이라는 지적으로 운을 뗀다. 영원한 고문이나 지루함보다 죽음을 더 선호할 수도 있을 것이다. 그러나 원하는 만큼 오래 살게 해주겠다는 제안을 거절할 사람은 거의 없을 것이다. 에피쿠로스의 논증은 엉뚱하다. 정말로 우리는 죽음이 우리에게 아무것도 아니라고 믿을 수 있을까? 루퍼는 그럴 수 없다고 생각한다.

죽음이 우리에게 불행인 일차적인 이유는 죽음이 우리의 욕망들을 좌절시킨다는 점에 있다. 우리에게 충족시키고 싶은 욕망이 있을 경우, 죽음은 그 충족을 막을 수도 있다. 우리가 삶을 즐긴다면, 죽음은 우리가 계속해서 삶을 즐기는 것을 막는다. 우리에게 희망과 열망이 있다면, 그것들은 우리의 죽음에 의해 좌절될 것이다. 우리에게 살 이유가 있다면, 죽음을 원하지 않을 이유도 있다. 결론적으로 죽음은 심각한 불행이다.

더 나아가 우리는 죽어감을 걱정해야 한다. 이 불행에 무관심하려면 냉정하고 무감해야 한다. 대체 어떤 사람이 자신의 욕망, 죽음, 자식에 무관심하겠는가? 우리를 삶에 매어놓는 근심, 걱정, 관계를 벗어나면, 우리의 삶은 더 빈곤해지지 않을까? 우리가 죽음을 관용하는 만큼, 우리는 삶을 포기하는 것이다. 삶을 살 가치가 없다고 생각하는 것보다는 죽어감이 나쁘다고 생각하는 편이 더 낫다.

하지만 우리가 죽어야 한다면, 우리는 죽음의 충격을 어느 정도 완화할 수 있다. 우리는 열정적으로 살고 생전에 성취할 수 있는 현실적 목표들을 설정할 수 있다. 그렇게 살면서 목표들을 성취하면, 죽어감이 덜 나쁠 것이다. 하지만 그럼에도 만일 우리가 더 많은 시간을 허락받았더라도 더 많은 것을 성취할 수는 없었을 것이라고 솔직하게 말할 수 없다면, 죽음은 큰 불행일 것이다.

요약 죽음은 우리의 욕망들을 좌절시키므로 불행이다.

데이비드 베네타 :
아예 태어나지 않는 편이 더 나은 이유

데이비드 베네타David Benatar는 남아프리카 공화국 케이프타운 소재 케이프타운 대학의 철학 교수 겸 철학과 학과장이다. 출생에 반대하는 반출생주의antinatalism 옹호자로 가장 유명한 그는 논문 〈아예 태어나지 않는 편이 더 나은 이유〉에서 그는 출생이 항상 해롭다는 견해를 편다.

통념에 따르면, 미래 사람들의 삶이 전반적으로 좋을 것이라면 그들을 낳는 것은 그릇된 행동이 아니다. 이 생각은 태어남이 일반적으로 혜택이라는 것을 전제한다. 반면에 베네타는 "태어남은 혜택이 아니라 항상 해악"[14]이라고 주장한다. 대다수 사람들은 삶의 혜택이 해악보다 더 크기만 하다면 사는 것이 이득이라고 주장하는 반면, 베네타는 이 주장을 배척하면서 다음과 같이 주장한다. 1) 고통은 나쁘다. 2) 쾌락은 좋다. 그런데 3) 고통의 부재는 사람들이 존재하든 말든 항상 좋다. 반면에 4) 쾌락의 부재는 쾌락을 못 누리는 사람들이 존재할 때만 나쁘다.

3)과 4)의 비대칭성을 옹호하기 위해서 베네타는 **세 가지 논증**을 제시한다. 첫째 논증은 이러하다. 1) 고통받을 사람들을 세상에 태어나지 않게 할 의무는 존재한다(이 사실은 3)을 뒷받침한다). 반면에 행복할 사람들을 태어나게 할 의무는 존재하지 않는다(이 사실은 4)를 뒷받침한다). 바꿔 말해서 고통의 부재는 그 부재를 즐기는 사람이 있든 말든 항상 좋다. 반면에 행복의 부재는 행복을 못 누리는 사람들이 있을 때만 나쁘다.

베네타의 둘째 논증에 따르면, 자식이 혜택을 누릴 것이기 때문에 자식을 낳는다는 말은 이상하다고 여겨지는 반면, 자식이 해를 입을 것이기 때문에 자식을 낳지 말아야 한다는 말은 정상적이라고 여겨진다. 우리는 자식들에게 혜택을 주기 위해서 최대한 많은 자식을 낳아야 한다는 생각은 하지 않는 반면, 자식들에게 고통을 안겨줄 것이라면 자식 낳기를 억제해야 한다는 생각은 한다.

3)과 4)의 비대칭성을 옹호하는 베네타의 셋째 논증은, 자식 없음은 삶에 좋을 수도 있고 나쁠 수도 있는 반면, 태어나지 않았음은 태어나지 않은 사람에게서 아무것도 앗아갈 수 없다는 것이다.

이 근본적 비대칭성 — 고통은 본래적으로 해악인 반면, 쾌락의 부재는 그렇지 않다는 것 — 에 기초하여 베네타는 허무주의적 결론들에 도달한다. 그 비대칭성을 달리 표현하면, 고통의 부재가 존재보다 더 나은 정도가, 쾌락의 존재가 부재보다 더 나은 정도보다 더 크다는 것이다. 이는 고통의 경우에는 비존재가 존재보다 훨씬 더 낫고, 쾌락의 경우에는 비존재가 존재보다 약간 더 나쁘다는 것을 의미한다. 바꿔 말해, 고통의 부재와 쾌락의 존재는 둘 다 좋지만, 고통의 존재는 쾌락의 부재보다 훨씬 더 나쁘다는 뜻이다(이 대목에서 나의 사고실험이 도움이 될 성싶다. 당신이 태어나기 전에 신들이 당신을 창조할지를 결정하기 위해 토론을 벌였다고 가정해보자. 신들이 당신을 창조하기로 결정할 경우, 만일 당신이 나쁜 삶을 산다면 당신은 많은 고통을 당할 것이다. 반대로 만일 당신이 좋은 삶을 산다면, 당신은 많은 이득을 얻을 것이다. 반면에 신들이 당신을 창조하지 않기로 결정할 경우, 당신은 나쁜 삶을 피함으로써 큰 이득을 얻거나, 아예 존재하지 않음으로써 — 당신이 무엇을 박탈당했는지 모를 터이므로 — 고통을 전혀 당하지 않거나 당하더라도 **경미하게만** 당할 것이다).

논증을 더 강화하기 위하여 베네타는 대다수 사람들은 자신이 당할 고통을 과소평가한다고 지적한다. 만일 자신의 삶이 대다수의 삶보다 더 잘 풀리고 있다면, 사람들은 자신을 행운아로 여긴다. 그러나 죽음을 생각해보라. 죽음은 어느 나이에 맞더라도 비극이며 90세에나 받아들일 만하게 느껴지는 것도 단지 우리의 기대수명 때문이다. 하지만 죽음을 한탄하는 것은 베네타의 반출생주의와 상충하지 않을까? 베네타는 그렇지 않다고 생각한다. 비존재는 출생 가능한 사람에게 해를 끼치지 않는 반면, 죽음은 출생한 사람들에게 닥칠 또 다른 해악이라는 것이다. 따라서 당신의 존재가 비존재보다 더 나은지 여부는 명약관화하다고 할 수 있다. 베네타는 **현재** 당신이 태어난 것을 기뻐한다고 주장하는 것이 오류가 아닐 수도 있음을 인정한다. 그러나 태어난 것이 더 낫다는 당신의 판단은 여전히 오류일 수 있다. 지금 당신은 태어난 것을 기뻐할지도 모르지만, 나중에 심한 고통을 당하면서 생각을 바꿀 수도 있다(나를 기다려온 운명을 마주한 후, 나는 내가 태어나지 않았기를 바랄 수도 있을 것이다).

그리하여 어떤 결론이 나올까? 우리가 자식을 낳지 말아야 한다는 결론? 아무도 자식을 낳지 말아야 한다는 결론? 베네타의 주장에 따르면, 이 질문들에 '그렇다'라고 대답하는 것은 기본적인 번식 욕구에 반하는 행동이다. 하지만 우리는 그런 욕구들이 우리의 분석을 왜곡하는 것도 신중하게 막아야 한다. 자식을 낳으면, 부모가 된 사람들의 많은 욕구가 충족된다. 그러나 이것은 자식 낳기가 자식들에게 이익이 됨을 의미하지 않는다. 오히려 자식 낳기는 자식들에게 큰 해가 된다. 존재의 혜택이 그 해를 능가할 수도 있으므로, 자식들에게 큰 해가 되는 것은 아니라고 응수할 수도 있을 것이다. 또한 어쨌거나 미래의 사람들에게 그들이 태어나기를 원하느냐고 물을 수는 없지 않으냐고 항변할 수도 있을 것이다. 우리가 삶을 즐기므로, 미래의 사람들도 삶을 즐길 것이라고 전제하고 우리는 출산 욕구를 만족시키는 행위를 정당화한다. 대다수 사람들은 자신의 존재를 후회하지 않으며, 후회하는 사람들이 일부 있더라도, 우리가 그들의 후회를 예견할 수는 없다고 우리는 말한다.

하지만 삶이 얼마나 좋은가와 관련해서 우리가 자기기만을 하고 있는 것은 아닐까? 우리 대다수는 만일 우리가 특정한 상황들에 처한다면 삶을 견딜 수 없으리라고 생각한다. 그러나 그런 상황에 처하면 우리는 흔히 적응한다. 지금 우리는 상대적으로 견딜 만한 삶에 적응한 상태가 아닐까? 우리 인간 종의 안타까운 처지를 연민의 눈으로 바라보는 더 우월한 종이 있을 수도 있다고 베네타는 말한다. 우리가 자신을 속이는 이유는 진화에 의해 그런 식으로 생각하도록 프로그래밍되었기 때문이다. 그런 자기기만은 생존에 이롭다. 베네타는 삶의 혜택에 관한 통상적인 주장들을 회의적으로 본다. 이는 노예 신분을 더 선호한다는 노예의 신중한 판단을 회의적으로 보는 것과 마찬가지다.

베네타는 다음과 같은 결론을 내린다. "내 견해의 함의 하나는 우리 종에게는 멸종이 더 선호할 만하다는 것이다."[15] 사람들이 자식 낳기를 중단하여 미래에 아무도 고통당하지 않게 한다면, 그것은 영웅적인 행동이라고 베네타는 주장한다. 인류의 멸종을 허용하는 것은 비극적이라고 당신은 생각할지도 모르지만, 미래 사람들의 이익을 따짐으로써 그 생각을 정당화하기는 어렵다.

요약 출생은 항상 해악이므로, 아예 태어나지 않는 편이 더 낫다.

존 레슬리 :
우리는 삶의 소멸을 방치하지 말아야 한다

존 레슬리John Leslie(1940-)는 현재 캐나다 온타리오 주 구엘프 대학의 명예교수다. 에세이 〈생명이 꺼지는 것을 방치하지 말아야 하는 이유〉에서 그는 소멸이 최선이라는 견해를 받아들이지 말아야 한다고 주장한다.

어떤 사람들은 인류의 멸종은 슬프거나 가여운 일이 아니라고 주장한다. 왜냐하면 1) 슬퍼할 사람이 남아있지 않을 터이기 때문이다. 또는 2) 삶이 워낙 나빠서 소멸을 더 선호할 만하기 때문이다. 이 주장은 실천적인 함의를 가진다고 레슬리는 주장한다. 권력을 가진 누군가가 삶이 가치가 없다고 판단하여 핵무기 작동 버튼을 누를(또는 다른 멸종 시나리오를 실현할) 수도 있으리라는 것이다. 다행히 대다수의 사람들은 그런 식으로 판단하지 않지만, 만일 많은 사람들이 그런 식으로 판단한다면, 그들을 설득하여 생각을 고쳐먹게 할 철학적 논증들이 부족하다. 게다가 철학자들은 흔히 최악의 상태에 처한 사람들의 삶을 개선해야 한다고 주장한다. 그런데 아주 많은 사람들이 비참한 삶을 이어가고 있으므로, 한 가지 해결책은 대량 학살이라는 생각이 쉽게 들 만하다.

그럼 인류 전체의 멸종은 어떨까? 일부 철학자들의 주장에 따르면, 우리는 인류의 멸종을 막을 의무가 없다. 설령 삶이 좋은 것이라 하더라도, 우리는 삶을 널리 퍼뜨릴 의무가 없다. 누군가가 곧 생명을 잃는다 하더라도, 그 생명을 구하는 것은 우리의 의무가 아니다. 이런 생각의 배후에 있는 원리는, 타인을 해치지 말아야 한다는 것은 맞지만 타인을 도울 의무는 없다는 것이다. 다른 원리들에서도 유사한 결론이 나올 수 있다. 공리주의자라면, 현재 충분히 불행하거나 미래에 그렇게 될 삶은 소멸해야 한다고 주장할 수도 있을 것이다. 다른 철학자들은 미래의 사람들이 아무리 행복할 것이라 하더라도 우리는 그들을 낳을 의무가 없다고 주장한다. 이유는 간단하다. 미래의 사람들은 아직 존재하지 않으므로 아무것도 박탈당할 수 없다는 것이다. 레슬리는, 어떤 상황을 산출할 것인지에 대한 결정은 그 상황이 어떠할지를, 즉 그 상황의 귀결들을 고려하면서 내려야 한다고 받아친다. 특정한 미래를 산출할 것인지 결정하는 경우라면, 관건은 그 미래가 좋을 것이냐 하는 문제다.

이어서 레슬리는 양보하는 태도로 몇 가지를 인정한다. 첫째, 최악의 삶들을 개선하기를 원하는 것은 도덕적으로 좋다. 그러나 인류 전체의 파괴를 포함하는 개선을 원하는 것은 그렇지 않다. 둘째, 현실적인 사람들은 가능적인 사람들을 위해 모든 것을 희생할 의무가 없다. 이는 당신의 가족이 굶는 상황에서 당신이 타인에게 식량을 제공할 의무가 없는 것과 마찬가지다. 셋째, 인구 과잉을 감안하면 우리는 자식을 낳을 의무가 없다.

그리고 윤리학은 불명확하기 때문에, 미래 세대를 위한 의무들이 우리에게 있는지 확실히 알 수 없다. 그러나 우주는 그 속의 해악에도 불구하고 가치를 지녔으므로, 레슬리는 "우주의 존재에 대한 윤리적 요구"[16]가 존재할 가능성이 있다고 추측한다. 바꿔 말해 한 사물이 내재적 가치를 지녔다면 그것의 본성은 그것의 존재를 윤리적으로 필요하게 만든다. 하지만 어떻게 사물의 본성에 대한 서술이 그것이 존재해야 한다는 처방으로 이어질 수 있을까? 레슬리에 따르면, 우리는 한 사물의 본성에 대한 서술로부터 그 사물이 존재해야 한다는 결론을 도출할 수 없다. 어쩌면 삶이 아예 존재하지 않는 편이 더 **나을 것**이다. 반대로 삶은 본래 좋다는 것에 우리가 동의한다면, 삶을 영속시키는 것이 우리의 의무일까? 레슬리는 그렇지 않다고 말한다. 한 사물의 본래적 좋음은 그것의 존재가 **어느 정도** 의무적이라는 것만 함축한다. 왜냐하면 다른 윤리적 고려사항들이 그것의 존재라는 의무를 압도할 수도 있기 때문이다. 예컨대 도덕적인 개인은 아주 많은 고통을 동반한 세계를 유지하는 것보다 삶이 종결되는 것이 더 낫다고 생각할 수도 있다. 결론적으로 양쪽 결론 중 어느 쪽을 향하든지, 완벽한 논증을 제시할 수는 없다. 생명이 없는 편이 더 낫다고 주장하는 유능한 철학자들의 기반은 그 반대의 주장을 내놓는 사람들의 기반과 동등할 개연성이 높다. "하지만 그런 철학자들에게 동조하기 전에 멈춰서 숙고하라."[17]고 레슬리는 덧붙인다.

결국 우리는 인류의 멸종을 방치하지 말아야 한다는 것을 확실하게 보여줄 수 없다. 왜냐하면 우리는 어떤 것이 있다는 말로부터 어떤 것이 있어야 한다는 말을 절대로 끌어낼 수 없기 때문이다. 게다가 행복의 극대화가 적절한 도덕적 목표인지도 불분명하다. 어쩌면 우리는 비참함을 막기 위해서 ― 삶의 소멸을 허용하는 것도 마다하지 않고 ― 노력해야 할 것이다. 일반적으로 철학자들은 이런 입장을 옹호하기를 꺼린다. 그러나 그들의 거리낌은 그들이 일부 사람들의 행복을 위해 다른 사람들의 고통을 기꺼이 관용한다는 점을 시사한다.

요약 삶의 소멸을 허용해야 한다는 강력한 논증들이 있지만, 레슬리의 주장에 따르면, 삶은 본래 좋기 때문에 우리는 일반적으로 그 논증들을 배척한다.

제임스 렌먼 : 불멸은 유쾌하지 않을 것이다

제임스 렌먼James Lenman은 잉글랜드 셰필드 대학의 철학과 교수다. 옥스퍼드 대학에서 학부를 졸업하고 스코틀랜드 세인트앤드루스 대학에서 박사학위를 받았다.

렌먼의 논문 〈불멸: 한 통의 편지〉(1995)는 허구의 철학자가 허구의 생물학자 친구에게 보내는 편지 형식이며, 불멸을 선사하는 약을 먹지 말라고 설득하기 위한 논증들이 그 내용이다. 철학자는 만일 일부 사람들만 그 약을 먹는다면, 그 약을 먹지 않는 사람들은 나중에 후회할 것이라고 우려한다. 다른 한편, 모든 사람들이 그 약을 먹는다면, 사람들이 자식을 낳기를 그치지 않는 한, 인구 과잉이 일어날 것이다. 그런데 사람들은 자식을 낳고 싶어 하므로, 자식 낳기를 그치면 불행이 증가할 것이다.

가장 중요한 문제는 불멸이 우리를 다른 유형의 존재로 바꿔놓음으로써 우리의 인간성을 잠식하리라는 점이다. 인간이 되기 위해 불멸을 포기한 천사가 인간으로 바뀌듯이, 불멸을 받아들이는 인간은 인간성을 포기하게 될 것이다. 불멸을 선사받는 것은 다른 유형의 존재가 되는 것이다. 게다가 불멸의 삶은 지루할 가능성이 있다. 마지막으로 삶의 가치의 큰 부분은 삶의 연약함에서 나오는데, 불멸은 삶의 연약함을 잠식할 것이다. 렌먼의 편지는 이렇게 마무리된다.

당신의 발견이 지닌 문제는 … 엄밀히 말해서 그것이 이제껏 발전해 온 **인간적인** 좋음이 아니라는 점이다. 왜냐하면 우리가 불멸을 얻으면 우리를 **인간**으로 만드는 아주 많은 것들이 과거의 유물이 될 것이기 때문이다. **인간적인** 좋음은 우리가 충분히 이해할 수 있는, 또는 본래적으로 원할 가치가 있다고 일관되게 볼 수 있는 유일한 유형의 좋음이다. 본래적으로 **누구나** 원할 가치가 있는 것은 없다. 우리가 원할 가치가 있는 것은 **우리의** 좋음일 수밖에 없다 유일무이한 좋음 따위는 없다. 우리의 적절한 관심사는 오히려 **인간**에게 좋음이다.[18]

요약 우리가 불멸하게 되면 얻는 가치보다 잃는 가치가 더 많을 것이다.

닉 보스트롬 :
용 - 폭군의 우화

닉 보스트롬Nick Bostrom(1973-)은 2000년
에 런던정경대학에서 박사학위를 받았다. 그는 세계초인간주의협회
World Transhumanist Association(현재 명칭은 '휴머니티 플러스humanity+')와
윤리학 및 신흥기술 연구소 Institute for Ethics and Emerging Technologies의
공동 창립자다. 2005년까지 예일 대학에서 가르치다가 옥스퍼드 대
학에 신설된 인류미래연구소Future of Humanity Institute의 소장으로 임
명되었다. 현재 그는 철학과와 옥스퍼드 마틴 스쿨Oxford Martin School
의 교수, 인류미래연구소장, 미래기술의 충격 연구 프로그램의 책임
자로 옥스퍼드 대학에서 일한다.

보스트롬의 글 〈용-폭군의 우화〉는 용(죽음)에 의해 황폐화된 행성
에 관한 이야기를 들려준다. 용은 매일 수천 명의 목숨을 공물로 바칠
것을 요구한다. 성직자들의 저주로도, 전사들의 무기로도, 화학자들
의 조제약으로도 용을 물리칠 수 없다. 비교적 늙은 사람들이 공물로
선택된다. 그들은 젊은이보다 더 지혜로운 경우가 많지만 적어도 젊
은이보다 더 오래 살았기 때문이다. 보스트롬은 그 행성의 상황을 이
렇게 서술한다.

성직자들은 사후의 또 다른 삶, 용의 괴롭힘이 없는 삶을 약속함으
로써 용에게 잡아먹히는 것을 두려워하는 사람들을 위로하려 애썼다
(많은 사람들은 공개석상에서는 두려움을 부인했지만, 거의 모두가 두려
워했다). 다른 연설가들은 용이 자연 질서 속에서 고유한 자리와 먹이

를 얻을 도덕적 권리를 가졌다고 주장했다. 용의 뱃속에서 종말을 맞는 것은 인간으로 산다는 것이 의미하는 바의 한 부분이라고 그들은 말했다. 심지어 용은 인구를 소수로 유지하기 때문에 인간 종에게 좋다고 주장하는 사람들도 있었다. 이 주장들이 근심에 찬 영혼들에게 얼마나 설득력을 발휘했는지는 알려져 있지 않다. 대다수 사람들은 다가오는 참혹한 종말에 대해서 생각하지 않는 방식으로 대응하려 했다.[19]

용이 끊임없이 공물을 먹어치우는 동안, 대다수 사람들은 싸우지 않고 불가피한 운명을 받아들였다. 용에게 잡아먹히는 과정을 연구하고 지연시키는 작업이 어엿한 산업으로 성장했고, 사회의 부의 큰 부분이 그 산업에 쓰였다. 기술이 발전함에 따라, 일부 사람들은 언젠가는 비행 기계를 제작하고 원거리 무선 통신을 하고 심지어 용을 죽일 수 있을 것이라고 주장했다. 대다수는 이 주장을 무시했다.

마침내 한 무리의 반항적인 과학자들이 용의 비늘을 관통할 수 있는 발사체를 제작할 수 있음을 알아냈다. 하지만 그 무기를 제작하려면 엄청난 자금이 필요해서 왕의 지원을 받아야 할 터였다(안타깝게도 왕은 호랑이들을 상대로 전쟁을 벌이느라 바빴다. 그 전쟁의 비용은 엄청나고 소득은 거의 없었다). 그리하여 과학자들은 대중에게 자신들의 제안을 설명하는 교육 활동에 나섰고, 사람들은 용을 죽인다는 전망에 흥분했다. 이에 반응하여 왕은 가능한 선택지들에 대해서 토론하는 회의를 소집했다.

첫째 발언자로 나선 한 과학자는 약 20년 안에 연구의 성과로 용을 죽이는 문제의 해법이 나올 것이라고 신중하게 설명했다. 그러나 왕의 윤리자문관들은 당신이 용에게 먹히지 않을 권리가 있다고 생각하는 것은 주제넘은 행동이라고 말했다. 또한 유한성은 축복이며, 유한성을 제거하면 인간 존엄이 없어지고 삶이 타락할 것이라고 덧붙였다. 용이 사람들을 잡아먹는 것은 자연의 결정이며, 사람들은 잡아먹혀야 한다고 그들은 말했다. 다음으로 나선 지혜로운 성직자는 사람들에게 용을 두려워하지 말라고 말했지만, 한 소년이 할머니의 죽음을 애도하며 목놓아 울자, 대다수 사람들이 용에 대항하는 입장으로 기울었다.

그러나 연구가 완성되기 전에 수백만 명이 죽으리라는 것을 알게 되자 사람들은 미친듯이 용-퇴치 연구를 위한 자금을 기부했고, 왕이 그 자금을 모았다. 이것이 용을 죽이기 위한 기술적 질주의 시작이었다. 비록 그 과정은 고통스러울 만큼 느렸고 수많은 불상사로 점철되었지만 말이다. 마침내 12년의 연구 끝에 왕은 용 살해용 미사일을 성공적으로 발사했다. 사람들은 행복해했지만, 왕은 그 연구를 더 일찍 시작하지 못한 것 때문에 우울했다. 수백만 명이 헛되이 죽었기 때문이었다. 문명의 미래와 관련해서 왕은 이렇게 선포했다. "오늘 우리는 다시 아이와 같아졌다. 미래는 우리 앞에 열려 있다. 우리는 미래로 나아갈 것이며 과거보다 더 잘하려고 노력할 것이다. 이제 때가 되었다. 세상을 바르게 하고 우리가 성장하고 우리의 실수에서 교훈을 얻을 때가, 더 나은 세상을 천천히 건설할 때가 되었다."[20]

요약 우리는 기술을 통해 죽음의 폭정을 극복하려 애써야 한다.

마이클리스 마이클, 피터 콜드웰 : 낙관론이 합리적이다

마이클리스 마이클Michaelis Michael은 오스트 레일리아 시드니 소재 뉴사우스웨일스 대학의 부교수, 피터 콜드웰 Peter Caldwell은 시드니 소재 공과대학의 강사다. 이들이 함께 쓴, 통찰로 가득 찬 글 〈낙관론의 위안〉(2004)은 삶의 의미와 관련해서 낙관론을 채택하는 것을 옹호한다.

낙관론자와 비관론자는 사실들에 대해서는 견해가 일치할지 몰라도 사실들을 대하는 태도에서는 서로 어긋난다. "우리의 주장을 이렇게 깔끔하게 요약할 수 있다. 낙관론은 이론적 입장이 아니라 태도다. 더 나아가 우리가 낙관론자가 되어야 할 이유들이 있다."[21] 낙관론을 선호하는 이유들은 세계가 어떠한지와 무관하다. 낙관론은 현실에 대한 더 나은 서술이 아니다. 오히려 사리에 맞는 낙관론은 우리 자신과 주변 사람들에게 최선이다. 사리에 맞는 낙관론을 더 잘 설명하기 위해 저자들은 스토아철학으로 눈을 돌린다.

스토아주의적 현자의 행복: 스토아주의자는 흔히 감정도 없고 이해에 무심하며 그저 자신의 운명을 견디면서 삶이 나쁘다는 것을 받아들이는 개인으로 묘사된다. 그런 개인의 모습은 흥미롭지 못하다. 삶의 열악함을 단념하며 수용하는 것은 냉소적이고 비관적이지만, 마이클과 콜드웰은 스토아주의를 그렇게 해석하지 않는다. 그들에 따르면, 스토아주의는 우리가 바꿀 수 없는 것에 맞서 싸우기보다 그것을 끌어안으라고, 또한 그 과정에서 현실을 끌어안으라고 조언한다. 따라서 스토아주의는 냉소적이지 않고 현실적이다.

스토아주의자가 보기에 감정은 믿음에서 나온다. 예컨대 죽음이 나쁘다고 믿으면, 두려움이나 공포의 감정이 뒤따를 수 있다. 이 경우에 스토아주의자는 일반적으로 죽음이 나쁘다는 믿음이 정당하지 않으므로 부정적 감정들이 뒤따르지 **말아야 한다**고 주장한다. 다음으로 유쾌함을 생각해보자. 유쾌하고 행복할 이유들이 존재한다. 예컨대 유쾌하면 불행할 때보다 기분이 더 좋다. 이것은 유쾌한 낙관론을 채택할 이유이기도 하다. 그러나 우리가 이 낙관적 태도를 채택할 수 있을까? 이 태도는 심리학적으로 실현 가능할까? 마이클과 콜드웰은 낙관론의 채택이 실현 가능할뿐더러 합당하다고 생각한다. 비관론자는 낙관론이 거의 위로를 주지 못한다고 반발할지도 모르지만, 낙관론은 삶을 더 행복하게 만드는 데 도움이 되며, 이것이 낙관론을 채택해야 할 한 이유다. 낙관론은 작은 위로에 머물지 않는다.

그러나 낙관론은 현실이 어떠한가에 관한 믿음들의 집합이 아니다. 오히려 낙관론은 현실에 대한 한 반응이다. 스토아주의적 태도는 불쾌한 것들에 무관심하거나 마음을 쓰지 않음을 뜻하지 않는다. 다만, 스토아주의자는 자신의 마음 씀에 한탄을 덧붙이지 않을 뿐이다. 스토아주의자는 현실을 부정하지 않으므로 아픔과 고통이 존재함을 부정하지 않지만, 그런 악들을 분개하지 않고 수용한다. 스토아주의자는 판단을 흐리는 비합리적이고 강렬한 감정으로 상황에 대응하는 것을 배척하면서 낙관론과 평정을 유지하라고 조언한다. "이런 식으로 평정을 잃지 않고 아픔을 경험하는 것은 스토아주의적 낙관론의 열쇠다." [22] 낙관론은 행복을 가져오고 따라서 합당하다.

믿음의 합리성: 믿음은 사물이 어떠한지를 표현한다. 믿음이 이 역할을 제대로 하지 못한다는 것을 우리가 발견하면, 우리는 그 믿음을

버려야 마땅하다. 반대로 믿음이 실제로 세계를 잘 표현한다면, 우리는 그 믿음을 유지해야 마땅하다. 세계에 관한 믿음을 가지는 것에 더해서 우리는 세계와 관련한 이런저런 것들을 욕망하거나 예상하거나 희망하거나 두려워하거나 바랄 수도 있을 것이다. 세계에 관해서 무언가를 예상한다는 것은 그것이 일어날 거라고 믿는다는 뜻이다. 반면에 우리가 무언가를 희망하거나 욕망하거나 바라거나 두려워한다면, 우리는 그것이 일어날 거라고 믿지 않을 수도 있다. 이 모든 경우에 믿음은 합리적으로 고려할 만한 가능성들과 관련이 있다. 그럼 무엇이 믿음을 합리적이게 만들까? 이 대목에서 우리는 강하게 합리적인 믿음 — 그 증거를 거의 반박할 수 없는 믿음 — 과 약하게 합리적인 믿음 — 확실하지 않지만 우리가 세계 안에서 행동하는 데 필수적인 것들에 대한 믿음(이 믿음은 실용적 필연이다) — 을 구분할 수 있다. 따라서 한 믿음 체계에 대한 검증은 그 체계가 실용적인지 여부에 대한 검증일 수도 있다.

낙관론과 비관론: 거듭 말하지만, 낙관론자와 비관론자는 세계가 어떠한지에 대해서 의견이 어긋날 수도 있지만 일치할 수도 있다. 하지만 그들은 서로 다른 태도로 세계를 대한다. 낙관론은 하나의 태도이므로 어떤 믿음들의 집합도 전제하지 않고 따라서 비합리적이라는 이유로 위태로워질 수 없다. 믿음은 비합리적이라는 이유로 위태로워질 수 있지만 말이다. 비관론은 현실에서 이런저런 것들을 요구하는 태도이며, 현실에 대한 분개는 비관론자가 바라는 바와 어긋난다. 일반적으로 낙관론자는 세계의 한계들을 더 잘 받아들인다. 물론 불운이 닥치면 낙관론자도 낙관론을 잃을 수 있지만, 우리 모두는 낙관론자일 때 더 행복하고 비관론자일 때 덜 행복하다. 이것이 낙관론의 합리

적 기반이다.

그러나 낙관론은 바람이 섞인 생각이 아니다. 바람이 섞인 생각은 거짓 명제들에 대한 믿음을 포함하는 반면, 낙관론은 하나의 태도이며, 그 태도가 반드시 틀린 믿음들을 포함하는 것은 아니다. 더 나아가 낙관론은 긍정적인 결과들을 낳는다. 이를 보여주는 예로 흄이 임박한 자신의 죽음에 대해서 보인 태도를 들 수 있다. 치명적인 병에 걸렸다는 진단을 받은 흄은 자신이 처한 상황을 곱씹기 시작한다. "나는 늘 사물의 나쁜 면보다 좋은 면을 보는 편이었다. 이런 정신적 성향을 소유한 사람은 연간 1만 파운드의 소작료를 받는 농장주의 자식으로 태어난 사람보다 더 행복하다 … 지금의 나보다 더 많이 삶으로부터 초연하기는 어렵다."[23] 많은 이들은 죽음을 두려워하거나 다양한 방식으로 평정을 깨뜨리면서 죽음에 반응하지만 "흄의 고요하고 낙관적인 단념은 합당함의 횃불처럼 우뚝 서서 본받을 것을 촉구한다."[24] 낙관론은 인간의 처지에 대한 합당하고 이로운 반응이다.

요약 우리는 삶이 유의미한지 여부를 모른다. 일단 낙관론을 채택하는 편이 더 낫다. 특히 죽음과 마주할 때 그러하다.

결론 :
죽음은 궁극의 해악이다

이반 일리치의 이야기는 죽음과 삶의 의미 사이에 뗄 수 없는 연관성이 있음을 보여준다. 양자가 정확히 어떻게 연결되어 있는지는 불명확하지만, 확실히 삶의 의미는 죽음이 의식의 종말인지 여부에 크게 좌우된다. 불멸에 대한 믿음은 사람들 사이에 널리 퍼져 있지만, 그 믿음을 합리적으로 변론하기는 극도로 어렵다.

만일 죽음이 개인의 삶의 종말이라면, 죽음은 좋은가, 나쁜가, 혹은 중립적인가라는 질문이 자연스럽게 제기된다. 에피쿠로스의 논증에 따르면, 죽어있음은 당사자에게 나쁠 수 없고, 따라서 죽음에 대한 두려움은 부적절하다. 박탈론자들은 우리가 경험하지 못하는 것들도 우리에게 해를 끼칠 수 있다고 주장한다. 그러나 존재하지 않는 사람도 해를 입을 수 있다는 그들의 주장은 이해하기 어렵다. 설령 박탈론자들의 견해가 옳다고 하더라도, 그들의 견해는 우리가 출생 전에 존재하지 않았음을 아쉬워해야 한다는 반직관적 결론을 함축한다. 이에 대응하여 박탈론자들은, 우리 대다수가 과거보다 미래를 더 많이 염려한다는 점을 지적함으로써 미래와 과거가 비대칭적이라고 설명한다. 배리는 죽음은 우리에게 아마도 나쁠 것이며 허무주의는 한 가지 현실적인 가능성이라고 말한다. 그럼에도 그는 우리가 삶과 죽음을 숙고함으로써 삶에 주관적 의미를 부여한다고 결론짓는다.

로젠바움은 죽어있음이 죽은 개인에게 나쁠 수 없으며 — 에피쿠로스의 논증이 건전하며 — 죽음에 대한 두려움은 설명할 수는 있어도 근거가 없다고 주장한다. 핸플링은 죽음이 삶에 그늘을 드리운다는 것을 인정하면서도 에피쿠로스의 견해가 두려움을 완화하는 효과가 있다고 보는 중도적 입장을 취한다. 결국 우리는 삶의 의미와 관련하여 죽음이 하는 역할을 알지 못할 뿐이다. 피처는 죽은 사람도 부당한 대우를 받고 해를 입을 수 있다는 주장을 옹호한다. 단, 여기에서 해는 죽음 후 개인이 아니라 죽음 전 개인에게 미치는 해를 말한다. 그러나 피처의 논증이 에피쿠로스의 논증을 무너뜨리는지는 불분명하다. 에피쿠로스의 논증은 죽음 후 개인에 관한 것이니까 말이다. 루퍼는 더 오래 살게 해주겠다는 제안을 뿌리칠 사람은 거의 없다는 사실과 대다수는 자신이 더 오래 살면 더 많은 것을 성취할 수 있으리라고 믿는다는 사실을 근거로 삼아 죽음은 나쁘다는 견해를 옹호한다. 이 간단한 사실들은 거의 모든 사람이 죽음은 더없는 재앙이라고 생각하며 에피쿠로스의 논증은 제한된 가치만 가짐을 명확히 보여준다.

베네타는 어떤 비대칭성에 의지하여, 아예 태어나지 않는 편이 더 나으며 인류가 멸종하는 것은 좋은 일이라고 주장한다. 이 주장은 철학적으로 섬세하고 미묘하지만, 베네타가 자신의 주장을 믿는다고 믿기 어렵다. 정말로 우리가 좋은 삶의 가능성보다 영원한 무無를 더 선호할 수 있을까? 생존을 더 선호한다면, 나는 삶이 죽음보다 더 나음을 암묵적으로 인정하는 것이 아닐까? 당신을 낳음으로써 당신에게 해를 끼친 부모에게 당신의 저서를 헌정한다면, 당신의 행동은 영 사리에 맞지 않을 것이다. 그러나 많은 저자들이 부모에게 책을 헌정하지 않는가. 그럼에도 베네타의 논증들은 충분한 설득력을 갖추고 있기 때문에, 레슬리는 베네타의 주장을 완벽하게 반박하는 논증을 발견할 수 없다. 물론 레슬리는 인류의 멸종을 가져올 철학적 처방을 받아들이지 말라고 경고한다. 베네타의 주장들이 지닌 설득력에도 불구하고, 확실히 우리는 여기에서 신중하게 발걸음을 내디뎌야 한다.

이런 논의들은 또 하나의 질문으로 이어진다. 우리 대다수가 믿는 대로 삶에 어떤 가치가 있다면, 우리가 원하는 만큼 오래 사는 것을 거부할 이유는 없지 않을까? 렌먼은 여러 이유에서 불멸을 거부한다. 주된 이유는, 불멸하는 자들은 더 이상 인간이 아니라는 생각에 있다.

젊은 철학자들은 자신이 원하는 바를 실행할 시간이 충분히 있다고 생각하면서 렌먼의 견해를 옹호하리라고 쉽게 짐작할 수 있다. 그러나 비교적 나이 든 사람들 중에는 그 견해를 옹호할 사람이 극소수일 것이다(렌먼도 꽤 젊을 때 쓴 글에서 그 견해를 제시했다). 그들에게 노화는 죽음의 냄새를 더 실감 나고 강력하고 혐오스럽게 만든다. 오랜 진화의 역사에서 획득한 우리의 인간성을 잃는 것과 관련해서는, 바라건대 우리가 그 인간성을 초월하리라고 생각할 수 있을 것이다.

이와 관련해서 보스트롬은 죽음은 해악이라고 강력하게 주장한다. 우리가 다시 태어날 것이라고 주장하거나 죽음은 좋거나 자연스럽다고 주장하는 사람들도 있지만, 이런 설명들은 **적응적 선호**의 사례들일 뿐이다. 죽음에 맞서서 아무것도 할 수 없을 경우, 우리는 적응하여 죽음을 선호한다고 말한다. 그러나 무언가 할 수 있다면, 거의 누구나 기뻐할 것이다. 불로장생의 약이 실재한다면, 그 약은 사용될 것이라고 확신해도 좋다. 현재 우리는 죽음을 막는 방법을 모른다. 그러나 죽음을 막는 데 도움이 될 만한 몇 가지 과학적 통찰들은 이미 제시되었다. 죽음을 막을 수 있는데도 일부 개인들이 죽기를 원한다면, 우리는 그들의 자율을 존중해야 하겠지만, 죽기를 원하지 않는 사람들의 자율도 마찬가지로 존중받아야 할 것이다. 따라서 우리는 다음과 같은 보스트롬의 견해에 동의한다. 우리는 용을 제거해야 한다. **죽음은 하나의 선택지가 되어야 한다.**

그러나 지금 죽음은 선택사항이 아니다. 우리의 어려운 처지 ― '들어가는 말'에서 언급한 삶의 문제 ― 를 생각할 때, 우리에게는 스토아주의적으로, 용감하게, 낙관적으로 죽음과 마주하는 것 외에는 선택지가 거의 없다. 마이클과 콜드웰이 촉구하는 낙관적 태도는 어떤 이성의 원리도 위반하지 않으며 채택하는 것이 실용적이다. 윌리엄 제임스의 에세이 〈믿으려는 의지〉에 나오는 다음과 같은 유명한 대목도 이와 유사한 낙관론을 담고 있다.

우리는 안개가 자욱하고 눈보라가 거센 고갯길에 서 있다. 이따금씩 눈과 안개 너머로 어렴풋이 길이 보이지만, 헛것을 보는 것일 수도 있다. 가만히 서 있으면 우리는 얼어 죽을 것이다. 틀린 길로 나아가면, 우리는 산산조각 날 것이다. 옳은 길이 있기는 한지 우리는 확실히 알지 못한다. 우리는 어떻게 해야 할까? '강해져라. 그리고 좋은 용기를 품어라.' 최선을 위해 행동하고, 최선을 희망하고, 결과를 받아들여라 … 만일 죽음이 모든 것을 끝장낸다면, 우리는 최선의 방식으로 죽음과 만난 셈이다.[25]

나의 친구이며 대학원 시절의 스승인 리처드 블랙웰은 1990년대 중반에 나에게 손수 편지를 써서 이와 비교할 만한 견해를 밝혔다. 삶의 의미에 관한 나의 질문들에 대한 답변으로 그는 이렇게 썼다.

"이 모든 것이 대체 무슨 의미일까?"라는 자네의 질문들과 관련해서는, 플라톤 이래로 이렇다 할 성취에 도달한 사람이 아무도 없는 마당에, 내가 강력하고 명확한 대답들을 가지고 있다고 자네가 정말로 생각하지는 않을 것이네. 어쩌면 더 생산적인 방법은, 시도된 대답들에서 어느 정도의 신뢰성을 기대할 수 있느냐라는 질문을 던지는 것일 수도 있지. 너무 높은 기대는 무너지기 마련이니까. 실제로 아리스토텔레스는 주제가 허용하는 정도 이상의 신뢰성을 기대하지 말라고 조언했지. 아무튼 여기에 강한 의지적 요인이 연루되어 있다는 내 생각이 옳다면, 비관적 태도보다 낙관적 태도를 더 선호하지 않을 이유가 없지 않을까? 이 선호는 당사자가 어느 정도 조절할 수 있고, 이것은 대답이 아니라 삶의 방식이네.

옳은 말인 듯하다. 죽음의 실재성을 감안할 때, 낙관론을 채택한다고 해서 우리가 잃는 것은 없다. 낙관론은 지혜로운 선택지다. **그러나 죽음이 나쁘다는 사실은 달라지지 않는다.** 죽음은 최고의 상태일 경우 아름다운 무언가를 종결시키기 때문에 나쁘다. 당사자의 지식과 통찰과 지혜가 모두 사라지기 때문에 죽음은 나쁘다. 살아있는 사람에게 해를 끼치기 때문에 죽음은 나쁘다. 사람들을 자신의 짧은 수명 너머의 미래에 무관심하게 만들기 때문에 죽음은 나쁘다. 또한 만일 우리에게 선택권이 있고 우리의 삶이 원만하다면 우리는 계속 사는 것을 선택하리라는 점을 우리 스스로 뼛속 깊이 알기 때문에, 죽음은 나쁘다. 죽음이 일반적으로 — 특히 신체적, 도덕적, 지적으로 활력이 넘치는 사람에게 — 나쁘다는 것은 거의 자명하다.

그러나 무엇보다도 죽음은 완벽하게 유의미한 삶을 불가능하게 만들기 때문에 나쁘다. 더 오래 산다고 유의미한 삶이 보장되지 않는다는 것은 맞는 말이지만, 다른 모든 조건이 같다면, 짧은 삶보다 긴 삶이 더 유의미하다(삶의 의미는 삶의 양과 질 모두와 관련이 있다. 양쪽 다 삶의 의미를 위한 충분조건은 아니더라도 필요조건이다). 무한한 삶도 무의미할 수 있다. 그러나 지속하지 않는 삶은 무의미할 수밖에 없다. 요컨대 더 큰 삶의 의미의 가능성은 수명에 비례하여 증가한다.

물론 죽음보다 더 나쁜 운명들이 있으며, 어떤 상황에서는 죽음이 추가적인 의미의 가능성을 없앤다 하더라도 죽음을 환영할 수도 있을 것이다. 하지만 **사망주의자들**deathists — 죽음을 사랑하는 자들 — 이 건네는 위로의 말들에도 불구하고, 죽음은 우리에게 닥칠 수 있는 최악의 운명들 중 하나다. 영원한 의식을 갖게 되면 우리는 권태에 빠질 수도 있을 것이다. 그러나 우리가 스스로 원할 경우 삶을 끝낼 수 있다면, 우리의 선택으로 영생을 버릴 수 있다면, 영원히 사는 선택지를 누가 원하지 않겠는가?

오직 살 것인지 아니면 죽을 것인지 선택할 수 있을 때만 우리는 정말로 자유롭다. 우리의 삶이 우리의 동의 없이 우리에게서 박탈될 수 있다면, 우리의 삶은 우리의 것이 아니다. 또한 죽음이 연기되거나 방지될 수 있는 만큼, 삶의 의미의 가능성들이 열린다. 어쩌면 우리는 공들여 얻은 지식으로 죽음이라는 용 폭군을 죽이고 더 유의미한 삶의 가능성을 열 수 있을 것이다. 이것은 어쩌면 인류에게 부과된 근본적인 명령일 것이다. 아무튼 현재 우리가 할 수 있는 최선은 죽음이라는 커다란 비극에 맞서 낙관론을 유지하는 것이다.

과학은 죽음을 어떻게 물리칠 수 있고
왜 물리쳐야 하는가

내가 보기에 인류는 위대한 시작이기는 하지만 최종 단계는 아닌 듯하다.

– 프리먼 다이슨

오늘날 나를 비롯한 많은 과학자들은 20년쯤 지나면 우리가 우리 몸의 석기시대 소프트웨어를 재프로그래밍하는 수단들을 확보하여 노화를 멈추고 되돌릴 수 있게 되리라고 믿는다. 그러면 나노기술이 우리를 영원히 살게 할 것이다.

– 레이 커즈와일

"나는 초인간주의를 믿는다."라고 진심으로 말할 수 있는 사람들이 충분히 많아지면, 인간 종은 베이징원인으로부터 우리가 물려받은 존재 유형과 다른 새로운 유형에 진입하는 문턱에 이르게 될 것이다. 마침내 인간 종은 자신의 진짜 운명을 의식적으로 실현하게 될 것이다.

– 줄리언 헉슬리

초인간주의, 인류의 가장 대담하고 용감하며 상상력이 풍부하고 이상적인 열망들을 요약한 철학적 정치적 신흥 운동.

– 로널드 베일리

과학이 우리에게
영생을 줄 수 있을까?

이미 보았듯이 만일 죽음이 우리의 종말이라면, 그 심각한 비극에 대한 우리의 최선의 반응은 희망과 낙관론이다. 하지만 어쩌면 우리는 **죽음을 면할 수도 있을 것이다.** 앞서 우리는 영적인 사후의 삶의 실재성을 죽음이라는 재앙에 대한 공상적인 해결책이라면서 배척했지만, 많은 존중할 만한 과학자들과 미래학자들은 미래 기술들을 활용하여 인간이 죽음을 극복할 수 있다고 주장한다. 이런 의미의 영생은 대략적으로 개별 의식의 중단 없이 영원한 지속을 의미한다. 이를 종교적 영생과 대비하여 물리적 영생이라고 부르자. 기술이 충분히 빠르게 발전하면, 우리 모두가 영생하게 될지도 모른다.

우리가 물리적 영생을 얻을 가망이 있는 첫째 길은 생물학적 한계들을 극복하는 것이다. 우리는 늙고 병들고 외상을 겪는다. 노화 연구는 가련할 정도로 자금난에 시달리면서도 긍정적인 성과들을 냈다. 평균 기대수명은 고대 이후 세 배로 길어졌으며 산업화된 세계에서는 지난 100년 동안 50퍼센트 넘게 증가했다. 대다수의 과학자는 우리의 수명이 계속 연장되리라고 생각한다. 우리는 열량 섭취를 줄임으로써 수명을 더 연장할 수 있음을 안다. 노화 과정에서 텔로미어가 하는 역할에 대한 지식도 차츰 증가하는 중이다. 또한 몇몇 해파리와 박테리아는 사실상 영생하고 강털소나무bristlecone pine도 그럴 가능성이 있음을 우리는 안다. 노쇠는 열역학적 필연이 아니다 — 노화는 진화의 부산물로 추측된다. 물론 왜 유한한 삶이 선택되었는지는 여전히 수수께끼로 남아있지만 말이다. 심지어 일부 저명한 과학자들은 우리가 향후 몇십 년 동안 충분한 투자를 한다면 노화를 완전히 극복할 수 있다고 믿는다. 가장 유명한 인물은 케임브리지 대학의 연구자 오브리 드 그레이다.[1] 그러나 모든 연구자가 우리의 생물학적 한계들이 제거되리라고 확신하는 것은 아니다.

노화의 비밀을 푼다면, 그와 동시에 우리는 다른 많은 질병들을 물리칠 것이다. 왜냐하면 아주 많은 질병들은 노화의 증상이기 때문이다(오늘날 많은 연구자들은 노화 자체를 하나의 병으로 간주한다. 당신이 늙는 것은, 그 병이 심화하는 것이다). 또한 대다수의 질병을 하찮은 것으로 만들 수 있을 만한 전략이 여러 가지 있다. 나노기술은 우리에게 세포 수리 나노봇(나노로봇)과 혈액 세포 로봇을 선사할 가능성이 있다. 생명공학은 대체용 조직과 장기를 제공할 가능성이 있으며, 유전학은 유전자 의학 및 공학을 제공할 가능성이 있고, 충분히 발전한 유전공학은 병에 걸리지 않는 존재들을 산출할 수 있을 것이다. 외상은 생물학적 관점에서 볼 때 다루기가 더 어려운 문제다. 그러나 복제,

재생의학, 유전공학을 적절히 조합하면 외상도 물리칠 수 있을 것이다. 심지어 당신의 DNA를 가지고 당신의 신체를 재생산하는 것도 상상 가능하다. 그러면 다른 기술들을 써서, 그 재생산된 신체를 당신이 외상을 입은 나이까지 신속하게 노화시킨 다음에 당신의 모든 경험과 기억을 담은 백업 파일을 그 신체의 뇌에 이식할 수도 있을 것이다. 심지어 죽은 사람도 인체 냉동 보존술 — 장기들을 매우 낮은 온도에서 유리와 유사한 상태로 보존하는 기술 — 을 거치면 언젠가 되살아날 수 있을 것이다. 이상적일 경우, 임상적으로 사망한 그 사람은 미래 기술이 충분할 만큼 발전한 시점에 되살아날 것이다. 물론 이것은 모험적인 시도지만, 만일 나노기술이 지금 장담하는 바를 앞으로 실현한다면, 인체 냉동 보존술은 성공에 이를 가능성이 충분히 있다.

죽음을 제거하기 위한 생물학적 전략들 말고도 영생을 위한 여러 기술적 시나리오들이 있다. 이 시나리오들은 발전된 뇌 스캐닝 기술, 인공지능, 로봇공학을 활용한다. 가장 눈에 띄는 시나리오는 저명한 미래학자 레이 커즈와일과 카네기-멜론 대학의 로봇공학자 한스 모라벡이 내놓은 것들이다. 이들은 컴퓨터 성능의 지수적 향상과 기타 기술들이 맞물리면 개인의 의식의 내용을 가상현실로 업로드하는 것이 가능해질 것이라고 주장한다. 이 성취는 사이버네틱스cybernetics (인공두뇌학)에 의해 이루어질 수 있을 것이다. 방법은 뇌 속에 하드웨어를 점진적으로 설치하여 결국 뇌 전체가 그 하드웨어를 기반으로 작동하게 만드는 것일 수도 있고, 뇌를 스캔하여 그 내용을 충분한 인공지능을 갖춘 컴퓨터로 옮겨서 시뮬레이션하는 것일 수도 있다. 어느 쪽이든 우리는 물리적 세계에서 계속 살지는 않을 것이다(잠시 후에 이 두 시나리오를 상세히 다룰 것이다).

따지고 보면, 우리는 이미 컴퓨터 시뮬레이션 속에서 살고 있는지도 모른다. 닉 보스트롬의 주장에 따르면, 발전한 문명들이 인공지능을 가진 개체들을 포함한 시뮬레이션을 창조했을 가능성이 있고, 만일 창조했다면, 그 시뮬레이션 속의 개체들이 바로 우리일지도 모른다.[2] 이어서 그는 다음의 두 가능성 중 어느 쪽이 더 그럴싸할까를 묻는다. 우리 문명은 유일하게 시뮬레이션이 아닌 실제 문명일까, 아니면 무수히 작동 중인 시뮬레이션들 가운데 하나일까? 말할 필요도 없겠지만, 보스트롬은 후자일 가능성이 더 높다고 생각한다. 한편에는, 발전한 문명들이 시뮬레이션을 제작할 기술을 영영 확보하지 못하거나 기술을 확보하더라도 사용하지 않기로 결정할 가능성이 있다. 만일 이 가능성을 배제한다면, 우리는 시뮬레이션 속에서 살고 있는 것이 거의 확실하다. 이런 식으로 생각해보자. 만일 인류가 시뮬레이션 기술을 개발하고 사용할 수 있다면, 인류의 과거를 연구하기 위해 조상 시뮬레이션들을 가동할 가능성이 높다. 그러면 그 시뮬레이션 속의 조상들이 발전하여 다시 그들 나름의 시뮬레이션들을 제작하여 가동할 테고, 따라서 하위 시뮬레이션들이 무한정 생겨날 것이다. 그리고 우리가 원본 우주에서 사는지, 아니면 무수한 시뮬레이션들 중 하나에서 사는지 알 길이 없으므로, 확률을 따졌을 때 우리는 시뮬레이션 속에서 살고 있을 확률이 더 높다.

가상현실 속에서 영생한다는 생각, 혹은 인류가 이미 가상현실 속에서 사는 것일지도 모른다는 생각이 당신의 마음에 들지 않는다면, 인간의 뇌를 — 당신이 육체의 감촉을 좋아한다면 — 유전공학으로 생산한 몸에, 또는 — 로봇의 몸을 이루는 실리콘 등의 감촉을 좋아한다면 — 로봇 몸에 업로드하는 방법도 가능할 것이다. 매사추세츠 공대의 로드니 브룩스는 인간의 신체와 기계의 융합을 꿈꾼다. 그 융합의 과정에서 인간은 자신의 몸 안에 기술적 요소들을 차츰 받아들여 기계와 더 유사해지고 더 파괴하기 어렵게 될 것이다.[3] 요컨대 우리의 미래는 사이보그일지도 모른다.

이런 사변적 시나리오 대다수의 바탕에 깔린 생각은 진화의 관점을 채택하는 것과 관련이 있다. 그 관점을 채택하면, **우리가 아미노산들과 다른 것만큼 우리의 후손들이 우리와 다르리라는 것을 어렵지 않게 상상할 수 있다.** 우리의 지식이 지수적으로 성장하는 중이고 미래의 혁신을 위한 시간이 얼마든지 있음을 감안할 때, 인류가 죽음을 물리치고 상상할 수 없는 모습들로 진화하리라고 상상하는 것은 어려운 일이 아니다. 당신이 여전히 회의적인 입장이라면, 현재 우리의 진화는 고통스러울 정도로 느린 다윈주의적 — 신체들이 유전자들을 통해 정보를 교환하는 — 진화가 아니라 문화적 — 뇌들이 밈들을 통해 정보를 교환하는 — 진화라는 점을 상기하기 바란다. 문화적 진화의 가장 두드러진 특징은 기술적 진화 속도의 지수적 향상이다. 기술적 진화는 머지않아 **기술적 특이점**에서 절정에 도달할 가능성이 있다.

수학자 버너 빈지가 처음 제안한 개념인 기술적 특이점은 인간보다 우수한 지능이 출현하는 미래의 가설적 시점을 뜻한다. (레이 커즈와일을 비롯한 여러 미래학자들은 기술적 특이점이 우리의 생전에 도래할 것이라고 예측한다.) 그런 지능의 역량을 우리의 정신으로는 파악하기 어려울 터이므로, 기술적 특이점은 일종의 사건지평으로 여겨진다. 그 특이점 너머의 미래는 이해하거나 예측하기가 거의 불가능하다. 그럼에도 우리는 이 같은 지능의 폭발적 향상이 죽음의 문제를 해결할 수 있는 점점 더 강력한 정신들의 등장으로 이어지리라고 추측해도 좋을 것이다.

과학이 죽음을 정복할 가능성이 충분히 있다. 어쩌면 이 책을 읽는 독자들 중 일부는 생전에 죽음의 소멸을 목격하게 될 것이다. 이런 믿음을 품은 진지한 사상가 몇 명을 이제부터 살펴보자.

요약 과학이 내다볼 수 있는 미래에 죽음을 정복하리라고 생각할 근거가 충분히 있다.

레이 커즈와일 : 우리의 정신을 컴퓨터에 업로드하기

레이 커즈와일Ray Kurzweil(1948-)은 작가, 발명가, 미래학자다. 광학문자인식OCR 기술, 음성합성 기술, 음성인식 기술, 전자 건반악기를 비롯한 여러 분야에서 활동하며, 건강, 인공지능, 초인간주의, 기술적 특이점, 미래주의futurism에 관한 책을 여러 권 썼다. 어쩌면 그는 현재 세계에서 기술을 활용한 인간의 변형을 옹호하는 인물들 가운데 가장 두드러진 웅변가일 것이다.

1999년에 나온 저서 《정신적인 기계들의 시대: 컴퓨터가 인간의 지능을 능가할 때》에서 커즈와일은 향후 100년 안에 기계의 지능이 인간의 지능을 능가할 것이라고 주장한다. 체스 게임, 의학적 진단, 주식 매매, 미사일 제어, 복잡한 수학 문제 풀이에서는 이미 컴퓨터가 인간을 능가한다. 그러나 인간 지능과 달리 기계 지능은 탁자 위의 대상들을 서술하거나, 학기말 리포트를 쓰거나, 신발끈을 묶거나, 개와 고양이를 구분하거나, 유머를 즐기지 못한다. 그 이유 하나는, 컴퓨터가 인간의 뇌보다 더 단순하기 때문이다. 컴퓨터는 인간의 뇌보다 약 100만 배 더 단순하다. 그러나 컴퓨터의 성능이 12개월마다 두 배로 향상되는 추세가 계속 이어지면, 이 차이가 사라지고 컴퓨터는 2020년경에 인간 뇌와 대등한 기억 용량과 계산 속도에 도달할 것이다.

하지만 그래도 컴퓨터가 인간 지능의 유연성을 따라잡지는 못할 것이다. 왜냐하면 지능의 소프트웨어가 하드웨어에 못지않게 중요하기 때문이다. 뇌의 소프트웨어를 모방하는 방법 하나는 '역행 공학reverse engineering'을 적용하는 것이다. 즉, 인간의 뇌를 스캔한 다음에 뇌의 신경회로를 충분한 용량을 갖춘 신경 컴퓨터neural computer에서 똑같이 구현하는 것이다. 이런 기술들을 통해 컴퓨터가 인간 수준의 지능에 도달하면, 곧이어 컴퓨터는 인간 지능을 능가할 것이다. 이미 컴퓨터는 정보의 기억과 처리를 우리보다 더 잘한다. 우리는 전화번호 몇 개를 외우기도 만만치 않지만, 컴퓨터는 수조 개의 사실들을 완벽하게 기억한다. 인간 수준의 지능과 더 향상된 계산속도, 정확성, 기억 용량이 결합하면, 컴퓨터는 인간 지능을 능가할 것이다. 그렇게 예상하는 주요 이유 하나는, 우리의 신경회로는 전자회로에 비해 작동이 느리며 대부분이 계산이나 정보 분석이 아니라 생명과정들을 떠받치는 데 쓰인다는 점에 있다. 요컨대 많은 사람들은 진화를 인간의 지능에 이르기까지 수십억 년에 걸친 드라마로 여기지만, 이 통념은 인간을 능가하는 지능이 창조되는 과정에서 신속하게 사라질 것이다.

커즈와일은 자신의 견해를 뒷받침하기 위해 우주의 진화와 인류 역사에서 여러 사례들을 가져온다. 우주 역사의 대부분 동안 우주론적으로 중요한 사건들은 까마득한 시간에 걸쳐서 일어났다는 사실을 돌아보라. 중요한 사건들 사이의 시간 간격은 우주 진화의 대부분 동안 어마어마하게 길었다. 그러나 우주가 나이를 먹음에 따라, 그 간격은 점점 더 짧아졌다. 지금도 우주론적으로 중요한 사건들은 점점 더 짧은 시간 간격으로 일어난다. 실제로 지구가 형성되기까지는 100억 년이 걸렸다. 그 후 생명이 진화하기까지는 몇십억 년, 이어서 영장류가 등장하기까지 몇억 년, 이어서 사람상과hominoid 동물들이 출현하기까지 몇백만 년이 걸렸으며, 호모 사피엔스는 겨우 20만 년 전에 등장했다. 간단히 말해서 변화가 가속적으로 일어나고 있고, 두드러진 사건들 사이의 간격이 줄어들고 있다.

지금은 이 추세를 기술이 주도한다. 한마디로 기술 — 점점 더 고도화된 도구를 만들고 사용하는 활동 — 은 변화 과정을 대폭 촉진하는 또 하나의 진화 수단이다. 호모 사피엔스가 겨우 9만 년 전에 등장하여 고작 3만 년 전에 유일한 사람상과 동물이 되었다는 사실을 상기하라. 하지만 그들도 몇만 년이 걸려서야 돌의 양쪽 끝을 날카롭게 갈아서 효율적인 도구를 제작하는 방법을 개발했다. 말할 필요도 없겠지만, 그때 이후 기술적 변화의 속도는 놀랄 만큼 향상되어왔다. 예컨대 19세기에 기술은 18세기에 비해 극적으로 증가했다. 그 증가 속도는 12세기와 비교하면 믿을 수 없는 수준이었다. 20세기에는 기술의 주요 전환들이 몇십 년 만에, 심지어 일부 경우에는 몇 년 만에 일어나기 시작했다. 비행기와 라디오는 불과 100여 년 전만 해도 없었다. 무선전화와 개인용 컴퓨터는 50년 전에도 없었다. 휴대전화와 인터넷은 더 말할 것도 없다. 오늘날 당신의 휴대전화와 컴퓨터는 몇 달 만에 고물이 된다.

기술은 인간이 생존하고 지구를 지배하고 환경을 어느 정도 통제할 수 있게 해주었다. 어쩌면 기술적 혁신들 가운데 가장 중요한 것은 컴퓨터일 것이다. 기억하고 계산하고 문제를 푸는 능력을 갖춘 기계 말이다. 지금까지 컴퓨터들은 무어의 법칙의 지배를 받았다. 이 법칙에 따르면, 트랜지스터의 표면적은 약 2년마다 50퍼센트 감소하므로 집적회로 하나에 탑재되는 트랜지스터의 개수는 두 배로 증가한다. 그 결과 같은 금액으로 살 수 있는 컴퓨터 성능이 2년마다 두 배로 향상된다. 이 추세는 향후 15년 정도 지속하다가, 트랜지스터 절연체의 폭이 원자 몇 개 수준에 도달하면 중단될 것이라고 한다(그때부터는 양자 컴퓨터가 환상적인 방식으로 변화 과정을 주도할 가능성이 있다). 21세기와 그 후에 일어날 일들을 제대로 이해하려면, 기술의 **지수적 성장**이 가까운 미래에 엄청난 변화들을 일으키리라는 점을 주목해야 한다.

커즈와일의 분석에서 결정적으로 중요한 것은 이른바 "시간과 카오스의 법칙law of time and chaos"이다. 그는 왜 일부 과정들 — 예컨대 우주 진화의 주요 사건들이나 유기체의 생물학적 발달 — 은 빠르게 시작한 다음에 느려지는 반면, 다른 사건들 — 예컨대 생물 종들이나 기술의 진화 — 은 느리게 시작한 다음에 빨라지는지를 묻는다. 시간과 카오스의 법칙은 그 대답을 알려준다. 시스템 안에 카오스, 곧 무질서가 많으면, 두드러진 사건들 사이의 시간이 길다. 카오스가 감소하고 질서가 증가하면, 두드러진 사건들 사이의 시간이 짧아진다. "수확 가속의 법칙law of accelerating returns"은 이 두 번째 현상을 서술하며 커즈와일의 논증에서 핵심적인 구실을 한다(그의 철학 전체가 가속적 회귀 혹은 지수적 성장에 대한 성찰이라고 해도 과언이 아니다). 커즈와일의 주장에 따르면, 우주 전체의 무질서 혹은 엔트로피는 증가하지만, 진화는 질서(생존을 위한 정보)와 복잡성이 지배하는 구역들을 점점 더 많이 만들어낸다. 기술적 진화는 생물학이 아닌 다른 수단에 의한 진화이며 끊임없이 누적되면서 속도가 빨라진다.

그의 기초적인 논증을 이렇게 재구성할 수 있다. a) 진화는 누적된다. 따라서 b) 진화 과정에서 질서는 지수적으로 증가한다. 따라서 c) 수확은 가속적으로 증가한다. 이 같은 수확 가속의 법칙은 문화적 진화와 기술적 진화를 추진하는 힘이다. 이 진화들에서 수확들은 누적되어 더 큰 수확을 창출한다. 따라서 전체 과정은 지수적으로 변화하고 성장한다. 이는 가까운 미래가 현재와 전혀 다르리라는 것을 의미한다.

진화는 신경회로의 계산 능력 한계를 우회하는 방법을 발견했다. 영리하게도, 진화는 유기체들을 창조했고, 그 유기체들은 탄소에 기초한 뉴런들보다 100만 배 빠른 계산 기술을 발명했다 … 결국, 극도로 느린 포유류 신경회로에서 이루어지던 계산이 훨씬 더 다재다능하고 빠른 전자 (그리고 광통신) 신경회로로 옮겨질 것이다.[4] 언젠가는 역행 공학의 방식으로 인간의 뇌를 스캔하고 상세히 파악하여 모방하게 될 것이며, 결국 우리의 정신을 컴퓨터에 다운로드할 수 있게 될 것이다. 그렇게 되면 당신의 정신(소프트웨어)은 더 이상 당신의 몸(하드웨어)에 의존하지 않을 것이다. 더 나아가 당신의 진화하는 정신 파일은 뇌 회로에 얽매이지 않고, 한 컴퓨터에서 다른 컴퓨터로 전송되는 파일들과 마찬가지로 한 매체에서 다른 매체로 이동할 수 있을 것이다. 그러면 "우리의 영생은 충분히 주의를 기울여 자주 백업을 하느냐에 달린 문제가 될 것이다. 백업을 등한시하면, 우리는 어쩔 수 없이 과거의 백업 복사본을 사용해야 할 테고 따라서 우리의 최근 과거를 되풀이 할 수밖에 없을 것이다."[5]

우리의 진화하는 정신을 우리의 본래 신체나 향상된 신체, 나노기술로 변형한 신체, 또는 가상 신체에 다운로드할 수도 있을 것이다. 뇌 변형 기술보다 신체 변형 기술 ― 티타늄 골격, 인공 피부, 인공 심장 판막, 심박 조율기 등 ― 이 더 발달한 현 상태를 감안할 때, 우리는 우선 유전자 치료를 통해 우리의 몸을 완전히 재건하기를 원할 가능성도 있다. 그러나 그 이상의 발전은 불가능할 것이다. 왜냐하면 단백질 합성에 의존하는, DNA 기반의 세포는 한계가 있기 때문이다. 아무리 개량하더라도 우리의 신체는 2류 로봇에 불과할 것이다.

오히려 커즈와일은 나노기술을 써서 세계를 원자 수준에서 재구성할 것을 제안한다. 나노기술의 최대 목표는 지능과 자기복제능력과 나노 규모의 대상들을 조작하는 능력을 갖춘 나노기계들일 것이다(위대한 물리학자 리처드 파인만은 1950년대에 최초로 나노기술의 가능성을 제기했다. 오늘날 에릭 드렉슬러, 랄프 버클을 비롯한 주요 이론가들은 자기복제능력을 지닌 나노봇(나노로봇)의 실현 가능성을 증명했다. 현재 주요 대학들에서는 나노기술에 관한 강좌들을 흔히 접할 수 있다). 나노기술은 쉽사리 예상할 수 없는 방식으로 세계를 변형할 가능성이 있다. 저렴한 태양전지들을 제작하여 화석연료를 대체할 수도 있고, 우리의 혈류 속에 나노봇을 투입하여 면역계를 강화하고 병원체를 파괴하고 암세포를 제거하고 신체 장기들과 시스템들을 재건할 수도 있을 것이다. 심지어 나노기술은 인간의 뉴런들이나 기타 세포를 모방하는 역행공학에서도 요긴할 가능성이 있다. 그런데 사람들은 이 기술을 이용하려할까?

나노기술을 이용할 이유는 명백하다. 선택권이 주어진다면, 사람들은 자신의 뼈가 푸석푸석해지지 않는 것을, 피부가 보드라운 것을, 생명 시스템이 강하고 활력이 넘치는 것을 선호할 것이다. 신경에 기술적 장치를 이식함으로써 정신적 수준에서 삶을 개량하고 나노기술로 몸을 강화하여 물리적 차원에서 삶을 개량하는 것은 인기 있고 거부하기 어려운 선택지가 될 것이다. 이 방향의 발전이 중단될 지점은 딱히 없다. 인류의 대다수가 진화가 마련해준 뇌와 신체를 새로운 뇌와 신체로 교체할 때까지, 발전은 계속될 것이다.[6]

커즈와일은 수확 가속의 법칙이 우주 전체에도 적용된다고 주장한다. 그는 우주의 다른 곳들에도 다양한 단계까지 진화한 생명이 존재한다고 추측한다. 다른 곳에서도 생물의 진화, 지능의 진화, 기술의 진화, 컴퓨터의 진화, 마지막으로 생물 종과 그 종이 개발한 기술의 융합이 일어났을 수 있다는 것이다. 이 모든 진화는 수확의 가속에 의해 추진된다. 물론 많은 요인들이 문제를 일으킬 수 있다. 예컨대 핵전쟁, 기후변화, 소행성 충돌, 박테리아, 자기복제 나노봇, 소프트웨어 바이러스가 진화를 망칠 수 있다. 그럼에도 커즈와일은 낙관론을 견지한다.

저서를 마무리하면서 커즈와일은 지능은 우주의 막강한 힘들 앞에서 무력하지 **않**다고 주장한다. 지능은 중력을 좌절시키고 기타 물리현상들을 조작한다. 광활한 우주에서 지능의 밀도는 미미한 수준인데도 말이다. 지능이 시간에 따라 지수적으로 증가한다면, 지능은 우주의 거대한 힘들과 겨룰 만한 경쟁자가 될 것이다. 커즈와일의 결론은 이러하다. "물리학법칙들은 지능에 의해 취소되지 않지만 사실상 중

발해버린다 … 우주의 운명은 아직 결정되지 않았다. 적절한 때가 되면, 우리가 우주의 운명을 어떻게 결정할지 숙고하게 될 것이다."[7]

존 설 :
커즈와일에 대한 비판

존 설John Searle(1932-)은 현재 버클리 소재 캘리포니아 대학의 슬러서Slusser 철학 교수다. 옥스퍼드 대학에서 박사학위를 받은 그는 많은 글을 쓴 저자이며 현존하는 가장 중요한 철학자들 중 하나로 꼽힌다.

설에 따르면, 커즈와일의 저서《정신적인 기계들의 시대: 컴퓨터가 인간의 지능을 능가할 때》는 무어의 법칙이 지닌 함의들을 광범위하게 숙고하는 책이다.[8] 핵심 주장은, 인간보다 더 영리한 컴퓨터가 등장할 것이며, 우리는 자신을 그 영리한 하드웨어에 다운로드함으로써 불멸을 보장받으리라는 것이다. 설은 체스를 두는 컴퓨터 "딥 블루Deep Blue"에 초점을 맞춰 이 환상을 반박한다. 딥 블루는 1997년에 체스 세계챔피언 개리 카스파로프를 이겼다.

커즈와일은 딥 블루를 컴퓨터가 인간 지능을 능가하기 시작했음을 보여주는 좋은 예로 여긴다. 그러나 가능한 행마들을 모조리 검토하는 딥 블루의 방식은 인간의 뇌가 체스를 두는 방식과 극적으로 다르다. 이 차이를 명확히 설명하기 위해 설은 유명한 '중국어 방 논증Chinese Room Argument'을 제시한다. 내가 어떤 방 안에 있는데, 그 방에는 내가 중국어를 이해하지 못하더라도 중국어로 된 질문들에 중국어로 대답할 수 있게 해주는 프로그램이 갖춰져 있다고 해보자. 그러면 나는 중국어로 된 질문을 받고 중국어로 훌륭하게 대답할 수 있을 것이다. 그러나 내가 그렇게 할 수 있다는 사실은 내가 중국어를 이해한다는 것을 의미하지 않는다. 이와 마찬가지로 딥 블루는 체스를 이해하지 못한다. 카스파로프는 한 대의 기계가 아니라 프로그래머들의 팀을 상대로 체스를 둔 셈이다. 요컨대 딥 블루가 체스를 두면서 생각을 했다고 믿는 커즈와일은 착각하는 것이다.

설에 따르면, 커즈와일은 의식이 있는 것처럼 보이는 컴퓨터와 실제로 의식이 있는 컴퓨터를 혼동한다. 이것은 우리 자신을 컴퓨터 속에 다운로드하라고 제안하는 사람이라면 마땅히 우려해야 할 혼동이다. 소화 과정을 모방한 컴퓨터 시뮬레이션이 피자를 먹을 수 없는 것과 마찬가지로, 의식을 모방한 컴퓨터 시뮬레이션은 의식이 없다. 컴퓨터는 기호들을 조작하거나 신경망들을 통해 뇌를 시뮬레이션한다. 그러나 이것은 뇌의 활동을 복제하는 것과 다르다. 뇌의 활동을 복제하려면, 인공적인 시스템이 뇌처럼 활동해야 할 것이다. 간단히 말해서 커즈와일은 시뮬레이션과 복제를 혼동하고 있다.

또 하나의 혼동은, 세계의 관찰자-비의존적 특징들과 관찰자-의존적 특징들을 혼동하는 것이다. 전자는 예컨대 물리학과 화학이 연구하는 세계의 특징들을 포함한다. 반면에 후자는 돈, 재산, 정부 등, 오직 의식 있는 관찰자들이 있기 때문에 존재하는 대상들이다(종이는 객관적인 물리적 속성들을 가졌다. 그러나 특정한 종이가 돈인 것은 오직 그 종이를 돈으로 취급하는 사람들이 있기 때문이다).

설은 자신이 어떤 절대적이며 관찰자-비의존적인 의미에서 개나 컴퓨터보다 지능이 더 높다고 말한다. 왜냐하면 그는 개와 컴퓨터가 못하는 일들을 할 수 있기 때문이다. 반면에 컴퓨터와 휴대용 계산기가 우리보다 지능이 더 높다는 말은 오직 관찰자-의존적 의미에서만 할 수 있다. **컴퓨터(계산)**에 대해서도 마찬가지다. 컴퓨터는 우리가 계산할 때와 유사한 방식으로 계산하지만, 본래적인 의미의 계산을 하는 것은 전혀 아니다. 컴퓨터는 인간의 계산에 대해서 아무것도 모른다.

커즈와일의 저서가 지닌 기본적인 문제는 컴퓨터 성능이 향상되면 의식이 발생한다고 전제한다는 점이다. 설에 따르면, 어떤 발전된 기계가 뛰어난 계산 능력을 발휘할 때, 그 기계가 의식을 가졌다고 믿을 이유는 없다. 의식 있는 기계를 제작하는 유일한 길은 뇌의 작동 방식을 복제하는 것일 텐데, 우리는 뇌의 작동 방식을 아직 모른다. 결론적으로 의식 있는 사람처럼 행동하는 것은 실제로 의식이 있는 것과 다르다.

요약 컴퓨터는 의식을 가질 수 없다.

대니얼 데닛 :
로봇 의식을 위한 변론

대니얼 데닛Daniel Dennett(1942-)은 미국 철학자, 작가, 인지과학자다. 심리철학, 과학철학, 생물학의 철학을 특히 진화생물학 및 인지과학과 관련지어 연구한다. 현재 터프츠 대학의 인지연구센터 공동소장, 오스틴 플레처 철학 교수, 대학 특별 교수를 역임하고 있다. 옥스퍼드 대학에서 저명한 철학자 길버트 라일의

지도를 받아 1965년에 박사학위를 받았다.

1995년에 나온 저서 《다윈의 위험한 생각: 진화와 삶의 의미》에서 데닛은 인간 지능과 대등하거나 더 뛰어난 지능인 강한 인공지능SAI을 옹호하는 사고실험 하나를 제시한다.[9] 당신이 25세기에 살기를 원한다고 가정해보자. 그런데 그 소망을 이루기 위해 사용할 수 있는 유일한 기술은 당신의 몸을 냉동보존실에 넣는 것을 포함한다. 그곳에서 당신은 냉동되어 깊은 혼수에 빠졌다가 나중에 다시 깨어날 것이다. 또한 당신은 당신의 냉동캡슐을 보호하고 에너지를 공급해줄 슈퍼 시스템을 설계해야 한다. 이제 당신은 선택의 기로에 선다. 당신은 당신의 캡슐이 필요로 하는 모든 것을 공급해줄 이상적인 장소를 선택할 수 있을 것이다. 그러나 이 선택의 단점은, 만일 그 장소에 문제가 생기면 당신이 죽는다는 것이다. 그렇다면 당신의 캡슐을 이동 가능한 장치 안에 넣어서 유사시 다른 곳으로 옮기는 것이 더 낫다. 쉽게 말해서, 거대한 로봇의 내부에 당신을 넣을 수 있을 것이다. 데닛의 주장에 따르면, 이 두 전략은 자연이 정적인 식물들과 동적인 동물들을 구분한 것과 대략 일치한다.

당신의 캡슐을 로봇의 내부에 넣는다면, 당신은 그 로봇이 당신에게 이로운 전략들을 선택하기를 바랄 것이다. 물론 그렇게 선택하는 로봇이 자유의지를 지닌 것은 아니다. 로봇은 그저 선택지들을 만날 때마다 당신에게 가장 이로운 선택지를 고를 뿐이다. 이를 고려하면서 당신은 당신을 보존할 하드웨어와 소프트웨어를 설계할 것이고 적절한 감각 시스템들과 자기 점검 능력들을 거기에 장착할 것이다. 또한 슈퍼 시스템은 변화하는 조건들에 대응하여 계획을 세우고 새로운 에너지원을 찾아낼 수 있게 설계되어야 한다.

그런데 당신이 냉동 상태에 머무는 동안, 다른 로봇들을 비롯한 온갖 존재들이 외부 세계에서 돌아다닌다는 점 때문에 문제는 더 복잡해진다. 당신은 당신의 로봇이 다른 존재들과 협력할 때, 동맹을 맺을 때, 또는 싸울 때를 판단할 수 있도록 로봇을 설계해야 한다. 항상 협력한다와 같은 단순한 전략을 채택하면, 당신은 죽임을 당하기 십상일 것이다. 그러나 절대로 협력하지 않는다는 전략도 당신에게 이롭지 않을 수 있다. 더구나 상황이 위태로울 경우, 당신의 로봇은 많은 결정들을 신속하게 내려야 할 것이다. 따라서 결론은 자기 통제 능력을 지닌 로봇, 곧 당신의 생존이라는 원천 목표에 기초하여 나름의 목표들을 설정하는 자율적 행위자다. 그러나 당신은 그 로봇이 당신에게 이롭게 행동하리라고 확신할 수 없다. 그 로봇은 당신의 통제를 벗어나 부분적으로 나름의 욕망에 따라 행동할 것이다.

그런데 강한 인공지능에 반대하는 사람들은 이 로봇이 나름의 욕망이나 의도를 가지지 못한다고 주장한다. 이 로봇의 욕망과 의도는 단지 설계자의 욕망에서 유래한 파생물일 뿐이라는 것이다. 데닛은 이 입장을 "의뢰인 중심주의"라고 부른다. 이 입장에 따르면, 의미의 근본 원천은 나의 로봇의 내부에 있는 나이며, 로봇은 설령 내가 상상할 수 없었거나 나의 이익에 반할 수도 있는 방식으로 행동하더라도 단지 나를 보존하는 기계일 뿐이다. 그러므로 그 로봇은 당연히 의식이 없다고 의뢰인 중심주의자들은 말한다. 데닛은 이 입장을 배척한다. 왜냐하면 (주된 이유만 말하면) 이 입장을 일관되게 고수하면 당신 자신도 의식이 없다는 결론에 이른다고 보기 때문이다. 즉, 당신은 당신의 유전자들을 보존하기 위해 제작된 생존 기계이고, 당신의 목표들과 의도들은 당신의 유전자들에서 유래한 파생물이라는 결론이 불가피하다는 것이다. 요컨대 의뢰인 중심주의를 채택하면, 당신은 실은 의식이 없다는 결론이 나올 수밖에 없다고 데닛은 주장한다. 이런 불쾌한 결론들을 피하려면, 충분히 복잡한 로봇은 동기, 의도, 목표, 의식을 가진다고 인정하면 된다. 그렇게 하지 않을 이유가 있을까? 그런 로봇은 당신과 마찬가지로 세계와 상호작용하면서 자율적인 어떤 것으로 진화한 생존 기계이기 때문에 존재한다.

설을 비롯한 비판자들은 그런 로봇이 가능하다고 인정하지만, 그런 로봇이 의식을 지녔다는 것은 인정하지 않는다. 이에 대응하여 데닛은 그런 로봇은 당신이 의미를 경험하는 것만큼 참되게 의미를 경험할 것이며, 당신이 당신의 이기적 유전자들의 프로그래밍을 뛰어넘는 것과 마찬가지로 자신의 프로그래밍을 초월할 것이라고 말한다. 데닛의 결론에 따르면, 이 견해는 당신 자신을 의미의 장소인 동시에 긴 진화 역사를 가진 종의 한 구성원으로 보는 생각과 조화를 이룬다. 우리는 진화의 작품이지만, 그럼에도 우리의 의식은 엄연히 실재한다. 이와 똑같은 말을 우리의 로봇들에 대해서도 할 수 있다.

요약 충분히 복잡한 로봇은 의식을 가질 것이다.

한스 모라벡 :
로봇이 되기

한스 모라벡Hans Moravec(1948-)은 카네기 멜론 대학 로봇공학연구소의 교수이자 로봇 제조업체 시그리드 코퍼레이션Seegrid Corporation의 수석 과학자다. 1980년에 스탠퍼드 대학에서 컴퓨터과학 박사학위를 받은 그는 로봇공학과 인공지능에 관한 연구와 기술의 영향에 관한 저술뿐 아니라 초인간주의에 초점을 맞춘 많은 출판물과 예측으로도 유명하다.

모라벡은 1998년에 출판한 저서《로봇: 한낱 기계에서 초월적 정신으로》에서 자신의 미래학적 생각들을 가장 명확하게 제시했다. 그는 거의 모든 기준에서 사회는 과거보다 더 빠르게 변화하고 있다고 지적한다. 그 주요 원인은 기술의 산물들이 그 변화를 가속시키는 것이다. 우리를 기다리는 급진적인 미래를 이해하려면, 기술이 곧 탈출속도에 도달하리라고 생각할 필요가 있다. 막대기 두 개를 요령 있게 비비면 불이 붙는 것과 마찬가지로, 로켓을 적절히 추진하면 지구의 중력을 벗어날 수 있는 것과 마찬가지로, 우리의 기계들은 머지않아 과거의 경계들을 뛰어넘을 것이다. 그와 동시에 과거의 규칙들은 타당성을 잃을 것이다. 로봇들이 탈출속도에 도달하는 날이 올 것이다.

많은 사람들에게 이것은 상상하기 어려운 일이다. 왜냐하면 우리는 엘리베이터 탑승자와 유사하기 때문이다. 우리는 가끔씩 지면을 어렴풋이 볼 때, 이를테면 발전이 멈춘 문화들과 만날 때 비로소 우리가 얼마나 높이 올라와 있는지 깨닫는다. 그럴 때 우리는 오늘날 우리가 사는 세계와 우리가 생물학적으로 적응한 세계가 얼마나 다른지 알아챈다. 인류의 역사 내내 문화는 생물학에 비해 후차적이었다. 그러나 약 5000년 전에 순서가 뒤바뀌어 문화적 진화가 인류 진화의 가장 중요한 수단이 되었다. 문화가 창조한 기술이 변화 과정을 지수적으로 가속하고 있다. 오늘날 우리는 우리의 생물학을 벗어나는 데 필요한 탈출속도에 접근하는 중이다.

지능을 가진 기계를 제작하는 일이 쉬울 것이라는 말은 아니다. 모라벡은 로봇공학이 얼마나 어려운지를 끊임없이 일깨운다. 그는 앨런 튜링과 존 폰 노이만에서 시작되어 많은 수학 정리들을 증명한 최초의 유효한 인공지능 프로그램들까지 이어진 사이버네틱스의 역사를 간략하게 서술한다. 그 프로그램들의 대다수는 그다지 우수하지 않았으며 증명 솜씨가 대학 신입생 수준이었음을 모라벡은 인정한다. 따라서 탈출속도에 도달하려면 고된 연구가 필요할 것이다.

로봇공학/인공지능에서 가장 큰 난관 하나는 계산하고 추론하는 프로그램들과 세계와 상호작용하는 프로그램들 사이의 불균형이다. 로봇의 신체 동작은 아직 아기나 인간이 아닌 동물의 수준에도 못 미치는 반면에 체스 솜씨는 탁월하다. 과제들을 기계에게 쉬운 것부터 차례로 나열하면 계산, 추론, 지각, 신체동작의 서열이 된다. 그런데 인간에게는 그 서열이 정반대다. 이 차이에 대한 설명은 아마도 지각과 신체동작이 계산 및 추상적 추론과는 다른 방식으로 생존에 유용했다는 사실에서 찾을 수 있을 것이다. 기계들은 아직 많은 분야에서 인간보다 열등하다. 그러나 모라벡은 50년 내에 저렴한 컴퓨터가 인간 뇌의 처리 능력을 능가할 것이라고 예측한다. 그렇게 되면 우리는 기계가 인간처럼 직관하고 지각하도록 프로그래밍할 수 있을까? 이 질문에 긍정적으로 답할 근거가 있다고 모라벡은 주장한다. 그리고 그의 저서의 많은 부분은 이 주장의 증거로 로봇공학의 진화를 거론한다.

또한 그는 지형을 비유로 들어 자신의 주장을 설명한다. 인간 의식의 지형에는 손-눈 협응, 신체동작, 상호작용과 같은 높은 봉우리들도 있고, 정리 증명하기와 체스 두기와 같은 저지대도 있고, 산수와 기억과 같은 평지도 있다. 컴퓨터/로봇은 저지대를 뒤덮은 물과 같다. 그 물은 이제 막 구릉들에 도달했고, 언젠가는 봉우리들을 잠기게할 것이다.

기술의 발전에 따라 로봇은 세대 변화를 겪을 것이다. 도마뱀을 닮은 로봇에서 쥐를 닮은 로봇, 영장류를 닮은 로봇, 인간을 닮은 로봇으로 변화할 것이다. 언젠가 로봇은 자신의 후계자를 우리의 도움 없이 직접 설계할 수 있을 만큼 영리해질 것이다! 요컨대 로봇들은 뇌간, 소뇌, 중뇌, 신피질을 이정표들로 포함한 4억 년의 동안의 진화를 몇 세대 만에 모방할 것이다. 우리의 기계들이 의식을 갖게 될까? 모라벡은 그렇다고 대답한다. 한때 지상과 천상의 구분이 신성시되었던 것처럼, 오늘날에는 생물/무생물의 구분이 그러하다. 물론 생명의 원리가 초자연적인 영혼이라면, 그 구분은 여전히 신성할 것이다. 그러나 현재 우리의 지식은 복잡한 조직화에서 생명이 기원함을 시사한다. 바꿔 말해 지금 우리의 기술이 하는 일은 진화가 수십억 년에 걸쳐서 한 일, 즉 죽은 물질에 생명을 불어넣는 일과 같다.

로봇들은 발전하면서 천천히 의식과 내면적 삶을 가지게 될 것이라고 모라벡은 주장한다. 두려움, 부끄러움, 기쁨은 로봇이 위험을 피하고 나쁜 선택의 가능성을 줄이고 좋은 선택을 강화하는 데 도움이 되는 가치 있는 감정들일 수 있을 것이다. 심지어 모라벡은 로봇이 자신의 주인 때문에 걱정하거나 화를 낼 이유도 충분히 있을 것이라고 생각하지만, 일반적으로 로봇들은 인간보다 더 친절하리라고 추측한다. 왜냐하면 로봇은 자신의 생존을 확보하기 위해 이기적이어야 할 필요가 없기 때문이다. 많은 사람들이 죽은 물질이 의식을 낳을 수 있다는 견해를 배척한다는 점을 모라벡은 인정한다. 철학자 휴버트 드레이퍼스는 컴퓨터가 주관적 의식을 경험할 수 없다고 주장했고, 그의 동료

존 설은 (우리가 이미 보았듯이) 컴퓨터가 생각하게 되는 일은 영영 없으리라고 말한다. 수학자 로저 펜로즈도 의식은 뇌 속의 어떤 양자적 현상을 통해 성취되는데 로봇에게는 그 현상이 일어나지 않는다고 주장한다. 그러나 모라벡은 신경과학에서 반대 증거들이 축적되고 있다는 점을 지적한다. 그에 따르면, 정신은 물리적 바탕 위에서 작동하는 어떤 것이며, 언젠가 우리는 충분히 복잡한 로봇들을 의식 있는 존재로 받아들이게 될 것이다.

모라벡은 이런 발전들을 인간들이 생물학적 대물림의 통로 외에 또 다른 대물림의 통로를 사용하는 것의 자연스러운 귀결이라고 본다. 즉, DNA를 활용하는 더 느린 생물학적 통로가 아니라 책, 언어, 데이터베이스, 기계를 활용하는 더 빠른 문화적 통로를 사용하는 것의 귀결이라고 말이다. 인류 역사의 대부분 동안 더 많은 정보의 저장소는 문화가 아니라 유전자들이었다. 그러나 지금은 도서관들이 보유한 정보만 따져도 우리의 유전자들이 보유한 정보보다 수천 배 많다. "완전한 지능을 갖춘 로봇들이 등장하면, 문화는 생물학으로부터 완전히 독립하게 된다. 우리에게서 유래하여 우리의 솜씨들을 배우고 일단 우리의 목표들과 가치들을 공유하게 될 지능적 기계들은 우리 정신의 자식들이 될 것이다."[10]

다가오는 로봇 시대를 더 잘 이해하기 위하여 우리의 역사를 기술과 관련지어 고찰해보자. 10만 년 전에 우리 조상들은 "완전히 자동화된 자연"에 의존했다. 농업을 시작하면서 우리는 생산을 늘렸지만, 더불어 노동도 늘렸다. 최근까지도 인류의 주요 일거리는 식량 생산이었다. 그 후 농부들은 기계들에게 일자리를 빼앗기고 공장으로 이동했지만, 더 발전한 기계들은 그 농부들을 공장에서 내몰아 사무실로 옮겼다. 하지만 지금은 사무실에서도 기계가 사람의 일을 대신한다. 머지않아 기계들이 모든 노동을 도맡을 것이다. 트랙터와 콤바인은 농부들을 능가하고, 공업용 컴퓨터는 기술자들을 능가한다. 여러 층위의 관리자와 사무원도 사라지기 시작한다. 필경사, 성직자, 예언자, 족장은 이제 더는 지혜의 보유자가 아니다. 그들이 지혜의 보유자였던 시대를 인쇄술과 매스컴이 종결시켰다. 자동화 기술과 로봇들은 전례 없는 방식으로 노동자들을 차츰 밀어낼 것이다. 이미 기계들이 얼마나 많은 육체적·정신적 노동을 맡고 있는지 생각해보라. 이런 변화는 단기적으로 공황을 유발하고 새로운 방식으로 생계를 꾸리기 위한 쟁탈전을 불러올 것이다. 그러나 중기적으로는 더 여유로운 생활을 누릴 기회를 제공할 것이며, 장기적으로 이 변화는 "생물학적 인간이 지배하던 시대가 끝나고 로봇 시대가 도래하는 것을 의미한다."[11]

모라벡은 로봇의 노동이 인간의 삶을 더 쾌적하게 만들 것이라는 낙관론을 편다. 그러나 진화는 불가피하게 인간을 넘어서 "과거 인간이었던 존재들ex-humans(줄여서 "엑시즈exes")의 세계에 도달할 것이다. 이 탈생물학적 존재들은 생물학적 존재에게는 적대적이지만 그들에게는 우호적인 은하에서 거주할 것이다. "우리는 지구의 생물학적 다양성에 경탄하지만 … 탈생물학적 세계의 다양성과 범위는 천문학적으로 더 클 것이다. 그 세계가 어떤 모습일 수 있을지 추측하는 과제 앞에서 상상력은 머뭇거린다."[12] 하지만 모라벡은 기꺼이 위험을 무릅쓰고 추측을 내놓는다. "중성자별에 갇힌 엑시즈는 은하계에서 가장 성능이 뛰어난 정신의 소유자들이 될 가능성이 있다 … 그러나 빠르게 진화하는 초정신들의 세계에서는 아무것도 영원히 존속하지

못한다. 엑시즈는 과거의 유물이 될 것이다." [13]

모라벡의 추측에 따르면, 그 먼 미래에 엑시즈는 "지능을 높이는 계산 소자들로 바뀔 것이다 … 물리적 활동은 점점 더 순수해지는 생각의 연결망에 차츰 편입될 것이다. 그 연결망에서 가장 작은 상호작용 각각은 유의미한 계산 하나를 나타낸다." [14] 엑시즈가 시공과 에너지를 계산의 형식들로 변환하는 법을 터득할 가능성도 있다. 그 결과는 "우주의 비거주 구역들이 신속하게 사이버 공간으로 변환되는 것이다. 그 사이버 공간에서는 명백한 물리적 활동은 눈에 띄지 않지만, 그 공간의 내부는 천문학적으로 풍요롭다." [15] 존재들은 물리적 위치에 의해 정의되지 않을 것이다. 오히려 존재는 사이버 공간 안의 정보 패턴일 것이다. 그 공간으로 유입되는 물리적 이주의 물결은 "거의 광속으로 팽창하는 정신의 거품방울" [16]에게 일찌감치 자리를 내줄 것이다. 결국 그 팽창하는 사이버 공간 거품방울은 마주치는 모든 것을 재창조함으로써 "옛 우주를 소비하면서 기억할 것이다." [17]

현재 우리의 작은 정신들은 우주에 의미를 줄 수 없지만, 미래의 우주적 정신은 그렇게 할 수 있을 가능성이 있다. 그러려면 우주적 정신은 무한히 주관적이고 자기의식이 있고 강력해야 할 것이다. 그때가 되면 우리 후손들은 다른 가능한 세계들을 누빌 수 있을 것이다. 안타깝게도 지금 살아있는 우리는 우주의 법칙들에 의해 지배된다. 그 지배는 적어도 우리가 죽어서 물리적 실재와의 연관성이 끊어지기 전까지는 유지된다. 그러나 우리는 미래에 지능이 초인간적으로 높은 후손들의 정신들 속이나 시뮬레이션된 현실들 속에서 재구성될 가능성이 있다. 그러나 현시점에서 이것은 아직 환상이고, 우리는 셰익스피어의 한탄을 되뇔 수 있을 따름이다.

죽음, 잠

잠, 어쩌면 꿈. 아이코, 큰일이로군

그 죽음의 잠 속에서 어떤 꿈들을 꾸게 되려나

죽음이 예정된 이 똬리에서 우리가 살며시 벗어났을 때 …

요약 우리의 로봇 후손들은 우리 정신의 자식들일 것이며, 그들은 상상을 초월한 세계들에서 살 것이다. 하지만 현시점에서 우리는 죽는다.

찰스 루빈 :
기술적 멸종론에 대한 반론

　　　　　　　　찰스 루빈Charles T. Rubin은 피츠버그 소재 듀케인 대학의 정치학 교수다. 그가 2003년에 발표한 논문 〈인공지능과 인간의 본성〉은 커즈와일과 모라벡의 생각에 대한 체계적 반론이다.[18]

　루빈은 커즈와일과 모라벡의 미래주의가 거의 온통 문제투성이라고 본다. 이들의 미래주의는 진화, 복잡성, 우주에 관한 형이상학적 사변, 가능성에 관한 기술적 사변, 의식, 개인의 정체성, 심신 문제에 관한 철학적 사변을 동원한다. 그러나 루빈은 그가 "멸종론자extinctionist"라고 부르는 그 미래학자들을, 가능성에 관한 그들의 주장을 문제 삼아 비판하려 들지 않는다. 대신에 그는 로봇과 유사한 미래 인간의 상태가 필연적이라거나 바람직하다는 그들의 주장에 초점을 맞춘다.

　우리의 멸종이 진화적 필연이라는 주장은 논거가 희박한 듯하다. 왜 우리가 우리 자신의 멸종을 앞당겨야 할까? 대신에 기계들을 파괴

해도 되지 않을까? 우리의 멸종이 바람직하다는 주장은 또 다른 질문을 불러온다. 탈인간적post-human 삶의 어떤 측면이 그리 바람직하다는 말인가? 이 질문에 대한 커즈와일과 모라벡의 대답은 인간의 한계들을 극복하는 힘이 바람직하다는 것이다. 이 욕망의 바탕에는 우리가 향상되고 변형되고 개조되어야 할 하나의 진화적 사건일 뿐이라는 믿음이 깔려 있다.

하지만 이 믿음은 또 다른 질문을 불러온다. 우리가 우리 자신을 기술적 장치 속에 업로드하면, 과연 우리 자신이 존속하게 되는 것일까? 루빈은 우리와 우리가 되고자 하는 로봇 사이에 구분이 존재한다는 반론을 제기한다. 로봇은 우리와 유사성이 거의 없을 것이다. 특히 우리가 우리 정체성의 결정적 요소인 몸을 벗어버림으로써 자아의 존속을 더욱 위태롭게 만들고 나면, 이 문제가 뚜렷이 불거질 것이다. 이 불연속성을 감안하면, 우리가 이 새로운 세계에서 살기를 원할지, 혹은 그 세계가 더 나을지를 어떻게 알 수 있겠는가? 이는 인간적 삶이 어떠할지를 우리의 영장류 조상들이 상상할 수 없었던 것과 마찬가지다. 그 조상들에게는 우리의 세계가 불편했을 것과 마찬가지로, 우리는 탈인간적 세계에서 불편함을 느낄지도 모른다. 탈인간적 삶이 어떠할지를 우리가 알 수 있다는 생각은 아무 근거가 없다. 그 삶이 악몽 같을 가능성도 배제할 수 없다.

그러나 루빈은 기술이 군사적, 의학적, 상업적, 지적 동기에서 추진력을 얻어 진화할 것이며 따라서 기술의 발전을 제한하는 것은 비현실적이라는 점을 인정한다. 탈인간을 향한 기술의 발전을 멈추거나 최소한 늦추는 열쇠는 수많은 측면에서 기계의 삶을 능가하는 인간적 삶의 고유한 특징들을 사람들에게 교육하는 것이다. 사랑, 용기, 자비를 비롯한 수많은 인간적 미덕들은 우리의 유한성과 불가분의 관계일 가능성이 있다. 진화는 우리의 멸종을 재촉할 가능성이 있다. 그러나 어쨌든 우리가 우리의 멸종을 추구할 필요는 없다. 왜냐하면 탈인간적 세계가 우리의 현재 세계보다 더 낫다고 생각할 근거가 없기 때문이다. 그런 프로메테우스적 비전을 추구할 경우, 우리는 결국 지금보다 더 나쁜 처지가 될 수도 있다.

요약 우리는 초인간주의적 이상들을 거부하고 우리의 유한성을 받아들여야 한다.

마셜 브레인 :
우리는 몸을 버리게 될 것이다

마셜 브레인Marshall Brain(1961-)은 작가, 연설가, 사업가다. 노스캐롤라이나 주립대학에서 컴퓨터과학 석사학위를 받고 여러 해 동안 가르쳤으며 웹사이트 '하우스터프웍스How Stuff Works'를 창설했다. 2007년에 디스커버리 커뮤니케이션즈Discovery Communications 사는 이 웹사이트를 2억 5,000만 달러에 사들였다. 브레인은 초인간주의, 로봇공학, 자연주의에 관한 자신의 글을 모은 웹사이트도 운영한다. 그의 에세이 〈우리가 몸을 버리는 날〉은 21세기 안에 몸을 버릴 수 있게 해주는 기술이 개발될 것이라는 주장을 설득력 있게 펼친다.[19] 그때가 되면, 우리 대다수가 몸을 버릴 것이라고 브레인은 말한다.

어째서 우리는 몸을 버리기를 원하게 될까? 몸을 버리면 상상할 수 없을 정도의 자유와 장수를 누리게 될 것이기 때문이다. 우리의 몸이 얼마나 취약한지 생각해보라. 당신이 말 위에서 떨어지거나 아주 얕은 물속으로 다이빙하면, 당신의 몸은 완전히 망가질 것이다. 이런 일이 일어난다면, 당신은 기꺼이 몸을 버릴 것이다. 그런데 나이를 먹으면 우리 모두에게 그런 일이 일어난다. 몸이 뇌를 차츰 죽여서 지식과 경험의 비극적 상실을 초래한다. 우리의 뇌는 우리의 몸이 죽기 때문에 죽는다.

또한 아름다운 몸을 가졌다는 평가를 받는 사람이 얼마나 드문지, 우리 몸의 아름다움이 나이를 먹음에 따라 어떻게 시들어가는지 생각해보라. 더 아름다운 몸을 가질 수 있다면, 당신은 기꺼이 당신의 몸을 버릴 것이다. 뿐만 아니라 당신의 몸은 목욕해야 한다. 당신의 몸은 냄새가 나고 쉽게 뚱뚱해지며 이동하려면 시간이 걸리고 날아가거나 오래 잠수할 수 없고 염력을 발휘할 수 없다. 몸의 노화는 또 어떤가. 몸을 버림으로써 노화를 면할 수 있다면, 대다수 사람들은 기꺼이 그렇게 할 것이다.

건강한 사람도 자신의 몸을 버리게 될까? 수많은 건강한 사람들이 비디오게임을 한다는 사실을 생각해보라. 게임들이 더 현실적으로 되면, 사람들이 게임 속에 들어가서 살기를 원하게 되리라고 상상할 수 있다. 결국 사람들은 자신의 생물학적 뇌를 가상현실 속 자신의 가상 신체와 연결하기를 원할 것이다. 당신의 가상 신체는 당신의 생물학적 신체보다 훨씬 더 나을 수 있고 심지어 완벽할 수도 있을 것이다. 가상 세계로 들어간 당신의 여자친구나 남자친구는 완벽한 몸을 지녔을 테고, 그들은 당신도 그 세계로 들어오라고 권할 것이다. 당신은 통증 없는 수술을 통해 당신의 뇌를 가상현실 속의 새로운 몸과 연결하기만 하면 된다. 가상현실 속에서 당신은 공항의 보안검색대를 통과하여 비행기를 타지 않아도 세계 곳곳을 둘러볼 수 있을 것이다. 2천 년 전의 로마나 그리스를 방문하고 스탈린그라드 전투에 참가하고 찰스 다윈과 대화하고 슈퍼맨의 삶을 사는 것도 가능할 것이다. 당신은 어떤 시대, 어떤 장소라도 원하는 대로 갈 수 있고, 모든 한계를 뛰어넘고, 황홀한 섹스를 할 수 있을 것이다. 당신의 가상 신체가 모든 면에서 당신의 생물학적 신체보다 더 낫다면, 당신은 생물학적 신체를 버릴 것이다.

미래에도 처음에는 당신의 자연적인 뇌가 당신의 자연적인 몸과 연결되어 있을 수 있지만, 어느 시점에서 당신의 뇌는 당신의 몸과 분리되어 안전한 뇌 저장시설로 옮겨질 것이다. 동시에 당신은 가상현실로 완벽하게 이동할 것이다. 당신은 완벽한 가상현실 속에서 성가신 물리적 신체 없이, 또한 그 신체가 부과하는 한계들 없이 살 것이다.

요약 비교적 멀지 않은 미래에 우리는 몸을 버리고 훨씬 더 나은 가상현실 속에서 살 수 있게 될 것이다. 우리는 그렇게 살아야 한다.

미치오 카쿠 :
미래의 전반적인 비전

미치오 카쿠Michio Kaku(1947-)는 뉴욕시립대학 시티 칼리지의 헨리 시마트 이론물리학 교수다. 끈이론을 공동으로 창시했으며 과학 대중화에 활발히 기여하고 있다. 1972년에 버클리 소재 캘리포니아 대학에서 물리학 박사학위를 받았다. 1997년에 출판한 저서 《비전들: 과학은 21세기를 어떻게 혁명적으로 변화시킬까》(한국어판 제목은 《비전 2003》— 옮긴이)에서 카쿠는 현재 과학에서 벌어지고 있는 어떤 일이 우리의 미래를 혁명적으로 바꿀지에 대한 전반적인 그림을 제시한다. 우선 그는 20세기 과학의 세 가지 커다란 주제인 원자, 컴퓨터, 유전자를 지적한다. **이 주제들과 연결된 혁명들의 궁극적 목표는 물질, 정신, 생명에 대한 완전한 이해다.** 목표 달성을 향한 전진은 눈부셨다. 지난 몇 년 동안 생겨난 과학 지식이 그전의 인류 역사 전체에서 생겨난 과학 지식보다 더 많다. 이제 우리는 자연 앞에서 수동적 관찰자로 머물 필요가 없다. 우리는 능동적 지휘자일 수 있다. 우리는 자연법칙들의 발견자에서 자연법칙들을 부리는 주인으로 변신하는 중이다.

양자혁명은 나머지 두 혁명의 발판이 되었다. 1925년까지만 해도 원자의 세계를 이해한 사람이 아무도 없었지만, 오늘날 우리는 물질을 거의 완벽하게 기술할 수 있다. 원자 이해의 기본 전제들은 이러하다. 1) 에너지는 연속적이지 않으며 "양자"라는 분절적인 꾸러미들로 발견된다. 2) 아원자 입자들은 입자의 성격과 파동의 성격을 모두 가졌다. 3) 이 파동/입자들은 특정 사건이 일어날 확률을 알려주는 슈뢰딩거의 파동방정식에 따라 진화한다. 표준모형에 의거하여 우리는 쿼크부터 초신성까지 온갖 대상의 속성들을 예측할 수 있다. **현재 우리는 물질을 이해하며 이 세기 안에 물질을 거의 자유자재로 조작할 수 있게 될 가능성이 있다.**

컴퓨터 혁명은 1940년대에 시작되었다. 당시의 컴퓨터들은 원시적인 수준이었지만, 1950년대에 레이저가 개발되면서 지수적인 발전이 시작되었다. 오늘날 손톱만한 면적에 들어갈 수 있는 트랜지스터의 개수는 수천만 개에 달한다. 마이크로칩이 도처에서 쓰임에 따라 삶은 극적으로 달라질 것이다. **과거에 우리는 지능을 경이롭게 여겼지만 미래에는 지능을 창조하고 통제할 가능성이 있다.**

생명-분자 혁명은 1950년대에 DNA의 이중구조가 밝혀지면서 시작되었다. 우리의 유전암호가 세포 속의 DNA 분자에 적혀 있다는 사실이 밝혀졌다. 분자생물학의 기법들을 이용하면 생명의 암호를 마치 책처럼 읽을 수 있다. 발전이 계속되어 언젠가 인간에 대한 사용설명서가 등장하면, 과학과 의학은 돌이킬 수 없게 변화할 것이다. **우리는 생명을 지켜보는 대신에 거의 자유자재로 조종할 수 있게 될 것이다.**

이처럼 자연에 대한 이해에서 우리는, 알아내는 단계에서 지배하는 단계로 이행하는 중이다. 우리는 먼 우주에서 지구로 날아와 체스 게임을 구경하는 외계인과 유사하다. 체스의 규칙들을 알아내려면 긴 시간이 필요하다. 또한 규칙을 아는 것만으로 뛰어난 체스 선수가 될 수는 없다. 우리의 처지가 이와 유사하다. 우리는 물질, 생명, 정신의 규칙들을 알아냈지만 아직 그 규칙들을 지배하지 못한다. 그러나 머지않아 지배하게 될 것이다.

이 혁명들의 참된 추진력은 그것들의 상호연결성, 그것들이 서로를 북돋는 방식이다. 양자이론은 트랜지스터와 레이저를 거쳐 컴퓨터 혁명을 낳았다. 또한 엑스선 결정학과 화학결합 이론을 거쳐 생명-분자 혁명을 낳았다. 이 세 분야에서 환원주의와 전문화는 큰 성과를 가져왔지만, 각 분야에서 다루기 힘든 문제들은 이 분야들을 다시 뭉쳐 시너지를 발생시킬 것을 강제했다. 지금은 컴퓨터가 유전자를 해독하고, DNA 연구가 유기분자를 이용한 새로운 컴퓨터 구조를 가능하게 만든다. 카쿠가 타가수정cross-fertilization이라고 부르는 이 현상 — 한 과학의 발전이 다른 과학들의 발전을 북돋는 현상 — 은 과학의 발전을 가속시킨다.

향후 10년 안에 과학 연구가 폭발적으로 발전하여 장기들을 성장시키고 암을 치료하는 등의 성과에 이를 것이라고 카쿠는 예상한다. 21세기 중반에는 노화 억제 분야에서 진보가 이루어질 것이며 나노 기술, 항성 간 여행, 핵융합 분야에서 엄청난 발전이 이루어질 것이다. 21세기 말에는 새로운 유기체들이 창조되고 우주 식민지가 건설될 것이다. 더 먼 미래에는 커즈와일과 모라벡의 비전들이 실현될 것이다. 즉, 우리는 새 장기들과 몸을 성장시킴으로써, 또는 컴퓨터와 융합함으로써 생명을 연장할 것이다.

이 모든 발전의 끝은 어디일까? 이 질문에 대답하는 한 가지 방법은 천체물리학자들이 에너지 활용 방식을 기준으로 가설적 문명들을 I, II, III단계 문명으로 분류한 것을 참조하는 것이다. 제I단계 문명은 지상의 에너지를 통제하고 날씨를 조절하며 해저 광산을 개발하고 행성의 핵에서 에너지를 추출한다. 제II단계 문명은 별의 에너지를 통제한다. 그 문명의 태양을 이용하여 기계들을 작동시키고 다른 별들을 탐사한다. 제III단계 문명은 항성 간 에너지를 운용한다. 왜냐하면 이 문명은 이미 별 에너지를 소진했기 때문이다. 문명들은 에너지를 행성, 별, 은하에서 얻을 수 있다. 문명의 유형은 이 에너지원들에 대한 통제력을 기준으로 판정된다.

우리의 에너지원 통제력이 매년 약 3퍼센트씩 성장한다면, 우리는 한두 세기 안에 제I단계 문명에 도달할 것이라고 카쿠는 추정한다. 약 800년 뒤에는 제II단계 문명, 1만 년 뒤에는 제III단계 문명에 도달할 것이다. 그러나 현재 우리는 죽은 동식물의 잔해에서 문명의 동력을 얻는 (그러면서 기후를 극적으로 변화시키는) 0단계 문명이다. 카쿠의 예측에 따르면, 22세기가 끝날 무렵에 우리는 제I단계 문명에 근접할 것이고 우주로 첫걸음을 내디딜 것이다. 커즈와일, 모라벡과 마찬가지로 카쿠는 우리의 기술이 우리의 뇌를 대체하게 될 때, 새로운 기술적 뇌가 로봇 신체나 가상현실 속에서 존속하게 될 때, 우리는 일종의 영생을 얻게 될 것이라고 믿는다. 이 변화는 진화 과정에서 멸종한 모든 종들과 마찬가지로 우리 인류가 다른 종으로 대체된다는 것을 의미한다. 우리의 임무는 진화를 전진시키는 것이다.

요약 원자, 유전자, 컴퓨터에 관한 지식은 물질, 생명, 정신에 대한 통제력의 획득으로 이어질 것이다.

재런 래니어 :
사이버네틱 전체주의에 반대함

재런 래니어Jaron Lanier(1960-)는 가상현실 분야의 개척자다. 아타리Atari 사에서 일하다가 1985년에 퇴사하여 VPL 리서치 사를 창립했다. 이 회사는 가상현실 고글과 장갑을 최초로 판매했다. 1990년대 후반에 래니어는 인터넷2를 위한 응용기술들을 연구했고, 2000년대에는 실리콘 그래픽스 사와 여러 대학의 방문학자를 지냈다. 그 후에는 린든 랩Linden Lab 사에서 가상현실 상품 〈세컨드 라이프Second Life〉에 관한 조언자로 활동하고 마이크로소프트 리서치 사에서 "전방위 학자scholar-at-large"로서 엑스박스Xbox 360용 키넥트 디바이스Kinect device를 연구해왔다.

래니어의 "한 선언의 절반One Half A Manifesto"은 이른바 "사이버네틱 전체주의"에 대한 반론이다. 그가 말하는 사이버네틱 전체주의는 인간의 조건을 변형할 것을 기존의 어떤 이데올로기보다 더 강력하게 제안하는 커즈와일 등의 견해를 뜻한다. 사이버네틱 전체주의는 아래 믿음들을 특징으로 가진다.

1. 사이버네틱 정보 패턴들은 실재를 이해하는 궁극적이며 가장 좋은 길이다.
2. 사람들도 사이버네틱 패턴들에 불과하다.
3. 주관적 경험은 존재하지 않거나, 모종의 주변적 현상이므로 중요하지 않다.
4. 다윈이 생물학이나 그 비슷한 분야에서 서술한 바는 실제로 모든 창조와 문화에 관한 단 하나의 우월한 서술이기도 하다.
5. 정보 시스템들의 양적 측면뿐 아니라 질적 측면도 무어의 법칙에 따라 가속적으로 발전할 것이다.
6. 생물학과 물리학이 컴퓨터과학과 융합할 것이고, 그 결과로 생명과 물리적 우주는 변덕스러워져서 컴퓨터 소프트웨어의 성격을 띠게 될 것이다. 게다가 이 모든 변화들이 곧 일어날 것이다. 컴퓨터들은 매우 신속하게 개량되는 중이므로 다른 모든 사이버네틱 과정들 — 예컨대 사람들 — 을 압도할 것이며, 새로운 "임계점"에 도달하는 순간, 지구 주변의 익숙한 환경에서 일어나는 일들을 근본적으로 바꿔놓을 것이다. 그 순간은 2020년경일 가능성이 있다. 그 순간 이후에도 인간으로 사는 것은 불가능하거나 우리가 지금 알 수 있는 바와 무척 다를 것이다.[21]

래니어는 각각의 믿음에 상세한 반론으로 응수한다. 그의 반론들을 요약하면 아래와 같다.

1. 문화를 밈들로 환원할 수 없으며, 사람들을 사이버네틱 패턴들로 환원할 수 없다.
2. 인공지능은 믿음의 시스템belief system이지, 기술이 아니다.
3. 주관적 경험은 존재하며, 인간과 기계를 갈라놓는다.
4. 다윈이 제시한 "창조의 알고리즘"은 어떻게 컴퓨터가 인간보다 더 영리해질지 설명한다. 그러나 자연이 어떤 "추가" 요소도 요구하지 않고 사람들을 창조했다는 사실에서, 컴퓨터들이 독자적으로 진화할 것이라는 결론을 끌어낼 수는 없다.
5. 소프트웨어가 발전하고 있다고 생각할 근거는 희박하며, 소프트웨어가 하드웨어와 유사한 속도로 발전하리라고 생각할 근거는 전혀 없다.

사이버네틱 전체주의의 핵심인 여섯째 믿음은 래니어를 무섭게 한다. 그렇다, 컴퓨터들은 우리를 죽일 수도 있고 매트릭스 안에 보존할 수도 있으며, 악당들이 나머지 인간들에게 해를 끼치는 데 이용될 수도 있다. 래니어가 가장 두려워하는 것은 마지막 시나리오다. 왜냐하면 부유한 극소수가 거의 신에 가깝게 되고, 나머지 우리는 상대적으로 과거와 똑같이 머무는 것을 쉽게 상상할 수 있기 때문이다. 소프트웨어가 훨씬 더 발전하지 않는 한, 영생을 얻기 위해 지불해야 할 금액이 매우 클 것이라고 래니어는 예측한다. 예컨대 생명공학을 이용하여 당신의 육체를 컴퓨터로 개조하는 데 성공하려면 자잘한 결함도 없는 탁월한 소프트웨어가 필요할 텐데, 그런 소프트웨어는 엄청나게 비쌀 것이다.

래니어는 미래에 변화들이 일어나리라는 것을 인정한다. 그러나 기계가 아니라 인간이 그 변화들을 일으켜야 한다. 만일 기계가 변화를 일으킨다면, 우리는 책임을 다하지 못하는 셈이다. 견제 없는 사이버네틱 전체주의는 과거의 많은 종말론들과 마찬가지로 고통을 불러올 가능성이 있다. 우리의 비전들을 실현하려 할 때 우리는 겸허한 마음가짐을 유지해야 마땅하다.

요약 사이버네틱 전체주의는 철학적, 기술적으로 문제가 있다.

그레고리 폴, 얼 콕스 : 인간성을 넘어서기

그레고리 스캇 폴Gregory Scott Paul(1954-)은 고고학, 사회학, 신학 분야의 프리랜서 연구자, 저자, 삽화가다. 얼 콕스Earl Cox는 메투스 시스템스 그룹Metus Systems Group의 창립자이자 독립 연구자다. 두 사람이 함께 써서 1996년에 출판한 책《인간성을 넘어서: 사이버 진화와 미래의 정신들》은 과학적 진보에 대한 그들의 견해에 반대하는 사람들의 마음가짐을 공격하는 내용이다.

우리가 본 많은 저자들과 마찬가지로, 폴과 콕스는 우주와 그 안의 모든 생명과 정신이 시간 속에서 밑바닥부터 진화했다고 주장한다. 그러나 유전자들은 이제 우리의 진화와 거의 상관이 없다. 과학과 기술이 가속적인 진화를 추진한다. 이 진화의 과정에서 '더 짧은 시간에 더 많은 변화'라는 일반적인 패턴이 나타난다. 자연이 생물학적 뇌를 산출하는 데는 오랜 시간이 걸렸지만, 기술은 사이버 뇌를 훨씬 더 빨리 산출할 것이다.

밝은 전망에도 불구하고 과학과 기술에 대한 사람들의 태도는 양면적이다. 사람들은 과학기술이 삶을 향상시키리라고 믿는다. 그러나 과학기술은 수백만 명의 죽음에 기여해왔다. 과학기술의 성취는 어떤 의미에서 역효과를 낳았다. 완벽하게 수용되려면 과학기술은 인간 본성에 관한 질문들로 불가피하게 이어지는 고통과 죽음의 문제를 풀어야 한다. 인간 본성을 꼼꼼히 살펴보면, 긍정적인 측면을 발견할 수 있다고 저자들은 결론짓는다. 우리의 뇌는 자각적이며 의식적인 생각을 산출하며, 그 생각은 경이로운 청각 시스템 및 시각 시스템과 연결되어 있다. 반면에 우리의 몸은 잠을 필요로 하고 운동해야 하고 비만을 부르는 음식을 좋아하고 힘과 이동 능력에 제한이 있다.

이런 부정적인 측면은 우리 뇌의 한정된 기억 용량도 포함한다. 우리는 정보를 느리게 업로드한다. 또한 우리는 발달이 뒤처진 감정들을 통제하지 못할 때가 많다. 우리는 어린 시절에 온갖 비합리적 요소들에 의해 조건화되기 쉽다. 어른이 된 우리는 과거의 오류들을 탈학습unlearn하는 데 어려움을 겪는다. 우리는 우리의 뇌가 어떻게 작동하는지 모른다. 원치 않는 행동 패턴을 바꿀 수 없는 경우가 많다. 뇌의 화학적 상태가 우리의 기분을 좌우한다. 이 모든 사실들은 우리가 스스로 인정하는 정도보다 훨씬 덜 자유로움을 시사한다. 게다가 개별 정신들은 연합할 때 특히 파괴적이며 흔히 놀랄 만큼 빈번하게 서로를 죽인다. 또한 우리는 세뇌, 통증, 햇빛, 곤충, 바이러스, 외상, 골절, 병, 감염, 장기 부전, 마비, 미세한 DNA 손상, 암, 우울증, 정신병에 취약하다. 우리는 나이를 먹으면서 퇴화하고 통증에 시달리며, 진화는 우리의 정신이 아니라 DNA를 영속시키므로, 백업 시스템 없이 죽는다. 전반적으로 이것은 환영할 만한 측면들이 아니다.

병과 노화는 우리의 뇌와 컴퓨터들이 미생물들과 병든 세포들의 RNA 컴퓨터와 DNA 컴퓨터를 상대로 벌이는 전쟁으로 간주할 수 있다. 이 전쟁에서 이기는 최선의 길은 무엇일까? 우리의 DNA를 재생하면, 우리의 몸만 재생되고 정신은 여전히 죽은 상태일 것이다. 따라서 이것은 완전한 해결책이 아니다. 이 한계를 극복하는 길은 뇌 속에 나노컴퓨터를 이식하여 당신의 의식적 정신을 다운로드받는 것이다. 만일 그 정신 저장 장치가 연속적으로 다운로드를 받는다면, 당신은 언제든지 죽은 뒤에 복구될 수 있다. 즉, 당신은 영생하게 될 것이다. 하지만 여기에서 멈출 이유는 없다. 파괴되지 않는 사이버 몸과 사이버 뇌를 제작하지 않을 이유가 없지 않은가.

이 모든 생각은 우리가 신이 되는 것에 관한 질문들을 야기한다. 저자들은 신들의 존재가 과학과 공학의 한 프로젝트라고 주장한다. 우리는 상상 속의 신들만큼 강력한 정신들을 충분한 기술로 창조할 수 있다는 것이다. 물론 이 프로젝트는 초자연주의와 상반된다. 하지만 역사 속에서 다른 초자연적 미신들을 차례로 해체해온 과학기술은 신에 관한 초자연주의와의 싸움에서도 이길 것이다. 과학은 초자연주의를 설명함으로써, 그리고 종교들이 상상 속에서만 제공하는 것을 실제로 제공함으로써 초자연주의를 이길 것이다. 과학이 죽음과 고통을 정복하면, 종교는 사멸할 것이다. 죽음에 대한 공포의 경감이라는 종교의 근본적인 존재 이유가 무의미해질 테니까 말이다. 저자들은 종교의 관리인들과 신학자들에게 단호하게 경고한다.

신학자들은, 모닥불 가에 둘러앉아 누가 누구와 짝짓기를 해야 하고 어떤 씨족이 푸른 계곡에서 살아야 할지 토론하면서도 최초 호모 사피엔스들과 관련한 난감한 문제들에는 마음을 쓰지 않는 호모 에렉투스 집단과 유사하다 … 신학자들이 주의를 기울이는 사안들은 고대에 아테나 여신에게 바친 제물만큼 무의미해질 위험에 처했다 … 과학과 기술은 약하거나 쉽게 고통에 빠지지 않는 정신들을 곧 공급할 가능성이 있다. 그 정신들은 영원히 죽지 않을 것이다. 머지않아 신들은 죽을 테지만, 실재하는 정신들이 신들의 자리를 차지할 것이다. 그 정신들은 우주를 장악하고 심지어 새 우주들을 창조할 수 있는 신들의 힘을 가질 것이다. 이것은 과학과 기술이 미신을 누르고 거두는 최종적이며 가장 큰 승리일 것이다.[22]

요약 우리는 미신의 마지막 흔적인 종교적 충동들을 극복하면서 인간성 너머로 전진해야 한다.

빌 조이 :
우리는 이 기술들을 포기해야 한다

빌 조이Bill Joy(1954-)는 1982년에 선 마이크로시스템스Sun Microsystems를 공동창립한 미국 컴퓨터과학자다. 2003년까지 같은 회사에서 수석 과학자로 일했다. 잡지《와이어드Wired》에 발표한, 오늘날 널리 알려진 에세이〈미래가 우리를 필요로 하지 않는 이유〉(2000)에서 조이는 현대 기술의 발전에 대한 깊은 우려를 표명한다.

그 우려의 출발점으로 조이는 1998년에 한 학회에서 레이 커즈와일과 나눈 대화를 거론한다. 커즈와일의 예측들에 깜짝 놀란 조이는 《정신적인 기계들의 시대》의 초고를 읽고 큰 혼란에 빠졌다. 이어서 그는 "유나바머Unabomber" 테드 카진스키Ted Kaczynski(유명한 폭탄 테러범 — 옮긴이)의 주장들을 접했다. 기계들이 모든 일을 하게 되는 미래는 불가피하며, 그런 미래가 오면 우리는 a) 기계들에게 모든 결정을 맡기거나 b) 기계들에 대한 인간의 통제를 유지할 수 있을 것이라고 카진스키는 주장했다.

우리가 a)를 선택하면, 우리는 기계들의 처분에 내맡겨진 처지가 된다. 물론 우리가 기계들에게 통제권을 주거나 기계들이 통제권을 쥐는 것은 아니다. 그러나 우리가 기계들에 심하게 의존하는 나머지 기계들의 명령을 받아들일 수밖에 없게 될 가능성이 있다. 말할 필요도 없겠지만, 조이는 이 시나리오가 마음에 들지 않는다. 우리가 b)를 선택하면, 엘리트가 통제권을 쥐고, 대중은 불필요한 존재가 될 것이다. 그러면 극소수의 엘리트가 1) 대중을 몰살하거나 2) 대중의 출생률을 낮춰 서서히 멸종하게 만들거나 3) 자비로운 양치기가 양을 다루듯이 대중을 다룰 것이다. 처음 두 시나리오는 우리의 멸종을 포함한다. 셋째 선택지는 그렇지 않지만 역시 좋은 시나리오는 아니다. 이 마지막 시나리오에서 엘리트는 대중의 모든 육체적 심리적 욕구들을 확실히 충족시키는 한편, 교묘한 조작을 통해 대중의 권력욕을 다른 방향으로 돌릴 것이다. 이 경우에 대중은 행복할지 몰라도 자유롭지 않을 것이다.

조이는 이 논증들이 설득력 있으며 큰 우려를 자아낸다고 본다. 비슷한 시기에 조이는 모라벡의 책을 읽으면서 똑같은 유형의 예측들을 추가로 발견했다. 그에게 특히 걱정스러운 것은, 기술적 우월자들이 항상 열등자들을 이긴다는 모라벡의 주장, 그리고 인간이 로봇과 융합함에 따라 인류는 멸종할 것이라는 모라벡의 견해였다. 당황한 조이는 다른 컴퓨터 과학자들에게 조언을 구했는데, 그들은 이 기술적 예측들에 기본적으로 동의하면서도 걱정하지 않았다. 조이는 행동에 나서야 한다고 느꼈다.

조이의 우려는 21세기의 변형 기술들인 유전학genetics, 나노기술 nanotechnology, 로봇공학robotics(약자로 GNR)에 초점을 맞춘다. 이 기술들에서 특히 문제시되는 것은 이것들이 자기복제의 잠재력을 가졌다는 점이다. 그래서 이 기술들은 20세기 기술들, 대표적으로 핵무기, 생물학무기, 화학무기보다 더 위험하다. 이 무기들은 제작비가 많이 들고 희소한 천연자원을 필요로 한다. 반면에 21세기 기술들은 소규모 집단이나 개인이 대규모 파괴를 일으킬 수 있게 해준다. 조이는 우리가 머지않아 커즈와일과 모라벡의 꿈을 실현하기에 충분한 컴퓨터 성능에 도달하리라는 점을 인정하면서도 우리가 우리의 설계 능력을 과대평가하는 것을 우려한다. 그런 오만은 재앙을 부를 수도 있다.

로봇공학의 주요 동기는 우리 자신을 로봇 속으로 다운로드함으로써 영생하려는 욕망이다('업로드'와 '다운로드'는 바꿔 써도 무방한 용어들로 사용된다). 그러나 조이는 우리가 그 다운로드 후에도 인간일 것이라고 믿지 않는다. 로봇이 우리의 자식이라는 생각도 받아들이지 않는다. 유전공학에 대해서 말하면, 이 기술은 새로운 농작물과 식물을 창조할 것이며 결국 인간의 다양한 변형들을 포함한 새로운 종들을 창조할 것이다. 그러나 조이는 우리가 그런 실험들을 수행하기에 충분할 만큼의 지식을 가지지 못했다는 우려를 표명한다. 또한 나노

기술은 이른바 "그레이 구gray goo" 문제에 직면한다. 이 문제는 자기 복제 나노봇들이 우리의 통제를 벗어나는 사태를 의미한다. 간단히 말해서 우리는 자멸의 문턱에 서있는지도 모른다. 툭하면 설계 오류를 범하는 마당에, 우리를 대체할 로봇 종을 설계한다는 것은 시건방진 짓이 아닐까, 라고 조이는 묻는다.

조이의 결론은 우리가 너무 늦기 전에 이 기술들을 포기해야 한다는 것이다. 그렇다, 유전학, 나노기술, 로봇공학은 행복과 영생을 가져다줄지도 모른다. 그러나 우리가 그런 목표들을 추구하기 위해서 인류의 생존을 위태롭게 해야 할까? 조이는 그렇지 않다고 생각한다.

요약 유전학, 나노기술, 로봇공학은 너무 위험하다. 우리는 이 기술들을 포기해야 한다.

조이의 비관적 미래관에 대한 비판

다른 곳에서 우리는 조이의 비관적 미래관에 대해 체계적 반론을 제시하면서 조이의 논문에서 무려 열두 가지 주장을 식별하고 그 각각을 차례로 비판했다.[24] 조이의 주장들과 우리의 반론들을 최대한 간략하게 정리하면 아래와 같다.

1. 기술은 뜻하지 않은 결과들을 가져온다. 반론: 기술뿐 아니라 모든 행위가 그러하다. 따라서 우리는 신중해야 한다.
2. 로봇을 비롯한 21세기 기술들이 우리를 죽일 것이다. 반론: 그 기

술들을 개발하지 않으면, 더 나쁜 결과가 발생할 수도 있다.

3. 미친 과학자들이 기술을 이용하여 우리를 죽일 것이다. 반론: 과학자들이 다른 사람들보다 더 많이 미쳤다는 것은 사실이 아니다.

4. 로봇들이 자기복제하고 통제 불가능하게 되고 우리를 정복할 것이다. 반론: 인간의 자기복제(번식)도 똑같은 결과를 가져올 수 있다.

5. 유전학, 나노기술, 로봇공학에 접근하기가 쉬워지면, 우리가 멸종할 가능성이 높아진다. 반론: 발전된 기술이 없더라도 우리의 멸종은 불가피하다.

6. 우리는 우리의 설계 능력을 과대평가하고 있다. 반론: 때때로 우리는 우리의 설계 능력을 과소평가한다. 즉, 너무 조심스럽다.

7. 우리를 컴퓨터에 업로드하고 나면, 우리의 인간성이 상실될 것이다. 반론: 이 지적은 부분적으로 옳다. 그러나 인간성 상실이 반드시 나쁜 것은 아니다.

8. 다른 기술들이 문제를 더 심각하게 만든다. 반론: 지식의 증가는 흔히 좋은 일이다.

9. 현재 우리는 우리 자신을 파괴할 능력을 가졌다. 반론: 인류는 항상 멸종의 위험 속에서 살아왔다.

10. 과학은 오만하다. 반론: 인간의 활동들 가운데 과학보다 더 겸허한 것은 거의 없다.

11. 우리는 인공지능이 아니라 자기인식을 추구해야 한다. 반론: 일반적으로 지식의 증가는 자기인식에 도움이 된다.

12. 이 기술들을 포기하라. 반론: 이 명령은 비현실적이다. 현재의 기술에서 유래한 위협들을 외면할뿐더러 미래의 이익을 포기한다.

조이는 걱정에 빠진 나머지 우리의 지식에서 나올 가능성이 있는 결실들을 보지 못한다. 그의 비관론은 그로 하여금 우리의 지식과 그 응용이 우리를 구원할 가능성이 있다는 점을 보지 못하게 만든다. 대신에 그는, 마치 또 다른 종교적 윤리가 우리의 본성에서 벗어날 길을 열어주기라도 하는 양, 우리의 구원을 위하여 달라이 라마의 윤리에 호소한다. 종교적 윤리의 가르침이 인류 전체의 도덕성을 증가시켰음을 보여주는 타당한 증거에 대해서 나는 전혀 아는 바가 없다. 그렇다면 우리의 지식을 이용하여 우리 자신에 대한 통제권을 확보하는 것이 옳지 않을까? 그렇게 하면, 우리 기술의 지배력은 대부분 기술 자신을 향할 것이다. 조이의 걱정들은 일리가 있지만, 그가 제시하는 해결책은 비현실적이다. 기술을 포기하라는 그의 호소는 인간을 개선의 여지가 없는 존재로 낙인찍는다. 실제로 인간이 그런 존재라면, 삶에 무슨 의미가 있겠는가?

우리는 조이의 비관론을 포기하라고 말한다. 우리의 지능, 건강, 수명을 제한하는 모든 장애물과 한계를 거부하라고 말이다. 우리의 과거 성취들을 유념하고 우리 자신의 현재 상태를 고마워하라. 그러나 우리의 가능한 미래 상태에 대한 희망에서 힘을 얻어 열정적이며 창조적으로 전진하라. 그렇게 하는 것에 인류와 그 후손들의 미래가 달려 있다. 위험을 동반하지 않은 전진은 없다. 그러니 조심스러우면서 또한 과감해지자. 가만히 멈춰있지 말자. 월트 휘트먼은 이렇게 읊조렸다.

오늘 해뜨기 전에 나는 작은 구릉에 올라
붐비는 천국을 바라보며

나의 정신에게 말했지,

우리가 저 천구들을 품고

그 안의 만물에 대한 앎과 쾌락을 품으면

우리는 채워지고 만족할까?

나의 정신이 대답했네,

아니, 우리는 단지 그 상승을 무화할 거야

통과하고 그 너머로 계속 나아갈 거야.[25]

요약 우리는 급진적 변화를 두려워하지 말아야 한다.

결론 :
죽음은 선택사항이어야 한다

지금까지 보았듯이, 커즈와일, 모라벡, 카쿠, 브레인 등 기술이 죽음을 극복할 가능성이 있다고 전망하는 진지한 사상가들이 있다. 설과 라니어는 로봇이 의식을 획득할 가망은 극도로 낮으며, 따라서 우리가 우리 자신을 로봇 안으로 업로드함으로써 영생을 얻게 되지는 않을 것이라고 주장한다. 루빈과 조이는 영생을 위한 기술이 아마도 발전하겠지만, 그 발전이 바람직하지 않다고 본다. 주된 이유는, 그 발전이 우리가 아는 유형의 인간의 종말을 알리는 신호라는 것이다.

비과학자들인 우리는 과학이 무엇을 할 수 있고 무엇을 할 수 없는지에 관한 과학적 주장들을 평가할 자격이 없다. 그러나 **우리는 미래가 과거와는 근본적으로 다르리라고 확신한다.** 기술의 진화를 알면, 이 결론에 도달할 수밖에 없다. 미래에 과학기술의 산물들은 우리가 한때 넘을 수 없다고 여긴 장벽들을 점점 더 많이 뛰어넘을 수 있게 해줄 것이다. 단, 우리가 갖가지 경고에 주의를 기울여 인류의 자멸을 피하고 과학이 계속 진보하는 한에서 그러하다. 미래에 죽음이 제거되리라는 현실적인 전망은 과거에 인류가 한 번도 가져보지 못했던 것이다. 이 모든 것은 우리가 이 장 내내 염두에 둔 다음과 같은 질문으로 이어진다. 당신이 영생을 선택할 수 있다면 선택해야 할까? 이렇게 질문할 수도 있다. 우리 사회가 영생을 선택할 수 있다면 선택해야 할까?

개인에게 던지는 질문에 대해서는 간단명료한 답이 있다고 우리는 믿는다. 우리는 자율적인 개인의 선택권을 존중해야 한다. 만일 노화를 멈추거나 되돌리는 알약을 동네 약국에서 구할 수 있게 된다면, 당신이 그 알약을 사용할지 여부는 당신의 자유에 맡겨져야 한다. **그런 알약은 널리 인기를 누릴 것이며 오늘날의 아미시 같은 사람들만 그 약을 거부할 것이라고 나는 예상한다**(효과가 있다는 증거가 거의 또는 전혀 없는데도 사람들이 비타민을 비롯한 불로장생의 약에 얼마나 많은 돈을 쓰는지만 봐도 나의 예상에 수긍하게 될 것이다). 혹은 만일 당신이 죽음을 코앞에 두었을 때 당신의 의식을 당신을 복제한 더 젊은 몸으로, 또는 유전공학으로 마련한 몸이나 로봇 몸으로, 또는 가상현실 속으로 옮기라는 제안을 받는다면, 그 제안을 수락할지 여부는 당신의 자유에 맡겨져야 한다. 이 경우에도 **우리는 그런 기술들의 효과가 입증되고 나면 비판자들의 반대에도 불구하고 거의 모든 사람이 그 기술들을 사용하리라고 믿는다**. 그러나 일부 개인들이 신의 은총으로 낙원에서 부활하기를 희망하며 죽음으로써 영원한 고통을 면하는 쪽을 더 선호한다면, 우리는 그들의 선택 역시 존중해야 한다. 죽음이 선택사항이 된 뒤에는, 혹은 그렇게 되든 말든, 개인은 건강 상태가 좋건 나쁘건 언제든지 스스로 원할 때 삶을 마칠 수 있어야 한다.

사회가 영생을 위한 연구를 촉진하고 지원해야 하는가에 관한 논의는 더 복잡하다. 현재의 사회들은 과학 연구와 대비되는 유흥에 엄청난 자금을 투자한다. 과학 연구를 지원하는 것이 더 나은 사회적 투자라는 것을 강력한 증거들이 보여주는데도 말이다. 결국 영생에 대한 찬반론은 각각 스스로 자신을 옹호해야 한다. 그러나 거듭 말하지만, 과학과 기술이 죽음을 극복하고 나면, 그 찬반론은 무의미해질 것이다. 거의 모든 사람이 더 긴 수명을 선택할 테니까 말이다. 오늘날에도 나쁜 건강 상태로 겨우 몇 달을 더 살기 위해 엄청난 비용을 들이는 사람들이 있다는 점을 생각해보라. 기술이 길고 건강한 삶을 선사한다는 것이 입증되면, 사람들이 그 기술을 얼마나 신속하게 이용할지는 불을 보듯 뻔하다. 반대자들도 머지않아 새 기술에 익숙해질 것이다. 그들이 기존 기술들에 익숙해진 것과 마찬가지로 말이다.

하지만 발전된 기술들이 사실상 불가피하다는 것과 바람직하다는 것은 다르다. 이미 보았듯이 많은 사상가들은 그런 기술들의 사용을 격렬하게 반대해왔다. 대표적인 인물은 조이와 루빈이다. 조이는 가장 중요한 신기술들을 포기할 것을 촉구하고, 루빈은 일부 기술 옹호자들을 "멸종주의자"로 규정한다(대조적으로 우리는 앞에서 죽음을 옹호하는 사람들을 "사망주의자"로 명명했다). 이들은 현재 상태의 유지를 옹호한다. 전 세계에서 매일 15만 명이 죽는 현재 상태를 말이다. 이런 생각을 품은 다른 유명인으로는 조지 부시 정권의 생명윤리위원회에서 2001년부터 2005년까지 회장을 지낸 레온 카스, 스탠퍼드 대학

민주주의·개발·법치주의 센터Center on Democracy, Development and the Rule of Law의 선임연구원 프랜시스 후쿠야마, 미들버리 칼리지의 슈만 특훈 학자 빌 매키본 등이 있다.

카스는 안락사, 인간 복제, 배아 줄기세포 연구에 반대하며 일찍이 체외수정에 반대했다. 그는 체외수정이 인간의 삶과 사회에 관한 진실들을 모호하게 만들 것이라고 생각했다. (체외수정은 카스가 예측한 귀결들을 전혀 야기하지 않았다. 오늘날 그 기술은 거의 당연시된다.) 카스의 주요 걱정거리 하나는 생명공학의 증강 능력이다. 그는 인간 종을 완벽화하려는 노력에서 그 능력이 전통적인 인간적 덕목들을 대체하게 되는 것을 우려한다. 우리의 생물학적 특징들을 변형하는 것에 대한 우려는 생명 연장에 대한 우려로 이어진다. 그는 자연적인 삶의 주기에 가치를 두며 죽음을 바람직한 종말로 여긴다. 불가피한 죽음은 변장한 축복이라고 그는 말한다.[26] 카스는 골수까지 사망주의자다.

후쿠야마는 생명공학이 인간의 본성을 우리가 알아챌 수 있는 수준 이상으로 변화시켜 끔찍한 결과들을 낳을 것이라고 주장한다. 한 가지 결과는 극단적 불평등으로 인한 자유민주주의의 위기일 것이다. 그러나 더 근본적인 수준에서도 문제가 있다.

기술이 인간의 자기 변형을 어떤 식으로 얼마나 가능하게 할지 아무도 모른다. 그러나 우리는 아동의 행동과 성격을 바꾸기 위한 약을 어떻게 처방할지를 놓고 프로메테우스적 욕망이 들끓는 광경을 이미 목격할 수 있다. 환경운동은 우리에게 겸손과 인간을 제외한 자연의 완전성에 대한 존중을 일깨운다. 인간의 본성에 대해서도 유사한 겸손이 필요하다. 그 겸손을 신속하게 터득하지 못하면, 우리는 초인간주의자들이 유전학적 불도저와 향정신제 쇼핑몰로 인간성을 훼손하는 것을 부지불식간에 조장하게 될 수도 있다.[27]

매키본은 기술적 유토피아의 매력을 인정한다. 일단 제시된 기술적 유토피아에 저항하기는 어려우리라는 것을 그는 안다. 그러나 그는 탈인간적 세계에서 인간적 삶의 풍요가 희생될까 봐 걱정한다. 설령 우리가 신과 유사해져서 우주의 의미를 성찰하거나 아리스토텔레스의 신처럼 우리 자신의 의식을 숙고하면서 시간을 보내게 되더라도, 매키본은 자신의 삶을 그런 삶과 바꾸지 않겠다고 말한다. 그는 신과 유사해지는 것을 원하지 않는다. 오히려 나뭇잎의 향기를 맡고, 시원한 바람을 느끼고, 단풍의 색을 보는 것이 더 좋다. 세상에 통증, 고난, 잔혹함이 있는 것은 사실이다. 그러나 이 세상으로 충분하다. "이 세상으로 충분하다는 말은 이 세상이 완벽하거나 공정하거나 완전하거나 살기 쉽다는 뜻이 아니다. 다만, 충분하다는 것이다. 이 세상 안에 있는 우리에게 말이다."[28]

이 견해들에 맞서서 많은 이야기를 할 수 있지만, 한 가지 의문이 생긴다. 왜 이 사상가들은 인간의 본성을 신성시할까? 정말로 우리의 본성은 그토록 성스럽고, 우리는 그 성스러운 본성의 사도가 되어야 마땅할까? 우리 자신을 그렇게 높게 평가하는 것은 오만이 아닐까? 잘 알려진 대로, 헤겔이 "사람들의 행복, 국가들의 지혜, 개인들의 덕을 제물로 삼아온 도살장"이라고 풍자한 역사를 산출한 주인공이 바로 인간의 본성이다. 확실히 우리는 자연선택보다 더 잘 할 수 있다.

그러나 우리는 이런 경고들이 일리가 있음을 인정해야 한다. 우리를 영생하게 만들 가능성이 있는 기술들은 로봇 경찰, 로봇 군인, 공격용 무인항공기를 만드는 기술이기도 하다. 우리가 아무리 진보하더라도, 미래가 악몽 같지 않으리라는 보장은 없다. 지식이 늘면 힘도 는다. 힘이 늘면 삶을 더 좋게 만들거나 더 나쁘게 만들 가능성이 열린다. 아무튼 미래는 온갖 긍정적 가능성과 위험을 동반하고 도래할 것이다. 우리가 할 수 있는 것은 최선을 다하는 것뿐이다.

이런 공격들에 맞서 영생을 옹호하는 작업은 '초인간주의'라는 최신의 지적, 문화적 운동에 의해 가장 철저하게 이루어져왔다. **초인간주의 철학은 기술을 사용하여 노화를 제거하고 다른 모든 인간적 한계를 극복하는 것이 가능하며 바람직하다고 단언한다.** 앞서 언급한 진화론적 관점을 채택하여, 초인간주의자들은 현재의 인간들이 인류 발전의 이른 단계에 해당한다고 주장한다. 그들은, 인간이 중요하고 이성, 자유, 관용이 세상을 더 좋게 만든다는 인본주의의 생각에 동의한다. 그러나 우리가 우리 자신을 변화시킴으로써 인간 이상의 존재가 될 수 있다는 점을 강조한다. 다시 말해 생물학적 진화나 교육, 훈련 등의 수준 낮은 기술에 의존했던 과거와 달리, 고도의 기술들을 활용하여 인간 종을 변형하고 우리의 진화를 우리가 스스로 제어할 가능성을 강조한다.

과학과 기술이 충분히 발전하면, 인간을 인간으로 알아볼 수 없고 오히려 탈인간 post-human이라고 부르는 편이 더 나은 단계가 도래할 것이다. 하지만 사람들이 인간적 본성을 초월하기를 원할 이유가 있을까? 그럴 이유가 있다.

사람들은, 인간의 지능이 다른 영장류보다 더 우수한 만큼, 현재의 인간 천재보다 훨씬 더 우수한 지능에 도달하기를 열망한다. 병에 걸리지 않고 나이에 구애받지 않기를 열망한다. 무제한의 젊음과 활력을 갖기를, 자신의 욕망, 기분, 심리상태를 통제할 수 있기를, 피로감, 증오, 사소한 짜증에서 해방될 수 있기를, 쾌락, 사랑, 예술 감상, 평정의 능력을 키우기를 열망한다. 현재의 인간 뇌가 도달할 수 없는 고귀한 의식 상태를 경험하기를 열망한다. 건강하고 활발하게 무한정 오래 산다는 단순한 사실이 모든 사람을 탈인간성에 이르게 해줄 성싶다. 사람들이 기억, 솜씨, 지능을 계속 축적한다면 말이다.[29]

이 경험들이 영원히 지속하기를 바랄 이유는 무엇일까? 초인간주의자들에 따르면, 사람들은 70년이나 80년 동안 할 수 있는 이상으로 행동하고 생각하고 느끼고 경험하고 성숙하고 발견하고 창조하고 즐기고 사랑하기를 원할 것이다. 우리는 누구나 연륜과 함께 늘어나는 지혜와 사랑에서 이익을 얻을 것이다.

삶의 영위와 마음의 지혜는 시간에 기초를 둔다. 베토벤의 마지막 현악 4중주들에서, 소포클레스와 러셀과 쇼 같은 '늙은이들'의 마지막 말들과 작품들에서 우리는 아이나 청소년에게는 없는 성숙함과 알맹이, 경험과 이해, 우아함과 인간성이 번득이는 것을 본다. 그들은 오래 살았기 때문에, 경험하고 발전하고 반성할 시간이 있었기 때문에 그것들을 얻었다. 그런 시간을 우리 모두가 누릴 가능성이 있다. 우리 세계를 몇십 년 동안이 아니라 몇백 년 동안 풍요롭게 할 개인들 — 벤저민 프랭클린 같은 인물, 링컨 같은 인물, 뉴턴, 셰익스피어, 괴테, 아인슈타인 [그리고 간디] 같은 인물 — 을 상상해보라. 그런 개인들로 이루어진 세계를 상상해보라. 그 세계는 정말로 아서 클라크가 '유년기의

끝'이라고 부른 그것일 터이다. 인류의 성년기의 시작 말이다.[30]

무한정 긴 삶을 창조하는 것은 자연을 조작하는 짓이라는 비판에 대해서 초인간주의자들은 무언가가 자연적이라는 이유로 좋거나 나쁘지는 않다고 받아친다. 일부 자연적인 것들은 나쁘고, 다른 일부는 좋다. 일부 인공적인 것들은 나쁘고, 다른 일부는 좋다(자연적인 것과 비자연적인 것을 합리적으로 구분할 수 있다고 전제하더라도). 긴 수명이 인간성을 위태롭게 만든다는 반론에 대한 초인간주의자의 대꾸는, 핵심은 인간human이 아니라 인간적임humane이라는 것이다. 인간이라고 해서 반드시 인간적이라는 보장은 없다. 죽음이 자연스럽다는 주장에 대해서는, 그렇다고 죽음이 좋은 것은 아니라고 초인간주의자는 대꾸한다. 더구나 인류 역사의 대부분 동안에는 서른 살 이전에 죽는 것이 자연스러웠으므로, 현재 우리는 상대적으로 부자연스럽게 오래 사는 것이다. 또한 죽음이 자연스러운 것 못지않게 영생의 욕망도 자연스럽다. 어쩔 도리가 없던 시절에 사람들이 죽음을 받아들여야 했다는 것은 쉽게 납득할 수 있다. 그러나 오늘날 그런 사망주의적 태도는 죽음의 근절을 향한 진보를 방해한다. 초인간주의는 죽음이 선택 사항이 되어야 한다고 거듭 주장한다.

영생 반대 논증들을 미심쩍게 여길 중요한 이유들이 더 있다. 많은 반反영생 논증들은 죽음에서 이득을 챙기는 사람들이 만들었다. 예컨대 당신이 영생을 파는 교회 관계자라면, 실제 영생을 제공하는 경쟁자는 당신의 사업을 위태롭게 만들 것이다. 당신이 약속하는 영생을 다른 곳에서 비슷한 가격에 **실제로** 제공한다면, 사람들은 더 이상 당신의 교회에 참여할 필요가 없을 것이다. 이처럼 기술 반대 논증을 펼치는 사람들은 근시안적인 이기심에 눈이 멀었을 가능성이 있다. 그리고 다들 알다시피 대다수 사람들은 자신의 생계 방편에 부합하지 않는 것이라면 무엇이든지 믿기를 꺼린다. 역사 속에서 많은 이들이 신생 근대과학과 그것이 가져온 **실제** 기적들에 반대했다는 사실을 돌이켜보라. 담배회사들은 흡연과 암의 연관성을 보여주는 증거에 반발한다. 석유회사들은 화석연료 사용과 지구적 기후변화의 연관성을 보여주는 증거에 반발한다.

사망주의자들을 미심쩍게 보아야 할 또 다른 이유는, 죽음이 그들의 세계관에 확고히 뿌리내렸기 때문에 죽음을 제거하면 그 세계관이 사실상 와해되고 그들의 심리적 안정이 위태로워진다는 점이다. 당신이 평생을 투자해서 구성한 세계관에서 죽음과 사후의 삶이 핵심적인 부분이라면, 당신은 거의 항상 그 세계관에 대한 도전을 배척할 것이다. 위대한 미국 철학자 찰스 샌더스 퍼스는 이 논점을 다음과 같이 멋지게 요약했다.

> 의심은 불편하고 불만족스러운 상태이며, 우리는 그 상태에서 벗어나 믿음의 상태로 이행하려고 애쓴다. 반대로 믿음의 상태는 고요하고 만족스러운 상태다. 우리는 이 상태를 회피하거나 다른 무언가에 대한 믿음으로 변경하기를 원하지 않는다. 반대로 우리는 단지 믿는 것만이 아닌 우리가 바로 믿는다고 믿는 것에 대한 믿음을 끈기 있게 고수한다.[31]

죽음이 극복되면, 수천 년 동안 인류를 지탱해온 세계관들의 대다수는 흔적도 없이 사라질 것이다. 그러므로 죽음의 극복이 심리적 안정을 깨뜨리고 격한 반발을 일으키는 것은 놀라운 일이 아니다. 이처럼 금전적, 심리적 이유들을 따져보면, 생명 연장 치료들에 대한 많은 반발을 이해하는 데 도움이 된다. 하지만 사람들의 생각은 변화한다. 오늘날 우리는 서른 살에 죽는 것을 기꺼이 받아들이기는커녕 아주 큰 비극으로 여긴다. 우리 후손들은 90세에 죽는 것에 대해서 그와 유사한 감정을 느낄 것이라고 나는 주장한다. 90년이면 우리 조상들의 수명에 비해 길다고 해야겠지만, 우리 후손들의 수명에 비하면 엄청나게 짧을 수도 있다. 우리 정신의 자식들은 우리의 짧고 고통스러웠던 삶을 돌이키며 로봇 눈물을 흘릴지도 모른다. 우리가 조상들의 짧고 고된 삶을 돌이키며 눈물을 흘리는 것처럼 말이다.

결론적으로 죽음은 삶의 의미가 완전해질 가능성을 근절한다. 확실히 이것은 모든 의식 있는 존재들이 영생을 욕망할 최고의 이유다. 영생을 원하지 않는 자들은 자유롭게 죽을 수 있어야 한다. 영원한 삶을 원하는 자들은 자유롭게 영생할 수 있어야 한다. 확신하건대, 나는 더 많은 자유를 원한다. 죽음을 원하지 않는다. 죽음이 선택사항이기를 원한다.

요약 과학이 죽음을 선택사항으로 만들 수 있다고 믿을 충분한 이유가 있다. 죽음이 선택사항이어야 한다고 믿을 충분한 이유가 있다. 선택권이 주어지면 대다수 사람들이 그 선택권을 행사하여 죽음을 피하리라고 생각할 충분한 이유가 있다.

9
완전히 유의미한 우주의 진화

모든 과거는 시작의 시작일 뿐이다. 인간의 정신이 이룩한 모든 것은 깨어남 이전의 꿈에 지나지 않는다.

- 허버트 조지 웰스

인간은 동물과 초인 사이에 뻗은 밧줄이다 — 심연 위에 걸린 밧줄. 위험한 횡단, 위험한 여행, 위험한 뒤돌아보기, 위험한 떨림과 멈춤. 인간의 위대한 면모는 그가 도착지가 아니라 다리라는 점이다.

- 프리드리히 니체

인류는 아직 배아다 … 인간은 싹이다. 그 싹에서 인간보다 더 복잡하고 더 집중적인 무언가가 발생해야 한다.

- 피에르 테야르 드 샤르댕

그러나 다른 한편으로 현실을 보면, 오늘날의 세계와 과거의 세계는 얼마나 다른가! 더 많은 시간이 흘러 이삼백 년쯤 지나면 사람들은 우리의 시대를 돌아보며 공포를 느끼거나 비웃음을 흘릴 것이다. 지금 우리의 삶이 몹시 어설프고 힘겹고 극도로 비효율적이고 기괴하게 보일 테니까 말이다. 그렇다, 확실하다. 그때의 삶은 어떠할까? 아이고, 맙소사!

— 안톤 체호프

생명이 — 생명의 여러 힘과 더불어 — 원래 소수의 형태들이나 하나의 형태에 불어넣어졌고, 이 행성이 고정된 중력 법칙에 따라 순환하는 동안, 그토록 단순한 시초에서 가장 아름답고 경이로운 형태들이 무수히 진화해왔고 지금도 진화하는 중이라는 이 견해는 장엄한 면이 있다.

— 찰스 다윈

진화는 삶의
유의미성을 함축할까?

7장 말미에서 우리는 죽음 앞에서 삶의 의미에 대한 낙관론을 취하는 것이 유용하다고 주장했다. 그것은 삶이 유의미하다는 믿음의 실용적 정당화인 셈이다. 8장 서두에서 우리는 죽음을 물리칠 수 있다고 믿을 충분한 이유가 있다고 주장했다. 이것은 유의미한 삶을 가로막는 결정적인 장애물 하나를 제거할 수 있다는 믿음의 과학적 정당화다. 8장 말미에서 우리는 죽음을 물리치는 것이 바람직하다고 주장했다. 이것은 죽음을 물리치는 것에 대한 도덕적 정당화다. 완전히 유의미한 삶이 죽음 때문에 불가능하다면, 죽음을 없애는 것은 도덕적으로 정당하다. **삶을 더 유의미하게 만들기 위해서 우리가 가장 먼저 희망하는 바는 죽음의 정복이다.**

그러나 언급한 정당화들 중 어느 것도 우리의 삶이나 우주의 삶이 유의미함을 보장하지 못한다. 왜 그럴까? 첫째, 긍정적 태도는 우리의 실제 처지와 상관이 없다. 둘째, 죽음을 물리치는 기술이 언젠가 실현될지, 혹은 실현되더라도 우리의 생전에 실현될지, 우리는 알 수 없다. 그 기술이 실현될지, 또는 우리의 생전에 개발될지 모르므로, 우리의 최선의 반응은 낙관론이다. 그러나 설령 기술이 죽음을 우리의 생전에 물리치거나 죽은 우리를 부활시키더라도, 유의미한 삶은 여전히 보장되지 않는다. 왜냐하면 긴 삶이 유의미한 삶을 보장하지 못하기 때문이다. 바꿔 말해 영생은 완전한 의미의 필요조건일 뿐, 충분조건은 아니다. **완전히 유의미한 삶을 위해서는 양뿐 아니라 질이 필요하다.**

영생이 완전한 의미를 제공하지 못한다면, 무엇이 제공할 수 있을까? 이 질문에 대답하겠다고 나서는 것은 어쩌면 무모한 짓일 것이다. 왜냐하면 우리는 (이 질문이 유의미하다고 전제하더라도) 완전한 의미의 필요조건과 충분조건을 모두 적시하는 데 필요한 지적인 수단을 소유하지 못했을 가능성이 높기 때문이다. 그러나 다행스럽게도, 우리가 의미의 본질을 파악할 능력이 없다는 사실이 꼭 우리의 의미 탐구를 방해해야 하는 것은 아니다. 새디어스 메츠는 이 통찰을 이렇게 표현했다.

다행히 이 분야에서는 삶의 의미라는 개념에 대한 극도로 엄밀한 분석이 필요하지 않다 … 그런 분석이 없어도, 삶의 의미가 무엇이냐는 중대한 질문에 대한 탐구는 진보할 수 있다. 개인의 삶에서 유의미성은 행복, 옳음, 가치 있음과 개념적으로 별개인 어떤 가변적 점진적 최종적 좋음과 분석적으로 관련이 있다는 앎이 어느 정도 공통 기반을 제공한다.[1]

요컨대 우리는 삶의 의미를 개념적으로 엄밀하고 명확하게 이해할 수는 없지만, 삶의 의미란 존재, 진리, 기쁨, 아름다움, 기타 모든 좋은 것들에 추가되거나, 연루되거나, 엮여있거나, 그것들에서 발생하는 어떤 좋은 것이라고 전제할 수 있다. 삶의 의미는 가변적이며 점진적인 좋은 것이며 바람직하고 우리가 절실히 원하는 바다. 그러므로 우리는 완전한 의미의 본질이나 논리적 가능성에 관한 난해한 질문들을 더 파고들지 않으려 한다.

대신에 끝에서 두 번째인 이 장에서는 이런 **질문들을 던지기로 하자.** 진화의 개념은 삶이 유의미하다거나 유의미해지는 중이라거나 점점 더 유의미해진다는 주장을 뒷받침할까? 진화는 삶의 의미를 옹호할 또 하나의 근거일까? 일반적 진화(기술적 진화와 대비되는)에서 삶의 의미에 관한 어떤 깨달음을 얻을 수 있을까? 진화 전체 ― 우주론적 진화, 생물학적 진화, 문화적 진화 ― 에서 삶은 유의미하다거나, 삶의 의미가 발생한다거나, 시간이 충분히 주어지면 완전한 의미를 획득 또는 실현하거나 완전한 의미라는 극한에 접근하게 된다는 결론을 끌어낼 수 있을까? 과거 진화에 대한 사후 분석에서 삶의 의미에 관한 긍정적 결론들을 끌어낼 수 있을까?

어쩌면 진화에 **진보적** 방향성이 있을 것이다. 어쩌면 우리가 진화함에 따라 우주의 유의미한 종말 과정이 점차 펼쳐질 것이다. 그리고 어쩌면 우리는 그 종말 과정을 서술하는 우주론적 비전을 명확히 제시할 수 있을 것이다. 혹은 어쩌면 그럴 수 없지도 모른다. 요컨대 우리가 알고 싶은 것은 다음과 같은 질문의 답이다. **낙관론의 실용적 효과와 기술적 영생의 가능성 외에도, 삶이 유의미하다고 믿을 다른 근거들이 있을까?** 이제부터 이 질문의 답을 탐구해보자.

우주와 생명의
진화의 개요

우리 우주의 나이는 137억 년, 우리 태양계의 나이는 80억 년, 지구의 나이는 45억 년이다. 지구의 탄생 이후 일어난 주요 사건들을 순서대로 나열하면 아래와 같다(아래 목록은 과학의 성취를 멋지게 증언한다).

* 38억 년 전, 단순한 세포(원핵생물)의 출현
* 30억 년 전, 광합성의 출현
* 20억 년 전, 복잡한 세포(진핵생물)의 출현
* 10억 년 전, 다세포생물의 출현
* 6억 년 전, 단순한 동물의 출현
* 5억 5000만 년 전, 복잡한 동물의 출현
* 5억 년 전, 어류와 원시양서류의 출현
* 4억 7500만 년 전, 육지식물의 출현
* 4억 년 전, 곤충과 씨앗의 출현
* 3억 6000만 년 전, 양서류의 출현
* 3억 년 전, 파충류의 출현
* 2억 년 전, 포유류의 출현
* 1억 5000만 년 전, 조류의 출현
* 1억 3000만 년 전, 꽃의 출현
* 6500만 년 전, 공룡의 멸종
* 4000만 년 전, 나비와 나방의 출현

* 2000만 년 전, 기린의 출현

* 1500만 년 전, 호미니드(hominid, 사람과)의 출현

* 1300만 년 전, 오랑우탄과 호미니드의 분리

* 1000만 년 전, 고릴라와 호미니드의 분리

* 600만 년 전, 침팬지와 호미니드의 분리

* 500만 년 전, 오스트랄로피테쿠스 속genus의 출현

* 440만 년 전, 아르디피테쿠스의 출현

* 390만 년 전, 오스트랄로피테쿠스 아파렌시스의 출현

* 250만 년 전, 호모 하빌리스의 출현

* 180만 년 전, 호모 에렉투스의 출현

* 120만 년 전, 호모 안테세소르의 출현

* 60만 년 전, 호모 하이델베르겐시스(하이델베르크인)의 출현

* 35만 년 전, 네안데르탈인의 출현

* 20만 년 전, 해부학적 현대인의 출현

* 16만 년 전, 호모 사피엔스의 출현

* 5만 년 전, 호모 사피엔스가 남아시아로 이주함

* 4만 년 전, 호모 사피엔스가 오스트레일리아와 유럽으로 이주함

* 4만 년 전에서 1만 5000년 전, 호모 사피엔스가 아메리카로 이주함

* 1만 2000년 전, 유럽에 사는 호모 사피엔스의 피부가 진화하여 밝은 색으로 바뀜

이 같은 역사가 의미심장할까? 이 모든 사건들에서 어떤 교훈을 끌어낼 수 있을까?

생물학적 진보가
일어났을까?

이미 보았듯이 커즈와일과 모라벡을 비롯한 여러 사상가는 우주의 진화가 진보라는 생각을 옹호한다. 그러나 생물학적 진보란 과연 무엇일까? 진보적 진화를 옹호하는 사람들과 부정하는 사람들 사이의 논쟁은 생물학의 역사 내내 계속되어왔다. 한편으로 더 나중에 등장한 생물들은 더 발전한 것처럼 보인다. 다른 한편으로 진보가 무엇인가에 대한 정확한 합의는 존재하지 않는다.

티머시 샤나한은 이 문제에 대한 다윈의 견해를 깔끔하게 요약했다. "그는 필연적 진보의 법칙이 진보적 진화를 지배한다는 생각을 일절 거부했지만 그럼에도 특정 환경에서 작동하는 자연선택의 우연한 귀결로서의 진보적 진화를 받아들였다."[2] 이 설명은 다윈 자신의 다음과 같은 말과 잘 맞아떨어진다.

최근 생물들이 고대 생물들보다 더 고등하게 발전했는가를 놓고 많은 토론이 이루어졌다 … 그런데 내 이론에 따르면 한 가지 특수한 의미에서 더 최근의 생물들은 더 과거의 생물들보다 더 고등할 수밖에 없다. 각각의 새로운 종은 생존투쟁에서 기존의 다른 종들보다 어떤 식으로든 유리했기 때문에 형성된 것이므로, 이런 개량의 과정이 과거의 실패한 생물들과 대비되는 최근의 성공한 생물들의 구조에 뚜렷하고 감지 가능한 방식으로 영향을 미쳤을 것을 나는 의심하지 않는다. 그러나 나는 이런 유형의 진보를 검증할 방법을 모른다.[3]

생물학적 진보를 가장 격렬하게 비판한 인물은 하버드 대학의 스티븐 제이 굴드(1941-2002)였다. 그의 생각에 따르면, 진보는 짜증스럽고 검증 불가능한 개념이며 생물학의 역사를 이해하려면 배제해야 한다. 우리가 진보적 진화라고 부르는 것은 실은 무언가를 향해 나아가는 운동이 아니라 단지 무언가에서 멀어지는 무작위한 운동이다. 단순한 시초에서 출발하여 생물들은 더 복잡해지지만 반드시 더 우월해지는 것은 아니다. 굴드는 술 취한 사람의 움직임을 비유로 든다. 술 취한 사람이 비틀거리며 걷다가 벽에 가로막혔는데 움직일 방향이 배수로 쪽밖에 없다면, 그는 결국 배수로에 빠질 것이다. 진화는 그 벽처럼 개체들을 강제하여 대부분 무작위적이지만 통계적으로 예측 가능한 행동들로 이끈다.

생물학자 리처드 도킨스는 진보에 대해서 더 긍정적인 입장이다. 진보를 생물과 환경 사이의 적응적 어울림의 증가로 정의하면, 진화는 확실히 진보라고 그는 주장한다. 이를 이해하기 위해 포식자와 먹이의 군비 경쟁을 생각해보자. 그 경쟁에서는 양의 되먹임(피드백) 고리들이 진보적 진화를 추진한다. 도킨스는 생명의 추가 진화 능력을, "진화 가능성의 진화"를 믿는다. 그는 진보적 진화를 믿는다.

다윈은 굴드의 견해와 도킨스의 견해를 조화롭게 겸비한 듯하다.

생물들이 복잡해짐에 따라, 생물들은 자신의 복잡성을 증가시키는 새로운 수단들을 개발했다 … 그러나 단순한 동물들이 복잡해지는 필연적 경향은 존재하지 않는다. 물론 어쩌면 모든 생물이 다른 생물들의 복잡성 증가로 인한 새로운 관계들 때문에 복잡해지겠지만 말이다 … 우리가 더 단순한 생물들을 출발점으로 삼고 그것들이 변화한다고

가정하면, 그것들의 변화는 다른 생물들을 낳는 경향이 있다.[4]

　단순한 생물들은 점점 더 복잡해지고, 따라서 다른 생물들의 복잡성 증가를 유도한다. 이것은 필연적 과정이 아니다. 이 과정을 추진하는 법칙은 필요하지 않다. 그럼에도 생물들 사이의 경쟁의 결과로 점점 더 복잡한 생물들이 발생할 개연성이 높다.

　진보적 진화에 관한 최고의 권위자는 아마도 마이클 루즈일 것이다. 그의 저서 《모나드에서 인간으로: 진화생물학에서 진보의 개념》은 진보적 진화를 가장 포괄적으로 다룬 책이다. 루즈는 박물관들, 도표들, 시각자료들, 책들이 모두 진화를 진보로 묘사한다고 지적한다. 그가 생각하기에 진보의 개념은 진화생물학에서 앞으로도 중요한 역할을 할 것이다. 그 이유는 다음과 같다. 첫째, 진화의 산물인 우리는 우리 자신의 관점에서 진화를 볼 수밖에 없고 따라서 철학적 질문들을 던지는 지능을 높게 평가하는 것이 자연스럽다. 둘째, 인식론적 상대주의자들이 어떻게 생각하든 간에, 현장의 과학자들 거의 전부는 과학이 진행함에 따라 자신들의 이론과 모형이 진리에 접근한다고 강하게 믿는다. 또한 대개 과학자들은 이 같은 과학의 진보에 대한 믿음을 생명의 진보에 대한 믿음으로 변환한다. 마지막으로, 진화에 매력을 느끼는 과학자들은 진보의 개념을 특히 환영하는 사람들이라고 루즈는 주장한다. 진화와 진보는 서로 얽혀있고 거의 뗄 수 없는 관계라는 것이다.

윌 듀런트 :
문화적 진보에 대한 한 역사가의 견해

윌 듀런트Will Durant(1885-1981)는 왕성한 저술가, 역사가, 철학자이며 11권짜리 저서 《문명 이야기》와 1926년에 출판한 저서 《철학 이야기》로 가장 유명하다. 《철학이야기》는 역사를 통틀어 가장 많이 팔린 철학책들 중 하나다. 유능한 산문 저자로 널리 인정받는 듀런트는 논픽션 부문 퓰리처상과 미국 대통령 자유 훈장을 받았으며 20세기에 가장 큰 대중적 인기를 누린 지식인들 중 하나였다.

1941년에 어느 잡지에 발표한 에세이 〈정글에서 위로 열 걸음〉에서 듀런트는 역사가의 관점에서 문화적 진보를 옹호한다. 그는 니콜라 드 콩도르세의 이야기를 전하는 것으로 운을 뗀다. 콩도르세는 프랑스의 젊은 귀족, 수학자, 계몽철학자로, 단두대를 피해 은신해 있는 동안 역사를 통틀어 가장 위대한 진보 찬양문들 중 하나로 꼽히는 〈인류 진보의 역사적 기록〉을 썼다. 과학 지식의 팽창과 보편적 교육을 감안할 때, 인류의 진보는 한계가 없다고 콩도르세는 믿었다. 그에 대해서 듀런트는 이렇게 찬탄한다.

그런 상황에 처한 사람이 ─ 최후의 희망으로 버티는 지경에 몰리고, 개인적으로 귀족의 특권과 재산을 모두 허무하게 잃고, 온 유럽의 젊음이 더 나은 세계에 대한 희망을 걸었던 그 대혁명이 무차별적 의심과 공포를 양산하는 상황에서 ─ 낙담과 침울의 서사시를 쓰는 대신에 하필이면 진보의 찬가를 썼다는 사실은 나를 늘 새삼 경탄하게 한

다. 사람이 인류를 그토록 믿었던 적은 한 번도 없었고 어쩌면 그 후로 영영 다시는 없을 것이다.[5]

물론 진보가 실재하는가, 우리의 지식과 기술적 성취들이 좋은가라고 많은 이들이 묻는 것은 정당하다. 지식은 힘이지만 정의나 지혜, 아름다움, 친절함, 희망은 아니니까 말이다. 많은 문명들이 부스러져 먼지가 되었고, 우리의 기술은 우리를 파괴할 가능성이 있다. 그러니 어쩌면 비관론이 타당할지도 모른다. 과연 진보가 실재할까? 이런 걱정들에도 불구하고 듀런트는 '그렇다'라고 대답한다. 왜냐하면 역사는 전쟁으로 가득 차있지만, 또한 문명 진보의 참된 원천인 천재로 가득 차있기 때문이다. 문화적 유산으로 보존되고 전승된 천재의 성취는 국가들과 제국들의 덧없음을 초월하여 우리를 풍요롭게 한다. 진보는 실재한다.

이 진보를 구체적으로 서술하기 위해 듀런트는 진보의 발걸음 가운데 두드러진 10가지에 초점을 맞춘다. 문화적 진보가 자명한 사실임을 알려주는 그 걸음들은 다음과 같다. 1) 언어 2) 동물을 정복함 3) 불과 빛을 정복함 4) 농업 5) 사회 구성 6) 도덕 7) 미적 감각을 개발함 8) 과학 9) 통신 10) 문화유산의 전승을 위한 교육.

전체적으로 보면 이 걸음들은 진보가 실재하고 낙관론이 정당함을 보여준다. 결국 이 상승 궤적은 듀런트를 콩도르세와 볼테르에 못지 않은 미래 낙관론자로 만들었다.

나는 미래에 대한 의심을 가지고 있을까? 그렇다. 확실히 우리는 비참함과 공포를 거칠 것이다. 그러나 나는 우리 자식들이 부럽다. 내가 그들에 대해서 갖는 감정은, 볼테르가 1778년에 83세로 죽음을 앞두고 파리에 왔을 때 느꼈던 감정과 유사하다. 그는 파리의 젊은이들을 바라보았다. 그들의 눈에서 다가오는 혁명을 볼 수 있었다. 그들이 고난을 겪으리라는 것을 그는 알았다. 위인들은 그 많은 삶을 살기 위해 그 많은 죽음을 죽었다. 그가 한 번 더 죽는 대가로 파리의 그 젊은이들을 위해 한 번 더 살 수 있다면, 그들과 함께 혁명과 공포와 고난과 창조를 겪을 수 있다면, 그는 얼마나 기꺼이 또 한 번의 죽음을 선택하겠는가. 그리하여 그는 내가 여러분에게 해야 할 말을 그들에게 했다. "젊은이들은 운이 좋다. 위대한 것들을 보게 될 테니까 말이다. 우리 늙은이들, 부모들과 선생들의 몫은 그들의 길을 닦는 것뿐이다."[6]

요약 문화적 진보가 이루어져왔다.

장 피아제 :
지식은 진보하는 방향으로 진화한다

장 피아제Jean Piaget(1896-1980)는 스위스의 생물학자, 심리학자, 철학자이며 아동의 인지 발달에 관한 연구로 가장 유명하다. 여러 분야에서 방대한 저술을 남겼으며 10세부터 약 70세까지 꾸준히 글을 발표했다. 그는 가장 중요하고 가장 많이 인용되는 20세기 지식인들 중 하나다.

생물학과 지식을 잇는 다리를 발견하겠다는 것은 피아제가 품은 필생의 목표였고, 진화는 그 다리를 제공했다. 생명과 정신이 둘 다 진화하니까 말이다.[7] 수십 년에 걸친 경험적 연구 끝에 피아제가 발견한 것은 생물학적 유기체와 물리적 환경 사이의 상호작용이 정신과 실재 사이의 관계와 놀랄 만큼 유사하다는 것이었다. 양쪽 영역에서 진화는 유사하게 진행된다.

피아제의 사상에서 핵심 개념들은 조직화, 적응, 동화, 조절, 평형화다. 동물은 조직, 복합체, 물리적 구조다. 생물학적 유기체가 비평형 상태, 이를테면 배고픈 상태에 처하면, 유기체는 환경에 적응할 — 먹이를 찾을 — 동기를 부여받는다. 이 적응 과정은 환경에서 유래한 것을 동화하고 — 먹이를 먹고 — 이어서 동화된 것에 맞게 자신을 조절함으로써 — 소화 과정을 거침으로써 — 일어난다. 적응 과정의 최종 결과는 유기체가 생물학적 평형 상태 — 배고픔이 가신 상태 — 로 복귀하는 것이다.

이와 유사하게 인간은 인지 환경 안의 유기체로서 존재한다. 유기체가 인지적 비평형 상태에 처하면 — 이를테면 어떤 진리 주장에 대해서 의문을 품으면 — 인지적 환경에 적응할 — 해당 주제를 다루는 강의에 등록할 — 동기를 부여받는다. 이 적응 과정은 새 지식을 동화하는 — 강의를 듣는 — 과정과 동화된 것에 맞게 자신을 조절하는 — 기존 인지 구조와 새 정보를 조화시키는 — 과정으로 이루어진다. 이 적응 과정의 최종 결과는 유기체가 더 높은 수준의 인지적 평형에 도달하는 것이다.

피아제는 동화와 조절을 아울러 '평형화'라고 부른다. 평형화란 유기체와 물리적 인지적 환경 사이에서 최적의 평형 상태가 산출되는 과정이다. 생물학적 진화에서 평형화의 결과는 유기체가 물리적 환경에 더 잘 적응하는 것, 곧 유기체와 물리적 환경 사이의 평형화가 더 잘 이루어지는 것이다. 인지적 진화에서 평형화의 결과는 유기체가 인지적 환경에 더 잘 적응하는 것, 곧 유기체와 인지적 환경 사이의 평형화가 더 잘 이루어지는 것이다.

여러 분야에서 나온 경험적 증거들이 피아제의 견해를 뒷받침한다. 예컨대 아동의 인지 발달 — 개인정신의 진화 — 과 과학 이론들의 발전 — 집단정신의 진화 — 둘 다에서 지식의 진보적 진화를 뒷받침하는 압도적인 증거를 발견할 수 있다. 토머스 쿤의 견해와 정반대로, 지식이 더 나은 이론들을 향해 진보적으로 진화한다는 증거를 말이다. 평형화 과정은 개인과 집단 모두를 정신과 실재 사이의 더 높은 평형으로 이끈다. 바꿔 말해 생각은 점진적으로 실재에 적응한다. 피아제는 인지 구조의 진화가 삶의 의미의 구성이나 발견을 가져올지에 대해서 논하지 않았지만, 정신의 힘이 발달하면 우리가 삶의 의미에 — 삶의 의미가 실재한다면 — 접근하게 되리라고 추론할 수 있을 법하다. 정신은 평형화 과정의 산물이고, 평형화는 정신을 진리에 점점 더 접근하게 해주니까 말이다.

요약 지식은 정신과 실재 사이의 더 나은 어울림을 특징으로 하는 진보적 방향으로 진화한다.

로버트 라이트 : 게임이론, 진화, 삶의 의미

로버트 라이트Robert Wright(1957-)는 언론인이며 진화심리학, 과학, 종교, 게임이론에 관한 책들을 써서 상을 받은 저자다. 프린스턴 대학을 졸업했으며 그곳에서 종교의 진화에 관한 강의를 해왔다.

《넌제로: 인간 운명의 논리Non-Zero: The Logic of Human Destiny》(2000)
(한국어판 부제는 '하나된 세계를 향한 인간 운명의 논리' — 옮긴이)에서
라이트는 생물학적 문화적 진화를 이끌고 좌우하는 주요 원리는 '넌
제로섬'이라고 주장한다. 넌제로섬이란 게임이론에서 양쪽 참가자가
모두 이익을 얻을 수 있는 상황을 가리키는 개념이다(대조적으로 제로
섬 게임은 한쪽 참가자가 이익을 보고 반대쪽 참가자가 손해를 보는 게임, 다
시 말해 이익과 손해의 총합이 제로인 게임이다). 넌제로섬 상황에서 개체
들 간 상호작용의 한 결과로, 점점 더 복잡한 정보를 처리하면서 서로
더 기꺼이 협력하는 개체들이 출현한다. 이는 우리가 여기에 존재하
는 것은 지적인 존재들이 진화할 개연성을 높여주는 어떤 과정 때문
이라는 것을 함축한다. 개체들과 사회들의 복잡성이 증가함에 따라,
협력을 통해 성과를 거두는 능력도 증가한다. 따라서 협력과 복잡성
의 증가가 지속된다.

저서의 절반 이상을 할애하여 라이트는 넌제로섬 상호작용에서 거
의 필연적으로 귀결되는 생물학적 문화적 발전을 요약한다. 그러나
책의 막바지에서 그는 피에르 테야르 드 샤르댕이 제안한 것과 유사
한 지구적 의식의 출현이 임박했을지도 모른다는 생각을 넌지시 내비
친다(드 샤르댕은 우리가 나중에 다룰 사상가다). 이 생각에 이끌려 그는,
진화에 어떤 영적이거나 도덕적인 방향성이 있을까라는 의심을 품고,
결국엔 그런 진보가 삶의 의미와 관련이 있을까라는 질문에 도달한
다. 라이트에 따르면, 그 관련성은 의식이 삶에 의미를 제공한다는 사
실에 있다.

유기적 진화와 문화적 진화 모두에 대한 엄밀하게 경험적인 분석은 ⋯ 방향성을 지닌 세계를 보여준다. 그 방향성은 목적을 암시한다 ⋯ 지구상의 생명은 처음부터 의미를 산출하고 심화하기 위한 기계, 잠재적인 좋음을 창조하고 그것을 실현하기 시작한 기계였다.[8]

요약 생물학적 진화와 문화적 진화에 대한 분석은 더 많은 의미와 좋음을 향한 합목적적 방향성을 암시한다.

스티븐 핑커 : 라이트의 진보주의에 대한 비판

스티븐 핑커Steven Pinker(1954-)는 실험심리학자, 인지과학자, 언어학자, 대중 과학 저술가, 하버드 대학 심리학과의 존스톤 패밀리 교수다. 1979년에 같은 대학에서 박사학위를 받았다. 현재 가장 영향력이 큰 과학자, 사상가, 대중적 지식인의 목록에 자주 오른다.

핑커는 시간의 흐름에 따라 생물과 문화가 점점 더 복잡해지며 지금까지 문화적, 도덕적 진보가 일어났다는 라이트의 견해에 동의한다. 그러나 "어떤 의미에서 우주가 복잡한 생명과 지적인 종들, 사회들, 지구적 협력을 산출하는 '목표'나 '귀착점', '목적', '운명'을 가졌다고" 확신하지 않는다. "자연선택은 모종의 '목표'를 가진 되먹임 과정이며 인간의 노력도 마찬가지다. 그러나 양자는 **동일한** 목표를 가졌을까? 그리고 그 목표는 협력의 복잡성의 증가일까?"[9] 핑커는 이 두 질문에 대한 대답이 '아니다'라고 주장한다. 왜 그럴까?

첫째, 자연선택의 목표는 번식을 증진하는 것이다. 복잡성과 협력의 증가는 이 일차적 목표에 봉사하는 하위 목표들이다. 크기, 속력, 에너지 효율, 부모의 돌봄, 무기 등의 증가도 마찬가지다. 이 모든 것이 시간의 흐름에 따라 증가해왔다 하더라도, 그것이 진화의 목표나 운명은 아니다. 둘째, 코끼리의 코를 비롯한 어떤 생물학적 적응도 운명이 아닌 것과 마찬가지로 인간의 지능도 운명이 아니다. 뇌의 진화는 뇌를 가짐으로써 얻는 혜택이 비용보다 많을 때만 일어난다. 뇌의 진화는 상당히 드문 일이다. 대다수 생물들은 뇌를 진화시키지 못한다. 셋째, 인간들은 협력과 사회적 복잡성을 추구하지 않는다. 오히려 쾌락, 우정, 지식 등을 추구한다. 복잡성은 우리의 행복에 도움이 될 수도 있고 생물들의 번식에 이로울 수도 있지만, 그렇다고 해서 복잡성이 진화의 목표라고 할 수는 없다. 마지막으로, 협력과 도덕의 진보는 극한을 향해 나아가지 않고 협력의 혜택이 비용과 같아지는 시점에서 중단될 것이다. 생물들과 사회들은 점점 더 복잡해지고 지능이 높아지고 협력을 잘하게 되었다. 그러나 그 변화가 운명이었다고 할 수는 없다. 모종의 진보가 있을 수도 있겠지만, 진보가 불가피한 것은 아니다. 진보는 실재의 본성에 내장되어 있지 않다.

요약 생물학적 진화와 문화적 진화에 정해진 운명은 없다.

대니얼 데닛 : 만능 산(酸)으로서의 진화

데닛은 《다윈의 위험한 생각: 진화와 삶의

의미》에서 진화를 마주치는 모든 것을 갉아먹는 만능 산에 비유했다. 세포부터 의식과 우주까지의 만물은 진화적 관점에서 가장 잘 설명된다는 뜻이다. 형이상학, 인식론, 윤리학, 종교, 삶의 의미도 마찬가지다. 이를 더 잘 설명하기 위해 데닛은 "위대한 우주적 피라미드"를 거론한다. 전통적으로 이 피라미드는 하향식 설계를 의미한다. 맨 위의 신에서부터 아래로 정신, 설계, 질서, 카오스를 거쳐 무無에 이르는 위계 말이다. 이 해석에서 신은 궁극의 "스카이훅skyhook"(아래쪽의 구조물을 위에서 잡아당겨 유지시키는 갈고리나 밧줄 등 ― 옮긴이), 곧 더 낮고 단순한 층들에 기초하지 않은 기적적인 설계의 원천으로 기능한다. 반면에 진화는 피라미드의 방향을 뒤집어서 설계를 상향식으로, 데닛이 "크레인crane"이라고 부르는 것들에 의해 설명한다. 여기에서는 물질과 알고리즘적 진화 과정이 더 단순한 구조들에서 더 복잡한 구조들이 발생하는 것을 설명하며 기적적인 개입은 등장하지 않는다.

이제 삶의 의미로 눈을 돌리면, 진화는 삶의 의미를 도출하기 위해 신적인 스카이훅 따위는 필요하지 않음을 함축한다. 대신에 5장에서 주관주의자들이 주장했듯이, 삶의 의미는 바닥에서부터 창조되어야 한다. 주관주의자들은 우리가 어떻게 삶의 의미를 창조하는지 설명하느라 애를 먹지만, 진화는 그렇지 않다. 신이나 정신이 우선이라는 생각을 버리면, 의미는 질서, 설계, 정신이 창조되는 것과 더불어 바닥에서부터 진화한다는 것을 깨닫게 된다. 과거에는 생명도 없고, 정신이나 의미도 없었다. 그러나 그것들이 천천히, 눈에 띄지 않게 발생했다. 의미는 위에서 내려오지 않는다. 정신이 발전함에 따라서 의미는 아래로부터 번져 올라온다. 정신이 지금 경험하는 의미는 완성된 의미가 아니지만, 그 의미는 정신이 발전함에 따라 완성을 향해 나아간다. 분자들, 원자들, 뉴런들이 점점 더 복잡하게 연결되어 이룬 크레인들에 의해 제작된 정신으로부터 의미가 진화한다.

의미를 낳는 정신적 상태들은 궁극적으로 생물학에 기반을 둔다. 다윈은 우리의 정신을 비롯해서 중요한 모든 것이 아래로부터 천천히, 우연히 진화했고 생명의 나무 안에서 모두 연결되어 있음을 보여주었다. 진화에 의해 창조된 생명의 나무는 경배해야 할 신이 아니지만 외경심을 자아낸다. 생명의 나무는 성스러운 대상이다.

요약 삶의 의미는 완성되어 있지 않다. 삶의 의미는 정신들과 공존하며 정신들과 더불어 진화한다.

마이클 셔머 :
삶의 의미는 우리 안에 내장되어 있다

마이클 셔머Michael Shermer(1954-)는 미국 과학 저술가, 과학사가, 회의론자 협회The Skeptics Society의 창립자, 사이비과학적 초자연주의적 주장들을 검토하는 작업에 주력하는 잡지《스켑틱Skeptic》의 편집장이다. 인기 있는 대중서를 여러 권 쓴 저자이기도 하다. 1991년에 클레어몬트 대학원에서 과학사 전공으로 박사학위를 받았다.

2008년 5월에 위티어 칼리지에서 한 졸업식 연설〈삶의 의미, 우주, 만물〉에서 셔머는 진화와 의미 사이의 관계에 대한 견해를 밝힌다. 사후의 삶이 존재하는가라는 질문은 열려 있지만, 우리는 이 삶이 유일한 삶인 것처럼 살면서 타인들과 매 순간을 가장 중요한 대상으로 대해야 한다고 그는 단언한다. 그렇게 이 삶을 또 다른 삶의 전조로 취급하지 않고 지금 여기의 대상들을 소중히 여기면, 우리의 삶은 유의미해진다. 물론 우리는 궁극의 진리에 도달할 수 없으므로, 우리가 창조하는 가치와 목적과 의미는 잠정적이다. 그런 의미에서 이것들은 과학의 잠정적 진리들 — 어느 정도 입증되어 우리가 잠정적으로 승인하는 사실들 — 과 유사하다. 과학은 본성적으로 자신을 수정하면서 잠정적 진리들을 결정하고, 생명은 잠정적 목적을 향해 나아간다.

생명의 가장 기본적인 목적은 생존과 번식이며, 우리는 수십억 년에 걸친 진화의 산물이다. 우주적 운명이나 신의 섭리가 있었기에 우리가 발생했다고 결론지을 수도 있겠지만, 실제로 생명은 무수한 조건들이 우연히 맞은 덕분에 존속해왔다. 공룡을 멸종시킨 것과 유사한 소행성이 100만 년 전에 지구와 충돌했다면, 소수의 호모 사피엔스가 10만 년 전에 아프리카를 떠나지 않았다면, 3만 년 전에 네안데르탈인들이 우리 조상들을 죽였다면, 이런 식의 무수한 교란들 중 하나라도 일어났다면, 우리는 소멸했을 것이다. 우리는 우연의 산물이다.

그러나 우리의 보잘것없는 시작으로부터 목적을 느끼는 감각과 목표 성취욕이 진화했다. 우리는 사랑하고 일하고 놀이하고 몰두하고 초월하고 과학이 포착한 세계에서 초월적 의미를 발견하고 외경심을 느낀다. 셔머는 자택 뒤뜰의 망원경으로 안드로메다 은하를 관찰할 때, 그 은하의 빛이 3백만 년 동안 날아와 그의 망막에 도달한다는 것을 생각할 때, 그 은하가 최근까지도 알려지지 않았다는 사실을 상기할 때 외경심을 느낀다. 공간과 시간의 광활함은 그 자체로 외경심을 일으키기에 충분하고, 외경심을 일으키는 대상은 의미의 원천이다. 진화는 의미를 내장했을뿐더러 원한다면 의미를 경험할 능력을 갖춘 존재들을 산출했다.

요약 진화는 의미와 목적을 우리 안에 내장해놓았다.

스티브 스튜어트-윌리엄스 : 다윈과 삶의 의미

스티브 스튜어트-윌리엄스Steve Stewart-Williams 는 웨일즈 스완지 대학의 진화심리학 강사다. 뉴질랜드 매시 대학에서 심리학 및 철학 전공으로 박사학위를 받았으며 캐나다 맥매스터 대학에서 박사후 연구원으로 일했다. 저서《다윈, 신, 삶의 의미: 진화론은 당신이 안다고 생각한 모든 것을 어떻게 뒤흔들까》(2010)에서 진화론의 통찰들을 윤리학, 종교, 삶의 의미에 관한 질문들에 곧장 적용했다.

이 장에서 이미 거론한 저자들과 마찬가지로, 스튜어트-윌리엄스는 진화가 삶의 의미에 관한 논의에서 중요한 구실을 한다고 생각한다. 사람들은 삶의 의미를 묻는 질문에 늘 관심을 기울이면서 종교적 대답들과 세속적 대답들을 내놓았지만, 우리가 이미 보았고 스튜어트-윌리엄스가 지적하듯이, 진화론을 감안하지 않더라도, 기존의 모든 대답들은 문제가 있다. 그러니 진화가 삶의 의미에 대해서 갖는 함의를 더 자세히 살펴보자.

왜 우리는 여기에 있을까? 우리가 진화했기 때문이다. 그러나 우리 존재의 목적은 생존하거나 번식하거나 유전자를 퍼뜨리는 것이 아니다. 우리가 이 활동들을 하도록 진화했다는 사실에서 지금 우리의 목적이 무엇인지를 도출할 수는 없다. 이런 의미에서 진화는 삶의 의미에 관한 질문들과 무관하다. 그러나 진화론은 또 다른 방식으로 그 질문들과 유관하다. 어떻게 그런지 알려면, 진화론이 목적론적 설명이 아니라 역사적 설명을 제공한다는 점을 이해해야 한다. 목적론적 설명은 외견상의 설계, 이를테면 기린의 긴 목을 목적을 통해서 — 높은 나무의 잎을 먹기 위해서 긴 목을 가졌다 — 설명한다(물이 아래로 흐르는 것은 자연적인 정지 위치에 도달하기 위해서라는 아리스토텔레스의 설명은 목적론적 설명의 또 다른 예다). 반면에 생물학에 따르면, 기린들의 목이 긴 것은 **과거에** 긴 목이 기린들의 생존과 번식에 유용했고 따라서 그 특징이 유전자들과 더불어 대물림되었기 때문이다. 현대 생물학에서 모든 적응은 목적론적으로가 아니라 역사적으로 설명된다.

그런데 흥미롭게도, 우리가 여기에 있는 이유에 대한 설명들 — 천국에 가기 위해, 행복하기 위해, 타인들을 돕기 위해, 번식하기 위해 — 은 모두 목적론적이다. 진화론적 관점에서 볼 때 이 설명들은 그릇된 유형의 대답이다. 왜냐하면 생물학에는 목적론적 대답이 없고 역사적 대답만 있기 때문이다. 진화론에 따르면, 우리가 여기에 있는 것은 우리가 진화했기 때문이다. 우리는 어떤 목적을 위해 여기에 있는 것이 아니다. 하지만 그렇다고 우리가 스스로 목표와 목적을 선택하고 그것들에서 감정적이거나 심리적인 의미를 끌어낼 가능성이 봉쇄되지는 않는다는 점을 유의하라. "그러나 삶은 잠재적 감정적으로 유의미할까라는 질문이 아니라 삶은 **궁극적으로** 유의미할까라는 질문이

우리의 관심사라면, 다윈에 따르면 삶이 궁극적으로 유의미하다고 생각할 근거는 없다." [10]

스튜어트-윌리엄스는 이 결론이 음울하다고 여기지 않는다. 삶에 궁극의 목적이 없더라도, 삶을 살 가치가 없는 것은 아니다. 궁극적으로 무의미하더라도 삶은 여전히 좋을 수 있다(많은 주관주의자들도 이와 똑같은 주장을 했다). 심지어 실존주의자들처럼 이 생각이 우리를 해방시킨다고 느낄 수도 있을 것이다. 삶의 의미가 외부에서 부과되는 것이 아니라, 우리가 삶에 의미를 부여할 자유를 확보하니까 말이다. 많은 이들은 주관적 의미로는 불충분하다고 생각할 수도 있지만, 스튜어트-윌리엄스가 보기에 우리는 삶 속의 아름다움, 친절함, 기타 좋은 것들이 궁극적 목적을 갖지 않더라도 그것들의 진가를 알아보고 고마워할 수 있다.

어쩌면 놀랍겠지만, 이 모든 것으로부터 우리는 목적들을 가졌지만 우주는 그렇지 않다는 결론을 내리는 것은 옳지 않다. **목적의 출처인 정신들은 우주의 일부다. 따라서 우리가 목적들을 가졌다면, 우주의 일부가 목적들을 가진 것이다.** 우주는 단일한 목적을 가진 것이 아니라 우주의 일부인 존재들의 다양한 목적들을 가졌다.

> … 우주에 목적이 없다는 말은 거짓이다. 목적과 욕구를 가진 생물들이 최초로 진화하기 이전에 우주는 목적이 없었다. 또 최후의 생물이 숨을 거둘 때, 우주는 다시 한 번 목적이 없게 될 것이다. 그러나 우리가 여기에서 이런 것들을 숙고하고 노력하고 몸부림치며 존재하는 한, 우주는 목적이 없지 않다. [11]

마지막으로, 우리의 정신들이 우주의 일부라는 사실은 흥미로운 함의를 가진다. 우주는 부분적으로 의식이 있다는 함의 말이다. 우리가 우주를 숙고할 때, 우주의 일부는 의식이 있다. 우리가 우주에 관해서 무언가를 알 때, 우주의 일부는 자기의식이 있다. 진화론의 관점에서 볼 때 이것은 까마득한 무의식의 세월 끝에 우주가 점차 자기의식을 획득한다는 것을 의미한다. 의식의 운명에 대한 스튜어트-윌리엄스의 전망은 낙관적이지 않다. 보편적인 죽음이 우리 위에 드리운 그늘을 감안할 때, 우주는 다시 무의식으로 떨어지리라고 그는 예상한다. 곧 보겠지만, 다른 사상가들은 더 긍정적인 우주적 전망들을 내놓는다.

요약 진화론은 우주가 객관적 목적이 없다는 것을 보여준다. 그러나 우리는 우주의 일부이며 목적을 가졌다. 따라서 우주는 우리가 우주에 부여하는 많은 목적들을 가졌다. 이는 우주가 부분적으로 의식이 있음을 뜻한다.

존 스튜어트 : 진화하는 우주 안에서 삶의 의미

존 스튜어트John Stewart는 브뤼셀 자유대학의 진화 복잡성 인지 연구단에 속한 일원이며《진화의 화살: 진화의 방향과 인류의 미래》를 쓴 저자다. 에세이 〈발전하는 우주 안에서 삶의 의미〉에서 그는 진화와 의미를 함께 이해해야 한다고 주장한다.

진화는 우주의 진화뿐 아니라 미래 생명의 진화 가능성까지 모형화하고 이해하기 시작한 생물을 산출했다. 진화 모형들은 진화에 궤적이 있음을 보여준다. 특히 생명 과정들이 서로 협력하는 조직으로 진화하는 일이 점점 더 큰 규모에서 일어남을 보여준다. 예컨대 분자적 과정들은 조직화되어 세포를 이뤘고, 세포들은 유기체를 이뤘고, 인간은 가족, 무리, 부족, 도시, 국가를 이뤘다. 서로 협력하는 조직에 주어지는 혜택 때문에 진화는 협력을 선호한다. 또한 규모가 큰 조직일수록 변화하는 환경에 적응하는 능력이 더 뛰어나다. 방해가 없다면, 결국 지구적 조직과 은하적 조직이 발생할 것이며, 더불어 지능도 향상되어 결국 물질과 에너지를 거의 자유자재로 부리는 경지에 이를 것이다.

진화는 대체로 자발적으로 진행해왔지만, 아마도 어느 시점부터는 우리가 지휘하거나 조종해야만 계속될 것이다. 스튜어트는 이를 '의도적 진화'라고 부른다. 우리 같은 지적인 존재들이 진화를 의도적으로 지휘하고 생명과 지능의 발전을 추진하는 일에 헌신해야 한다. 비록 우리가 우리의 궁극적 운명을 모른다 하더라도 말이다. 수동적 수용자에서 능동적 참여자로의 이 같은 이행은 진화의 지속을 위해 반드시 이루어져야 한다. "인류가 이 위대한 진화적 이행의 완성을 향해 나아간다면, 우리는 우리 존재의 의미와 목적을 산출하는 역할을 떠맡은 셈일 것이다."[12]

요약 삶의 의미는 진화를 새로운 단계들로 이끄는 것이다.

피에르 테야르 드 샤르댕 : 보편적 진보적 진화

고생물학과 지질학을 공부한 예수회 성직자 피에르 테야르 드 샤르댕Pierre Teilhard de Chardin(1881-1955)은 진화론과 종교와 삶의 의미를 조화시키려고 노력한 가장 유명한 사상가들 중 하나였다. 그의 대표작 《인간이라는 현상》에서 테야르는 우주의 진화를 포괄적으로 서술한다.

테야르의 철학은 복잡하기로 악명이 높지만, 그의 핵심적인 생각은 우주의 진화가 방향 또는 목적을 가졌다는 것이다. 진화는 의식의 복잡성을 증가시키고, 의식 없는 지권地圈, geosphere을 반쯤 의식 있는 생물권生物圈으로, 결국엔 의식 있는 "정신권noosphere"으로 변모시킨다. 우주에 인간이 등장한 것은 특히 중요한 사건이며 진화가 자기의식을 획득해간다는 신호다. 그 과정이 지속함에 따라, 생각을 축적하고 전달하는 인간의 능력이 증가하고, 또한 그 생각의 깊이와 복잡성도 증가한다. 그 결과로 테야르가 "정신권"이라고 부르는 것이 발생할 것이다. 정신권이란 지구를 둘러쌀 생각의 층이며 인류의 집단적 의식을 포함한다(오늘날의 몇몇 논평자들은 인터넷을 테야르가 예언한 정신권의 부분적 실현으로 간주한다).

진화는 어떻게 물질에서 정신이 나왔는지 설명할뿐더러 모든 굳건한 토대를 가진 형이상학적 지식의 열쇠다.

진화는 이론일까, 시스템일까, 또는 가설일까? 진화는 이것들을 훨씬 능가한다. 진화는 모든 이론, 모든 가설, 모든 시스템이 존중해야 하는 조건이며 향후 그것들이 생각 가능하고 참되려면 반드시 충족해야 하는 조건이다. 진화는 모든 사실들을 비추는 빛이며 모든 선들이 따라야 하는 궤적이다.[13]

이 새로운 진화론적 세계관과 거기에 함축된 광활한 시간과 공간이 기존의 유치한 신화들에 안주해온 정신들을 불안하게 하리라는 것을 테야르는 간파했다. 불안은 우리가 숙고할 때 시작된다. 우주의 본성에 대한 숙고는 확실히 우리를 불편하게 한다.

서로 수십만 광년 떨어진 은하들로 이루어진 우주를 정말로 직시하고 그 안에서 '살려고' 시도할 용기를 평생 한 번이라도 가져본 사람이 우리 중에 있을까? 자신의 이런저런 믿음이 흔들리는 시련을 헤쳐나온 적이 없는 사람이 우리 중에 있을까? 심지어 천문학자들이 완강하게 내미는 사실들을 외면하려고 최선을 다해 애쓸 때에도 자신의 청명한 기쁨 위로 거대한 그림자처럼 지나가는 혼란스러운 감정을 느껴보지 않은 사람이 있을까?[14]

우리의 영적 문제들은 거의 다 이 같은 진화론적 세계관에서 유래한다. "진화에 결과가 — 적절한 결과가 — 있는지 확실히 모를뿐더러 어떻게 확실히 알 수 있을지 모른다는 사실이 현대 세계를 송두리째 뒤흔든다."[15] 그러나 놀랍게도 우리의 불안의 원천은 또한 구원의 원천이기도 하다. 우리가 미래에 더 발전할 수 있다면, 우리는 우리 자신을 완성할 기회가 있다. "우리 자신의 최종 한계에 도달할 때까지 진보할"[16] 기회가 있는 것이다.

정신권 또는 정신세계의 힘과 영향은 계속 증가하여 언젠가 '오메가 포인트'에서 절정에 이를 것이다. 오메가 포인트란 지고의 의식, 곧 신을 의미한다. 그 절정에서 모든 의식들은 하나로 수렴할 것이다. 하지만 개별 의식들이 어떤 식으로든 여전히 보존되리라고 테야르는 주장한다. 오메가 포인트를 서술하기는 대단히 어렵다. 그러나 오메가 포인트가 진화의 숭고할 만큼 적합한 결과이려면 반드시 사랑의 연합이어야 한다. 이 대목에서 테야르는 시인처럼 말한다.

> 오직 사랑만이 살아있는 존재들을 완성하는 방식으로 그것들을 통일할 수 있다. 사랑만이 살아있는 존재들 속의 가장 깊은 것으로 그것들을 사로잡고 연합하기 때문이다. 이것은 매일 경험하는 사실이다. 연인들이 상대방 안에서 자신을 상실했다고 말할 때가 아니라면, 연인들은 언제 서로를 가장 완벽하게 소유한 상태에 이르겠는가? 실제로 사랑은 매순간 우리 주변의 모든 곳에서, 두 사람 사이나 여러 사람 사이에서, 전체화함으로써 개인화하는 마법 같은 위업을, 모순적이라고들 하는 그 위업을 성취하지 않는가? 사랑이 매일 작은 규모에서 그 위업을 성취할 수 있다면, 언젠가 세계 규모에서 그 위업을 성취하지 못할 이유가 있을까?[17]

테야르의 비전 안에서 모든 실재는 더 높은 형태의 존재와 의식을 향해 진화한다. 그 형태는 더 강력하고 만족스러운 사랑의 형태이기도 하다. 이처럼 우주의 통일성의 기반은 물질이나 에너지가 아니라 영 혹은 정신이다. 영과 정신은 진화를 추진하는 힘이다. 테야르는 우주의 진화에 관한 이 같은 포괄적인 서사시에서 삶의 의미를 발견했다. 그 서사시에서 모든 진화의 종착점은 최고의 좋음이다.

요약 우주의 진화는 더없이 유의미한 오메가 포인트를 향한다.

자크 모노 :
우주적 의미를 추방하기

　　　　　　　　　자크 모노Jacques Monod(1910-1976)는 분자생물학에서 이룬 업적들로 1965년에 노벨생리의학상을 받은 프랑스 생물학자다. 그의 고전적 저서《우연과 필연: 현대생물학의 자연철학에 관한 에세이》(1971)는 테야르의《인간이라는 현상》을 비롯한 여러 진보주의 버전들에 대한 반론이다.

　모노가 추측하기에 우리의 이른 조상들은 성장하고 죽는 식물들과 먹고 싸우고 새끼를 보호하는 동물들과 더불어 세계 안에서 살면서 자신들을 이질적인 존재로 느끼지 않았다. 한마디로 그들은 동식물과 마찬가지로 자신들도 생존과 번식을 목적으로 가졌다고 여겼다. 또 강과 산, 바다, 번개, 비, 별도 목적을 가졌음을 의심하지 않았다. 사람들이 목적을 가졌다면, 자연도 그러할 것이 틀림없다. 이 생각 하나가 물활론(애니미즘)을 낳았고, 자연과 인간들은 연결되어 있었다.

　그러나 근대과학은 그 연결을 대체로 끊었다. 물론 테야르는 그 연결을 되살리려 애씀으로써 인간의 목적과 자연의 목적 사이의 연결을 회복하려 애쓴 다른 사상가들과 한편이 되었지만 말이다. 헤겔의 웅장한 시스템, 스펜서의 진화주의, 마르크스와 엥겔스의 변증법적 유물론은 하나같이, 목적 없는 진화에 의미와 목적을 삽입한다. 그러나 그 대가로 객관성을 포기한다. 왜냐하면 생물학에서 혁신의 원천은 우연이기 때문이다. 모노의 유명한 말을 들어보자.

　진화가 이룩한 거대한 체계의 뿌리에 있는, 철저히 자유롭지만 맹목적인 순수 우연. 현대생물학의 이 핵심 개념은 더 이상 가능하거나 심지어 상상 가능한 가설들 중 하나가 아니다. 오늘날 그 개념은 관찰되고 검증된 사실에 부합하는 유일한 가설이다. 이에 대한 우리의 입장이 언젠가 바뀔 것이라고 추측할 또는 희망할 근거는 없다.[18]

모노가 보기에 우연은 목적론과 인간중심론을 모두 파괴한다. 유전정보 복제의 오류, 곧 유전자 돌연변이는 본질적으로 무작위하다. 진화의 추진력인 DNA 변이는 무작위하다. 진화 과정은 명백히 비非목적론적이다. 진화는 합리적 존재가 일으키고 통제하는 목표 지향적 과정이 아니다(그럼에도 모노는 더 완곡한 용어인 '텔레노미telenomy'를 도입한다. 이 용어는 예견이나 지침 없이 진행하는 진화 역사에서 목표 지향적 구조들과 기능들이 산출되는 것을 의미한다). 인간중심론에 대해서 말하면, 우리가 존재하는 것은 운명이 아니다. 우리는 우연한 사건이다. "우주는 생명을 임신한 적도, 우리를 포함한 생명권을 임신한 적도 없다. 단지 몬테카를로 게임(도박 ― 옮긴이)에서 우리의 존재와 결부된 숫자가 나왔을 뿐이다. 방금 카지노에서 거금을 딴 사람처럼 우리가 이상야릇하고 약간 비현실적인 느낌을 갖는 것은 과연 놀라운 일일까?"[19] 우리는 창조의 목표도 아니고 중심도 아니다.

그리하여 우리는 길을 잃은 듯하다. 그러나 항상 그런 것은 아니다. 까마득한 세월 동안 사람들은 생존에 필수적인 응집적 사회 구조를 갖춘 집단 안에서 생존했고, 그 결과로 인간들에게 주권을 부여하는 부족의 법들과 신화적 설명들을 받아들였다.

아마도 우리는 [그런 사람들로부터] 설명의 욕구와, 존재의 의미를 추구하도록 우리를 닦달하는 근본적 불안을 물려받았을 것이다. 바로 그 불안이 모든 신화, 모든 종교, 모든 철학, 심지어 과학을 낳았다. 이 절박한 욕구가 자발적으로 일어난다는 것, 선천적이라는 것, 유전암호 속 어딘가에 적혀 있다는 것은 의심의 여지가 없다고 나는 느낀다.[20]

인간의 사회 제도들은 문화적 기반과 생물학적 기반을 모두 가지며, 사회 구조들의 바탕에는 한결같이 종교적 현상들이 있어서 인간의 불안을 이야기들과 허구들, 과거 사건들에 관한 역사로 달랜다. 설명을 향한 우리의 선천적 욕구를 감안할 때, 설명의 부재는 실존적 불안을 일으킨다. 이 불안을 완화하는 유일한 길은 유의미한 우주에 관한 포근한 이야기 속에 인간의 고유한 자리를 배정하는 것뿐이다. 그러나 몇백 년 전에 과학은 새로운 객관적 지식의 모범을 유일한 진리의 원천으로 내놓았다.

과학은 인간과 자연이 고대에 맺은 약속의 종말을 선언하고 그 소중한 연대를 대신할 것으로 고작 외로움으로 동결된 우주 안에서 불안에 휩싸인 탐구만을 남겨놓았다. 특정한 청교도적 오만으로 가득 찬 사람 외에는 어느 누구도 이런 탐구를 권장하지 않는다. 그러니 이 같은 과학의 입장이 어떻게 호응을 얻을 수 있겠는가? 과학의 입장은 호응을 얻지 못했다. 지금도 마찬가지다. 그러나 과학의 입장은 인정을 받았다. 하지만 그것은 오로지 과학의 대단한 실행력 덕분이다.[21]

과학은 고대의 이야기들과 거기에서 도출된 가치관을 잠식하고 우리에게 앎의 윤리를 부과한다. 선천적이거나 자연적인, 또는 종교적인 법칙에 대한 앎을 주장하는 물활론적 윤리와 달리, 앎의 윤리는 자기부과적이다. 앎의 윤리는 그것의 기술적 응용들을 통해 현대 세계를 창조했으며 세계를 구할 수 있는 유일한 구원자다. 우리의 앎은 우주적 의미를 추방했지만 이는 또한 우리의 구원일지도 모른다. 모노는 이렇게 결론짓는다. "고대의 약속은 산산조각이 났다. 마침내 인간은 우주의 으스스한 광활함 속에서 자신이 외톨이임을 안다. 자신이 그저 우연히 발생했음을 안다. 인간의 운명은 어디에도 적혀 있지 않다. 인간의 의무도 마찬가지다. 위쪽의 왕국, 또는 아래쪽의 어둠. 선택은 인간의 몫이다."[22]

요약 우주에서 발견되는 의미는 없다. 우리는 외톨이며, 우리가 어디로 갈지는 오직 우리만이 결정할 수 있다.

줄리언 헉슬리 : 진화를 지휘하는 것에서 삶의 의미를 얻는다

줄리언 헉슬리 경Sir Julian Huxley(1887-1975)은 영국의 진화생물학자, 인본주의자, 국제주의자였다. 그는 20세기 중반에 다윈의 자연선택이론과 멘델의 유전학을 통합함으로써 진화론의 통합을 선도적으로 이끌었는데, 이는 역사상 가장 위대한 과학적 성취들 중 하나다. 헉슬리는 영국 역사에서 가장 유명하다고 할 지식인 가족의 일원이다. 형은 저명한 작가 올더스 헉슬리, 이복동생은 노벨상을 받은 생물학자 앤드루 헉슬리, 아버지는 작가 겸 편집자 레너드 헉슬리, 할아버지는 높은 평가를 받은 작가 겸 지식인이며 찰스 다원의 친구이자 후원자이기도 했던 토머스 헨리 헉슬리, 외할아버지는 학자 톰 아놀드, 외종조부는 유명한 시인 매튜 아놀드다.

1939년에 발표한 에세이 〈한 과학적 인본주의자의 신념〉에서 헉슬리는 불행의 많은 부분이 대답 불가능하거나 잘못 구상한 질문들을 던지는 것에서 비롯되며, 철학과 종교와 과학은 보통 이 사실을 많은 노력을 허비한 끝에 발견한다고 주장한다. 예컨대 '어떤 형태의 마법이 사람들을 죽일까?'는 그릇된 유형의 질문이다. 왜냐하면 어떤 마법도 사람들을 죽이지 않기 때문이다. 마찬가지로 '누가 우주를 지배할까?'도 그릇된 유형의 질문이다. 모든 과학적 증거는 우주가 스스로 자신을 지배함을 시사한다. 게다가 설령 신적인 지배자들이 있다 하더라도, 우리는 그들을 알 수 없을 것이다. 신들은 인간이 다양한 경험 요소들을 재료로 삼아 창조한 작품이다. 아마도 신들은 어떤 실재적 기초도 없는 의인화와 이상화의 산물일 것이다. 영원한 사후의 삶에 대한 질문은 대답 불가능하다. 그 질문을 숙고하는 것은 시간낭비다. 참된 구원은 우리와 외부 세계 사이의 조화에서 발견할 수 있다. 신과 영생을 반박하면 삶이 무의미해진다고 말하는 사람들에 아랑곳없이 헉슬리는 그런 믿음 없이도 고귀하고 헌신적인 삶을 산 개인들의 예로 불교도들, 불가지론자들, 스토아주의자들을 지목한다. 헉슬리에 따르면, 현대 세계에서 의미를 깨닫는 최선의 길을 제공하는 것은 과학이다. 과학은 과거에 캄캄하고 신비로웠던 힘들을 설명한다. 또한 우리의 심리에 대한 통찰을 제공하고, 우리와 세계를 향상시키고, 우주의 장대한 역사와 미래뿐 아니라 공간과 시간의 광활함을 드러낸다. 과학적 관점에서 보면, 미래가 과거보다 더 좋을 것이라고, 우리가 지식을 통해 생물학적 진화를 촉진할 수 있다고 희망할 근거가 있다. 가장 중요한 점은 "진화는 인간에 이르러서 의식을 획득할 수 있을 것이라는 점이다."[23] 우리는 그 의식을 향해 최초의 작은 몇 걸음을 내디뎠을 뿐이지만 계속 전진해야 한다. 인류의 역사 전체는 인간이 지닌 잠재력의 유아기만을 반영한다. 우리가 가져야 할 가장 중요한 믿음은 생명에 대한 신뢰, 그리고 잠재적으로 제한이 없는 생명의 진보에 대한 신뢰다. 따라서 진화생물학은 인간의 운명에 대한 새로운 관점을 제공한다. 그 관점에서 우리는 진화의 주인공, 새로운 가능성들을 실현하는 쪽으로 진화를 이끌 수 있는 행위자다. 이것이 우리의 삶의 목적이다.

실재의 한 부분인 인간은 우주적 과정이 의식을 획득하고 자신을 이해하기 시작하는 장소이며 수단이다. 인간이 맡은 지고의 임무는 그 의식적인 이해를 증가시키고 그 이해를 최대한 적용하여 사건들의 진행을 이끄는 것이다. 바꿔 말해 인간의 역할은 진화 과정의 집행자로서 자신의 운명을 발견하여 그 운명을 더 적절하게 실현하는 것이다.[24]

거의 20년 뒤인 1957년에 나온 저서 《새 포도주를 위한 새 병들》에서 헉슬리는 우주적 진화를 더 완전하게 설명했다. 그 설명은 테야르의 것과 유사하지만 종교적 색채가 없다. 헉슬리는 우주가 — 인간들은 우주의 과거 역사와 가능한 미래를 알기 때문에 — 인간들에서 자신을 의식하게 된다는, 이제는 유명해진 생각을 출발점으로 삼는다. 진화는 새로운 가능성들이 실현되는 역사다. 새들의 비행, 곤충들의 사회적 상호작용, 정신, 지능, 통찰, 언어의 발생, 목적에 대한 자기의식적 자각이 실현되었다. 우리의 의무는 이런 가능성들을 최대한 많이 실현하는 것이다. 헉슬리는 이를 아래처럼 극적이며 통찰력이 돋보이는 방식으로 표현한다.

> 마치 갑자기 인간이 우주에서 가장 큰 사업, 곧 진화 사업의 경영자로 임명된 것과도 같다. 인간이 그 직책을 원하는지 묻지도 않고, 적절한 경고나 준비도 없이 임명이 이루어졌다. 게다가 인간은 그 직책을 거부할 수 없다. 인간이 원하든 말든, 자신이 무엇을 하는지 의식하든 말든, 인간은 이 지구에서 일어나는 진화의 미래 방향을 사실상 결정하고 있다. 이것이 인간의 불가피한 운명이다. 인간이 이 운명을 더 일찍 깨닫고 믿을수록, 관련된 모든 것이 더 좋아진다.[25]

진화 과정은 무기적/우주적 진화에서 출발하여 유기적/생물학적 진화를 거쳐 이제 심리사회적/문화적 진화에 이르렀다. 앞서 언급했듯이, 우주적 진화는 극도로 느리게 진행했지만, 물질이 모인 구역들이 점점 더 복잡한 형태로 형성되었다. 살아있는 물질이 발생하여 불완전한 자기복제가 시작되었고, 이 물질적 자연선택을 발판으로 더 빠른 변화 과정이 시작되었다. 결국 점점 더 복잡한 동물들이 출현했다(토끼나 개는 엄청나게 복잡한 물질의 조직체다). 인간에 이르러 정신이 발생했다. 인간의 정신은 언어 및 개념적 사고 능력을 가졌고 행동, 생각, 가치관을 다른 인간의 정신에 전달하는 능력을 가졌다. 오늘날 우리는 진화 과정의 선봉에 서 있다. 우리는 진화의 관리자다.

헉슬리는 자신의 진화론적 관점이 인간의 운명에 대한 전통적 종교적 관점을 대체한다고 보았다. 역사적으로 종교의 기능은 인간의 무지와 공포를 다스리고 사회적 영적 안정성을 유지하는 것이었지만,

새로운 믿음 체계들은 우리의 지식을 활용하여 우리의 발전을 이끌고 촉진해야 한다. 헉슬리는 자신의 새로운 믿음 체계가 일종의 종교라고 주장한다.

우주에서 우리의 자리에 대한 새로운 견해와 연계된 종교는 일단 실현의 개념을 중심으로 삼아야 한다. 인간의 가장 성스러운 의무이자 가장 영광스러운 기회는 이 지구에서 일어나는 진화 과정의 최대 실현을 촉진하는 것이다. 이 의무이자 기회는 인간 자신의 내재적 가능성들을 가장 완전하게 실현하는 것을 포함한다.[26]

헉슬리의 진화론적 인본주의는 우리의 현재 실현과 우리의 가능성들의 점진적 실현을 모두 권고한다. 따라서 헉슬리는 과학적 정신을 찬양한다. 우리는 이해하고 지식을 축적하고 체계화하는 의무를 수행함으로써 우리 자신을 실현한다. "그러므로 과학적 연구는 모든 분야에서 핵심적이다. 과학적 연구를 북돋는 것은 문명의 가장 중요한 임무들 중 하나다." 게다가 과학은 진리가 잠정적이라는 것을 발견했다. 과학은 진리를 향해 나아간다. 과학의 잠정성은 겸손을 일깨움과 동시에 오랫동안 우리를 삼켰던 무지로부터 앎을 끌어낸 것에서 자부심을 느끼게 한다. 과학은 비록 불완전하지만 진보한다. 가장 중요한 것은 진화론적 인본주의가 헉슬리의 삶에 의미를 제공했다는 점이다.

[진화론적 인본주의] 덕분에 나는 우리가 태어난 이 낯선 우주를 외경심과 궁금증을 동반한 사랑의 대상이자 지적 호기심의 대상으로 볼 수 있었다. 또한 나의 경이감과 궁금증이 이 우주에서 중요하고 가치

있을 수 있음을 깨달았다. 내가 경험하는 세속적 기쁨과 만족, 공포와 비참을 긍정적이거나 부정적인 실현의 개념과 연결할 수 있었다. 가능성들의 점진적 실현이라는 진화론적 인본주의의 개념은 개인적 윤리의 발전부터 대규모 진화까지 모든 유형의 지향성 과정들을 평가하는 공통의 잣대이며, 긍정적 태도와 신념을 유지하고 음흉한 적과 같은 부정과 절망의 정신에 맞서기 위한 탄탄한 기반을 제공한다. 진화론적 인본주의는 노력과 창조적 활동과 즐거움의 긍정적 의미를 승인한다. 어떤 의미에서 가장 중요한 것은 이것인데, 진화론적 인본주의는, 한때 내가 보기에 추상적이며 고립된 구역들에 머물렀던 지적인 사변과 영적인 열망을 구체적 현실 속의 유의미한 자리로 복귀시켰다. 또한 그럼으로써 내가 자연과 하나라는 느낌을 회복시켰다.[28]

요약 진화 과정을 지휘하는 것에서 우리 삶의 의미를 얻을 수 있다.

에드워드 윌슨 : 종교로서의 진화

에드워드 윌슨Edward O. Wilson(1929-)은 생물학자, 이론가, 자연주의자, 퓰리처상을 두 번 받은 논픽션 작가다. 사회생물학의 아버지이며, 2007년에는 하버드 대학 개체 및 진화생물학과의 곤충학 전공 펠레그리노 대학 특별연구교수였다. 회의주의적 탐구위원회Committee for Skeptical Inquiry의 위원, 국제 인본주의 아카데미International Academy of Humanism의 인본주의상 수상자, 세계에서 가장 유명한 현존 과학자들 중 하나이기도 하다.

풀리처상을 받은 저서 《인간 본성에 대하여》(1978)에서 윌슨은 사회적 행동의 생물학적 토대를 연구하는 사회생물학을 확장하여 인간의 성생활, 공격성, 도덕, 종교에 적용했다. 사회생물학을 이용하여 종교적 신화와 관행을 해부한 끝에 그는 "종교적 믿음을 품는 성향은 인간 정신 속의 가장 복잡하고 강력한 힘이며 십중팔구 인간 본성의 근절할 수 없는 한 부분이다."[29]라는 결론에 도달했다. 종교는 역사시대와 선사시대의 모든 사회에서 발견되는 사회적 행동의 보편적 요소다. 종교가 사라질 거라는 회의주의자들의 꿈은 부질없다. 대부분 학자와 과학자인 과학적 인본주의자들은 작은 집단들을 이루어 미신과 근본주의를 반박하려 애쓰지만, "수많은 오만한 노벨상 수상자들의 지원을 받는 그들의 활발한 논리적 총공격은 마치 안개 속으로 날아가는 강철 탄환과 같다. 참된 신앙인들은 인본주의자들을 수적으로 압도한다 … 사람들은 알기보다 믿기를 더 선호하는 것으로 보인다. 목적이 없는 것보다 … 허공을 목적으로 삼는 편을 더 선호한다."[30]

다른 학자들은 과학과 종교를 떼어놓으려고 애썼다. 과학은 자연이라는 책을 읽고, 종교는 성서를 읽는다는 식으로 말이다. 그러나 과학의 발전으로 이제 신들은 아원자 입자들보다 더 작은 세계나 가장 먼 별들보다 더 먼 곳에서 발견되어야 한다. 이 상황에 대응하여, 분자와 유기체와 정신과 더불어 신들도 발생한다는 과정신학process theology 이 등장했지만, 윌슨이 지적하듯이, 이런 생각은 고대의 종교와 사뭇 다르다. 초보적인 종교는 장수나 영토, 식량, 재난 방지, 정복 따위의 현세적인 보상을 위해 초자연성을 추구했다. 반면에 발전한 종교들은 더 원대한 보상을 약속한다. 이것은 더 발전한 종교들 사이에서 다원주의적 경쟁이 일어날 때, 즉 종교의 생존을 촉진하는 추종자 집단들도 서로 경쟁하는 가운데 나옴직한 결과다. 그리하여 종교들 간의 악명 높은 적개심이 발생하여 "정복자의 종교는 칼이 되고, 피정복자의 종교는 방패가 된다."[31]

과학이 종교에 힘을 제공했던 고대의 신화들을 해체하는 동안에, 과학과 종교의 충돌은 계속될 것이다. 종교는 언제나 신들이 우주의 원천이라고 주장하거나 신비주의적 논증들을 옹호할 수 있지만, 과학의 힘을 감안할 때 이 전략이 궁극적으로 성공할지에 대해서 윌슨은 회의적이다.

> 과학은 논란이 있는 지점들에서 지금까지 항상 조목조목 전통 종교를 이겨온 대안적인 신화를 인간 정신에 제공한다 … 과학적 자연주의는 주요 경쟁자인 전통 종교를 온통 물질적인 현상으로 설명하는 역량을 갖춤으로써 최종적이며 결정적인 우위를 점할 것이다. 신학은 독립적인 지식 분야로 살아남을 성싶지 않다.[32]

그럼에도 **종교**는 과학이 결여한 중요한 힘을 가졌기 때문에 버텨낼 것이다. 과학은 종교를 설명할 수는 있겠지만, 사람들이 열망하고 종교가 제공한다고 주장하는 영생과 객관적 의미를 위한 자리를 딱히 제공하지 않는다. 이 상황에 온전히 대처하려면, 종교적 믿음의 힘과 매력을 과학적 합리성에 도움이 되는 방향으로 전환하는 방법이 필요하다.

그러나 이 새로운 자연주의는 여러 딜레마에 봉착한다. 첫째, 인간은 "인간 종의 유전적 역사에 의해 창조된 명령들 이외의 목적"[33]을 가지지 않았다. 바꿔 말해 우리에게는 미리 정해진 운명이 없다. 따라서 새로운 신화들과 도덕들이 없으면 인간 사회는 목표를 향해 에너지를 집중하는 데 어려움을 겪을 것이다. 따라서 "인간의 생물학적 본성에 내재하는 윤리적 전제들 가운데 어떤 것을 선택해야 할까?"[34] 라는 두 번째 딜레마가 발생한다. 윤리적 성향들은 선천적이다. 그렇다면 우리는 어떻게 그 성향들 가운데 일부를 선택할 것인가? 이 딜레마들에 대한 가능한 해결책 하나는 종교와 신화의 강력한 호소력과 과학적 지식을 조합하는 것이다. 왜냐하면 과학이 우리의 신화적 욕망들에 더 탄탄한 기반을 제공하기 때문이다. 그것이 가능한 것은,

물리 세계를 설명하고 통제하는 일에서 과학이 거듭 이룩한 성취들, 모든 검증의 고안과 실행에 개방적인 과학의 자기수정 능력, 신성하거나 불경한 모든 주제를 기꺼이 탐구하는 과학의 자세, 그리고 진화생물학의 기계론적 모형들을 통해 전통 종교를 설명할 가능성이 이제 열렸기 때문이다.[35]

마지막 가능성이 실현되면, 종교는 진화의 산물로 설명될 테고, 도덕의 외적인 원천으로서 종교의 힘은 수그러들 것이다. 그리고 우리 곁에는, 생명과 정신, 세계와 우주가 모두 동일한 물리적 법칙들을 따른다는 주장 등을 포함한 진화론적 서사시가 남을 것이다. "내가 주장하는 바는 … 진화론적 서사시는 아마도 우리가 가질 수 있는 최선의 신화라는 것이다."[36] (이때 신화란 거대한 이야기를 의미한다.) 그러나 종교가 완전히 근절될 거라는 뜻은 아니다. 합리성과 진보적 진화론은 대다수 사람들에게 거의 영향을 미치지 못하고, 종교적 믿음을 품는 경향은 진화에 의해 뇌에 고정적으로 배선되어 있으니까 말이

다. 하지만 지식은 견인력이 강하다. 기술이 뛰어난 사람들과 사회들은 굉장한 이점들을 갖고 생존투쟁에서 이기는 경향이 있다. 인간 본성에 대한 지식의 급증은 머지않아 다음 질문으로 요약되는 세 번째 딜레마를 초래할 것이다. 우리는 우리의 본성을 바꿔야 할까? 윌슨은 이 질문의 대답을 열어둔 채로 우리에게 희망을 유지하라고 조언한다.

과학의 진정한 프로메테우스적 정신이란 인간에게 지식을 제공하고 물리적 환경을 지배할 약간의 수단을 제공함으로써 인간을 해방시키는 것을 의미한다. 그러나 또 다른 수준에서, 또한 새로운 시대에, 그 정신은 과학적 유물론의 신화를 구성한다. 과학적 방법의 수정 장치들을 지침으로 삼고, 정확하면서 의도적으로 효과적인 호소력으로 인간 본성의 가장 깊은 욕구들에 다가가며, 우리가 지금 시작한 여행이 방금 끝낸 여행보다 더 멀리 나아가고 더 좋으리라는 맹목적인 희망에서 힘을 얻는 그런 신화 말이다.[37]

요약 진화는 새롭고 더 나은 종교적 신화의 토대일 수 있다. 진화는 희망과 의미를 모두 제공할 수 있다.

요약

커즈와일과 모라벡 등의 사상가들에서 이미 보았듯이, 우주의 진화는 **진보적 진화**의 개념을 떠올리게 한다. 대다수 생물학자들의 연구도 진보주의로 가득 차 있다. 루즈는 이 경향이 지속되리라고 생각한다.

문화로 눈을 돌리면, 진보적 진화의 실재성을 옹호하는 강력한 (인식론적 영역에서는 '밈 연구memetics'에 의해 뒷받침되는) 논증을 제시할 수 있다. 듀런트는 문화적 진보를 옹호한다. 이 결론은 인류 역사에서 곧장 도출된다. 반면에 피아제는 아동의 인지 발달에 대한 연구와 과학사에 대한 분석에 기초하여 인지적 진보를 옹호한다. 라이트는 넌제로섬 상호작용의 구조에 기초한 전반적인 진보적 진화가 존재한다고 믿는다. 이에 맞서 핑커는 복잡성과 협동은 진화의 자연적 운명이 아니라 하위 목표들이라고 주장한다. 진보적 진화를 옹호하는 논증들의 전반적인 설득력은 불분명하지만, 그 논증들이 철학적 장점을 가졌다는 것만큼은 부인할 수 없다. 진화 역사에서 일부 진보적 경향들이 존재했음은 명백한 사실이다. 이 사실은 전체로서의 삶이 점점 더 유의미해짐을 시사한다.

우리가 보았듯이, 여러 사상가들은 **진화와 의미가 서로 관련이 있다**고 주장한다. 데닛은 진화가 철학적 질문들을 녹여버리는 보편적인 용제solvent의 구실을 한다는 것을 보여줌으로써 진화의 암시적 역량을 확장한다. 셔머는, 비록 우리의 존재는 진화 역사의 무수한 우연들에 의존하지만 우리는 우리의 삶에서 잠정적 의미들을 창조한다고 말한다. 스튜어트-윌리엄스는, 우리가 우주의 일부로서 목적들을 가졌으므로, 우주는 목적들을 가졌다고 주장한다. 존 스튜어트는, 우리가 진화 과정을 지휘하면 우주는 점점 더 유의미해질 것이라고 주장한다. 반면에 진화와 의미가 서로 무관하다고 주장하는 철학자들도 있다. 예컨대 비트겐슈타인은 "다윈의 이론은 자연과학의 여느 가설과 마찬가지로 철학과 무관하다."[38]라고 주장한 것으로 악명이 높다. 그러나 이 주장은 철학적 탐구의 범위가 좁았던 시대의 분위기에서 나온 것이다. 반면에 오늘날 과학 이론들이 철학에 미치는 영향은 엄청나다. 현재 대다수의 사상가들은, 우주의 진화에서 의식적인 목적과 의미의 출현은 삶의 의미에 관한 철학적 문제들과 유관하다고 말할 것이다.

거대한 **우주적 비전**들로 눈을 돌리면, 테야르는 우주가 진보적 진화를 겪는다는 비전을 내놓는다. 우주가 전적으로 유의미한 종착점을 향해 나아간다는 것이다. 그러나 모노는 생물학은 의미를 보여주지 못한다고 지적하면서 테야르의 낙관론에 의문을 표한다. 테야르의 비전과 유사하지만 종교적 함의가 없는 헉슬리의 비전에서 우리는, 진화의 가능성들이 실현되도록 진화를 지휘함으로써 우주적 드라마에서 주역을 맡고 그럼으로써 진화 과정에서 우리 자신의 의미를 발견하라는 격려를 받는다. 윌슨은 이런 ― 진화론적 서사시는 신화적이며 포괄적이라는 ― 사상의 전통에 입각하여 우리에게 더 나은 미래를 창조하라고 권고한다. 이처럼 많은 사상가들은 진화가 진보적이며 또한 의미와 유관하다고 ― 심지어 진화가 의미의 비밀을 푸는 열쇠라고까지 ― 믿는다. 테야르, 헉슬리, 윌슨이 보기에 **삶은 진화하기 때문에 유의미하며, 우리는 이 의미의 진화에서 핵심 역할을 하기 때문에 유의미한 삶을 산다.**

형이상학으로서 진화

이제 우리가 이 장의 서두에서 던졌던 질문 ― 진화는 삶의 유의미성을 함축할까? ― 으로 돌아가자. 우주의 진화에 대한 연구는 삶(생명)의 유의미성이 점점 더 증가해왔다는 주장을 뒷받침한다. 주요 받침대는 목적과 의미를 의식하는 존재들의 출현이다. 과거에는 — 정신이 없는 우주에 — 의미나 목적이 없었던 반면, 지금은 의미들과 목적들이 있다. 이 의미들은, 응집하여 별과 행성을 이루고 이어서 유기체들의 재료가 된 물질에서 기원했다. 그 유기체들은 진화하여 뇌를 갖춘 몸과 그 속성들 — 행동, 의식, 개인적 정체성, 자유, 가치, 의미 — 을 획득했다. 의미는 진화 과정에서 발생한 것이다. 복잡하게 — 부분들과 부분들의 상호작용으로 — 조직된 뇌가 물리적 환경과 상호작용하고 이어서 문화적 환경과 상호작용할 때, 의미가 발생했다. 그 상호작용은 양방향으로 일어났다. 뇌는 생물학적 인지적 환경에 영향을 미쳤고, 이 환경은 뇌에 영향을 미쳤다. 이 같은 유기체와 환경 간 상호작용의 결과는 의미 등이 스며들어 있는 실재였다.

하지만 앞으로의 진화 과정에서도 의미가 계속 출현할까? 진보적 진화의 경향은 계속해서 완전한 혹은 최종적인 의미를 향할까(극한으로서의 의미에 수렴할까)? 인지 발달의 모멘텀은 그런 진보를 거의 불가피하게 만들까? 이것들은 우리가 확실히 대답할 수 없는, 다른 유형의 질문들이다. 우리는 미래가 과거와 유사할 것이라는 귀납적 논증을 구성할 수 있겠지만, 그런 논증은 확실하지 않다. 미래에 어떤 일이 일어날지 누가 알겠는가? 내일 인류가 자멸할 수도 있고 어떤 생물학적, 지구물리학적, 또는 천문학적 현상 때문에 멸종할 수도 있다. 우리는 과거에 일어난 일과 미래에 일어날 일 사이의 간극을 메울 수 없다. 미래는 미지의 대상이다.

그리하여 또 하나의 질문이 자연스럽게 제기된다. 의미의 출현은 좋은 일일까? 의식 있는 존재들이 의미를 창조한다는 말은 충분히 쉽게 할 수 있지만, 그 창조가 좋은 일이라는 말을 할 수 있느냐는 전혀 다른 문제다. 의식이 존재하기 이전에는 어떤 존재도 타자들을 괴롭히는 것에서 의미를 끌어내지 않았다. 그러나 지금은 일부 존재들이 때때로 그렇게 한다. 이 경우에는 새로운 유형의 의미가 출현했지만, 이를 바라는 사람은 거의 없을 것이다. 우리는 의미의 출현을 규명할 수 있지만 그 출현이 좋은 일이라는 것은 규명할 수 없다.

그럼에도 우리는 과학 지식이 삶의 질과 양을 모두 향상시키리라는 환상을 품는다. 우리는 영생을 획득하고 더 나은 뇌를 제작하여 장착하고 우리의 도덕적 본성을 변화시킬 것이라고, 삶을 더 낫고 더 유의미하게, 어쩌면 완전히 유의미하게 만들 것이라고 말이다. 우리는 진화를 환상적인 수준으로, 지상이나 우리가 설계한 시뮬레이션 안에 천국을 건설하는 방향으로 이끌 자격이 있는 조종사들이 될 것이다. 만일 의미와 가치가 계속 출현한다면, 우리는 그 유의미한 과정에 참여하고 그 과정을 촉진함으로써 삶의 의미를 발견할 것이다. 과거 의미들의 결과이자 미래 의미들의 출현을 위한 통로로서 우리는, 헉슬리와 테야르가 희망한 대로, 점점 더 고조되는 위대한 서사시의 주인공이 될 수 있을 것이다.

우리의 상상 속에서 우리는 더 위대한 수준의 존재, 의식, 기쁨, 아름다움, 좋음, 그리고 의미를 향해 — 어쩌면 절정까지 — 상승하는 황금 사슬의 고리로서 존재한다. 그런 찬란한 과정의 일부로서 우리는 미리 창조된 의미가 우리의 삶 속에 스며들어 있음을 발견할 것이며, 궁극적으로 우리와 하나인 우주 속으로 의미를 다시 주입함으로써 화답할 것이다. 평범한 울타리 너머까지 확장된 진화론적 사상은 유난히 사변적이며 준종교적인 형이상학이다. 그 형이상학의 지평선에는 자연주의적 천국이 어른거린다.

결론 :
냉철함과 회의주의

그러나 이런 사상의 산맥을 오르다보면 우리는 다시 지상으로 내려온다. 과거를 돌이키면, 진화가 의미를 산출했을 뿐 아니라 고통, 두려움, 학살, 멸종, 전쟁, 외로움, 괴로움, 질투, 노예제도, 절망, 허무, 고문, 죄, 불안, 우울, 소외, 무지, 불평등, 미신, 가난, 심리적 아픔, 죽음, 무의미도 산출했음을 알게 된다. 이런 참상을 진지하게 반성하면 확실히 냉철해진다. 미래에 대한 우리의 낙관론은 제한되어야 마땅하다. 진화가 향하는 지점에 관한 환상들은 절제되어야 한다. 다른 이유들은 제쳐두더라도, 우리의 향상된 능력이 우리의 향상뿐 아니라 악행을 위해 쓰일 수도 있으니까 말이다. 우리의 바람들은 영영 실현되지 않을 수도 있다.

하지만 이것이 전부가 아니다. 찬란한 사변들이 참인지 여부를 우리가 모른다는 점을 확인하는 것에서 그칠 일이 아니다. 압도적으로 강력한 이유 하나 때문에, 우리는 한껏 나래를 펴는 환상을 배척해야 마땅하다. 그 이유는 인간이 악명 높은 패턴 추구자, 이야기꾼, 의미 제작자라는 것이다. 인간은 늘 패턴과 일화를 중심으로 이야기를 지어 자신의 삶에 의미를 부여한다. 따라서 우리가 어렴풋이 보는 진보의 패턴들은 단지 우리의 정신 속에만 존재할 개연성이 높다. 화성의 표면에는 사람의 얼굴이 존재하지 않고, 구운 치즈 샌드위치에는 예수의 얼굴이 없다. 진화에서 진보의 패턴들을 발견할 때, 우리는 그저 확증 편향을 범하는 것일 가능성이 높다.

따지고 보면 진보는 진화 전체를 대표한다고 보기는 어렵다. 대다수의 종들과 문화들이 절멸했으니까 말이다. 우리도 머지않아 똑같은 운명을 맞을지도 모른다. 게다가 우리의 1.4킬로그램짜리 뇌는 이 광활한 우주(혹은 다중우주)의 대부분을 이해하지 못하므로, 우리는 우리의 좌절된 형이상학적 열망들을 유사진화론적 종교로 대체하기를 주저해야 마땅하다. 우주가 진보한다는 비전들 앞에서 우리는 더 신중해야 하며 신뢰를 주는 데 더 인색해야 한다. 우리의 겸허함이 우리의 장대한 형이상학적 사변들을 누그러뜨려야 한다. **간단히 말해서, 만일 어떤 과학 이론을 숙고한 결과로 우리의 가장 깊은 바람들이 참이라는 것이 드러났다고 누가 주장하면, 회의주의적 경종이 울려야 한다.** 만일 추구하는 바를 쉽게 발견했다면, 과학의 함의들이 아니라 우리의 바람에 따라 움직였을 개연성이 높다. 우리는 더 용감해질 필요가 있다. 에드워드 윌슨처럼 우리는 그저 믿지 않고 알기를 원한다. 쉽게 믿으려는 욕구는 진지한 진리 추구자인 우리에게 어울리지 않는다.

우주와 생명의 진화, 또한 뒤이은 지능과 과학과 기술의 등장은 우리를 경이감으로 압도한다. 지능과 지능이 창조한 의미의 출현은 중요한 사건이다. 이 생각을 물리학자 폴 데이비스는 이렇게 표현했다. "우주 속 특정 행성의 특정 유기체 안에 정신이 존재한다는 것은 확실히 근본적으로 중요한 사실이다. 의식 있는 존재들을 통해서 우주는 자기를 인식하기에 이르렀다. 이것은 정신이나 목적이 없는 힘들의 사소한 부산물이거나 시시한 세부사항일 리 없다. 우리가 여기에 존재하는 것은 참으로 의도된 바다."[39] 케임브리지 대학의 진화고생물학자이며 개신교도인 사이먼 콘웨이 모리스의 글에서도 유사한 생각들을 읽을 수 있다. 만약에 지능이 인간에서 발생하지 않았다면, 다른 종에서 발생했을 것이라고 모리스는 주장한다. 바꿔 말해 우리 행성에서 지능의 발생은 불가피한 사건이었다는 것이다.[40]

정신과 정신에 동반된 현상들이 중요하다고 생각한다는 점에서 우리는 데이비스, 모리스와 의견이 일치한다. 그러나 그 중요성에 기초하여 우리가 여기에 존재하는 것이 의도된 바라거나 지능의 발생이 불가피했다는 결론을 내리는 것은 부당하다. 우리가 그런 인간중심론을 수긍하는 것은 단지 우리가 우리의 삶과 지능을 소중히 여기기 때문이다. 호모 사피엔스는 발생하지 않을 수도 있었고, 무수한 사건들이 호모 사피엔스의 몰락을 가져올 수도 있었다. 우리는 불가피하게 발생한 게 아니며 여기에 존재하도록 의도되지도 않았다. 우리는 우연히 생겨났다. 우리를 낳은 진화의 무수한 작동들은 쉽게 다른 결과를 낳을 수도 있었다. 우리를 포함하지 않은 결과를 말이다. 지능의 불가피성에 대해서 말하면, 만약에 소행성이 공룡을 멸종시키지 않았다면, 공룡이 계속 진화하여 인간과 유사한 지능에 이르렀을 거라고 생각해야 할까? 당연히 그렇지 않다. 그런 생각은 믿기 어렵다. 공룡은 수백만 년 동안 생존하면서 지능을 발달시키지 않았다. 우리는 인간과 인간의 정신이 진화의 목표이거나 주요 관심사이기를 바란다. 그러나 그것은 사실이 아니다. 우리의 존재는 의도된 바가 아니다. 우리는 패턴 탐지 욕구를 자제하고 우리의 근본적 우연성을 받아들여야 한다. 공룡과 마찬가지로 우리도 소행성에 의해 멸종될 수 있다.[41]

결론적으로 우리는 이 장의 서두에 제기한 질문들에 확실한 긍정으로 대답할 수 없다. 우리는 진화 과정에서 부분적으로 진보가 일어났으며 의미가 발생했다고 말할 수 있다. 그러나 이 경향이 계속될 것이라거나 좋았다고 말할 수는 없다. 또한 확실히 우리는 사변적이며 형이상학적인 환상들을 경계해야 한다. 왜냐하면 우리가 특별하다는 생각이 아무리 유쾌하더라도, 실은 우리가 특별하지 않다고 생각할 이유가 충분히 있기 때문이다. 우리가 진화함에 따라서 유의미한 종말의 시나리오가 점차 펼쳐질지 어떨지 우리는 모른다. 그 시나리오를 서술하는 우주적 비전을 우리가 명확히 제시할 수 있을지는 더더욱 모른다. **심지어 우리는 장대한 우주적 비전들 중 어느 하나라도 실현될 가능성이 있는지조차 모른다.** 우리는 움직이는 중이지만, 자신의 멸종이나 보편적인 죽음, 또는 영원한 지옥을 향해 나아가고 있는지도 모른다. 이 가운데 어떤 것도 별로 위안을 주지 않는다.

우리는 꿈꾸기를 갈망하지만, 우리의 회의주의는 항상 우리를 극단적으로 낙관적인 상상에서 깨운다. 우주, 인간, 인간의 지능의 진화는 우리의 삶이 더 유의미해지리라는 믿음을 품을 근거를 어느 정도 제공하지만 우리의 열망들을 충족시킬 만큼 제공하지는 않는다. 우리는 **정말로** 내일이 어제보다 더 좋기를 바라니까 말이다. 커즈와일과 모라벡과 더불어, 테야르와 헉슬리와 더불어 우리는 찬란한 미래가 우리를 기다린다고 믿기를 원한다. 그러나 낭만주의에서 한걸음 물러나면, 모노가 옳을 수도 있음을 안다. 구원이 없을 수도 있음을, 무지개 너머에 아무것도 없을 수도 있음을, 우리의 지친 영혼이 위로를 얻지 못할 수도 있음을 안다. 이런 황량한 전망과 그에 동반된 고뇌 앞에서 우리는 길을 잃는다. 거듭되는 말이지만, 우리가 할 수 있는 최선은 희망을 품는 것이다. 희망은 우리가 원하거나 욕구하는 바를 우리에

게 주지 않지만 실제로 무언가를 주고, 우리는 그 무언가를 부끄러워
하지 않아도 된다. 진화론적 관점에 의해 유발되고 가장 잘 표현되는
유형의 희망은 어떤 비합리적인 구석도 없다. 과학자이자 시인인 줄
리언 헉슬리는 그 희망을 이렇게 표현했다.

나는 손잡이를 돌리고, 이야기가 시작된다.
필름이 돌고 또 돌며 천문학 전체가 펼쳐진다.
하늘 한 구석에서 피어오른 생명이
무대로 뛰어올라 백만 가지 역할을 할 때까지.

생명은 점액을 남기며 쏜살같이 대양을 가로지른다.
땅을 정복하고, 날기 위해 날개를 펼친다.
이어서 정신이 꽃피어 죽지 않는 법을 터득한다,
무덤 너머 타인들의 가슴 속에 둥지를 트는 법을.

나는 손잡이를 돌린다. 나와 비슷한 타인들이
영화를 만들었고, 지금 나는 가만히 앉아서 관람한다.
포효하는 세계를 마치 책처럼 읽는 신적인 특권을 누린다.
이것이 그대의 과거라면, 그대의 미래는 어디로 상승할지,
오 정신이여, 원소들과 시간으로 이루어진 정신이여! [42]

10

결론

조르바: 왜 젊은이들이 죽을까?
　　　　아무튼 사람이 왜 죽냐고?
바　질: 나도 몰라.
조르바: 그걸 안 가르쳐준다면,
　　　　네가 가진 빌어먹을 책들이 다 무슨 소용이야?
　　　　대체 그 책들이 무얼 가르쳐주니?
바　질: 네가 던진 것 같은 질문들에 대답할 수 없는 인간의 고뇌를 가르쳐주지.
조르바: 난 그 고뇌에 침을 뱉으마.

　　　　　　　　　　　　　　　　　　　　　　　　　　　　　- 니코스 카잔차키스

우리의 여행을
요약함

　　　　　　　우리는 처음부터 삶이 문제적이라고 선언
했다. 삶에 무언가 잘못된 구석이 있다는 뜻이었다. 우리는 의미의
문제와 그에 대한 종교적, 철학적, 과학적 해결책들에 초점을 맞췄
다. 그리고 종교적 대답들이 문제적인 철학적 전제들에 의존하기 때
문에 전반적으로 불만족스러움을 발견했다. 게다가 설령 종교적 주
장들이 참이라 하더라도, 그 대답들은 우리의 관심사와 대체로 무관
한 듯하다. 철학으로 눈을 돌리면, 우리는 우선 불가지론을 받아들일
수 없었다. 왜냐하면 불가지론을 일관되게 유지하려면, 우리의 회의
주의에 대해서도 회의를 품어야 하기 때문이다. 허무주의는 끊임없
이 우리 곁에 출몰한다. 하지만 우리는 그 입장도 배척한다. 극단적
으로 낙관적인 종교적 단정들이 참이라고 확신할 수 없는 것과 마찬
가지로 허무주의적 결론이 참이라고 확신할 수 없는 마당에, 무슨

이유로 그런 우울한 결론을 받아들이겠는가?

주관주의는 더 그럴싸한 철학적 대답이다. 이 입장에 따르면, 우리는 종교적, 불가지론적, 허무주의적 단서조항들을 받아들이지 않고도 제한된 의미를 만들어낼 수 있다. 주관주의의 주요 문제는 만들어낸 의미로는 불충분한 듯하다는 것이다. 우리는 주관적인 의미 이상을 원한다. 그리하여 우리는 우리 외부의 객관적 가치들과 의미들을 고찰했다. 주관적 욕망과 객관적 좋음의 만남 속에서 우리는 이 삶에서 우리가 발견할 수 있는 최대의 의미를 발견할 수 있을 것이다. 이것은 현재 우리의 지적, 도덕적 발전 상태와 현재 인간이 처한 현실을 감안하여 내린 결론이다. 현재 우리는 실제로 좋은 것들을 추구하고 그것들에 참여함으로써 삶이 제공하는 제한된 의미를 끌어낸다.

그러나 우리의 사색은 죽음이라는 한계에 봉착한다. 우리는 죽는다. 모든 것이 무로 돌아간다면, 객관적으로 좋은 것들에 주관적으로 몰두하는 것을 포함해서 그 어떤 것도 무의미할 수밖에 없지 않겠는가? 물론 이런저런 일들은 그것들이 발생할 당시에 중요했을 수도 있겠지만, 그 당시라는 것은 너무 덧없어서 그것들은 충분히 중요할 수 없다. 만일 실재가 무로 귀착한다면, 모든 것이 부질없다. 그러나 우리는 절망을 유예할 수 있다. **과학이 영생을 선사할 가능성, 우리 자신과 우주의 운명을 결정할 힘을 선사할 가능성이 있기 때문이다.** 이 가능성이 실현된다면, 우리의 삶은 완전히 유의미해질 수 있다. 하지만 안타깝게도 우리는 과학이 그런 성취에 도달할지, 또는 우리의 생전에 죽음을 물리칠지, 심지어 과학이 선사할 영생이 우리가 원하는 의미를 제공할지조차 모른다. 아무것도 보장된 것은 없다. 그리하여 우리는 이런 질문에 도달했다. 진화는 진보일까? 진화는 더 수준 높은 존재, 의식, 좋음, 의미를 향해 나아갈까(만일 그렇다면, 삶의 의미를 긍정하는 입장이 강력하게 뒷받침될 것이다)? 이 질문에 대한 긍정적 답변은 매력적이다. 무엇이든 쉽게 믿는 사람들은 기꺼이 그 답변을 받아들인다. 그러나 우리는 그럴 수 없다. 우리는 지적으로 정직해야 한다. 증거가 있는 만큼만 수긍하고, 의심스러운 형이상학적 사변은 배척해야 한다. 그 사변이 감정적으로 아무리 매혹적이라 하더라도 말이다.

결국 확실한 해결에 이르지 못했으므로 어쩌면 우리는 의미를 향한 우리의 욕망을 더 잘 만족시키기 위해 이 지적인 여행을 **무언가 다른** 요소로 보충해야 할 것이다. 과연 그러한지, 이제부터 살펴보자.

낙관론과 희망 : 바람과 열망

우리는 낙관론과 희망으로 제한된 지적인 대답들을 보충할 수 있을 것이다. 어쩌면 우리의 의미 탐구에 결여된 성분은 낙관적 혹은 희망적 기질일 것이다. 이 책 내내 우리는 해답의 일부가 낙관론 혹은 희망에서 나올 가능성을 암시했다. 그러나 낙관론이란 무엇이고, 희망이란 무엇일까? 《미국영어 유산사전American Heritage Dictionary of the English Language》은 낙관론을 이렇게 정의한다. "가능한 최선의 결과를 예상하거나 한 상황의 가장 희망적인 측면들에 시선을 고정하는 경향." 이 두 의미 중 어느 것을 기준으로 삼든지, 우리는 낙관론자가 아니다. 우리는 우리의 가장 열렬한 바람들이 실현되리라고 **예상하지** 않으며, 가장 희망적인 가능성들에 **시선을 고정**

하지도 않는다. 그렇다면 낙관론 대신에 희망은 적절한 보충물일 수 있을까?《미국영어 유산사전》은 '희망하다'를 이렇게 정의한다. "실현을 기대하면서 무언가를 바라다. 확신 혹은 기대를 품고 미래를 내다보다." 이 두 의미 중 어느 것을 기준으로 삼든지, 우리는 희망을 품고 있지 않다. 우리는 바람들과 열망들을 가졌지만 그것들이 실현되리라고 **기대하지** 않는다. 기대한다는 것은 일어날 개연성이 높은 사건을 내다본다는 것인데, 우리는 희망의 대상들이 실현될 것이라고 주장하지 않는다. 낙관론이나 희망은 유용할 수도 있겠지만, 우리는 그것들을 채택할 의향이 없다. 또한 그것들은 **질문들**에 대한 답변을 제공하지 못한다. 낙관론도 아니고 희망도 아니라면, 달리 무엇에 기댈 수 있을까?

우리의 바람들과 열망들에 기댈 수도 있을 것이다. 우리는 삶이 유의미하기를 바란다. 고난을 무릅쓰고 삶을 살 가치가 있기를 열망한다. 그러나 삶이 유의미하기를 바라는 것은 삶이 유의미하다고 믿는 것, 예감하는 것, 기대하는 것, 희망하는 것을 함축하지 **않는다.** 우리는 의미를 그저 바라거나, 원하거나, 욕망하거나, 열망할 뿐이다. 바람과 열망은 낙관론이나 희망에 비해 비판에 덜 취약하다. 왜냐하면 바람과 열망은 기대를 함축하지 않기 때문이다. 우리의 바람과 열망은 오로지 감정의 영역 안에만 존재하며 따라서 거의 모든 지적 비판에 노출되지 않는다. 동전을 던지면서 특정 결과를 바라는 것은 로또에 당첨되기를 바라는 것과 마찬가지로 전혀 비합리적이지 않다! 물론 우리는 당첨 확률이 매우 낮다는 것을 알 수도 있다. 그러나 당첨이 가능하기만 하다면, 당첨을 원하는 것은 전혀 문제가 없는 감정이다. 로또에 당첨될 것이라고 생각하거나, 당첨될 것을 전제하고 삶을 계획하는 것은 어리석은 짓이지만, 당첨을 **원하는** 것은 확실히 허용된다. 이와 마찬가지로 우리는 지적인 진실성을 유지하면서도 삶이 유의미하기를 바랄 수 있다. 요컨대 삶이 유의미한지 확실히 모르더라도 삶이 유의미한 **것처럼** 살 수 있을 듯하다.

이처럼 우리의 바람과 열망은 감정적 영역에 존재하는 한에서 지적인 비판을 비교적 잘 견뎌낸다. 나는 삶의 의미를 바란다. 딱 거기까지다. 이 바람에는 아무 비일관성도 없다. 그러나 바람과 원함의 문제는, 이 감정들이 삶의 의미에 관한 **질문들**에 대한 대답을 제공하지 못한다는 점이다. 바람과 원함은 우리의 정서를 만족시키고 실용적으로 유용할 수 있겠지만 지적인 허기를 채워주지 못한다. 이 감정들은 인지적 내용이 워낙 적기 때문에 거리낌을 무릅쓰고 채택할 가치가 거의 없다. 아무튼 막연한 바람은 그다지 위로가 되지 않으며, 설령 되더라도, 우리는 그 바람이 실현될 거라는 합리적인 보증을 원한다. 그러나 그런 보증은 없다. 감정은 감정적으로 만족스럽지만, 지적인 회의는 감정을 뒤흔든다. 결론적으로 낙관론이나 희망과 마찬가지로 바람과 열망도 의미 추구에 도움이 되지 않는다. 대답이 없다면, 대답이 있기를 바라는 것은 부질없는 짓이다.

알프레드 테니슨 : 오디세우스의 몸부림

어쩌면 열쇠는 우리의 대답, 희망, 바람에 있는 것이 아니라 우리의 몸부림에 있을지도 모른다. 이것은 호메로스의 서사시 《오디세이아》의 핵심 주제들 중 하나다. 이 작품은 이타카의 왕 오디세우스가 10년간의 트로이전쟁이 끝난 후 귀향하는 과정을 서술한다. 귀향길에 오디세우스가 겪는 고난은 그야말로 전설적이다. 그는 거인들, 괴물들, 폭풍우, 아름다운 여성의 모습으로 뱃사람을 유혹하여 죽음에 이르게 하는 사이렌들과 싸운다. 마침내 고향에 도착하여 자신의 아내와 왕국을 대면한 오디세우스는 다시 떠나기를 욕망한다고 호메로스는 암시한다. 이 욕망은 몇 세기 뒤에 단테의 작품에서도 표현되었다.

19세기에 알프레드 테니슨Alfred Lord Tennyson(1809-1892)은 이 몸부림이라는 주제를 확장했다. 그는 빅토리아 여왕이 재위하던 기간의 대부분 동안 대영제국의 계관시인이었으며 영어권에서 가장 인기 있는 시인들 중 하나였다. 그의 시 《율리시스》('율리시스'는 오디세우스의 라틴어 이름)는 율리시스가 귀향 후 이타카에서의 삶에 만족하지 못하고 다시 바닷길로 떠나기를 욕망하는 것을 표현한 작품으로 유명하다. 용감하게 나아가며 삶의 고난에 맞서는 인물을 이 시보다 더 감동적으로 묘사한 작품은 서양문학에 어쩌면 없을 것이다.

테니슨은 율리시스가 마침내 자기 왕국의 지배자로 복귀한 뒤에 경험하는 지루함과 동요를 묘사하는 것으로 시를 시작한다.

이 황량한 바위들 사이, 이 고요한 난롯가에서
게으른 왕인 내가 늙은 아내와 짝을 이뤄
야만적인 백성들에게 불평등한 법들을
저울에 재서 할당하는 일은 거의 아무 보람이 없어.
그 백성들은 비축하고 잠자고 먹고 나를 모르지.

이 감정은 율리시스의 기억이 유발하는 흥분과 뚜렷한 대비를 이룬다.

나는 여행을 끝내고 쉴 수 없어.
삶을 마지막 앙금까지 마실 테야.
내가 한껏 즐긴 모든 시간,
한껏 시달린 모든 시간,
나를 사랑한 사람들과 함께일 때도 있었고 혼자일 때도 있었어.
바닷가에서, 비에 젖은 히아데스성단이 하늘을 질주하면서
어둑한 바다를 성가시게 할 때, 나는 유명한 인물이 되어 있었지.
항상 허기진 마음으로 돌아다니면서 나는 많은 것을 보고 알았네.
사람들의 도시들, 관습들, 기후들, 협의회들, 정부들,
특히 그들 모두에게 존경받은 나 자신을,
또한 동료들과 술 취해 다투는 기쁨을,
멀리 바람 소리 요란한 트로이의 벌판에서.

그는 과거를 회상할뿐더러 새로운 경험을 열망한다. 안절부절못하는 자신의 심정을 완벽하게 묘사한다.

나는 내가 만난 모든 것의 한 부분
그러나 모든 경험은 아치이며
여행해보지 못한 세계가 그 아치를 통해 번득이네.
내가 움직이면, 그 세계의 변방은 영원히 영원히 멀어지지
멈춘다는 것은 얼마나 따분한가, 종결한다는 것,
불타오르지 못하고 녹슨다는 것, 쓸모 있게 빛나지 못한다는 것!

삶이란 단지 숨쉬는 것이 아니지 않은가.

동요하는 마음으로 바다를 내다보면서 그는 다시금 바다의 인력을 느낀다.

저기 항구가 있네. 항해를 위해 헐떡이는 배.
드넓고 어두운 바다가 출렁이고, 나의 선원들,
나와 더불어 고생하고, 깨부수고, 생각한 영혼들.
그들은 늘 천둥과 햇살을 즐겁게 환영했지, 감히
자유로운 심장, 자유로운 이마로 ─ 자네와 나는 늙었어.
그러나 늙은이는 존경받는 만큼 해야 할 일도 있는 법
죽음은 모든 것을 끝내지. 그러나 끝에 앞서 무언가
고귀한 일이, 아직 하지 않은 어떤 일이,
신들과 싸운 사람들에게 어울리는 일이 있을지도 몰라.

마침내 율리시스는 동료 선원들을 소집하여 새로운 모험을 위해 항구를 떠난다. 테니슨은 그 장면과 분위기를 영어에서 가장 위대한 문장들로 꼽을 만한 몇 행으로 묘사한다.

빛이 바위에 부딪혀 반짝이기 시작하네.
긴 낮이 저물고 느리게 달이 떠오르는데
많은 목소리들이 낮은 신음을 읊조리네.
이리 오게나, 나의 벗들이여,
지금은 더 새로운 세계를 찾기에 너무 늦은 때가 아닐세.

노를 젓게나, 굳건히 앉아 물을 힘차게 긁어

낭랑한 물고랑을 내게나. 나의 목적은

해 지는 곳 너머로 항해하는 것, 서양의 모든 별들이

잠기는 곳 너머로, 죽을 때까지 항해하는 것.

깊은 바다가 우리를 삼킬 수도 있겠지.

우리가 행복의 섬에 닿을지도 몰라.

그리고 우리는 옛 친구인 위대한 아킬레스를 보리라.

많은 힘을 썼지만, 아직 많은 힘이 남았어.

지금 우리는 그 옛날의 건장한 청년들이 아니지.

하늘과 땅을 움직이던 장사들이 아니야. 지금 우리는, 지금의

우리일 뿐.

한결같던 영웅적 심성들은

시간과 운명에 의해 약해졌지만, 우리는 강하다네.

힘쓰고, 추구하고, 발견하고, 포기하지 않을 의지가 있으므로.

율리시스는 항구에서가 아니라 여행에서 즐거움과 의미를 발견했다. 우리를 이리저리 내던지는 어둡고 험한 바다에서 말이다. 거기에서 우리는 집을 발견할 희망 없이 싸우면서 우리 삶의 의미와 짜릿함을 발견한다. 율리시스에게 의미란 몸부림이다.

니코스 카잔차키스 :
희망을 거부함

율리시스의 이야기가 지닌 힘은 유명한 그리스 소설가 니코스 카잔차키스Nikos Kazantzakis(1883-1957)를 매혹하여 호메로스가 쓴《오디세이아》의 속편으로 3만 3,333행짜리 시를 쓰게 했다. 그 작품에서 권태에 빠진 율리시스는 부하들을 소집하고 배를 건조하여 최후의 항해를 떠나 결국 대서양에서 죽음을 맞는다. 카잔차키스에 따르면, 율리시스는 추구하던 것을 발견하지 못하지만 그것은 중요하지 않다. 추구 그 자체로 율리시스는 고귀하다. 그의 삶의 의미는 그 추구에서 발견되었다. 마지막 대목에서 카잔차키스의 율리시스는 이렇게 외친다. "나의 영혼이여, 너의 여행이 너의 고향이었구나."[1]

열망, 희망, 삶의 의미에 대해서 카잔차키스보다 더 깊이 숙고한 인물은 어쩌면 없을 것이다. 이른 시기에 그는 특히 인간이 스스로를 초인으로 만든다는 니체의 디오니소스적 비전과 베르그손의 개념인 **생의 약동**에 깊은 감명을 받았다. 니체에게서 카잔차키스는 인간이 두려움이나 보상에 대한 희망 없이 전진하기만 하면 오로지 의지의 힘으로 자유에 이를 수 있음을 배웠다. 파리에서 카잔차키스를 가르친 베르그손은 진화하는 생명의 힘이 물질을 만들고 어쩌면 더 고등한 생물들도 창조한다는 믿음을 심어주었다. 이 생각들을 종합하여 카잔차키스는, 우리는 보편적인 엔트로피에 맞서 싸움으로써 삶의 의미를 발견한다고 선언하고, 이 생각을 신과 연결했다. 카잔차키스가 보기에 신이란 단어는 "기본 물질을 시스템으로 조직하여 점점 더 미묘하고 발전된 형태의 존재들과 의식들을 표출할 수 있게 해주는 반-엔트로피적 생명력"[2]을 의미했다. 우리 삶의 의미는 우리와 이 기상천외한 생물들을 연결하는 사슬에서 우리의 자리를 발견하는 것이다.

우리는 모두 신비롭고 비가시적인 충동에 휩쓸려 다함께 상승한다. 우리는 어디로 가는 것일까? 아무도 모른다. 묻지 말고, 더 높이 올라가라! 어쩌면 우리는 어디에도 도달하지 못할 것이다. 어쩌면 아무도 우리에게 삶에 대한 보상을 지불하지 않을 것이다. 하지만 그래서 더욱 더 좋다! 덕분에 우리가 최종이며 최강인 유혹, 곧 희망의 유혹을 극복할 가능성이 열리기 때문이다.[3]

언젠가 목표에 도달하거나 닻을 내리거나 집에 도착하리라는 기대나 희망 없이 정직하고 용감하게 분투하기. 율리시스와 마찬가지로 카잔차키스의 유일한 안식처는 추구 그 자체에 있었다. 삶의 의미는 추구와 몸부림에서 발견된다.

카잔차키스는 자서전 《영혼의 자서전》(원제는 Report to Greco — 옮긴이)의 서문에서 우리가 희망과 절망을 모두 넘어설 필요가 있다고 주장한다. 낙원에 대한 기대와 지옥에 대한 공포는 모두 우리가 마주한 것에 집중하는 것을 방해한다. 우리 마음의 참된 고향은 의미 추구 그 자체다. 우리는 어떤 보상도 기대하지 않고 의미를 창조하기 위해 용감히 싸우는 전사가 되어야 한다. 심연을 두려워하지 말고 용감히 응시하면서 그 안으로 들어가야 한다. 결국 우리는 우리의 삶을 온전히 책임지는 것에서 기쁨을 발견한다. 비극 앞에서도 기쁨을 느끼는 것이다. 삶은 본질적으로 몸부림치는 싸움이다. 그리고 결국 삶이 우리에게 판결을 내린다면, 우리는 용감하게 대꾸해야 한다.

장군님, 싸움이 끝나가니 제 사정을 보고하겠습니다. 저는 여기서 이렇게 싸웠습니다. 부상당했고, 상심했지만, 달아나지 않았습니다. 공포로 턱이 떨렸지만, 붉은 손수건으로 이마를 동여매 혈흔을 감추고 돌격했습니다.[4]

확실히 이것은 인생의 시련에 대한 세계 문학의 반응을 통틀어 가장 용감한 정서에 속할 것이다. 우리의 정신과 몸이 불가피하게 쓰러지리라는 자각 앞에서, 삶에 속속들이 배인 실존적 고뇌 앞에서 용감하게 내놓는 답변이다. 카잔차키스는 우리의 행동, 우리의 몸부림, 우리의 싸움, 우리의 방랑, 우리의 배회, 우리의 여행에서 삶의 의미를 발견한다. 그는 우리가 알고 경험하는 것 이외의 그 어떤 것에도 호소하지 않는다. 그럼에도 거기에서 의미와 만족을 발견한다.

카잔차키스의 무덤은 크레타의 이라클리오 성곽 바로 바깥에 있다. 정교회가 그를 기독교 묘지에 매장하는 것을 거부했기 때문에, 그곳이 그의 무덤자리가 되었다. 그곳에 가면, 검고 들쭉날쭉하고 금가고 거친 크레타 섬의 대리석이 서 있는데, 대리석에는 그곳에 매장된 사람이 누구인지 알려주는 이름이나 언제 태어나서 언제 죽었는지 알려주는 날짜가 새겨져 있지 않다. 오직 묘비명만 그리스어로 새겨져 있다. 번역하면 이러하다. "나는 아무것도 희망하지 않는다. 나는 아무것도 두려워하지 않는다. 나는 자유다."

앙드레 모루아 :
삶 안에서 의미를 발견하기

테니슨과 카잔차키스의 뒤를 이어 프랑스 작가 앙드레 모루아Andre Maurois(1885-1967)는 삶의 의미란 달리 어디에서도 발견할 수 없고 우리의 생동하는 싸움에서, 삶의 경험과 활동에서 발견된다고 썼다. 비유 삼아서 그는 달에 식민지를 건설한 영국인 집단에 관한 이야기를 펼친다. 그들은 여러 세대 동안 지구로부터 아무 소식도 듣지 못한다. 어느새 일부 후손들은 밤하늘에 보이는 지구에 왕이 산다는 이야기를 의심한다. 다른 일부는 여전히 그 이야기를 믿지만 말이다. 그리하여 한 철학자가 나서서 발언한다.

왜 삶의 의미를 삶의 바깥에서 찾습니까? 전설에 나오는 왕이 정말 존재할까요? 나는 모르지만, 그건 중요하지 않습니다. 나는 초승달 모양의 지구가 빛을 드리울 때 달의 산들이 아름답게 빛난다는 것을 압니다. 만일 내가 태어날 때부터 늘 그랬듯이 그 왕이 계속 나타나지 않고 말하지 않는다면, 나는 그의 존재를 의심할 것입니다. 그러나 삶이나, 순간의 아름다움이나, 활동하는 행복은 의심하지 않을 것입니다. 소피스트들은 별의 운동과 비교하면 인생은 덧없는 한순간에 불과하다고 가르칩니다. 확실한 것은 패배와 죽음뿐이라고 말합니다. 내 의견이 궁금한가요? 나는 오로지 승리와 삶만 존재한다고 말씀드리겠습니다. 우리가 죽음에 대해서 무얼 알겠습니까? 영혼이 불멸한다면 우리는 죽지 않을 테고, 영혼이 육체와 함께 소멸한다면 우리는 우리가 죽은 것을 모를 테지요. 그러니 우리가 영원한 존재인 양 삽시다. 지구

[천국]가 텅 비었다는 것이 증명된 듯하더라도 우리의 삶이 달라질 거라고 믿지 맙시다. 당신은 지구[천국]에서 사는 것이 아니라 당신의 자리에서 살고 있습니다.[5]

모루아는 다른 모든 개미 위에 군림하는 위대한 개미가 없음을 발견한 철학자 개미에 관한 이야기도 들려준다. 또한 그 개미는 자신의 집이 수백만 개의 개미집 가운데 하나이며 무한한 우주에서 한 줌의 진흙덩어리에 불과하다는 것도 발견한다. 이 철학자 개미는 동료들에게 노동을 멈추라고, 노예 짓을 그만두라고, 삶은 틀림없이 부질없다고 조언한다. 그러자 젊은 개미 하나가 대꾸한다. "다 좋은 이야기일세, 친구. 하지만 우리는 굴을 뚫어야 해."[6] 우리는 우리가 마주한 것에서 삶의 의미를 발견하는 듯하다.

모루아의 통찰은 또 다른 프랑스인 알베르 카뮈의 원조 격이다. 성직자가 처형을 앞둔 뫼르소 — 카뮈의 소설 《이방인》의 주인공 — 를 찾아와 형이상학적인 약속들을 늘어놓자, 뫼르소는 이렇게 말한다. "그[성직자]의 확신들 중에서 여자 머리카락 한 올만큼의 가치라도 가진 것은 하나도 없었다." 카뮈는 추상적 관념들이 우리를 세계로부터 멀리 떼어놓는다고 본다. 그것들은 우리를 현실에서 멀어지게 한다. 그러나 우리는 항상 의미를 얻기 위해 평범한 장소로, 우리 주변으로, 과거에 우리가 일상이라고 불렀던 특별한 곳으로 돌아와야 한다. 어떤 이론이나 추상적 진리도 실존적 현실을 누그러뜨리지 못한다. 이 점을 카뮈는 에세이 〈알제에서 보낸 여름 Summer in Algiers〉에서도 분명히 밝힌다. 거기에서 바다, 태양, 모래, 그리고 섹스와 뒹굴며 카뮈는 읊조린다. "이 하늘과 하늘을 향한 이 얼굴들 사이에는, 신화, 문학, 윤리, 종교를 매달 고리가 없다. 다만 돌들과 살과 별들, 그리고 손으로 만질 수 있는 진실들만 있다."[7]

윌 듀런트 : 모든 것에서 의미를 발견하기

윌 듀런트는 인생의 주기에서 삶의 의미에 관한 어떤 교훈을 얻을 수 있지 않을까 하고 생각했다. 그는 이 문제를 1929년에 출판한 저서 《철학의 저택들Mansions of Philosophy》에서 탐구했다. 그는 "삶의 바닥은 수수께끼이며 보이지 않는 샘에서 발원한 강이다. 또한 삶의 전개는 무한히 미묘해서 진술하기는커녕 생각하기에도 너무 복잡하다."[8]라고 인정한다. 그러나 우리는 대답들을 추구한다. 자신이 맡은 과제의 어려움에 굴하지 않고 듀런트는 인생이라는 소우주를 숙고함으로써 모든 삶과 죽음의 의미에 관한 통찰을 얻을 수 있지 않을까라고 제안한다. 그리하여 그는 우주적 의미의 단서를 찾아서 전형적인 인생의 주기를 살펴본다.

아이들에게서 듀런트는 호기심, 성장, 절박함, 장난기, 불만족을 보았다. 청소년기에는 읽기, 일하기, 사랑하기를 배우고 세상의 악들을 배우느라 분투가 계속된다. 중년에는 흔히 일과 가정생활에 빠져 살고 처음으로 죽음의 현실성을 본다. 그럼에도 가정생활에서 사람들은 대개 큰 기쁨을 얻고 최선의 인간적 상태를 누린다.

노년에는 죽음의 현실성이 더 다가온다. 잘 살았다면, 우리는 더 나은 배우들이 더 나은 연극을 하도록 품위 있게 무대를 떠날 수도 있을 것이다. 그러나 삶이 고통의 끝없는 반복이고, 늙은이가 젊은이와 똑같은 실수를 하고, 모두가 죽음에 이른다면 어떨까? 이것이 노년의 마지막 현실일까? 이런 생각들은 우리의 심장을 갉아먹고 노화에 독을 뿌린다.

그리하여 듀런트는 우리가 더 큰 삶을 위해 죽어야 하는 것이 아닐까 생각해본다. 만일 우리가 개인들이 아니라 생명체 속 세포들이라면, 생명체가 건강하기 위해서 우리는 죽는다. 죽음은 쓰레기를 제거하고, 새로운 생명이 창조됨으로써 죽음을 극복한다. 이 같은 생명의 영구화는 삶에 의미를 제공한다. "삶에 의미를 제공하여 죽음을 무력화하는 것이 철학의 한 사명이라면, 지혜는 우리가 죽는 동안에도 부패는 부분에서만 일어나고 삶 자체는 죽지 않음을 보여줄 것이다."⁹ 요컨대 개체는 죽어도, 삶은 끝없이 계속된다. 내가 아는 한에서 듀런트는 세계문학을 통틀어 가장 감동적이고 예리하게 삶과 죽음의 순환을 묘사한다.

여기 한 늙은이가 죽음의 침상에 누워 있다. 친구들은 지치고 무력하며 친척들은 흐느낀다. 이 얼마나 끔찍한 장면인가. 늘어지고 갈라진 살이 붙은 이 가녀린 뼈대, 창백한 얼굴에 치아 없는 입, 말하지 못하는 이 혀, 보지 못하는 이 눈! 젊음이 온갖 희망과 시도 끝에 이 고갯길에 이르렀다. 중년이 온갖 고뇌와 고통 끝에, 건강과 힘과 즐거운 경쟁이 이 고갯길에 이르렀다. 한때 멋진 주먹을 날리고 사내다운 시합에서 이기기 위해 싸운 이 팔. 지식, 과학, 지혜가 이 고갯길에. 이 사내는 70년 동안 아프게 공들여 지식을 모았다. 그의 뇌는 다양한 경험의 창고, 수천 가지 미묘한 생각과 실행의 중심이 되었다. 그의 마음은 고생을 통해 친절을 배웠고 정신은 이해를 배웠다. 70년 동안 그는 한 마리 동물에서 진리를 추구하고 아름다움을 창조할 수 있는 인간으로 성장했다. 그런데 죽음이 그를 덮쳤다. 그에게 독을 주입하고, 숨통을 조이고, 피를 굳히고, 심장을 움켜쥐고, 뇌를 파열시키고, 목숨을 달가닥거리게 한다. 죽음이 이긴다.

바깥에 푸른 가지들에서 새들이 지저귀고, 샹트클레르는 태양을 향해 찬가를 부른다. 들판에 빛이 흐르고, 싹들은 트고, 줄기들은 자신 있게 고개를 든다. 수액은 나무를 타고 오른다. 여기에 아이들이 있다. 그들을 이토록 즐겁게 하는 것, 이슬에 젖은 풀밭으로 미친 듯이 달리며 웃고 소리치게 하고, 쫓아가고 도망가게 하고, 숨을 헐떡이면서도 지칠 줄 모르게 하는 것은 과연 무엇일까? 이 무슨 활력, 정령, 행복인가! 그들이 죽음에 대해서 무엇을 걱정할까? 그들은 배우고 자라고 사랑하고 애쓰고 창조하고, 어쩌면 죽기 전에 삶을 아주 조금 향상시키겠지. 그리고 나이가 들면 자식들과 죽음에 대해 이야기하고 부모인 자신들보다 더 나아지도록 자식들을 돌보겠지. 저기 공원의 어스름 속으로 두 연인이 지나간다. 자신들이 보이지 않는다고 생각한다. 그들의 낮은 목소리가 배우자를 부르는 곤충들의 속삭임과 섞인다. 까마득히 오래된 굶주림이 간절한 눈빛과 아래로 향한 눈빛으로 말하고, 고귀한 광기가 마주 잡은 손과 맞닿은 입술로 빠르게 흐른다. 삶이 이긴다.[10]

감동적인 산문이지만 우리는 여전히 쓸쓸하다. 어쩌면 우리는 자아 애착을 버리고 인류를 위해 떠나야 할 것이다. 하지만 왜? 절대로 떠나기를 바라지 않을 만큼 사람을 사랑하는 것이 무슨 문제란 말인가? 게다가 매번 다시 시작하고 옛 진실들을 다시 배우고 옛 오류들을 교정하는 것은 삶 전체에 낭비다. 삶의 승리에 대해서 말하면, 오히려 삶은 자멸할 수도 있으며, 그렇지 않더라도 우리는 개체로서 생존하지 않을 것이다. 결론적으로 듀런트의 묘사는 무한 반복의 부질없음에 대한 우리의 걱정을 전혀 달래주지 못한다.

1930년에 듀런트는 자살하겠다는 의사를 밝히는 사람들의 편지를 여러 통 받았다. 그들은 당시에 유명한 지식인이던 듀런트에게 계속 살아야 할 이유를 물었다. 그의 저서 《삶의 의미에 관하여》(1932)에서 듀런트는 테니슨, 카잔차키스, 모루아에서 발견한 생각들을 더 확장하여 그런 사람들에게 대답하려 애썼다. 그는 우리가 그 질문에 대해서 어떤 절대적 의미의 대답을 제시할 수 없다고 주장한다. 왜냐하면 우리의 정신은 세계 전체를 이해하기에 너무 작기 때문이라는 것이다. 그럼에도 그는 우리가 세속적인 의미에 대해서 몇 마디 할 수 있다고 믿는다.

그렇다면 삶의 의미는 삶 안에 있어야 한다 … 삶의 고유한 본능적 갈망들과 자연적 만족들에서 의미를 추구해야 한다. 예컨대 왜 우리는 활력과 건강의 이면에 숨은 의미를 캐물어야 할까? … 만일 당신이 불치병에 걸렸다면, 나는 당신에게 임종 성찬을 제공하고 당신을 죽게 놔두겠다 … 그러나 건강하다면 — 두 다리로 일어설 수 있고 음식을 소화할 수 있다면 — 칭얼거림을 집어치우고 태양을 향해 고맙다고 외쳐라.

요컨대 삶의 가장 단순한 의미는 즐거움이다. 경험 그 자체의 유쾌함, 건강의 유쾌함, 근육과 감각, 혀와 귀와 눈의 순수한 만족이다. 만일 아이가 어른보다 더 행복하다면, 그것은 아이가 몸을 더 많이 가지고 영혼은 더 적게 가졌으며 철학보다 자연이 더 먼저임을 이해하기 때문이다. 아이는 팔다리를 풍부하게 놀릴 뿐, 팔다리의 의미를 묻지 않는다 … 설령 아름다운 순간들 외에는 삶에 의미가 없다 하더라도, 그것으로 충분할 것이다. 이렇게 빗속을 터벅터벅 걷거나, 바람에 맞서거나, 순백의 설원에 발자국을 남기거나, 노을이 밤으로 바뀌는 광경을 지켜보는 것은 삶을 사랑할 이유로 너무나 충분하다.[11]

우리는 특히 동료들에게 감사해야 한다. 그들은 삶을 사랑할 주요 이유이기 때문이다.

사랑에 대하여 감사하기를 너무 인색하게 굴지 마라 … 많은 지옥, 어느 정도의 연옥, 약간의 천국을 함께 손잡고 통과하며 삶의 불꽃 속에서 하나로 용접된 친구들과 배우자들의 애착에 감사하라. 나는 그런 배우자들이나 동지들이 툭하면 싸우는 것을 알고 양쪽 당사자 모두에게 짜증을 산다. 그러나 누군가가 당신에게 관심을 두고 의지하고 당신을 과대평가하고 당신을 만나려고 역에서 기다린다는 무의식적 의식은 어마어마한 보상이다. 외로움은 전쟁보다 더 나쁘다.[12]

사랑은 개인을 자신보다 더 큰 무언가와 연결한다. 개인에게 목적으로 제공하는 어떤 전체와 말이다.

나는 전체의 부분으로 일하는 사람들이 낙담하지 않는 것을 본다.

많은 동료들과 공놀이를 하는 천한 "무지렁이"가 삶의 놀이에서 물러나 격리된 채 시들어가는 이 고립된 사상가들보다 더 행복하다 … 우리가 자신을 살아있는 집단의 부분으로 여기면, 우리는 삶을 조금 더 충만하게 느낄 것이다 … 삶에 의미를 부여하려면 당사자 자신보다 더 크고 영속적인 목적을 가져야 하기 때문이다.

사물이 더 큰 전체의 부분으로서의 관계를 통해서만 중요성을 가진다면, 비록 모든 삶 일반에 형이상학적이고 보편적인 의미를 제공하는 것은 불가능하더라도, 어떤 특수한 삶에 대해서도 우리는 그 삶의 의미는 그것이 더 큰 무언가와 맺은 관계에 있다고 말할 수 있다 … 아들딸을 둔 아버지에게 "삶의 의미는 무엇입니까?"라고 물어보라. "우리 가족을 먹여 살리는 것"이라는 아주 간단한 대답이 돌아올 것이다.[13]

듀런트도 사랑, 관계, 활동에서 의미를 발견한다. "중요성과 내용의 비밀은 당사자의 모든 에너지를 소모하며 인간의 삶을 이전보다 조금 더 풍요롭게 만드는 과제를 가지는 것이다."[14] 듀런트는 자신의 가족과 일, 집, 책들에서 가장 큰 행복을 발견했다. 가난과 고통 속에서 완전히 행복할 수 있는 사람은 아무도 없지만, 가난과 고통 앞에서 삶의 의미를 발견하고 만족과 고마움을 느낄 수는 있다. "최후의 국면에 나의 보물은 어디에 있을까? ― 모든 것에."[15]

우리 삶의 목적

　　　　　　　　삶의 의미에 관한 종교적, 철학적, 과학적 생각들을 훑어보았으니 이제 우리의 결론을 내놓으려 한다.

첫째, 삶의 의미를 묻는 문제에 대한 종교적 해결책들은 심히 문제적이며 대체로 무의미하다고 우리는 단언한다. 종교가 거의 보편적인 호소력을 발휘하는 것에 대해서는 진화생물학과 문화적 조건화에서 최선의 설명을 얻을 수 있다. 종교적 믿음은 우리 조상들 또는 그들의 유전자들의 생존에 이로웠다. 이 사실이 경쟁자들의 도전을 물리치기 위해 영리하게 고안된 종교적 밈들의 번창에 의해 악화되었을 뿐이다. 이 같은 유전자들과 환경의 조합은 대다수 사람들로 하여금 종교적 믿음과 위안을 거부할 수 없게 만든다. 특히 실존적 고뇌로 가득 찬 세계에서 그러하다. 이것이 종교적 믿음이 어디에나 있다는 사실에 대한 설명이다.

그러나 과학과 기술이 발전함과 더불어 수명이 연장되고 언젠가 죽음이 사라지면, 종교는 과거의 유물이 될 것이다. 사람들이 더 이상 죽음을 두려워하지 않는다면 — 죽음에 대한 공포는 많은 종교적 믿음의 원천이다 — 또한 다른 신체적 정신적 한계들도 대체로 극복된다면, 까마득한 과거의 종교적 이야기들은 망각될 것이다. 수명이 무한하고 원자와 세포를 자유자재로 다루며 대단한 성능의 기계들과 증강지능 및 인공지능이 활약하는 세계, 어쩌면 생물의 양과 다양성도 상상을 초월하는 세계에서 고대의 신화들과 전설들, 비가시적이며 신적인 존재들을 옹호하는 정교한 논증들은 영향력을 상실할 것이다. 지적인 외계인들도 우리의 탈인간적 후손들도 예수나 무함마드가 답이라고 믿지 않을 것이다. 사람들이 옛 신화들을 떨쳐내지 못하는 만큼, 진보는 늦어지고 의미의 증가는 지체될 것이다. **요컨대 인류는 몸에 안 맞는 옷이 된 종교를 초월하여 삶 안에서 의미를 창조하고 발견하고 증가시키는 사명을 받아들일 필요가 있다.**

둘째, **의미는 의식적인 주체와 객관적 자연세계의 상호작용을 통해 발생한다고 우리는 단언한다.** 이는 주관주의자와 객관주의자가 모두 부분적으로 옳음을 의미한다. 주체는 객관적 실재의 맥락 안에서 의미를 **창조하고**, 그 맥락은 그런 창조를 허용한다. 또한 의미의 창조는 각 주체의 고유한 주체성에 따라 다른 방식으로 이루어진다(한 모자이크의 조각들을 다르게 조립해도 유의미할 수 있는 것처럼, 두 개인이 다르게 살더라도 그들의 삶이 모두 유의미할 수 있다). 객관적 실재가 의미 발견의 가능성을 품고 있기 때문에, 주체들이 의미를 **발견할** 수 있다고 말할 수도 있다. 주체들은 유사한 것들에서 의미를 발견한다. 왜냐하면 그들은 객관적 실재 안에 존재하는 인간 본성을 공유했기 때문이다(조각들을 맞추는 방법이 단 하나뿐인 퍼즐처럼, 개인들은 자신과 유사한 존재들이 공유한 객관적 가치들을 포착함으로써 의미를 발견한다).

다시 말해 일반적으로 사람들은 객관적으로 좋은 것들에 주관적으로 관여함으로써 행복, 즐거움, 성취감, 목적, 충만감, 의미를 발견한다. 객관적으로 좋은 것들의 예를 들자면, 사랑하는 관계, 즐거운 활동, 타인을 돕기, 생산적인 일, 지식 추구, 미적 향유 등이 있다. 객관적 실재는 주체들이 의미를 창조하는 방식에 한계를 부여한다. 그러나 또한 동시에, 실재 속에 잠재된 의미가 실현될지 여부는 주체들에 의해 결정된다. 그러므로 **의미는 의식적인 주체들이 객관적 실재 속에 잠재하는 의미를 끌어낼 때 발생한다.**

셋째, 더 유의미한 삶의 가능성은 우리가 인생의 주관적 객관적 한계들을 극복하는 정도에 비례해서 증가한다고 우리는 단언한다. 따라서 우리의 삶을 최대한 유의미하게 만들기 위해서 우리의 존재를 옭죄는 모든 지적, 감정적, 심리적, 물리적, 도덕적 제약들을 줄이고, 가능하다면 결국 없애는 것은 도덕적 정언명령이다. 또한 의미의 발생에 유리하도록 외부세계를 일굴 필요도 있다. 우리는 우리 자신과 세계 양쪽 모두를 일궈야 한다. 그렇게 진화 서사시의 주인공으로서 우리의 역할을 끌어안고 세계 안의 지식, 사랑, 즐거움, 아름다움, 좋음, 의미의 양과 질을 늘리고 반대되는 것들을 줄이는 일에 나서야 한다. 이것이 우리 삶의 궁극적 목적이다.

목적의 한계들

하지만 삶의 목적을 안다고 해서 삶의 유의미성이 보장되지는 않는다. 우리가 삶에 더 많은 의미를 제공한다는 사명에 집단적으로 실패할 수도 있으니까 말이다. 우리는 목적을 달성하지 못할 수도 있다. 세계를 더 좋게 바꾸기는커녕, 우리 자신을 파괴하고, 의식이나 즐거움이나 아름다움의 빛을 잃은 채로 영원히 팽창하는 캄캄하고 차갑고 외로운 우주를 남길지도 모른다. 결국엔 **모든 것**이 소멸할 테고 말이다. 혹은 심지어 우리가 끔찍한 미래를 창조하고 영구화할지도 모른다. 모든 것이 부질없을 수 있고, 모든 것이 나쁜 결과를 가져올 수 있다. 아무리 생각을 짜내도 이 사실은 바뀌지 않는다. 우리는 무엇을 해야 할지 알지만, 과연 성공할 수 있을지는 모른다. 바꿔 말해 우리의 삶은 목적을 가질 수는 있겠지만 의미를 가질 수는 없다.

게다가 지적인 숙고는 우리의 뿌리 깊은 실존적 고민들을 결코 완전히 떨쳐내지 못한다. 시간의 흐름은 우리를 행복하게 하는 것들, 이 순간 우리의 삶에 목적을 제공하는 것조차도 망쳐놓는다. 시간의 흐름은 끊임없이 우리를 따라다니며 괴롭힌다. 현재에 침입하여 우리의 즐거움을 감소시키는 그 영구적인 소멸의 흐름. 이 근본적인 덧없음과 그에 대한 우리의 의식은, 현재가 물러나면서 우리 자신의 죽음이 전속력으로 달려온다는 것을 일깨운다. 다가오는 죽음에 대한 자각은 우리의 끊임없는 동반자이며, 그 동반자는 우리의 순간적인 행복을 망칠뿐더러, 우리만 죽는 것이 아니라 우리의 자식들, 손자들, 모든 아이들, 그 밖에 모든 것이 죽는다는 불가피한 깨달음으로 우리를 이끈다. 무엇을 해야 할지 — 목적을 달성해야 한다는 것을 — 아는 것으로는 완전한 만족에 이르지 못한다.

더 많이 살고
더 적게 생각하기

앞서 실존적 두려움을 달래는 일에서 지적 능력이 한계에 봉착했을 때 우리는 희망과 바람으로 눈을 돌렸다. 희망과 바람은 장점이 있다. 더 나은 세계에 대한 생각을 낳고 흔히 행동을 유발한다. 그러나 우리는 희망이 지성으로 인정할 수 없는 기대에 의존함을 발견했다. 또한 꿈은 대개 우리의 지성을 아예 비껴간다. 이런 문제들 때문에 우리는 테니슨, 카잔차키스, 모루아, 듀런트의 감동적인 시와 산문으로 눈을 돌렸다. 이들은 지적인 생각이나 맹목적인 희망과 바람을 이야기하는 대신에, 여행, 몸부림, 놀이, 사랑의 도가니에서 발견하는 의미를 이야기했다. 이들 각각은 삶의 활동들에서 발견하는 의미를 생생하고 풍부하게 단언했다.

이 통찰은 심오하다. 이 책을 돌이켜보면, 철학적 고민의 칙칙한 색조와 감각의 세계에 빠져들 때 느끼는 즐거움 사이의 현격한 대비가 충격적으로 눈에 띈다. 우리가 보는 산과 바다에서, 우리가 걷는 산책길과 먹는 밥에서, 몸을 쓰는 놀이와 철학적 대화에서 느끼는 즐거움에서, 우리를 사랑하고 우리가 사랑하는 사람들에 둘러싸였을 때 느끼는 온기에서, **우리는 의미를 발견한다기보다 의미를 향한 욕구를 초월한다.** 그럴 때 삶은 그 자체로 충만하다. 우리가 웃고 놀고 사랑할 때, 세계의 모든 참상은 순간적으로 사라진다. 우리는 의미를 거의 생각하지 않는다. 그러다가 다시 생각이 실존적 고뇌를 되살린다면? 어쩌면 우리는 덜 생각할 수 있고 덜 생각해야 할 것이다. 한마디로 **삶은 우리의 생각이 도달할 수 있는 깊이보다 더 깊다.**

우리는 덜 생각할 수 있을까?
우리는 덜 생각해야 할까?

하지만 덜 생각하면서 살기가 과연 현실적인 해결책일까? 자기반성과 숙고는 이미 우리 본성의 일부인데, 우리가 그렇게 살 수 있을까? 성가신 생각들이 일어나지 않도록 끊임없이 움직이면서 살 수 있을까? 그럴 수 없다. 우리는 가장 중요한 질문들을 무한정 억누를 수 없다. 웃고 놀고 사랑하고 나면, 생각이 돌아오기 마련이다. 무슨 행복이 이토록 덧없지? 왜 우리는 고통을 겪고 죽어야 하지? 혹시 모든 것이 부질없는 것은 아닐까? 우리는 우리의 질문들을 오랫동안 피할 수 없다. 결국 우리의 방어 자세는 흐트러지고, 질문들은 돌아온다.

하지만 우리가 가장 깊은 질문들을 피할 수는 없더라도 피해야 **한다는 것은** 옳은 말이 아닐까? 우리는 그렇지 않다고 생각한다. 우리의 질문들은 평범한 일상에서 흔히 가려지는 내면의 깊은 저수지를 드러낸다. 게다가 호기심과 탐구심은 우리를 고귀하게 한다. 우리를 의식이 덜 밝은 존재들과 구별해준다. 우리의 생각은 우리를 행복하게 하지 않을 수도 있지만 깊고 풍부한 내면의 삶을 선사한다. 몸과 감각의 세계를 아무리 사랑하더라도, 생각은 우리의 핵심적인 특징이다. 생각을 억누르지 말아야 한다. 이처럼 우리의 질문들을 피할 수도 없고 피해서도 안 되므로, 활동에서 의미를 발견하라는 처방은 부분적으로만 유효하다. 우리가 무슨 생각을 하고 무슨 행동을 하든지, 우리의 질문들은 그대로 남는다.

그럼 어떻게 살라는 말인가?

요컨대 그 무엇도 우리의 모든 의심을 잠재우고 걱정을 가라앉히지 못한다. 삶이 제공하는 제한적인 의미도, 우리의 목적에 대한 앎도, 희망이 약속하는 바도, 활동에 몰두하기도 그럴 역량이 없다. 결국 죽음이 우리를 영원히 잠재울 뿐이다. 그럼 우리는 어떻게 해야 할까? 억울하다는 심정으로 삶을 저주하지 않도록, 현재 삶의 일부를 받아들여야 한다. 그러나 또한 동시에 현재를 거부해야 한다. 그러지 않으면 향상이 없을 테니까 말이다. 이 창조적 긴장은 현실의 한계들을 출발점으로 삼아 그것들에 반역하는 것을 가능케 한다. 이 반역은 의미를 빚어내고, 창조하고, 증가시키는 일을 포함한다. 우리는 현실이 진보할지 모른다. 그러나 우리가 현재의 현실을 부분적으로 받아들인다면, 한계들이 없는 미래를 꿈꾸고 그 미래를 실현하기 위해 몸부림친다면, 우리는 세계 안의 의미를 증가시킬 수 있을지도 모른다.

하지만 당장 우리는 불확실성과 불안을 우리의 지적인 정직성과 감정적인 진실성의 증거로 품고 살 수밖에 없다. 맹목적 신앙이나 쉬운 대답들을 채택하는 사람들과 달리, 우리는 겁쟁이들의 싸구려 해결책들을 조롱한다. 그리고 우리가 죽어야 한다면, 우리는 태어나는 순간부터 우리를 파괴하려 한 힘들에 무릎 꿇지 않은 자유로운 사람으로서 죽을 것이다. 우리는 그 힘들을 물리치려 애쓰지만 아직 물리치지 못했다. 당분간 **우리는 삶이 제공하는 제한된 즐거움과 의미를 누리면서 인간의 한계들을 제거하기 위해 애쓰고 부정적인 생각들을 최선을 다해 억눌러야 한다. 이것은 해결책이 아니라 삶의 한 가지 방식일 따름이다.**

삶은 궁극적으로
유의미할까?

우리는 우리의 목적을 알고 최선의 삶의 방식을 안다. 하지만 삶은 궁극적으로 유의미할까? 삶은 완전히 유의미할 수 있을까?

만일 모든 좋은 것들이 무한히 존재하거나 무한한 존재에 접근한다면, 만일 개인들이 어떤 식으로든 그 무한한 존재 혹은 되어감becoming에 참여한다면, 그리하여 어떤 식으로든 과거의 모든 해악이 보상된다면, 영원한 관점에서 볼 때 삶은 근본적으로 유의미하다고 우리는 말할 수 있을 것이다. 그러나 만일 의식이 꺼진다면, 우리의 삶은 완전하고 철저하게 무의미할 것이다. 또한 삶이 더 큰 무지와 추함과 고통으로 퇴보한다면, 삶은 무의미할뿐더러 악할 것이다. 이 경우에는 삶이 신속하게 끝나는 것이 더 낫고, 삶이 아예 없었던 것이 더욱 더 낫다. 그러므로 우리는 우리의 삶이 궁극적으로 유의미한지, 약간은 유의미한지, 전혀 무의미한지, 철저히 악한지 아직 모른다. 이런 대답들은 언젠가 드러나더라도 먼 미래에나 드러날 것이다.

따라서 우리의 최초 질문 — 삶은 궁극적으로 유의미할까? — 에 대한 최후 대답은, 삶이 궁극적으로 유의미하려면 어떠해야 하는지 우리는 알지만, 삶이 궁극적으로 유의미한지 또는 그렇게 될지 모른다는 것이다. 우리가 우리의 목적을 달성하여 삶을 유의미하게 만들 때만, 삶은 완전히 유의미해질 것이다. 결론적으로 우리는 최선의 노력을 다했지만, 우리가 추구한 바를 모두 발견하지는 못했다. 우리는 의심을 모두 제거할 수 없다. 우리는 공포를 모두 가라앉힐 수 없다. 결국 우리는 아무엇도 보장받지 못했으며, 우리가 바라는 바는 정반대지만, 우리 곁에는 늘 심연이 있다. 영원한 빛과 무한한 어둠 사이의 면도날 같은 길 위에 우리가 있다. 우리는 표류하는 중이며 스스로를 구조해야 한다.

버트런드 러셀 : 후기

  마지막으로 우리가 보기에 20세기의 가장 위대한 철학자인 버트런드 러셀의 말 몇 마디를 언급할까 한다. 사후 20여 년 뒤까지도 출판되지 않은 그의 마지막 원고는 제목이 없는 한 장짜리 에세이다. 러셀은 그 글에 "1967"이라는 연도를 표기했다. 그 글을 쓸 당시에 러셀은 95세였으며, 노망이 들었거나 최소한 일관된 글을 쓸 능력이 더는 없다는 평판을 들었다. 그러나 그가 육필로 적은 그 에세이는 대다수의 저자들이 전성기에도 도달하지 못하는 명료한 문장들을 보여줌으로써 그 평판이 사실과 다름을 증명했다. 시작은 이러하다. "내 삶 전체를 돌아보면서 그 삶이 어떤 유용한 목적에 기여했는지 혹은 온통 부질없는 짓에 매달렸는지 물을 때가 왔다. 안타까운 일이지만, 미래를 모르는 사람은 대답할 수 없다." 그토록 오랜 세월 동안 공부했는데, 우리가 물을 수 있는 가장 중요한 질문에 대한 답이 나오지 않는 것이다. 그러나 어렴풋이 낙관론이 어른거린다. 서양문명을 통틀어 위대한 반열에 오른 저자 겸 철학자의 펜에서 나온 마지막 문장들은 — 우리가 그랬던 것처럼 — 미래를 향했다.

우리의 행성이 무엇이고 무엇일 수 있을지 한번 생각해보라. 현재 대다수 사람들에게는 고통과 굶주림, 지속적인 위험, 사랑보다 더 많은 증오가 있다. 행복한 세상이 존재할 수 있다. 경쟁보다 협동이 더 많이 눈에 띄는 곳, 지루한 일은 기계들이 하는 곳, 하는 일이라고는 죽이는 것밖에 없는 흉측한 기계들이 들어설 자리를 위해 사랑스러운 자연을 파괴하지 않는 곳, 시체들의 산더미를 생산하는 것보다 즐거움을 촉진하는 것이 더 존중받는 곳. 불가능하다고 말하지 마라. 불가능하지 않다. 다만 그런 세상은 고문을 가하기를 바라기보다 그런 세상을 더 많이 바라는 사람들을 기다리고 있을 뿐이다.

우리 각자 안에 갇힌 예술가가 있다. 그를 풀어주어 만방에 즐거움을 퍼뜨리게 하자.[16]

주

Chapter 1

1. Albert Camus, "The Myth of Sisyphus," in *The Meaning of Life*, ed. E. D. Klemke and Steven Cahn (Oxford : Oxford University Press, 2008), 72.
2. Karl Jaspers, *Nietzsche* (Tucson: University of Arizona, 1965), 333.
3. Victor Frankl, *Man's Search for Meaning* (New York: Beacon Press, 1963).
4. Robert Solomon, *The Big Questions* (Boston: Wadsworth, 2010), 44.
5. Aristotle made a similar point about the subject matter of ethics in the *Nicomachean Ethics,* Book I, Chapter III.
6. Antonio Damasio, *Descartes' Error: Emotion, Reason, and the Human Brain* (New York: Harper Perennial, 1995).
7. Joshua D. Greene, "The Secret Joke of Kant's soul," in *Moral Psychology, Vol. 3: The Neuroscience of Morality*, ed. W. Sinnott-Armstrong (Cambridge, MA: MIT Press, 2008).
8. Sigmund Freud, *The Letters of Sigmund Freud* (New York: Basic Books, 1960), 436.
9. Thaddeus Metz, "Happiness and Meaningfulness: Some Key Differences," in *Philosophy and Happiness*, ed. Lisa Bortolotti (New York: Palgrave Macmillan, 2009).
10. James Baldwin, *The Fire Next Time* (New York: Vintage, 1992).
11. 나는 철학과 달리 과학은 진리를 발견한다고 주장하겠다. 철학은 가치와 의미에 관여해야 한다. 자세한 건 장 피아제의 《철학의 통찰과 환상 The Insights and Illusions of

Philosophy》을 참조하라.

12. 신은 천체물리학의 경험적 증거에 좌우되는 문제일 것이다. 자세한 건 아틀란틱 온라인 1998년 4월호에 나온 에드워드 윌슨의 〈도덕의 생물학적 근거The Biological Basis of Morality〉를 참조하라.

13. '틈새의 신'이라는 어구는 현대 과학적 지식의 틈새에 신이 존재한다는 생각과 연관이 있다. 이 말은 아직 자연주의적인 설명이 없는 현상을 신을 이용해 설명하려 시도하는 걸 일반적으로 폄하, 다시 말해 비판하는 용어다.

14. 이 주장은 검증하기가 매우 쉬워서, 전문가들이 수행한 수백 개의 작업에 관한 별도의 전기를 구성할 수 있을 정도이다. 국립과학원 웹사이트에 있는 다양한 출판물과 발표물을 참조함으로써 간단하게 시작할 수 있다.

15. 이런 생각은 에드워드 윌슨의 《인간 본성에 대하여On Human Nature》와 《통섭-지식의 대통합Consilence: The Unity of Knowledge》에 소개되어 있다.

Chapter 2

1. http://christianity.about.com/od/denominations/p/christiantoday.htm

2. Leo Tolstoy, "My Confession," in *The Meaning of Life*, ed. E. D. Klemke and Steven Cahn (Oxford: Oxford University Press, 2008), 9.

3. Tolstoy, "My Confession," 10.

4. Tolstoy, "My Confession," 12.

5. Tolstoy, "My Confession," 13.

6. Tolstoy, "My Confession," 14.

7. David Swenson, "The Dignity of Human Life," in *The Meaning of Life*, ed. E. D. Klemke and Steven Cahn (Oxford: Oxford University Press, 2008), 17.

8. Swenson, "The Dignity of Human Life," 18.

9. Swenson, "The Dignity of Human Life," 18.

10. Swenson, "The Dignity of Human Life," 19.

11. Swenson, "The Dignity of Human Life," 19.

12. Swenson, "The Dignity of Human Life," 22.

13. Swenson, "The Dignity of Human Life," 23.

14. Louis Pojman, "Religion Gives Meaning to Life," in *The Meaning of Life*, ed. E. D. Klemke and Steven Cahn (Oxford: Oxford University Press, 2008), 27.

15. Pojman, "Religion Gives Meaning to Life," 28.

16. Pojman, "Religion Gives Meaning to Life," 28.

17. Pojman, "Religion Gives Meaning to Life," 28.

18. Pojman, "Religion Gives Meaning to Life," 28.

19. Pojman, "Religion Gives Meaning to Life," 29.

20. Pojman, "Religion Gives Meaning to Life," 29.

21. Pojman, "Religion Gives Meaning to Life," 29.

22. Pojman, "Religion Gives Meaning to Life," 29.

23. Pojman, "Religion Gives Meaning to Life," 30.

24. Pojman, "Religion Gives Meaning to Life," 30.

25. Reinhold Niebuhr, "The Self and Its Search for Ultimate Meaning," in *The Meaning of Life*, ed. E. D. Klemke (Oxford: Oxford University Press, 1981), 41.

26. Niebuhr, "The Self and Its Search for Ultimate Meaning," 43.

27. Niebuhr, "The Self and Its Search for Ultimate Meaning," 50.

28. Niebuhr, "The Self and Its Search for Ultimate Meaning," 51.

29. Niebuhr, "The Self and Its Search for Ultimate Meaning," 51.

30. Philip Quinn, "The Meaning of Life According to Christianity," in *The Meaning of Life*, ed. E. D. Klemke and Steven Cahn (Oxford: Oxford University Press, 2008) 38.

31. Quinn, "The Meaning of Life According to Christianity," 40.

32. John Cottingham, *On the Meaning of Life* (London: Routledge, 2003).

33. William Lane Craig, "The Absurdity of Life without God," in *The Meaning of Life*, ed. E. D. Klemke (Oxford: Oxford University Press, 2000).

34. Thomas V. Morris, *Making Sense of it All: Pascal and the Meaning of Life* (Grand Rapids: William E. Eardman's Publishing Company, 1992).

35. Morris, *Making Sense of It All: Pascal and the Meaning of Life*, 56.

36. Morris, *Making Sense of It All: Pascal and the Meaning of Life*, 59.

37. Morris, *Making Sense of It All: Pascal and the Meaning of Life,* 212.

38. William James, "Is Life Worth Living?", in *The Search For Meaning In Life*, ed. Robert F. Davidson (New York: Holt, Rinehart, & Winston, 1962), 240.

39. William James, "Is Life Worth Living?", 241.

40. William James, "Is Life Worth Living?", 245.

41. Huston Smith, "The Meaning of Life in the World's Religions," in *The Meaning of Life in the World Religions*, eds. Joseph Runzo and Nancy M. Martin (Oxford: Oneworld Publications, 2000), 255.

42. John Hick, "The Religious Meaning of Life," in *The Meaning of Life in the World Religions*, eds. Joseph Runzo and Nancy M. Martin, (Oxford: Oneworld Publications,

2000), 275.

43. John Hick, "The Religious Meaning of Life," 285-86.

44. http://www.guardian.co.uk/commentisfree/belief/2009/dec/08/religion-society
-gregory-paul

45. http://www.telegraph.co.uk/news/worldnews/6261469/Britain-slips-out-of-top-
20-best-countries-to-live-in.html

46. http://www.adherents.com/largecom/com_atheist.html

47. Carl Sagan and Ann Druyan, *The Demon-Haunted World: Science as a Candle in the Dark* (New York: Ballantine Books, 1997).

Chapter 3

1. Paul Edwards, "Why?" in *The Meaning of Life*, ed. E. D. Klemke (Oxford: Oxford University Press, 1981), 227-240.

2. Edwards, "Why?" 234.

3. A. J. Ayer, "The Claims of Philosophy," in *The Meaning of Life*, ed. E. D. Klemke and Steven Cahn (Oxford: Oxford University Press, 2008), 199.

4. Ayer, "The Claims of Philosophy," 200.

5. Ayer, "The Claims of Philosophy," 201.

6. Kai Nielsen, "Linguistic" Philosophy and "The Meaning of Life," in *The Meaning of Life*, ed. E. D. Klemke and Steven Cahn (Oxford: Oxford University Press, 2008), 211.

7. John Wisdom, "The Meanings of the Questions of Life," in *The Meaning of Life*, ed. E. D. Klemke and Steven Cahn (Oxford: Oxford University Press, 2008), 220-222.

8. Antony Flew, "Tolstoi and the Meaning of Life," in *The Meaning of Life*, ed. E. D. Klemke (Oxford : Oxford University Press, 2000), 209-218

9. R. W. Hepburn, "Questions about the meaning of life," in *The Meaning of Life*, ed. E. D. Klemke (Oxford: Oxford University Press, 2000), 266.

10. Hepburn, "Questions about the meaning of life," 267.

11. Hepburn, "Questions about the meaning of life," 267.

12. Hepburn, "Questions about the meaning of life," 268.

13. Robert Nozick, "Philosophy and the Meaning of Life," in *The Meaning of Life*, ed. E. D. Klemke and Steven Cahn (Oxford: Oxford University Press, 2008), 224.

14. Nozick, "Philosophy and the Meaning of Life," 225.

15. Nozick, "Philosophy and the Meaning of Life," 227.

16. Nozick, "Philosophy and the Meaning of Life," 230.

17. W. D. Joske, "Philosophy and the Meaning of Life," in *The Meaning of Life*, ed. E. D. Klemke (Oxford: Oxford University Press, 2000), 283.

18. Joske, "Philosophy and the Meaning of Life," 284.

19. 어떤 활동은 본질적으로 가치 있지만(ex. 맥주 마시기), 그 결과를 고려할 때는 무가치할 수 있다(ex. 알콜 중독). 어떤 활동은 본질적으로는 가치가 없지만(ex. 원형 트랙 달리기), 그 결과를 고려할 때는 가치가 있을 수 있다(ex. 심혈관 건강 증진). 우리는 본질적으로 중요하면서 그 결과도 중요한 활동을 원한다(ex. 행복감을 가져다주는 배우자 사랑하기).

20. Joske, "Philosophy and the Meaning of Life," 286.

21. Joske, "Philosophy and the Meaning of Life," 293-94.

22. Joske, "Philosophy and the Meaning of Life," 294.

23. Oswald Hanfling, *A Quest for Meaning* (Oxford: Basil Blackwell, 1987), 214.

24. *Tractatus Logico-Philosophicus*, 1922, trans. C. K. Ogden (London: Routledge & Kegan Paul). Originally published as "Logisch-Philosophische Abhandlung", in Annalen der Naturphilosophische, XIV (3/4), 1921.

Chapter 4

1. Michael Allen Gillespie, *Nihilism Before Nietzsche* (Chicago: University of Chicago Press, 1996).

2. Arthur Schopenhauer, "On the Sufferings of the World," in *The Meaning of Life*, ed. E. D. Klemke (Oxford: Oxford University Press, 1981), 45.

3. Schopenhauer, "On the Sufferings of the World," 45.

4. Schopenhauer, "On the Sufferings of the World," 45.

5. Schopenhauer, "On the Sufferings of the World," 46.

6. Schopenhauer, "On the Sufferings of the World," 47.

7. Schopenhauer, "On the Sufferings of the World," 47.

8. Schopenhauer, "On the Sufferings of the World," 50.

9. Schopenhauer, "On the Sufferings of the World," 52.

10. Schopenhauer, "On the Sufferings of the World," 53.

11. Schopenhauer, "On the Sufferings of the World," 54.

12. Arthur Schopenhauer, "On the Vanity of Existence," in *The Meaning of Life*, ed. E. D. Klemke (Oxford: Oxford University Press, 2000), 67.

13. Schopenhauer, "On the Vanity of Existence," 67.

14. Schopenhauer, "On the Vanity of Existence," 68.

15. Schopenhauer, "On the Vanity of Existence," 68.

16. Schopenhauer, "On the Vanity of Existence," 69.

17. Schopenhauer, "On the Vanity of Existence," 69-70.

18. Schopenhauer, "On the Vanity of Existence," 70.

19. Albert Camus, "The Myth of Sisyphus," in *The Meaning of Life*, ed. E. D. Klemke (Oxford: Oxford University Press, 1981), 72.

20. Camus, "The Myth of Sisyphus," 73.

21. Camus, "The Myth of Sisyphus," 74.

22. Camus, "The Myth of Sisyphus," 75.

23. Camus, "The Myth of Sisyphus," 75.

24. Camus, "The Myth of Sisyphus," 75.

25. Camus, "The Myth of Sisyphus," 76-77.

26. Camus, "The Myth of Sisyphus," 77.

27. Camus, "The Myth of Sisyphus," 79.

28. Camus, "The Myth of Sisyphus," 81.

29. Thomas Nagel, "The Absurd," in *The Meaning of Life*, ed. E. D. Klemke and Steven Cahn (Oxford: Oxford University Press, 2008), 143.

30. Nagel, "The Absurd," 144.

31. Nagel, "The Absurd," 145.

32. Nagel, "The Absurd," 146.

33. Nagel, "The Absurd," 147.

34. Nagel, "The Absurd," 147.

35. Nagel, "The Absurd," 150.

36. Nagel, "The Absurd," 151.

37. Nagel, "The Absurd," 152.

38. Jonathan Westphal and Christopher Cherry, "Is Life Absurd?", *Philosophy 65* (Cambridge: Cambridge University Press, 1990), 199-203.

39. Walter Stace, "Man Against Darkness," in *The Meaning of Life*, ed. E. D. Klemke (Oxford: Oxford University Press, 2000) 86.

40. Stace, "Man Against Darkness," 86.

41. Stace, "Man Against Darkness," 87.

42. Stace, "Man Against Darkness," 90.

43. Stace, "Man Against Darkness," 91.

44. Stace, "Man Against Darkness," 92.

45. Stace, "Man Against Darkness," 92.

46. Stace, "Man Against Darkness," 93.

47. Joel Feinberg, "Absurd Self-Fulfillment," in *The Meaning of Life*, ed. E. D. Klemke and Steven Cahn (Oxford: Oxford University Press, 2008), 164.

48. Feinberg, "Absurd Self-Fulfillment," 165.

49. Feinberg, "Absurd Self-Fulfillment," 175.

50. Feinberg, "Absurd Self-Fulfillment," 178.

51. Feinberg, "Absurd Self-Fulfillment," 179.

52. Feinberg, "Absurd Self-Fulfillment," 181.

53. Simon Critchley, *Very Little ⋯ Almost Nothing* (New York: Routledge, 2004), 12-13.

54. Critchley, Very Little ⋯ Almost Nothing, 31.

55. Critchley, Very Little ⋯ Almost Nothing, 32.

56. Critchley, Very Little ⋯ Almost Nothing, 32.

57. Critchley, Very Little ⋯ Almost Nothing, 32.

58. Critchley, Very Little ⋯ Almost Nothing, 118.

59. Thornton Wilder, *Our Town* (New York: Coward-McCann, Inc., 1938), 82.

60. Milan Kundera, *The Unbearable Lightness of Being* (New York: Harper Perennial Modern Classics, 1999), 3.

61. Milan Kundera, *The Unbearable Lightness of Being*, 5.

62. Milan Kundera, *The Unbearable Lightness of Being*, 5.

Chapter 5

1. Kurt Baier, "The Meaning of Life," in *The Meaning of Life*, ed. E. D. Klemke and Steven Cahn (Oxford University Press 2008), 83.

2. Baier, "The Meaning of Life," 110.

3. Baier, "The Meaning of Life," 101-102.

4. Baier, "The Meaning of Life," 103.

5. Baier, "The Meaning of Life," 109.

6. Paul Edwards, "The Meaning and Value of Life," in *The Meaning of Life*, ed. E. D. Klemke and Steven Cahn (Oxford: Oxford University Press, 2008), 115.

7. Edwards, "The Meaning and Value of Life," 117.

8. Edwards, "The Meaning and Value of Life," 117.

9. Edwards, "The Meaning and Value of Life," 117.

10. Edwards, "The Meaning and Value of Life," 117.

11. Edwards, "The Meaning and Value of Life," 118.

12. Edwards, "The Meaning and Value of Life," 128.

13. Edwards, "The Meaning and Value of Life," 130.

14. Edwards, "The Meaning and Value of Life," 133.

15. Kai Nielsen, "Death and the Meaning of Life," in *The Meaning of Life* ed. E. D. Klemke (Oxford University Press, 2000), 154.

16. Nielsen, "Death and the Meaning of Life," 155.

17. Nielsen, "Death and the Meaning of Life," 156.

18. Nielsen, "Death and the Meaning of Life," 157.

19. Nielsen, "Death and the Meaning of Life," 158.

20. Hazel Barnes, "The Far Side of Despair," in *The Meaning of Life*, ed. E. D. Klemke (Oxford University Press, 2000), 162.

21. Barnes, "The Far Side of Despair," 162.

22. Barnes, "The Far Side of Despair," 162.

23. Barnes, "The Far Side of Despair," 162.

24. Barnes, "The Far Side of Despair," 165.

25. Barnes, "The Far Side of Despair," 165.

26. Barnes, "The Far Side of Despair," 166.

27. Raymond Martin, "The Meaning of Life," in *Questioning Matters*, ed. Daniel Kolak (Belmont, CA: Mayfield Press, 2000), 711.

28. Martin, "The Meaning of Life," 712.

29. Martin, "The Meaning of Life," 714.

30. Martin, "The Meaning of Life," 714.

31. John Kekes, "The Meaning of Life," in *The Meaning of Life*, ed. E. D. Klemke and Steven Cahn (Oxford University Press, 2008), 239.

32. Kekes, "The Meaning of Life," 239.

33. Kekes, "The Meaning of Life," 241.

34. Kekes, "The Meaning of Life," 244.

35. Kekes, "The Meaning of Life," 250.

36. Kekes, "The Meaning of Life," 250.

37. David Schmidt, "The Meanings of Life" in *Life, Death, and Meaning,* ed. David Benatar (Lanham, MD: Rowman & Littlefield, 2004), 92.

38. Robert Solomon, *The Big Questions* (Belmont, CA: Wadsworth, 2010), 44.

39. David Lund, *Making Sense of It All: An Introduction to Philosophical Inquiry* (Upper Saddle River, NJ: Prentice-Hall, 2003), 195.

40. Lund, *Making Sense of It All: An Introduction to Philosophical Inquiry*, 198.

41. Lund, *Making Sense of It All: An Introduction to Philosophical Inquiry*, 203.

42. Lund, *Making Sense of It All: An Introduction to Philosophical Inquiry*, 204.

43. Lund, *Making Sense of It All: An Introduction to Philosophical Inquiry*, 204.

44. Julian Baggini, *What's It All About: Philosophy & The Meaning of Life* (Oxford: Oxford University Press, 2004), 174.

45. Baggini, *What's It All About: Philosophy & The Meaning of Life*, 177-78.

46. Baggini, *What's It All About: Philosophy & The Meaning of Life*, 184.

47. Baggini, *What's It All About: Philosophy & The Meaning of Life*, 184.

48. Baggini, *What's It All About: Philosophy & The Meaning of Life*, 188.

49. Bertrand Russell, "A Free Man's Worship," in *The Meaning of Life*, ed. E. D. Klemke and Steven Cahn (Oxford: Oxford University Press, 2008), 56.

50. Russell, "A Free Man's Worship," 59.

51. Russell, "A Free Man's Worship," 60.

52. Russell, "A Free Man's Worship," 61.

53. Richard Taylor, "The Meaning of Life," in *The Meaning of Life*, ed. E. D. Klemke and Steven Cahn (Oxford: Oxford University Press, 2008), 136.

54. Taylor, "The Meaning of Life," 136.

55. Taylor, "The Meaning of Life," 139.

56. Taylor, "The Meaning of Life," 140.

57. Taylor, "The Meaning of Life," 141.

58. Taylor, "The Meaning of Life," 141.

59. Taylor, "The Meaning of Life," 141.

60. Taylor, "The Meaning of Life," 141.

61. Taylor, "The Meaning of Life," 142.

62. Taylor, "The Meaning of Life," 142.

63. R. M. Hare, "Nothing Matters," in *The Meaning of Life*, ed. E. D. Klemke (Oxford: Oxford University Press, 2000), 43.

64. Hare, "Nothing Matters," 45.

65. Hare, "Nothing Matters," 47.

66. Irving Singer, *Meaning in Life: The Creation of Value* (New York: Free Press, 1992), 73.

67. Singer, *Meaning in Life: The Creation of Value*, 133.

68. George Bernard Shaw, *Man and Superman*, 1903.

69. Singer, *Meaning in Life: The Creation of Value*, 148.

70. E. D. Klemke, "Living Without Appeal: An Affirmative Philosophy of Life," in *The Meaning of Life*, ed. E. D. Klemke and Steven Cahn (Oxford: Oxford University Press, 2008), 184-195.

71. Klemke, "Living Without Appeal: An Affirmative Philosophy of Life," 185.

72. Klemke, "Living Without Appeal: An Affirmative Philosophy of Life," 185.

73. Klemke, "Living Without Appeal: An Affirmative Philosophy of Life," 192.

74. Klemke, "Living Without Appeal: An Affirmative Philosophy of Life," 193.

75. Klemke, "Living Without Appeal: An Affirmative Philosophy of Life," 193-4.

76. Klemke, "Living Without Appeal: An Affirmative Philosophy of Life," 194.

77. Klemke, "Living Without Appeal: An Affirmative Philosophy of Life," 194.

Chapter 6

1. Joseph Ellin, *Morality and the Meaning of Life* (New York: Harcourt Brace & Company, 1995), 325.

2. Ellin, *Morality and the Meaning of Life*, 327.

3. Garrett Thomson, *On the Meaning of Life* (Belmont CA: Wadsworth, 2003), 3.

4. Thomson, *On the Meaning of Life*, 4.

5. Thomson, *On the Meaning of Life*, 10.

6. Thomson, *On the Meaning of Life*, 157.

7. Karl William Britton, *Philosophy and the Meaning of Life* (Cambridge: Cambridge University Press, 1969), 16.

8. Britton, *Philosophy and the Meaning of Life*, 192.

9. Terence Francis Eagleton, *The Meaning of Life* (Oxford: Oxford University Press, 2007), 45.

10. Eagleton, *The Meaning of Life*, 76-77.

11. Eagleton, *The Meaning of Life*, 124.

12. Eagleton, *The Meaning of Life*, 164.

13. Eagleton, *The Meaning of Life*, 168.

14. Eagleton, *The Meaning of Life*, 168.

15. Mortiz Schlick, "On the Meaning of Life" in *The Meaning of Life*, ed. E. D. Klemke and Cahn (Oxford: Oxford University Press, 2008), 62.

16. Mortiz Schlick, "On the Meaning of Life," 71.

17. Susan Wolf, "Meaning in Life" in *The Meaning of Life*, ed. E. D. Klemke and Cahn (Oxford: Oxford University Press 2008), 232.

18. Wolf, "Meaning in Life," 233.

19. Wolf, "Meaning in Life" 234-35.

20. Steven Cahn, "Meaningless Lives?" in *The Meaning of Life*, ed. E.D. Klemke and Cahn (Oxford: Oxford University Press 2008), 236.

21. James Rachels, *Problems from Philosophy*, 3rd ed. (New York: McGraw-Hill, 2012), 169.

22. Rachels, *Problems from Philosophy*, 174-75.

23. Owen Flanagan, "What Makes Life Worth Living?" in *The Meaning of Life*, ed. E. D. Klemke (Oxford: Oxford University Press 2000), 198.

24. Flanagan, "What Makes Life Worth Living?" 198.

25. Flanagan, "What Makes Life Worth Living?" 199.

26. Flanagan, "What Makes Life Worth Living?" 200.

27. Flanagan, "What Makes Life Worth Living?" 206.

28. Christopher Belshaw, *10 good questions about life and death* (Oxford: Blackwell, 2005), 128.

29. Raymond Belliotti, *What is the Meaning of Human Life?* (Amsterdam: Rodopi, 2001), 29.

30. Paul Thagard, *The Brain and the Meaning of Life* (Princeton: Princeton University Press, 2010), 165.

31. Thaddeus Metz, "The Good, the True and the Beautiful: Toward a Unified Account of Great Meaning in Life." DOI: 10.1017/S0034412510000569. 1. Cambridge Online 2010, 1.

32. Metz, "The Good, the True and the Beautiful: Toward a Unified Account of Great Meaning in Life." 2.

33. Metz, "The Good, the True and the Beautiful: Toward a Unified Account of Great Meaning in Life." 3.

34. Metz, "The Good, the True and the Beautiful: Toward a Unified Account of Great Meaning in Life." 13.

35. Metz, "The Good, the True and the Beautiful: Toward a Unified Account of Great Meaning in Life." 19.

Chapter 7

1. Leo Tolstoy, *The Death of Ivan Ilyich* (New York: Bantam Books, 1981), 37.

2. Tolstoy, *The Death of Ivan Ilyich*, Chapter XI.

3. Soren Kierkegaard, "Balance between Esthetic and Ethical," in *Either/Or*, vol. II, Walter Lowrie, trans., (Princeton, NJ: Princeton University Press, 1944).

4. John Martin Fischer, ed., *The Metaphysics of Death* (Stanford: Stanford University Press, 1993), 15.

5. Charles Neider, ed., *The Autobiography of Mark Twain* (New York: Perennial, 1990) ch. 49.

6. Vincent Barry, *Philosophical Thinking About Death and Dying* (Belmont CA.: Thomson Wadsworth, 2007), 250.

7. Stephen Rosenbaum, "How to Be Dead and Not Care: A Defense of Epicurus," American Philosophical Quarterly 23 no. 2 (April 1986).

8. Oswald Hanfling, *The Quest for Meaning* (Oxford: Basil Blackwell, 1987), 63.

9. Hanfling, *The Quest for Meaning*, 84.

10. George Pitcher, "The Misfortunes of the Dead," in *Life, Death, and Meaning*, ed. David Benatar (Lanham MD.: Rowman & Littlefield, 2004), 192.

11. Pitcher, "The Misfortunes of the Dead," 196.

12. Pitcher, "The Misfortunes of the Dead," 197.

13. Steven Luper, "Annihilation," The Philosophical Quarterly 37 (1985): 233-252.

14. David Benatar, "Why It Is Better Never to Come into Existence" in *Life, Death, and Meaning*, ed. David Benatar (Lanham, Md.: Rowman and Littlefield, 2004), 155.

15. Benatar, "Why It Is Better Never to Come into Existence," 167.

16. John Leslie, "Why Not Let Life Become Extinct?" (1983) in *Life, Death, and Meaning*, ed. David Benatar (Lanham, MD.: Rowman & Littlefield, 2004), 128.

17. Leslie, "Why Not Let Life Become Extinct?" 130.

18. James Lenman, "Immortality: A Letter," Cogito 9 (1995): 169.

19. Nick Bostrom, "The Fable of the Dragon-Tyrant," Journal of Medical Ethics (2005) Vol. 31, No. 5: 273.

20. Bostrom, "The Fable of the Dragon-Tyrant," 277.

21. Michaelis Michael & Peter Caldwell, "The Consolations of Optimism," (2004) in *Life, Death, and Meaning*, ed. David Benatar, (Lanham MD.: Rowman & Littlefield, 2004), 383.

22. Michael & Caldwell, "The Consolations of Optimism," 386.

23. Michael & Caldwell, "The Consolations of Optimism," 389.

24. Michael & Caldwell, "The Consolations of Optimism," 390.

25. William James, *Pragmatism and Other Writings* (New York: Penguin, 2000), x.

Chapter 8

1. Aubrey de Grey, *Ending Aging: The Rejuvenation Breakthroughs that Could Reverse Human Aging in Our Lifetime* (New York: St. Martin's Press, 2007).

2. Nick Bostrom, "The Simulation Argument," Philosophical Quarterly, 2003, Vol. 53, No. 211, pp. 243-255.

3. Rodney Brooks, *Flesh and Machines: How Robots Will Change Us* (New York: Vintage, 2003).

4. Ray Kurzweil, *The Age of Spiritual Machines* (New York: Penguin, 1999), 101-102

5. Kurzweil, *The Age of Spiritual Machines*, 129.

6. Kurzweil, *The Age of Spiritual Machines*, 141.

7. Kurzweil, *The Age of Spiritual Machines*, 260.

8. John Searle, "I Married A Computer," review of *The Age of Spiritual Machines*, by Ray Kurzweil, New York Review of Books, April 8, 1999.

9. Daniel Dennett, *Darwin's Dangerous Idea: Evolution And The Meaning of Life* (New York: Simon & Schuster, 1995), 422-26.

10. Hans Moravec, *Robot: Mere Machine to Transcendent Mind* (New York: Oxford University Press, 2000), 126.

11. Moravec, *Robot: Mere Machine to Transcendent*, 131.

12. Moravec, *Robot: Mere Machine to Transcendent*, 145.

13. Moravec, *Robot: Mere Machine to Transcendent*, 162.

14. Moravec, *Robot: Mere Machine to Transcendent*, 164.

15. Moravec, *Robot: Mere Machine to Transcendent*, 164.

16. Moravec, *Robot: Mere Machine to Transcendent*, 165.

17. Moravec, *Robot: Mere Machine to Transcendent*, 167

18. Charles T. Rubin, "Artificial Intelligence and Human Nature," The New Atlantis, No. 1, spring 2003.

19. Marshall Brain, "The Day You Discard Your Body," http://marshallbrain.com/discard1.htm

20. Michio Kaku, *Visions: How Science Will Revolutionize the 21st Century* (New York: Anchor, 1998).

21. Jaron Lanier, "One Half A Manifesto,"
http://www.edge.org/3rd_culture/lanier/lanier_index.html

22. Gregory Paul and Earl Cox, *Beyond Humanity: CyberEvolution and Future Minds* (Rockland, MA.: Charles River Media, 1996), 415.

23. Bill Joy, "Why The Future Doesn't Need Us," Wired Magazine, April 2000.

24. John G. Messerly, "I'm glad the future doesn't need us: a Critique of Joy's Pessimistic Futurism." ACM SIGCAS Computers and Society, Volume 33, Issue 2, (June 2003)

25. Walt Whitman, "Song of Myself" in Leaves of Grass.

26. Leon Kass, *Life, Liberty, and the Defense of Dignity: The Challenge for Bioethics* (San Francisco: Encounter Books, 2002).

27. Francis Fukuyama, "Transhumanism," Foreign Policy (September-October 2004).

28. Bill McKibbon, *Enough: Staying Human in an Engineered Age* (New York: Henry Hold & Company, 2003), 227.

29. http://humanityplus.org/learn/transhumanist-faq/#answer_20

30. http://humanityplus.org/learn/transhumanist-faq/#answer_40

31. Charles Sanders Pierce, "The Fixation of Belief," Popular Science Monthly, 12, (November 1877).

Chapter 9

1. Thaddeus Metz, The Stanford Encyclopedia of Philosophy,
http://plato.stanford.edu/entries/life-meaning/

2. Timothy Shanahan, "Evolutionary Progress from Darwin to Dawkins,"
http://biophilosophy.ca/Teaching/6740papers/shanahan.pdf

3. Charles Darwin, *On the Origin of Species by Means of Natural Selection, or, the Preservation of Favoured races in the Struggle for Life* (New York: Cosimo, Inc., 2007), 211.

4. Barrett, P., Gautrey, P., Herbert, S., Kohn, D., and Smith, S., *Charles Darwin's Notebooks, 1836-1844* (Ithaca: Cornell University Press, 1987).

5. Will Durant, "Ten Steps Up From the Jungle," The Rotarian, January 1941, 10.

6. Durant, 56.

7. 자세한 건 존 메설리의 《진화에 관한 피아제의 이해Piaget's Conception of Evolution》를 참조하라.

8. Robert Wright, *Non-Zero: The Logic of Human Destiny* (New York: Vintage, 2001),

331.

9. http://www.slate.com/articles/arts/the_book_club/features/2000/nonzero/_2.html

10. Steve Stewart-Williams, *Darwin, God and the Meaning of Life: How Evolutionary Theory Undermines Everything You Thought You Knew* (Cambridge: Cambridge University Press, 2010), 194.

11. Stewart-Williams, *Darwin, God and the Meaning of Life: How Evolutionary Theory Undermines Everything You Thought You Knew*, 197.

12. John Stewart, "The Meaning of Life In A Developing Universe," http://www.evolutionarymanifesto.com/meaning.pdf., 14.

13. Teilhard de Chardin, Pierre, *The Phenomenon of Man* (New York: Harper Collins, 1975), 219.

14. Teilhard de Chardin, *The Phenomenon of Man*. 227.

15. Teilhard de Chardin, *The Phenomenon of Man*, 229.

16. Teilhard de Chardin, *The Phenomenon of Man,* 231.

17. Teilhard de Chardin, *The Phenomenon of Man*, 265.

18. Jacques Monod, *Chance and Necessity: An Essay on the Natural Philosophy of Modern Biology* (New York: Vintage, 1972), 112.

19. Monod, *Chance and Necessity: An Essay on the Natural Philosophy of Modern Biology*, 145.

20. Monod, *Chance and Necessity: An Essay on the Natural Philosophy of Modern Biology*, 167.

21. Monod, *Chance and Necessity: An Essay on the Natural Philosophy of Modern Biology,* 169.

22. Monod, *Chance and Necessity: An Essay on the Natural Philosophy of Modern Biology*, 180.

23. Julian Huxley, "The Creed of a Scientific Humanist" in *The Meaning of Life*, ed. E. D. Klemke (Oxford: Oxford University Press 2000), 81.

24. Julian Huxley, *Religion without Revelation*, (London: Max Parrish, 1959), 236.

25. Julian Huxley, *New Bottles for New Wine* (New York: Harper & Brothers, 1957), 13-14.

26. Huxley, *Religion without Revelation,* 293.

27. Huxley, *Religion without Revelation*, 304.

28. Huxley, *Religion without Revelation*, 310-11.

29. Edward O. Wilson, *On Human Nature* (Cambridge: Harvard University Press,

1979), 169.

30. Wilson, *On Human Nature,* 170-71.

31. Wilson, *On Human Nature*, 175.

32. Wilson, *On Human Nature*, 192.

33. Wilson, *On Human Nature*, 2.

34. Wilson, *On Human Nature* 4-5.

35. Wilson, *On Human Nature*, 201.

36. Wilson, *On Human Nature*, 201.

37. Wilson, *On Human Nature*, 209.

38. Ludwig Wittgenstein, *Tractatus Logico-Philosophicus*, trans. D. F. Pears and B. F. McGuiness (London: Routledge & Paul Kegan, 1961), 25.

39. Paul Davies, *The Mind of God: The Scientific Basis for a Rational World* (New York: Simon & Schuster, 1993), 232.

40. Simon Conway Morris, *Life's Solution: Inevitable Humans in a Lonely Universe* (Cambridge: Cambridge University Press, 2003).

41. 2011년 11월 8일 지구에 접근한 소행성 2005 YU55의 궤도가 살짝 달라졌다면, 수백만 명이 죽고 이 책이 완성되지 못했을지도 모른다.

42. Julian Huxley, 'Evolution: At the Mind's Cinema' (1922), in *The Captive Shrew and Other Poems of a Biologist* (London: Basil Blackwell, 1932), 55.

Chapter 10

1. James Christian, *Philosophy: An Introduction to the Art of Wondering*, 11th ed. (Belmont CA.: Wadsworth, 2012), 653.

2. Christian, *Philosophy: An Introduction to the Art of Wondering*, 656.

3. Christian, *Philosophy: An Introduction to the Art of Wondering*, 656.

4. Nikos Kazantzakis, *Report to Greco* (New York: Touchstone, 1975), 23

5. Will Durant, *On the meaning of life* (New York: Ray Long & Richard R. Smith, 1932), 52.

6. Durant, *On the meaning of life*, 56.

7. Albert Camus, *The Myth of Sisyphus and Other Essays* (New York: Alfred A. Knopf, 1955), 151.

8. Will Durant, *The Mansions of Philosophy: A Survey of Human Life and Destiny* (New York: Simon and Schuster, 1929) 397.

9. Durant, *The Mansions of Philosophy: A Survey of Human Life and Destiny*, 407.

10. Durant, *The Mansions of Philosophy: A Survey of Human Life and Destiny*, 407-08.
11. Durant, *On the meaning of life*, 124-25.
12. Durant, *On the meaning of life*, 125-26.
13. Durant, *On the meaning of life*, 126-28.
14. Durant, *On the meaning of life,* 129.
15. Durant, *On the meaning of life*, 130.
16. http://www.independent.co.uk/life-style/the-last-testament-of-bertrand-russell-published-for-the-first-time-his-final-word-on-the-state-of-the-world-and-his-own-achievements-and-failures-introduced-by-ray-monk-1506341.html

인생의 모든 의미

초판 1쇄 발행 | 2016년 6월 15일
초판 2쇄 발행 | 2017년 4월 3일
초판 3쇄 발행 | 2023년 12월 20일
초판 4쇄 발행 | 2024년 12월 31일

지은이 | 존 메설리
옮긴이 | 전대호
펴낸이 | 이은성
편 집 | 구윤희, 김영랑, 임소연
디자인 | 백지선
펴낸곳 | 필로소픽

주 소 | 서울시 종로구 창덕궁길 29-38 4-5층
전 화 | (02)883-9774
팩 스 | (02)883-3496
이메일 | philosophik@naver.com
등록번호 | 제2021-000133호

ISBN 979-11-5783-328-3 (93100)

필로소픽은 푸른커뮤니케이션의 출판 브랜드입니다.